ENTRELEADERSHIP

ENTRELEADERSHIP **:** 20 Years of Practical Business Wisdom from the Trenches by Dave Ramsey

This Korean edition was published by Aquarius Publishing Co. in 2012 by arrangement with the original publisher, Howard Books, a Division of Simon & Schuster, Inc., New York through KCC(Korea Copyright Center Inc.), Seoul.

최강의 팀을 탄생시킨

안트러리더십

옮긴이 김무겸

영국 선덜랜드 대학에서 영문학을 전공했으며, 현재 전문번역가로 활동하고 있다. 옮긴 책으로는 《죽기 전에 한 번은 유대인을 만나라》,《우울증을 없애는 행복의 기술 50가지》,《당뇨병 건강 장수 비결 50》,《데블스 딜》,《일단 만나》,《아이디어 배틀》,《실직자 프랭크 사업을 시작하다》,《창조적 루틴》,《승자의 율법》,《구매의 심리학》,《희망》 등이 있다.

이메일 peacefulsail@naver.com

최강의 팀을 탄생시킨 **안트러리더십**

1판 1쇄 인쇄일_ 2012년 11월 15일 | 1판 1쇄 발행일_ 2012년 11월 20일 | 지은이_ 데이브 램지 | 옮긴이_ 김무겸 | 펴낸이_ 류희남 | 편집장_ 권미경 | 교정교열_ 김진희 | 펴낸곳_ 물병자리 | 출판등록일(번호)_ 1997년 4월 14일(제2-2160호) | 주소_ 110-070 서울시 종로구 내수동 4번지 옥빌딩 601호 | 대표전화_ (02) 735-8160 | 팩스_ (02) 735-8161 | 이메일_ mbpub@hanmail.net | 트위터_ @AquariusPub | 홈페이지_ www.mbage.com | ISBN_ 978-89-94803-13-5 03320 |

최강의 팀을 탄생시킨

안트러리더십

EntreLeadership

데이브 램지 지음 | **김무겸** 옮김

물병자리

이 책에 쏟아진 찬사들

- "데이브 램지는 진정한 해결사다. 그의 세심한 배려와 통찰, 열정이 이 책에 고스란히 녹아 있다."

  — 세스 고딘(Seth Godin, 변화전문가, 《시작하는 습관Poke the Box》의 저자)

- "이 책은 차고에서 갓 시작한 병아리 사업체부터 시장을 주도하는 대기업까지 어떤 규모의 사업체에도 적용할 수 있는 방법론과 그 근거를 함께 보여 준다. 있는 데이브 램지는 마치 비즈니스 리더들의 심장에 대고 이야기하듯 그들에게 꼭 필요하고 절실하게 와 닿는 조언들을 쏟아 낸다."

  — 아서 B. 래퍼(Arthur B. Laffer, 로날드 레이건Ronald Reagan 경제고문, 래퍼 협회Laffer Associates 설립자 겸 회장)

- "데이브 램지와 마찬가지로 나 역시 직원과 파트너, 공동체를 위해 좋은 일을 하지 않는 사업체는 좋은 사업체가 아니라는 믿음을 갖고 있다. 영혼이 없는 사업체는 진정한 성공을 거둘 수 없다. 이 책에서 그는 우리가 어떻게 훌륭한 리더인 동시에 훌륭한 사람이 될 수 있는지, 또 우리가 어떻게 멋진 회사를 만드는 동시에 멋진 가정을 꾸릴 수 있는지 보여 준다.

  세계는 현재 그 어느 때보다도 더 진취적인 사업가가 필요한 시기다. 데이브 램지는 막 사업을 시작하려는 사람이나 이미 사업체를 경영하고 있는 사람 모두에게 진정으로 도움이 될 만한 레시피를 고안해 냈다. 그래서 그의 가르침은 무한한 가치를 지닌다. 나는 그의 이러한 가르침을 나의 사업체에도 적용할 계획이다. 그에 대한 나의 유일한 불만은 해결책을 찾느라 무수한 밤을 잠 못 이루며 보내지 않도록 왜 좀 더 일찍 이 책을 세상에 내놓지 않았냐는 것뿐이다."

— 글렌 벡(Glenn Beck, 〈뉴욕타임스〉 최고 베스트셀러 저자)

- "지금까지 나는 거의 모든 업계의 수백만 명의 훌륭한 리더들과 함께 시간을 보내는 축복을 누렸다. 나는 이들 중에서 데이브 램지의 명확하고 실용적인 비즈니스 원칙의 도움을 받지 못한 리더는 이제껏 단 한 명도 본 적이 없다!"

— 존 맥스웰(John Maxwell, 베스트셀러 《존 맥스웰 리더십 불변의 법칙The 21 Irrefutable Laws of Leadership》의 저자)

- "데이브 램지는 상식적인 리더십 원칙들을 삶에 일대 변혁을 불러일으키는 매우 실용적이고 유용한 것으로 탈바꿈시켰다. 단도직입적이고 이해하기 쉬운 그의 접근법은 신선하다. 리더십에 관한 기존의 공허한 충고들과는 차별화되는 그의 조언은 매우 견고하고 실용적이다. 데이브 램지의 이야기에 귀 기울이는 수백만 명의 사람들이 전보다 더 현명해지고 자유로워졌다. 국회가 데이브의 이야기를 경청하도록 만든다면 얼마나 좋을까? 이 책을 읽는 당신은 한층 더 현명해질 것이다."

— 마이크 허커비(Mike Huckabee, 전前 주지사, 〈폭스 뉴스FOX News〉 진행자)

- "성장하는 팀을 이끄는 기업가들은 창조성과 리더십을 완벽하게 조합할 수 있게 해주는 공식을 찾으려 한다. 이러한 공식의 구성 요소들이 녹아 있는 이 책은 비즈니스 리더를 위한 완벽한 가이드다."

— S. 트루에트 캐시(S. Truett Cathy, 칙필에이Chick-fil-A 설립자 겸 CEO)

- "나는 '지혜는 지식과 상처를 합한 것과 같다'고 항상 말해 왔다. 거의 30년간 기업가로 살아온 나는 어떤 것은 직관적으로, 또 어떤 것은 대가를 치르고 힘들

게 배웠다. '힘들게 배우는 교훈'을 줄이려는 노력의 일환으로 나는 이미 성공한 사람들의 지혜를 경청하기 시작했다. 우리 인생 어떠한 영역에서의 성공도 결코 우연이 아니기 때문이다. 사업에 성공하길 바라면서 수십 년 동안 성공적으로 사업을 꾸려 온 사람의 지혜에 귀 기울이지 않는 사람은 분명 어리석은 사람일 것이다. 나는 이 책을 읽으면서 계속 생각했다. '그래, 이게 바로 정답이야! 아주 훌륭해, 데이브!'"

— 제프 폭스워시(Jeff Foxworthy, 코미디언, 방송인, 저술가)

- "결코 허튼소리를 하지 않으며 곧바로 정곡을 찌르는 신념의 사나이 데이브 램지는 우리에게 축복과도 같은 존재다. 자신만의 비즈니스 원칙을 바탕으로 미국에서 가장 성공적인 조직 중 하나를 구축하고 훌륭하게 이끌고 있는 데이브 램지는 이 책을 통해 자신의 성공 비결을 많은 사람과 공유하려 한다. 상식에 입각한 그의 조언을 통해 배움을 얻기 바란다. 분명 만족할 것이다."

— 맥스 루케이도(Max Lucado, 〈뉴욕타임스〉 베스트셀러 저자)

- "이 책은 모든 소규모 사업체 경영자들의 바이블이 될 것이다. 우리 회사의 CEO인 나의 아들은 데이브의 '안트러리더십' 강좌에서 배운 원칙들을 우리 회사에 적용해 극적인 성공을 거두었다. 데이브의 원칙들을 적용하기 전과 후의 차이는 흑과 백의 차이보다 더 컸다."

— 지그 지글러(Zig Ziglar, 최고의 동기부여가, 〈뉴욕타임스〉 베스트셀러 저자)

- "수년간에 걸쳐 천 명이 넘는 하비로비Hobby Lobby 직원들이 '금융 평화 대학'을 통해 큰 도움을 얻었다. 그래서 나는 지금 성공적인 리더가 되는 방법에 대한 깊은 통찰이 담겨 있는 이 책을 흥분된 마음으로 배우고 있다. 데이브 램지는 성서를 바탕으로 한 상식적인 접근법을《파이낸셜 피스》에 적용해 크게 성공을

거두었다. 이제 그는 똑같은 접근법을 적용한《최강의 팀을 탄생시킨 안트러리더십》으로 과거의 영예를 다시 한 번 누릴 것이다."

— 데이비드 그린(David Green, 하비로비 설립자 겸 CEO)

- "나는 이 책을 사랑한다. 데이브 램지는 하버드 대학의 교수처럼 말하다 순식간에 돌변해 골목대장처럼 당신에게 다가간다. 분명한 사실은 당신이 이 두 방식 모두를 통해 더 나은 리더가 된다는 것이다."

— 빌 하이벨스(Bill Hybels, 윌로우 크리크 커뮤니티 교회Willow Creek Community Church 담임 목사, 윌로우 크리크 협회Willow Creek Association 회장)

- 금융 분야에서 우리 세대의 가장 훌륭한 스승으로 인정받는 데이브 램지는 이 책에서 성공적인 조직을 창조하고 유지하기 위한 비결들을 하나하나 짚어 준다. 그는 자신의 성공과 실패, 그리고 그를 통해 얻은 교훈을 기꺼이 공유함으로써 이 책을 우리 사회에 뚜렷한 긍정적 변화를 불러일으키고자 하는 모든 리더의 필독서로 만들어 놓았다."

— 댄 T. 캐시(Dan T. Cathy, 칙필에이 사장)

- "마치 커피가 설탕을 흡수하듯 자연스럽게 받아들이게 되는 책이 있다. 설탕이 녹아 들어간 커피는 단맛이 나기는 하지만 여전히 커피다. 이 책은 마치 산소와 수소가 결합하는 것처럼 당신과 결합할 것이다. 산소와 수소라는 각각의 원소는 놀라운 결합 과정을 거쳐 물이라는 완전히 새로운 물질로 다시 태어난다. 이 책과 결합하게 될 당신 역시 완전히 새로운 사람으로 다시 태어날 것이다. 열정적이고 영향력 있는 안트러리더로!"

— 다니엘 라핀(Daniel Lapin, 랍비, 방송인, 《부의 비밀Thou Shall Prosper》의 저자)

- "데이브 램지는 성스러운 청사진을 내놓았다. 그는 최고의 리더가 되어 훌륭하게 조직을 이끄는 방법을 맛깔난 글솜씨로 풀어 냈다. 특출한 명료성이 돋보이는 이 책은 이 분야에서 단연 최고의 책이다. 데이브 램지는 최고의 리더가 되길 원하는 많은 사람이 남은 생애 동안 신나게 걸어갈 길을 닦아 놓았다. 오늘도 나는 그의 원칙들을 떠올리며 하루를 보낼 것이다!"

  — 앤디 앤드루스(Andy Andrews, 〈뉴욕타임스〉 베스트셀러 《폰더 씨의 위대한 하루The Traveler's Gift》의 저자)

- "나는 이 책의 첫 문장부터 동감하며 고개를 끄덕였다. 네 가지 사업에 도전했기에 어느 정도 기업가라 자부할 수 있는 나는 데이브 램지가 말하는 것을 인정하지 않을 수 없었다. 제일 먼저 든 생각은 내가 사업을 시작한 42년 전에도 이 책이 존재했더라면 얼마나 좋았을까 하는 아쉬움이었다. 그랬다면 나는 반복된 실수와 두통을 피할 수 있었을 것이다. 종류와 수준을 막론하고 모든 의사소통에 탁월한 능력을 발휘하는 데이브 램지는 천부적인 소통자다. 당신을 고무하고 자극할 이 책을 통해 당신은 상상할 수 없을 만큼 엄청난 도움을 받게 될 것이다."

  — 론 블루(Ron Blue, 기업가, 로날드 블루 앤드 코Ronald Blue & Co. 설립자)

- "자신의 다양한 경험들을 하나의 에너지로 결집해 발산하는 데이브는 리더십과 영향력을 강화하고, 훌륭한 조직을 구축하고자 하는 사람들을 돕는 데 최고의 전문가다. 탁월한 이야기 서술 능력과 결합한 그의 유머와 에너지, 지혜는 입증된 결과물로 이어졌다. 그가 이 책에서 제안하는 것의 20퍼센트만 실천하더라도 당신의 인생이 크게 바뀔 것이라고 나는 감히 확신한다."

  — 마이클 이슬리(Michael Easley, 무디 바이블 인스티튜트Moody Bible Institute 전前 총장, 펠로우십 바이블 교회Fellowship Bible Church 담임 목사)

▪ "당신이 알고 있는 데이브 램지는 TV와 라디오를 통해 매우 실용적인 지혜를 나눠 주는 금융 전문가일지 모른다. 하지만 그는 그 이상의 사람이다. 비즈니스의 개척자이자 기업가로서의 데이브 램지를 만나 보라. 그는 명민한 젊은 리더들로 가득한 세계적인 조직의 리더다. 이 책에서 그는 자신이 어떻게 그런 리더가 될 수 있었는지 확실히 보여 준다. 고마워요, 데이브!"

— 앤디 스탠리(Andy Stanley, 노스 포인트 커뮤니티 교회North Point Community Church 설립 목사)

| 서문 |

계기

당신은 빈털터리 신세가 되어 본 적이 있는가? 전기요금을 내지 못해 전기가 끊기고, 집이 압류당하고, 식료품을 구입할 돈도 없었던 적이 있는가? 나는 그런 적이 있다.

당신은 사업에 실패한 적이 있는가? 창업으로 그렇게도 꿈꿔 오던 삶을 시작해 한동안 만사형통의 나날을 보내다 어느 순간 나쁜 일들을 하나둘 경험하기 시작한 적이 있는가? 아무리 노력해도 당신의 꿈이 점점 악몽으로 변해 가는 것을 지켜본 적이 있는가? 감정적 · 영적 · 지적 · 금전적 · 육체적으로 당신의 모든 것을 꿈에 투자했지만, 그 꿈이 계속 벽에 부딪혀 산산조각 났던 그런 나날들을 보낸 적이 있는가? 나는 그런 적이 있다.

20여 년 전에 나는 나의 사업체를 소유하고 운영하는 아메리칸 드림을 실현했다. 20대의 패기 넘치는 청년이었던 나는 부동산 투자 사업에 뛰어들어 단기간에 비약적인 성공을 거두었다. 나는 무에서 시작해 스물

여섯 살이 되었을 때 400만 달러 상당의 부동산을 소유했고, 100만 달러가 넘는 순수익을 올렸다. 수백 채의 임대용 부동산을 소유하거나 관리했고, 세 개의 재활 대상자 그룹을 운영한 나는 나의 작은 왕국을 급속도로 키워 나갔다.

하지만 나는 과도한 빚으로 사업을 일구었을 뿐만 아니라 경영에도 미숙했다. 설상가상으로 우리에게 대출해 준 은행이 다른 은행에 넘어갔는데, 그 은행이 우리의 상황을 파악한 후 리스크를 줄이기 위해 우리의 모든 대출금을 한 번에 거둬들이기로 결정했다. 나는 그 후 2년 반에 걸쳐 내가 소유한 모든 것을 잃었다. 여러 차례의 소송과 압류로 궁지에 몰릴 대로 몰린 나는 결국 파산했다. 파산해 무일푼 신세가 된 나는 갓 태어난 아기와 이제 겨우 걸음마를 뗀 아이를 둔 가장이었다. 내 결혼 생활은 가는 실에 매달린 것처럼 위태로웠다. 완전히 실패했다는 자각은 내게 너무도 큰 상처와 두려움으로 다가왔다.

이 책은 실패를 이겨 내는 과정을 그린 책이 아니다. 작은 실패나 큰 실패로부터 얻을 수 있는 교훈들도 적지는 않겠지만, 처음 사업에 실패한 후 20여 년 동안 우리가 손댄 모든 사업에서 거둔 엄청난 성공의 뿌리 또는 DNA를 아는 것이 더 중요하다. 실패 후 완전히 항복한 것이 현재 우리가 누리는 엄청난 성공의 뿌리다.

오늘날 수백 명의 팀원과 수백만 명의 고객을 보유하고 있는 우리 회사는 수천만 달러의 수익을 올린다. 하지만 내가 20대에 완전한 실패를 맛본 후 거실의 카드 테이블에서 시작한 우리 회사는 그야말로 그 시작은 초라하기 짝이 없었다.

이 책은 우리의 플레이북이다. 나는 사업적인 성공뿐만 아니라 그보다 더 중요한, 사업에서 얻는 엄청난 만족과 즐거움을 만끽하게 되기까지 우리가 사용한 바로 그 방법을 당신에게 소개할 것이다. 당신 역시 사업에 성공할 수 있을 뿐만 아니라 즐겁고 신나게 사업을 할 수 있을 것이다.

이 책은 비즈니스 및 리더십 이론서가 아니다. 이 책은 리서치를 바탕으로 한 갖가지 공식을 담고 있지 않다. 이 책은 경험으로 찾아낸 원칙들을 말하고 있다. 이 책을 자세히 들여다보면 이 책이 수많은 피와 땀, 눈물로 얼룩져 있다는 것을 알게 될 것이다. 이 책은 모두가 인정하는 성공적인 삶을 살아가고 있는 한 안트러리더의 개인적인 플레이북이다. 당신은 나와 내 팀의 리더들이 경험을 통해 습득한 것들을 배우게 될 것이다. 우리는 실무자다. 이 장의 집필을 끝내면 나는 마케팅 모임에 참석하거나, 문제가 있는 팀원을 만나거나, 우리의 고객 서비스를 한층 더 향상시키기 위한 브레인스토밍 회의에 참가할 것이다. 실제로 나는 사업에서 승리하기 위해 매일 이러한 활동을 하고 있다.

항복

그렇다면 나의 항복이 우리의 성공에 어떻게 기여했을까? 내가 그야말로 바닥까지 파멸하자 나의 믿음은 극적으로 깊어졌다. 기독교인인 나는 내 삶의 모든 부분을 가능한 한 성서에 부합시키기로 결심했다. 그렇다고 지레 겁먹지 말기 바란다. 당신을 비즈니스 영역의 신학으로 인도하지는 않을 테니까 말이다. 나의 믿음으로 당신을 괴롭히는 일은 결코 없을 것이다. 하지만 내가 사업을 다시 시작했을 때 성서의 정신과 가르침에 따라 사업을 운영하기로 결심했다는 것을 언급할 필요는 있다. 나는 이 책에 녹아든 성서의 원칙들이 우리를 승리로 이끈 원동력이었다고 확신한다.

신앙이 없는 사람일지라도 열심히 노력하지 않으면 원하는 바를 이룰 수 없다는 사실은 믿어야 한다. 기독교를 믿지 않더라도 당신이 대접받고 싶은 만큼 남을 대접하지 않으면 성공할 수 없다는 사실은 믿어야 한다. 당신은 내가 앞으로 소개할 원칙들이 지극히 상식적인 것이라 생각할 것이다. 사실 이러한 원칙들을 바탕으로 우리가 행한 일들 중에서 신비하거나 특이한 것은 거의 없다. 하지만 기독교를 믿든 그렇지 않든 당신은 이 책을 읽으면서 고개를 끄덕이게 될 것이다.

시작

나는 거실의 카드 테이블에서 사람들에게 자금을 관리하는 법에 대해 가르치는 사업을 시작했다. 우리의 교육 사업은 일대일 카운슬링과 강연으로 이루어졌다. 하루에 할애할 수 있는 모든 시간이 채워지자 우리는 첫 직원을 고용하기로 결정했다. 나는 신입 직원을 채용하기는 했지만, 진정으로 직원을 원하지는 않았다. 내가 생각하는 직원은 늦게 출근하고 일찍 퇴근하며 회사 물건을 훔치곤 하는 존재기 때문이었다. 나는 어떤 직원도 나만큼 열심히 일하거나 나만큼 회사에 신경 쓰지는 않는다고 생각했다. 그래서 나는 일반적인 직원 모델 및 직원과의 관계를 거부했다. 나는 기업가 정신이 투철하다. 그래서 나는 내 직원들도 이러한 기업가 정신으로 무장하기를 원했다. 나는 일반적인 직원의 사고방식을 정말 싫어한다. 그래서 나는 직원이라는 단어를 사용하지 않기로 결정했다. 나는 그들을 '팀원'이라 부르고, 우리의 리더들과 팀에게도 팀원이라는 단어를 사용하도록 했다. 그리고 그들에게 실제로 팀원처럼 행동할 것을 요구했다. 우리는 회사로부터 무언가를 취하려는 사람이 아니라 회사에 기여하려는 사람을 원한다. 무언가를 취하려는 사람은 서둘러 우리 회사를 떠나게 된다. 자신이 우리 회사와 맞지 않는다는 걸 깨닫는 데는 그리 오랜 시간이 걸리지 않기 때문이다.

나는 나의 재정 카운슬링에 동참할 첫 팀원으로 러스 캐롤Russ Carroll을 채용했다. 우리는 유-홀(U-Haul, 셀프 이삿짐 트럭 회사_옮긴이) 트럭을 빌려 거실의 몇 안 되는 가구를 아담한 우리의 첫 사무실로 옮겼다. 책상을 옮기다가 내 손가락이 문에 부딪혀 부러지기도 했는데, 아직도 우리 회사에 있는 그 책상에는 아마 지금도 핏자국이 남아 있을 것이다.

나는 또 비서와 경리, 접수원의 역할과 더불어 그 밖의 필요한 일들을 모두 맡아 주고 처리해 줄 여성 한 명을 채용했다. 불확실성과 열정으로 점철된 시간이 꽤 흐른 후 회사는 서서히 성장하기 시작했다. 우리의 사업은 꾸준히 성장했고, 그로부터 약 1년 후에 우리의 팀원은 일곱 명으로 늘어났다. 그래서 우리는 조금 더 넓고 좋은 사무실로 옮겨 갔다.

우리는 여전히 각자 스스로 알아서 일하고 있었다. 내가 회사를 끌고 가는 데 도움을 줄 사람들을 양성할 필요가 있다고 느낀 것도 이즈음의 일이었다. 그것은 무서운 생각이었다. 대부분의 젊은 기업가처럼 나 역시 혼자 힘으로 내 임무를 완수할 수 있을 뿐만 아니라, 다른 사람들이 임무를 제대로 완수해 낸 후 내게 보고하도록 그들을 장려하고 유도할 수도 있다고 자신했다. 하지만 내가 가지고 있는 충분한 통제력을 포기하고 다른 사람에게 리더 자격을 줄 수 있을지에 대해서는 정말 확신이 서지 않았다.

결국 우리는 회사를 세 부서로 나누었고, 나는 이 세 부서의 운영을 책임지는 세 남자에게 많은 시간을 할애하기 시작했다. 나의 목표는 이 세 책임자가 특정 상황과 특정 시간에 내가 무엇을 할지를 알 수 있게 하는 것이었다. 그들을 회사가 원하는 젊은 리더로 만들기 위한 멘토링 과정은 더디고 철저했다. 하지만 힘든 과정을 거치며 나와 함께 회사를 일구어 온 그들에 대한 나의 신뢰는 지난 20년 동안 매일 조금씩 커졌다. 현재 그들은 나의 가장 친한 친구이자 내가 가장 신뢰할 수 있는 조언자로 남아 있다.

회사가 계속 성장함에 따라 우리는 더 많은 리더를 양성해야 했다. 나는 리더를 양성하기 위해 제일 먼저 필요한 것이 강좌라고 판단했다. 나는 우리의 경영 방침과 문화를 반영하는 플레이북에 대한 강의를 시작했다. 나는 매주 화요일 저녁 5시에서 6시까지 사람들을 가르쳤다. 우리 회사 퇴근 시간은 5시 30분이었다. 우리는 우리가 어떻게 사업을 운영하고 성장시키는지를 배우고 싶은 팀원들에게 회사 시간 30분을 양보하고, 그들의 시간 30분을 할애하게 했다.

처음에 수업을 들은 팀원은 20여 명 정도였는데, 수업을 듣기 시작한 후 얼마 지나지 않아 배우자나 목사, 친구, 가족 등도 수업을 들을 수 있는지 물어 왔다. 수업이 정말 유익하고 알차서 혼자 듣기 아깝다는 것이었다. 인쇄물을 조금 더 복사하면 되었기에 나는 누구든지 환영한다고 말했다. 강좌를 몇 차례 진행하면서 나는 자신감과 역량이 있는 리더들이 양성되고 있다는 것을 알 수 있었다. 어느새 100명에 가까운 사람들이 나의 수업을 들었다. 그리고 그들 대부분이 외부 사람들이었다.

플레이북의 탄생

나는 어떻게 훌륭한 리더가 되고 사업을 잘 운영할 수 있는지 배우기를 열망하는 사람들이 너무도 많다는 것을 재빨리 감지했다. 수업을 늘려야 했다. 우리는 일주일 속성 프로그램을 만들고 수업료를 받기 시작했는데, 이것이 지금의 '안트러리더십 마스터 시리즈The EntreLeadership Master Series' 프로그램이다. 반응은 뜨거웠고, 그것이 이 책을 집필하게 된 궁극적인 동기가 되었다. 당신은 이 책에서 우리의 플레이북을 찬찬히 훑어 나가게 될 것이다. 믿기 힘든 성공을 낳은 플레이북을, 고통으로 탄생한 플레이북을, 실수를 통해 하나씩 배워 온 성공 경험이 녹아 있는 플레이북을 말이다. 우리 팀이 최고의 팀으로 성장한 것은 결코 우연이 아니었다. 우리는 의도적으로 우리에게 승리를 안겨 준 문화와 가치 체계, 운영 원칙들을 구축했다. 우리 플레이북의 거의 모든 각본은 우리의 실수로부터 시작되었다. 우리는 실패했고, 그 실패는 우리에게 고통을 안겨 주었으며, 우리는 다시는 그런 고통을 맛보지 않으리라 맹세했다.

실수를 하고 실수로부터 배움을 얻는 것은 승리에 결정적인 역할을 한다. 그리고 다른 사람들의 실수로부터 배움을 얻는 것은 그다지 고통스럽지 않다. 헨리 포드Henry Ford는 이렇게 말했다.

"실수를 하지 않은 사람들은 실수를 한 사람들을 위해서 일한다."

이것이 이 세계를 건설한 정신이고, 당신으로 하여금 이 책을 구입하게 한 정신이다. 당신이 이 정신을 계승할 수 있거나 계승하기 원한다면 나와 함께하기 바란다. 내가 당신에게 승리하는 법을 보여 줄 수 있도록 말이다.

| 차례 |

Part 1

안트러리더십의 정의

나는 시무실 창문 밖으로 해가 띠오르는 광경을 보고 있었다. 어떤 해답들을 찾느라 잠을 이룰 수 없어 너무 일찍 사무실로 출근한 날이었다. 우리 사업이 내가 감당할 수 없을 만큼 본격적으로 성장해 가자 나는 약간 두려움을 느꼈다. 나는 리더 층을 좀 더 추가하고 더 많은 리더를 둘 생각이었는데, 그것은 내가 어느 정도 팀에 대한 통제력을 포기해야 한다는 의미였다. 그게 뭐 힘드냐고 물을지 모르겠지만, 나는 팀을 통제하는 데 남다른 애착을 갖고 있었기에 임무와 책임에서 자유로워진다는 것은 내게 결코 쉬운 일이 아니었다.

소규모 사업체에서 일하는 사람들이 대부분 그렇듯 우리는 직접 상자를 쌓고, 전화를 받고, 고객을 상대했다. 그래서 우리의 방식으로 사업이 이루어지도록 만전을 기하는 것은 나와 같은 사람에게는 대단히 중요한 문제였다. 나는 고객들이 뭔가 석연치 않다고 느끼며 강연장을 떠나게 되는, 마네킹이 내뱉는 것 같은 틀에 박힌 내용의 기업 연수 프로그램을 거부한다. 나는 우리와 접촉하는 모든 사람이 우리의 꿈을 느낄 수 있기를 원한다. 나는 고객들이 같은 경험을 하기를 원하고, 또 그들에게 그렇게 할 것을 요구한다. 나는 나의 회사와 팀, 고객들이 뭔가 진정한 것을 느끼기를 원한다. 그렇기 때문에 회사의 임무와 책임에서 자유로워진다는 것은 나로서는 상상할 수도 없는 일이었다. 한 영역에서 함께 일하는 사람은 같은 방식으로 호흡해야 하기 때문이다.

수년 동안 일대일 교육을 통해 나의 첫 핵심 리더 세 명을 모니터하고 양성한 결과, 나는 함께 대의를 믿고 따르는 동료가 얼마나 큰 힘이 되는지 깨달았다. 하지만 이러한 일대일 리더 양성 방식은 너무 더딜 뿐만 아니라 우리 사업을 방해하기도 했다. 나는 새로운 리더들이 필요했다. 그것도 3년 이내에. 새로운 리더들을 양성하기 위해 나는 핵심 팀원들과 함께 어떻게 우리 방식으로 사업을 하는지에 대한 플레이북 강좌를 시작했다. 우리는 매일 우리의 새 리더들을 멘토링하고 꾸짖고 그들과 함께 토론을 벌인다. 그리고 그 토대는 안트러리더십 강좌다.

리더는 어떤 사람일까?

리더 양성에 대한 책은 수없이 많다. 각 분야마다 유명한 리더들이 있는데, 나는 그들의 리더십 원칙에서 많은 것을 배웠다. 우리의 차기 리더들이 해주었으면 하는 것을 그들에게 어떻게 전달할지를 궁리하던 나는 그것이 리더십을 가르치는 것만큼 간단할 수 있다고 생각했다.

이 수업을 할 때 나는 참가자들에게 훌륭한 리더의 모습을 그려 볼 것을 제안한다. 그런 다음, 훌륭한 리더의 자질을 가장 잘 묘사하는 단어들을 적어 보라고 한다. 어떤 단어가 훌륭한 리더의 특징을 가장 잘 묘사할까? 그들은 항상 다음과 같은 단어들을 떠올렸다.

- 진실성
- 열정
- 하인
- 충의
- 겸손
- 경청
- 비전
- 영향력
- 결단력
- 추진력
- 절제
- 통찰력
- 카리스마

위의 단어들을 합하면 리더십의 좋은 정의가 된다. 흥미로운 사실은 대부분의 사람이 리더의 특징을 잘 열거하지만, 자신에게 적용하지는 못한다는 것이다. 당신은 당신의 팀원들이 어떤 리더를 원하는지 생각해 본 적이 있는가? 당신 자신이 리더가 되고 싶거나, 리더들을 양성하거나 고용하고 싶다면 반드시 위의 자질들을 고려해야 할 것이다. 이러한 자질 중에는 당신이 가지고 있는 것도 있고, 노력해서 키워 나가야 할 것도 있을 것이다. 여기서 중요한 것은 당신이 리더가 가졌으면 좋겠다고 생각하는 바로 그 자질이 당신을 리더로 따르는 사람들이 당신에게 원하는 자질이라는 것이다. 당신 자신과 당신의 사업이 성장하기를 원한다면 당신은 이러한 자질을 더 많이 가지도록 매일 의식적인 노력을 기울여야 한다. 그렇게 하지 않으면 당신은 리더로서의 자질이 부족한 것이다.

프로그램의 명칭

창밖으로 해가 떠오르는 사무실에 앉아 첫 수업 내용에 대해 메모하고, 소규모 리더십 과정의 명칭에 대해 생각하던 나는 뜻밖의 난관에 부딪혔다. 당연히 프로그램의 명칭은 그 프로그램의 성격을 반영해야 한다. 프로그램 명칭으로 '리더십'을 떠올렸을 때 나는 그것이 적절하지 않다는 것을 알았다. 사업에는 리더십과 리더십 이론 외에도 훨씬 많은 것이 있기 때문이다. 나는 '경영 강좌'와 '리더십 세미나', 그리고 나와 같은 실무자를 위한 수업에 꽤 많이 참가했다. 하지만 그것만으로는 부족했다. 항상 그랬듯이 나는 그곳에서도 무언가를 배우기는 했지만, 그 수업들은 직접 상자를 쌓고, 전화를 받아야 하는 사람들에게는 너무도 이론과 개념에 치우친 것이었다. 나는 리더들과 함께 단순히 사업을 성장시키기를 원한 것이 아니었다. 그것은 나와 같은 진취적인 기업가들에게는 너무 무미건조하고 이론적이었다.

기업가

어쩌면 나는 기업가를 양성하려 했는지 모른다. 작은 기업가들로 가득한 회사를 원했는지도. 그렇다면 당신은 기업가에 대해 생각할 때 어떤 단어들이 떠오르는가?

- 모험심
- 독창성
- 비전
- 결단력
- 열정
- 용기

• 추진력 • 의욕 • 윤리
• 학구열 • 창조성 • 개성

진정한 기업가란 어떤 사람일까 떠올려 보자마자 나는 그들로 가득한 회사는 곤란하다는 판단을 내렸다. 그들을 통솔하는 것은 고양이를 무리 짓거나, 못으로 젤리를 나무에 박는 것과 같을 것이기 때문이다. 나는 기업가 정신을 우리의 문화적 DNA에 녹아들게만 하고 싶을 뿐이다. 회사 전체를 기업가로 채우는 것은 정말 나쁜 계획이다.

내게 리더를 양성하는 것은 너무 고상하고 평온한 일이고, 기업가를 양성하는 것은 너무 거칠고 혼돈스러운 일이었다. 그래서 나는 이 둘의 조합을 양성할 필요가 있다고 판단했고, 그 결과 안트러리더가 탄생했다. 나는 안트러리더가 다음과 같은 사람이기를 바란다.

• 열정적으로 봉사하는 사람
• 동기가 부여된 비전을 가진 사람
• 진실성이 있는 동시에 개성이 강한 사람
• 충실한 동시에 추진력이 있는 사람
• 절제할 수 있는 모험가
• 영향력이 있는 동시에 배움을 구하는 사람
• 겸허한 동시에 용기가 있는 사람

안트러리더의 개념을 파악했는가? 나는 훌륭한 리더가 되려는 열망으로 다듬어진 기업가의 힘을 원했으며, 기업가의 열정과 추진력을 겸비한 분별 있는 리더를 원했다. 이러한 특질들이 바로 내가 미래의 리더들에게서 찾는 것이고, 승리를 위해 매일 의식적으로 우리 팀에게 권장하는 것이다.

말은 중요하다. 우리가 회사에서 '직원'이라는 말 대신 '팀원'이라는 말을 사용하는 것은 의미 있는 일이다. 그것은 호칭을 바꿈으로써 얼간이들을 기분 좋게 만들어 노예로 부려 먹으려는 얕은 수작이 결코 아니다. 그것은 그들이 팀의 일원으로 대우받는 동시에 팀의 일원으로 행동해야 한다는 의미다. 누군가 당신을 안트러리더라고 부르는 것은 의미 있는 일이다. 그것은 당신이 독선적인 모험가가 아니라는 의미고, 당신이 회사 사람들을 단순한 노동력으로만 대하는 관료주의적인 우두머리가 아니라는 의미다.

안트러리더십의 정의

웹스터 사전의 정의에 따르면, 리더는 '다른 사람들을 통솔하고 인도하고 감화시키는 사람'이고, 기업가는 '조직하고 운영하고 위험을 감수하고 모험하는 사람'이다. 'entrepreneur(기업가)'의 어원은 '위험을 감수하는 사람'이라는 뜻의 프랑스어 'entreprendre'다. 그렇게 볼 때 안트러리더십은 '성장하고 번영하기 위해 모험을 야기하는 리딩(leading, 지휘 또는 통솔) 과정' 정도로 정의할 수 있을 것이다.

명칭을 부여하고 정의를 내렸으니, 이제 플레이북의 구성 요소들을 결정해야 했다. 우리는 먼저 안트러리더들이 우리의 방식으로 사업을 시작하고 운영하기 위해 반드시 필요한 것들의 목록을 작성했다. 우리는 우리의 문화에 대해 상당히 신경을 썼기 때문에 팀이 어떻게 성장하고, 동기부여가 되고, 보상받고, 통합되는지에 대해 설명할 필요가 있었다. 우리는 또한 상인이기도 하기에 우리 모두가 먹고살기 위해서는 무언가를 팔아야 한다는 것도 알고 있었다. 우리는 실무자이기 때문에 회계와 계약서 같은 기계적인 것들을 언급하는 것으로 끝을 맺었다. 그래서 우리의 플레이북은 '사업을 구축하고 성장시키는 방법과 관련해 당신이 그동안 알고 싶었지만 알 수 없었던 모든 것'을 종합적으로 담게 되었다.

안트러리더십의 기초

존 맥스웰은 《존 맥스웰 리더십 불변의 법칙》이라는 훌륭한 리더십 책을 집필했다. 이 책에서 존은 그의 법칙 중 하나인 '한계의 법칙Law of the Lid'에 대해 논한다. 그는 자기 자신과 조직의 미래에는 한계가 있는데, 그 한계는 바로 자기 자신이라고 말한다. 다시 말해, 내가 우리 회사의 문제고, 당신이 당신 회사의 문제라는 것이다. 그는 당신의 학력과 성격, 지위, 역량, 비전 등이 당신의 회사에 한계를 만들고 있다고 주장한다. 그러므로 당신의 꿈이 실현되는 것을 방해하는 것이 무엇인지 알고 싶다면 거울을 보라고 말한다.

내가 30대 초반에 처음으로 리더의 역할을 맡게 되었을 때, 나는 끔찍한 리더였다. 나는 야망과 추진력에 불타 임무를 충실히 이행하는 데만 몰두해 있었다. 어느 추운 겨울 아침, 나는 팀원들의 지각에 단단히 화가 났다. 항상 일찍 출근하는 나는 이를 이해하지 못했다.

"20분이나 늦게 출근해 놓고는 차가 막혀 늦었다는 변명 따위는 하지 말게. 해가 뜨기 전에 집에서 나서면 차가 막혀 늦을 일은 없지 않겠나? 출근 시간은 반드시 지켜야 하네. 월급을 받는 사람이 제시간에 출근하지 못한다면 도둑과 마찬가지야!"

사업 초창기였기에 모든 판매가 우리의 생존과 직결될 때였다. 모든 고객이 소중했고, 모든 팀원이 세 가지 일을 했다. 나는 그들이 게으름을 피우면 회사가 망해 일자리를 잃는다는 사실을 왜 모르는지 이해할 수 없었다. 물론 가끔은 화를 내는 것도 필요하지만, 그것이 영구적인 결과를 초래할 수도 있다는 것을 명심해야 한다. 부끄러운 이야기지만, 그날 아침 나는 팀원 열네 명의 의자를 영하 8도의 복도로 옮겨 그곳에서 팀원 회의를 했다. 거기서 나는 제시간에 출근하는 것에 대해 이야기했고, 우리 모두가 두 사람 몫을 하지 않으면 밖에서 추위에 떨게 될 것이라고 말했다.

리더로서 나와 같은 경험을 한 사람들은 지금 동감의 미소를 지을지도 모르겠다. 하지만 나는 이제 자신 있게 말할 수 있다. 두려움과 분노로 통솔하는 것은 리더의 통솔이 아니라는 것을 말이다. 그것은 부모가 두 살짜리 아이에게 하는 잘못된 육아 방식이다. 만일 리더인 당신이 이런 식의 통솔력을 발휘하면 당신의 직원들은 겁먹은 두 살짜리 아이처럼 행동할 것이다. 나는 여전히 우리 팀에게 정기적으로 직장 윤리에 대한 메시지를 전달한다. 하지만 그 메시지는 기교적으로 훨씬 잘 다듬어진 것이며, 팀을 밀어내기보다는 끌어당기는 것이다.

그때나 지금이나 내 회사의 문제는 그 누구도 아닌 바로 나 자신이다. 마찬가지로 당신 회사의 문제는 경기도 아니고, 기회 부족도 아니고, 당신의 직원도 아닌 바로 당신 자신이다. 이것은 어쩌면 당신이 원하던 이야기는 아닐지도 모른다. 하지만 좋은 소식도 있다. 당신이 문제라면 그 문제를 풀 수 있는 해결사 역시 당신이라는 것이다. 그 문제를 가장 쉽게 해결할 수 있는 사람은 당신이다. 당신은 성장하기로 마음먹을 수 있다. 당신의 능력과 성격, 지식, 아량을 향상시켜라. 당신은 당신이 어떻게 되고 싶은지를 결정할 수 있고, 사업을 해나가면서 그런 사람이 될 수 있다.

나는 수업을 하면서 이 교훈을 미래의 안트러리더들에게 전했는데, 휴식 시간에 조지라는 사람이 내게 다가와 나의 말이 맞지 않는 것 같다고 이야기했다. 자신이 석고 보드 벽 사업을 하고 있는데, 월급이 아깝지 않게 일하는 일꾼이 하나도 없었다는 것이다. 그들은 모두 게으름을 피웠고, 일솜씨도 형편없었다고 했다. 조지는 얼굴을 붉히며 자신이 사업을 하는 데 가장 큰 문제는 형편없는 일꾼들이라고 말했다. 내가 형편없는 일꾼들 역시 당신의 잘못이라고 말하자, 그의 얼굴은 더욱 붉어졌다. "왜 그렇죠?" 하고 그가 반항적인 태도로 물었다. 나의 대답은 간단했다. 나는 그에게 처음에 그 일꾼들을 고용한 사람이 당신이기 때문이라고 말했다. 그리고 더 나쁜 것은 계속 그들과 함께 일한 것이라고 말했다. 그는 자신이 가진 돈으로는 훌륭한 일꾼을 구할 수 없었다고 반박했다. 그래서 나는 이렇게 대답했다.

"조지, 그것 역시 당신의 잘못입니다. 더 많은 임금을 주고 더 나은 일꾼을 고용한다면 고객에게 더 많은 공사비를 청구할 수 있어요. 작업의 질이 훨씬 나아진다면 충분히 그럴 수 있습니다. 당신의 일꾼들이 저지르는 잦은 실수들을 일일이 해명할 필요도 없고요. 당신 사업에서의 문제는 다 당신의 잘못된 선택에서 오는 것이니 결국 당신이 문제라는 겁니다. 이건 나쁜 소식이기도 하지만, 좋은 소식이기도 합니다."

나의 이러한 생각을 정확히 보여 주는 사례가 있다. 우리 팀은 같은 지역에서 조경업을 하는 두 남자를 비슷한 시기에 카운슬링했던 적이 있다. 한 남자는 생계를 유지하기 힘들어 사업을 접으려 하고 있었다.

"이 불황에 조경업으로 돈을 벌 수 있는 사람은 아무도 없을 겁니다."

반면, 다른 남자는 조경업을 한 이래 최고의 수익을 낸 한 해를 보내고 있었다. 그들은 같은 지역에서 같은 사업에 몸담고 있었는데도 정반대의 결과를 낳았다. 그 이유가 뭘까? 무엇이 사업의 성패를 결정지은 것일까? 그것은 바로 사업을 책임지는 두 사람의 차이였다. 선장에 따라 배의 운명이 바뀐다. 당신 사업의 운명을 결정지을 수 있는 사람은 회사라는 커다란 배의 선장인 바로 당신이다. 지금 당장 당신이 어떤 선장이 될 것인지 결정하라. 준비, 출발!

위에서 아래로

스스로에게 안트러리더로서의 동기를 한층 더 부여하려면 조직의 상부에서 일어나는 모든 일이 조직 전체에 영향을 끼친다는 것을 인식해야 한다. 구약 시대에 왕의 즉위를 공표할 때, 이스라엘 사람들은 즉위할 왕의 머리 위에 다량의 성유聖油를 뿌리는 전통을 갖고 있었다. 성유는 하나님의 신성을 상징했다. 리더의 머리 위에 흠뻑 뿌리는 성유는 머리카락과 수염을 타고 내려와 몸 전체를 적시며 떨어졌는데, 이는 하나님의 축복이 왕을 거쳐 왕국 전체에 깃든다는 것을 상징했다. 당신은 당신 사업의 '왕'으로서 이 장엄한 장면을 머릿속에 생생히 담아 두어야 한다. 당신의 개인적인 강점은 당신 회사의 강점이며, 당신의 개인적인 약점은 당신 회사의 약점이다.

나는 판매로 잔뼈가 굵었다. 그래서 우리 회사는 항상 마케팅과 판매에 강점을 보였다. 나는 기업가 정신이 매우 투철한 사람이기 때문에 나의 회사 역시 충동적이고 성급하게 행동하는 경향이 있었다. 그래서 우리는 좀 더 신중하고 전략적으로 생각하고 행동하는 팀원들을 높이 평가하고 양성함으로써 이러한 약점을 보완해 나가야 했다. 우리는 타고난 강점은 더욱 개발하고, 타고난 약점은 고치려고 노력해야 했다. 그리고 그것은 모두 나의 책임이었다.

나는 아버지로부터 1억만 달러의 회사를 물려받은 사람과 이야기를 나눈 적이 있다. 영리하고 성공적인 안트러리더인 그는 불과 10년 만에 1억만 달러의 회사를 3억만 달러의 회사로 성장시켰나. 그는 아버지보다 더 성공했지만, 아버지를 향한 존경과 감사의 마음은 변함없이 간직하고 있었다. 그는 나에게 회사를 설립한 아버지의 강점은 특정 지점까지만 회사를 성장시킬 수 있었기 때문에 회사를 더욱 성장시키기 위해서는 새로운 접근법이 필요했다고 설명했다.

"설립자인 아버지의 훌륭함은 우리를 딱 거기까지만 데려고 올 수 있었어요."

안트러리더는 위력적이다

진정한 안트러리더가 되려면 당신은 스스로에게 큰 힘이 있지만 그것을 좀처럼 사용하지 않는다는 것을 깨달아야 한다. 다시 말해, 진정한 안트러리더는 자신이 갖고 있는 엄청난 힘을 하나의 도구로서 잘 사용해야 한다. 당신이 매달 팀원들의 급료를 지불하는 순간, 당신은 그들의 삶을 좌지우지할 수 있는 힘을 가진다. 당신에게는 그들을 해고할 수 있는 권리가 있는 것이다. 이것이 당신의 지위가 당신에게 부여하는 '지위의 힘'이다. 만일 당신이 이러한 지위의 힘으로 조직을 이끈다면 당신은 단순히 우두머리에 불과할 것이다. 누구나 우두머리는 될 수 있다. 다른 아이들보다 일주일 앞서 맥도날드에 취직한 아이는 '감자튀김 책임자'로 승진해 시간당 25센트 인상된 급료를 받게 된다. 그러고는 감자튀김의 나치가 되어 자신의 지위가 갖는 힘을 행사한다.

나도 한때 그런 아이였던 적이 있다. 스물두 살 때 나는 대규모 주택 건설 회사에서 부동산을 팔았는데, 우리 팀에서 판매 실적이 가장 좋았다. 그러자 회사는 나를 판매부 매니저로 승진시키는 어리석은 결정을 내렸다. 나는 그 즉시 판매부의 나치가 되어 우리 팀원들을 쥐고 흔들었다. 심지어 다른 팀의 팀원들에게도 나의 지위를 남용했다. 결국 회사는 3주 만에 나의 승진을 취소하고, 다시 예전의 지위로 강등했다. 나는 지위와 진정한 리더십을 혼동했고, 그 때문에 몇몇 친구들을 잃었으며, 나의 인간관계를 악화시켰다. 단순히 자녀를 갖는다고 해서 좋은 부모가 되는 것은 아니다. 아이를 낳았다는 것은 당신이 성관계를 했다는 의미일 뿐이다. 그것이 전부다. 제대로 된 부모가 되려고 노력하지 않는다면 말이다.

안트러리더는 자신의 팀을 훌륭한 팀으로 성장시킬 수 있는 유일한 힘은 설득뿐이라는 것을 잘 알고 있다. 설득이 밧줄을 끌어당기는 것이라면, 지위에 의존하는 리더십은 밧줄을 놓는 것이다. 우리 모두 밧줄을 놓아서는 안 된다는 것을 알고 있다. 당신이 단순히 직원을 원한다면 당신의 지위를 이용해 그들을 쥐고 흔들면 된다. 하지만 팀원을 원한다면 당신의 입장과 의도를 그들에게 설명해야 한다. 그들이 당신이 부탁한 것을 하지 않는다면 왜 그것을 해야 하는지를 반복해 설명해야 한다. 그런데도 그들이 계속 당신의 뜻을 따르지 않는다면 그들은 직장을 옮겨야 한다.

나에게는 세 명의 아이가 있다. 많은 부모가 10대 자녀들에 대해 불평불만을 늘어놓지만, 우리 부부는 아이들의 10대 시절을 함께 재미있게 보냈다. 우리 아이들은 완벽하지는 않지만 '꽤 괜찮은' 10대 시절을 보냈다고 할 수 있는데, 그 이유 중 하나가 리더십이었다.

나는 14세의 아이들이 다중 인격 장애를 겪고 있다는 사실을 발견했다. 한창 성장하고 있는 그들의 작은 신체 안에는 두 사람이 들어 있다. 즉, 4세 아이와 34세 성인이 들어 있는 것이다. 문제는 특정 시점에 어떤 사람이 모습을 드러낼지 부모인 당신도 전혀 모른다는 것이다. 10대들은 성인으로 대접받고 싶다는 강렬한 욕망을 갖고 있지만, 성인처럼 행동할 능력이 없는 경우가 대부분이다. 그래서 나는 내가 지금 어떤 사람과 이야기하고 있는지 아이에게 직접 물어보기로 했다. 4세의 아이와 이야기하는지 34세의 성인과 이야기하는지를 아이에게 직접 물어본 것이다. 만일 내가 나이에 맞게 설명하고 요구하지 않는다면 문제가 발생할 것이기 때문이다. 빌 코스비Bill Cosby는 이렇게 말했다.

"나는 당신 안에 있는 또 한 명의 당신을 끄집어내어 당신과 똑같은 또 다른 사람을 만들 수 있다."

이것이 바로 지위에 의존하는 리더십이다. 만일 내가 자녀나 팀을 다룰 때 지위에 의존한다면 나는 미래를 만들어 가는 것이 아니다. 그들은 내 앞에서는 내가 원하는 것을 하는 척하겠지만, 내가 등을 돌리자마자 제 갈 길로 갈 것이다. 내가 그들에게 동기를 부여하지 않았기 때문이다. 만일 내가 34세의 성인과 말한다면, 나는 그들이 왜 새벽 2시까지 밖에서 놀면 안 되는지, 또 담배를 피우거나 임신을 해서는 안 되는지를 설명할 수 있다. 그들보다 연륜 있고 현명한 나는 우리가 원하는 목표를 모두 달성하기 위해 일정한 범위 내에서 행동하도록 그들을 설득하려 할 것이다. 만일 내가 그들을 설득하는 데 성공한다면 나는 우리의 미래를 만들어 가는 것이며, 설득하지 못한다면 결코 갈 수 없는 미래로 함께 나아가는 것이다.

설득의 리더십은 그 순간에는 많은 시간과 노력을 필요로 하지만, 오랜 시간을 두고 봤을 때는 훨씬 더 효과적이다. 팀원 또는 10대의 아이에게 이유를 설명하고 그들을 납득시키면 그들은 다음에 당신이 없을 때도 똑같은 결정을 내릴 가능성이 훨씬 커진다. 그들이 자기 자신을 위해 사고하는 법을 배우면 당신은 그들의 일거수일투족을 감시할 필요가 없다.

지위에 의존하는 리더십은 많은 시간을 요하지는 않지만, 계속 반복해야 한다. 지위에 의존하는 당신에게는 자녀나 팀이 자랑의 대상이 아니라 실망의 대상이기 때문에 당신은 결코 그들과 함께 즐거운 시간을 보낼 수 없다.

벤자민 잰더Benjamin Zander는 1979년부터 보스턴 필하모니 오케스트라의 지휘를 맡아 왔다. 그는 45세 때 비로소 내면의 변화를 경험했다. 그는 테드Ted 컨퍼런스에서 이렇게 말했다

"20년 동안 지휘를 해온 제가 갑자기 깨달았습니다. 오케스트라의 지휘자는 어떤 소리도 내지 않는다는 것을 말이죠. 지휘자의 힘은 다른 사람들이 힘을 발휘할 수 있게 만드는 데 있습니다. 이 깨달음이 저의 모든 것을 변화시켰습니다. 저의 임무는 다른 사람들에게 내재된 가능성을 끄집어내는 일이란 것을 깨달았죠. 그들의 눈이 반짝이면 저는 지휘를 하고

있는 것입니다. 반면, 그들의 눈이 반짝이지 않으면 저 자신에게 물어보아야 하죠. '연주자들의 눈을 반짝이게 하지 못하는 나는 지금 뭘 하고 있는 걸까?' 하고 말입니다."

시중을 드는 사람이 되어라

한 기독교 리더십 세미나에서 강연자는 훌륭한 리더는 항상 하인과 같아야 한다고 말했다. 나는 그 말을 듣고 처음에는 '농담이겠지. 하인이 되려면 재계에서 일해야지, 왜 여기서 사업을 하고 있겠어? 나는 절대 하인이 되지 않을 거야'라고 생각했다.

하지만 지금 나는 안트러리더가 되려는 사람들을 가르칠 때 종종 이와 같은 생각을 전한다.

"리더는 하인의 마음가짐을 가져야 합니다."

그러면 완고한 사업주들은 내가 기독교 리더십 세미나에서 보였던 것과 똑같은 반응을 보인다.

"하인이라고요? 농담이시겠죠!"

그들이 이렇게 반응한 이유는 내가 그때 그렇게 반응한 이유와 똑같을 것이다. 나는 '하인'이라는 단어를 '복종하는 사람'이라는 뜻으로 받아들였다. 팀원들에게 90도 인사를 하고, 그들에게 어느 정도 종속되어야 한다는 개념으로 받아들였던 것이다.

'하인'이라는 것이 부모 노릇을 함으로써 자녀에게 봉사하는 것과 마찬가지로 팀을 통솔함으로써 팀에 봉사한다는 개념이라는 것을 이해하게 되자 내 마음은 편안해졌다. 팀원을 질책하거나 심지어 이직을 권고

하는 것도 그 팀원에게 봉사하는 것일 수 있으며, 여성 팀원을 성추행하는 남성 팀원을 즉시 해고하는 것도 나머지 팀원들에게 봉사하는 것일 수 있다. 또 팀원들을 가르치고 멘토링하는 것도 팀원들에게 봉사하는 것일 수 있다. 따라서 나는 리더로서 팀원들과 회사를 위해 그들에게 봉사하고 있는 것이다.

매년 여름 우리 회사는 대대적으로 단체 야유회를 간다. 내가 어떤 모임이나 행사에 갈 때마다 나의 비서는 모든 참여자의 정보(내가 그들을 모를 경우)와 행사 일정 등을 기술한 보고서를 작성해 내게 건넨다. 어느 여름, 나는 아내와 10대 아들 한 명을 데리고 회사 야유회에 갔다. 당시 우리 팀은 평균 연령이 30세도 안 되는 꽤 젊은 팀이었다. 그래서 어린 자녀를 둔 팀원들이 많았다. 그날 야유회에 대한 정보를 훑어본 나는 600명의 참석자 중 97명이 10세 미만이라는 것을 알았다. 그래서 우리는 거대한 공기 주입식 고무 집과 미끄럼틀을 비롯해 아이들을 위한 놀이와 게임을 여러 가지 준비했다. 주차를 하고 행사가 이미 시작된 캠프를 보니 마치 거대한 어린이집처럼 보였다. 그야말로 어린아이들 천지였던 것이다. 아내는 곧바로 팀원들을 만나 대화를 시작했고, 나와 10대 아들은 아이들이 만들어 놓은 이 혼돈의 세계를 뚫고 바비큐를 하는 곳으로 걸어갔다. 아들은 나를 보며 10대라면 누구라도 할만한 질문을 던졌다.

"아빠, 제가 언제까지 여기 있어야 하죠?"

순간 지금이 가르침을 펼 때라는 생각이 나의 뇌리를 스쳤다.

"아들, 주위를 한번 둘러봐. 뭐가 보여?"

"꼬맹이들밖에 안 보이는데요."

나는 웃으며 동의했다.

"맞아. 여기에는 10세 미만 꼬맹이들이 97명이나 있어. 이 아이들은 모두 우리 팀원들의 자녀들이지. 그것이 무슨 의미인지 알겠니?"

"아뇨."

"이 아이들과 이 아이들 부모의 생계와 미래는 내가 어떻게 행동하느냐에 달려 있어. 만일 내가 문란한 삶을 살거나, 그들을 기만하거나, 회사를 엉망으로 만든다면 여러 사람의 생계와 미래에 심각한 문제가 생기게 되지. 봉사하는 리더로서 나는 최소한 저 꼬맹이들에 대해 부분적인 책임은 져야 한다고 생각한단다."

"아빠, 꽤 무거운 책임 같은데요?"

"네 말이 맞다. 하지만 우리는 많은 것을 받은 만큼 그에 대한 책임을 져야 해. 우리 가족은 우리 회사의 성공 덕택에 금전적으로, 또 기타 여러 가지로 혜택을 누리고 있어. 그래서 우리는 리더의 가족으로서 진지하게 책임감을 느껴야 하는 거야. 아들, 심지어 네가 잘못된 행동을 하더라도 저 아이들 중 몇몇의 미래가 잘못될 수도 있어. 극단적인 예로, 만일 네가 술에 취해 싸움이 붙어 다른 사람의 머리를 때렸는데 그 사람이 죽었다면 우리는 엄청난 배상금을 지불해야 할 테고, 그렇게 되면 우리 회사의 모든 사람이 직장을 잃을 수도 있다는 거지. 너는 우리 가족의 일원으로서 축복을 누리고 있어. 우리의 성공이 허락하는 모든 것을 가질 수 있고, 할 수 있다는 얘기지. 그런 만큼 네게는 우리 가족을 자랑스러운 가족으로 만들어야 할 책임도 있다는 거야. 이제 바비큐를 좀 먹자."

이 개념을 설명할 또 다른 사례가 있다. 내게는 소규모 제조업체의 CEO인 친구가 있다. 그는 자신의 팀을 사랑하지만, 팀원들에게 탁월함을 요구하는 아주 엄격한 리더다. 그런데 경기 침체로 공장에 주문이 들어오지 않자 그는 250명이 넘는 생산직 팀원 대부분을 임시 해고할 수밖에 없었다. 팀원들 중 일부는 수십 년 동안 친구의 공장에서 일했고, 그들과 그들의 가족은 내 친구와 가장 친한 친구 사이였다. 친구에게 안부전화를 걸어 어떻게 지내는지 묻자 친구는 공장을 다시 가동할 수 있을 때까지는 자기 차를 주차장 맨 끝자리에 주차하기로 마음먹었다고 말했다. 주차장 맨 끝자리에 주차한다는 것은 매일 아침 250자리나 비어 있는 주차 공간을 걸으면서 자신의 팀원들을 하루빨리 공장으로 복귀시키는 것이 자신의 임무임을 떠올리는 것을 의미했다. 이것이 진정한 안트러리더다.

그렇다면 어떻게 이러한 리더의 봉사 정신을 배양하고, 그 정신에 따라 살 수 있을까? 방법은 간단하다. 특전을 포기하면 된다. 매일 구내식당에서 팀원들과 함께 점심을 먹고, 스스로 커피를 타고, 전용 주차 공간을 없애라. 팀원들로 하여금 리더인 당신이 자신들과 함께한다는 느낌을 가질 수 있게 하는 작은 행동들을 실천하라.

우리는 매년 몇 차례 트럭 한 대 분량의 장비와 제품을 판매하는 행사를 한다. 요즘은 창고에서 모든 것을 미리 포장해 트럭에 싣고 나오지만, 몇 년 전만 해도 우리는 하나의 팀으로서 모두 함께 트럭에 장비와 제품을 싣고 내렸다. 부사장과 이사, CEO를 비롯해 경영진 전체가 동참한 이 작업은 약 30분 만에 끝났으며, 물론 나도 트럭에 올라타 짐을 싣고 내리는 것을 도왔다. 나는 이것이 결코 대단하고 특별한 일이라고 생각하지 않았다. 그런데 어느 날 행사가 끝난 뒤, 새로운 팀원 한 명이 내게 이메일을 보내왔다. 자신이 지금껏 진정한 리더 밑에서 일해 본 적이 없었다는 사실을 오늘에서야 깨달았다는 내용이었다. 입사한 지 2주도 채 되지 않은 그는 CEO가 직접 자신에게 상자를 건네주는 것을 보고 감명을 받았던 것이다. 그날 나는 일하는 데 30분밖에 할애하지 않았지만, 그것은 여러 해 동안 나와 팀의 관계에 긍정적인 영향을 끼쳤다.

열정

여러 조직 및 리더십에서 크게 결여된 리더십의 기본 요소가 또 하나 있다. 바로 열정이다. 열정 없이는 훌륭한 리더가 될 수 없다. 열정은 전진하게 하고, 역량을 배가시킨다. 열정은 여러 가지 실수를 덮어 주기도 한다. 진정한 안트러리더는 깊은 관심과 애정을 쏟는데, 기본적으로 이것이 열정이다. 열정은 소리 지르고 흥분하는 것이 아니라 단순히 지극정성을 다하는 것이다. 당신과 당신의 팀이 맡은 일에 정성을 다하면 품질과 탁월함, 고객 만족, 팀원으로서의 자긍심, 더 높은 수익성 등은 자연스럽게 뒤따라온다. 다시 말해, 당신이 진정으로 조직에 관심을 갖고 애정을 쏟으면 여러 가지 긍정적인 일들이 자연스럽게 일어나기 시작한다는 것이다.

당신이 진정으로 팀을 생각하면 자연스럽게 '행동'이 뒤따르게 된다. 열정적인 리더와 팀이 있는 조직은 더 많은 에너지를 갖고 있다. 소극성은 리더십의 반대말이다. 성공적이지 못한 조직에는 행동할 필요성과 행동할 수 있는 역량이 결여되어 있다. 조직에 열정을 불어넣고 열정적인 사람들을 투입해 결과를 얻어 내는 것이 안트러리더의 임무다. 오늘날 많은 기업을 보면 훌륭한 리더도 많지만, 재능은 있는데 열정이 없는 리더도 많다. 왜일까? 그 기업의 리더가 그렇기 때문이다. 당신은 열과 성을 다해야 한다. 그러면 그 열정은 조직 전체로 퍼져 나갈 것이다.

행동을 부르는 열정은 생산성과 품질을 향상시킨다. 열정적인 직원은 교육을 받지 않아도 고객에게 정성을 다하며, 생산성과 품질이 뛰어난 회사의 리더와 팀원들은(심지어 고객들까지) 자사의 브랜드와 사업에 열정적이다.

열정의 또 다른 놀라운 힘은 리더와 팀원, 고객들을 더 너그럽게 만든다는 것이다. 직원이 정성을 다하고 있다는 것을 느끼는 고객은 직원의 실수에 관대해진다. 이러한 실수가 무관심이나 실력 부족 탓으로 자주 일어나는 일이 아니라는 것을 알기에 고객은 직원의 실수를 눈감아 준다. 반면, 당신과 당신의 회사가 정성을 다하지 않는다고 느끼는 고객은 당신의 실수를 그냥 지나치지 않는다.

당신과 당신의 팀이 열과 성을 다하는 것을 느끼는 고객은 당신의 회사를 옹호한다. 나는 애플 컴퓨터 사용자가 아니라 마이크로소프트 컴퓨터 사용자다. 나와 내 자녀들은 아이팟을 사용하고 우리 회사도 몇몇 뛰어난 애플 제품을 사용하지만, 내가 사용하는 컴퓨터는 맥이 아니다. 애플과 아이튠즈는 고객 서비스 분야에서 전설적인데, 이것이 그들의 성공 비결 중 하나다. 그들은 과연 세스 고딘의 말처럼 '부족tribe'을 구축했다. 즉, 그들의 제품에 변치 않는 열정을 보이는 고객 집단을 탄생시킨 것이다.

나는 나만을 위한 IT 전문가를 둘 정도로 컴퓨터를 잘 다루지 못한다. 내 실수의 99.9퍼센트가 멍청한 조작자의 에러라면 어느 정도인지 알 것이다. 그래서 내가 아이튠즈에 처음 등록한 후 하염없이 헤맸다는 사실은 나를 비롯해 나를 아는 모든 사람에게 조금도 충격적인 사건이 아니었다. 나는 이메일을 통해 애플에 문의했고, 그들은 42시간 후에 답변을 해주었다. 그리고 인내심을 가지고 나의 문제를 끝까지 해결해 주었다(그들의 문제는 하나도 없었다).

언젠가 나는 지인들과 대화를 나누던 중 애플의 답변을 받는 데 며칠이 걸렸다는 이야기를 무심코 했다. 그러자 함께 대화를 나누던 '애플 부족' 세 명이 세계 최고의 고객 서비스를 자랑하는 그들이 절대 그럴 리가 없다며 그들을 옹호했다. 분명 나의 착각일 거라는 것이었고, 결국 그들의 말이 옳았던 것으로 드러났다. 애플의 열정적인 경영 덕에 이 세 고객이 애플 전도사가 되었다는 것이 내게는 상당히 흥미롭게 다가왔다. 역시 애플이야!

이와 같은 관대함 또는 열정의 확산은 당신의 팀에도 적용된다. 심지어 그것은 리더와 팀 사이에도 적용된다. 진정으로 열과 성을 다해 일하고 있다고 믿는 팀원이 실수를 한다면 리더는 그 팀원에게 한 번 더 기회를 줄 것이다. 하지만 팀원이 열정이 없고 무성의한 경우, 리더는 그 팀원에게 인내심을 발휘하기 힘들다. 반대로 팀원들이 리더의 진정한 의도를 헤아린다면 리더가 실언을 했거나 심지어 상황을 엉망으로 만들어 놓더라도 팀원들은 그 리더를 포용할 것이다. 팀원들 간에 강한 결속력이 생기려면 팀원들 모두가 진정으로 서로를 신뢰해야 한다. 그들이 서로의 열정적인 의도를 신뢰할 때, 그들의 성격과 문화, 학력의 차이는 그리 중요한 것이 아닐 것이다.

우리는 다양성이 두드러지는 팀이다. 그래서 외부 사람들은 우리가 서로를 진정으로 아끼는 방식에 종종 놀라움을 금치 못한다. 우리가 서로에게 각별한 애정을 가질 수 있는 비결 중 하나는 우리의 대의에 열정을 보이지 않는 사람은 애초에 뽑지도 않을 뿐 아니라 계속 함께하지도 않는다는 데 있다. 단순히 일자리를 찾는 사람은 결코 우리 회사에서 일할 수 없다.

훌륭한 리더를 만들고 우수성을 창출하기 위한 핵심은 열정이다. 그래서 나는 항상 학력이나 재능보다 열정을 더 높이 산다. 재능과 열정을 겸비하면 더 좋겠지만, 둘 중 하나만 선택해야 한다면 나는 주저 없이 열정을 선택한다. 라 로슈푸코La Rochefoucauld는 이렇게 말한 적이 있다.

"교육을 받지 못했지만 열정이 있는 사람이 언변은 뛰어나지만 열정이 없는 사람보다 더 설득력이 있다."

지금까지 살펴본 것들이 당신과 내가 우리의 플레이북을 함께 살펴 나가는 데 기본적으로 필요한 몇몇 기초 사항이다. 이 책을 읽어 나가면서 실제로 매일 이러한 것들을 실천하고 있는지 점검하기 바란다. 우리의 플레이북은 결코 이론서가 아니다. 아울러 우리의 플레이북이 최고의 플레이북이라는 것을 기억하기 바란다. 우리는 지금도 승리하고 있고, 앞으로도 승리할 것이다. 당신은 지금 한 번도 급료 지불 명부와 마주하지 않았거나, 한 번도 죽을 만큼 두려워해 본 적이 없거나, 오로지 이론 시험만을 치른 사람에게서 배우고 있는 것이 아니다. 당신은 지금 매일 헬멧을 쓰고 다른 선수들과 몸싸움을 해 승리를 쟁취하는 한 사내에게서 배우고 있는 것이다.

Part 2

꿈으로 시작하고, 목표로 끝맺어라

당신의 꿈과 비전, 사명 선언문,
목표와 함께 호흡하기

1972년에 나는 혈기왕성한 열두 살 소년이었다. 그해 나는 부모님, 여동생과 함께 주州 간 고속도로를 달리는 긴 여행을 했다. 부동산업을 한 부모님은 이 긴 여행 내내 차에 동기부여 강연 카세트를 틀어 놓고 나와 여동생을 고문했다. 부모님은 꿈을 갖고 크게 생각하며 원하는 것은 무엇이든 될 수 있다는 것을 배우는 것이 우리에게 큰 도움이 될 것이라고 말했다. 나는 후덥지근한 차의 뒷자리에 갇혀 얼 나이팅게일Earl Nightingale의 굵은 목소리를 듣지 않아도 된다면 더 이상 바랄 게 없다는 심정이었다. '당신이 생각하는 대로 될 수 있는 가장 특이한 비법'에 대해 강연하는 그의 목소리는 마치 하나님의 목소리처럼 들렸다. 그리고 "목표하는 것을 달성하라. 만일 당신이 목표하는 것이 없다면 당신은 매번 아무것도 달성하지 못할 것이다"라고 주장하는 지그 지글러Zig Ziglar의 비음 섞인 목소리는 미시시피 억양으로 들렸다.

흥미로운 점은 지금에 와서 돌이켜 보면 그 훌륭한 강연자들의 메시지가 내 영혼에 깊이 스며들었다는 것이다. 나는 그것이 부모님이 나와 여동생에게 준 선물이라는 것을 깨달았다. 그 차 안에서 들은 강연이 내 인생의 수많은 성공의 시발점이 되어 주었다는 것을 확신하기 때문이다. 비록 자발적인 청자는 아니었지만, 나는 꿈을 가져야 하고, 그 꿈을 실현하기 위해 무언가를 해야 한다는 것을 배웠다. 지금 지그 지글러와 그의 가족의 친구가 된 나는 그러한 점을 더욱 절실히 깨닫게 되었다. 얼 나이팅게일은 지금 세상에 없지만, 내 자리 뒤쪽에 있는 책장에는 동기부여 강연으로는 최초로 100만 장 판매 기록을 세운 그의 〈가장 낯선 비밀The Strangest Secret〉 LP판이 꽂혀 있다. 그 두 사람을 비롯해 그들과 같은 사람들은 우리에게 얼마나 소중한 유산을 남겼는가!

몽상가

영화와 시, 세미나 등은 "꿈을 크게 가져야 한다"고 말한다. 지당한 말이다. 우리는 항상 꿈을 가져야 한다. 꿈을 갖는다는 것은 희망을 잃지 않는다는 의미다. 꿈을 갖는다는 것은 아직 승리할 수 있다고 생각한다는 의미다. 꿈을 갖는다는 것은 젊음을 유지하고 있다는 의미다. 꿈은 당신의 젊음을 지켜 주기 때문이다.

안트러리더는 항상 미래를 꿈꾼다. 그들은 아침에 일어나 커피를 마시면서 두 가지 아이디어를 생각하고, 조깅을 하면서 세 가지 아이디어를 생각하고, 샤워를 하면서 여섯 가지 아이디어를 생각한다. 출근도 하기 전에 이미 열 가지 이상의 꿈을 생각하는 것이다. 꿈은 성장하는 사람이나 조직의 혈액과도 같다. 만일 당신이 최근에 새로운 것이나 더 크고 더 좋은 것을 꿈꾸지 않았다면 지금 이 기회를 새로운 출발의 계기로 삼기 바란다.

꿈은 또한 부정적인 의미를 갖기도 한다. 어떤 사람들은 꿈을 꾸는 것으로 그친다. 그들은 꿈을 실현하기 위해 어떠한 행동도 하지 않는다. 나와 같은 안트러리더는 꿈을 향해 나아가지 않는 사람들을 상당히 싫어한다. 우리는 이러한 사람들을 몽상가라 부르며, 못마땅한 기색을 숨기지 않는다. 훌륭한 안트러리더인 내 멋진 친구 하나는 최근 나와 커피를 마시며 자기 딸이 몽상가와 사귀고 있다고 말했다. 친구는 이렇게 덧붙였다.

"둘이 결혼하면 우리 집 지하에서 살게 될 거야."

당신은 단지 꿈만 꾸는 몽상가가 되지 말고, 꿈을 크게 갖고 그 꿈을 향해 나아가는 사람이 되어야 한다. 그런 사람은 여자친구의 아버지를 흡족하게 만들 것이다.

꿈을 실현하기 위해서는 단지 꿈을 갖는 것으로 그치지 말고, 그 꿈을 실현하기 위해 무언가를 해야 한다. 당신은 일어나서 동굴 밖으로 사냥을 나가 무언가를 잡아서 동굴로 돌아와야 한다. 그래야 뭐라도 먹을 수 있지 않겠는가? 요리가 다 된 오리 고기가 동굴 안에서 날아다니지는 않을 테니 말이다. 오리 사냥을 나가야만 오리를 잡을 수 있다. 하지만 많은 사람이 자신에게 특별한 힘이 있다고 생각한다. 그들은 요리된 오리 고기가 동굴 안에서 날아다니게 할 수 있는 비법을 알고 있다고 생각한다. 당연히 그런 비법은 있을 수 없다. 당신은 아침에 일찍 일어나 맛있는 오리 고기를 꿈꾸며 오리 사냥을 나가는 것부터 시작해야 한다. 그것이 꿈이다. 그리고 그 꿈을 이루기 위해 당신은 부지런히 움직여야 한다.

나는 꿈이 승리의 결정적인 요인이라고 생각한다. 하지만 꿈이라는 것은 제대로 규명하기가 어렵다. 꿈은 광범위하고 흐릿하며 짙은 안개에 가려 있다. 당신의 꿈에 살을 붙여 나가면서 그 꿈이 구체적인 모양을 갖추기 시작할 때 짙은 안개가 점점 걷히기 시작한다. 꿈이 구체적인 형태를 갖추어 나갈 때, 나는 그 꿈을 비전이라 부른다. 비전은 당신의 꿈을 무언가로 발전시키는 다음 단계다. 비전은 더 선명한 꿈이다. 꿈은 당신이 안개를 걷어 내 그 꿈을 또렷한 비전으로 바꾸어 나갈 때만 실현될 수 있다.

비전

비전은 보는 능력이다. 헬렌 켈러Helen Keller는 "세상에서 가장 가련한 사람은 볼 수는 있지만 비전이 없는 사람이다"라고 말했다. 진정으로 보는 능력, 즉 비전은 안트러리더가 가져야 하고, 더욱 발전시켜야 할 기술이다. 비전이 없는 사람은 그저 일자리를 갖고 있을 뿐이다. 그들은 나아가야 할 곳을 모르기 때문에 그저 제자리에 서서 존재할 뿐이다. 성경은 이렇게 말한다.

"계시(비전)가 없으면 백성들은 망한다(잠언 29장 18절)."

기독교인인 나는 비전을 주제로 한 설교를 수도 없이 들었다. 아울러 비전이라는 하나의 주제만을 논한 책들도 꽤 보았다. 그래서 나는 항상 성서를 '비전서'라고 생각했다. 그러던 어느 날 나는 작은 사업체를 운영하는 사업가의 눈으로 성서를 보기 시작했고, 그러자 '망하다'라는 단어가 새롭게 다가오기 시작했다. 당신의 조직에 비전이 없으면 당신은 망한다. 당신의 팀원들은 단순한 '직원들'이 되어 의욕을 잃어버린다. 그러면 직원의 이직률은 높아지고, 회사 매출은 감소한다. 나는 비전의 부재라는 이유 하나만으로 망하는 기업들을 무수히 목격했다. 이러한 기업들은 다른 핑계를 대지만, 실제로는 비전의 부재나 결핍이 사업 실패의 유일한 이유였다.

비전이 없으면 결혼도 실패한다. 당신의 가족은 휘청대고, 당신의 영혼은 절뚝거리며, 당신의 몸은 살이 찌고, 당신의 돈은 사라진다. 비전은 우리 삶의 모든 영역에 지대한 영향을 끼친다. 비전이 없거나 명확하지 않은 사람은 후퇴하기 마련이므로 이 장을 당신의 팀이나 가족과 공유하는 것이 좋다. 구체적인 비전을 움켜쥐고, 비전이 있는 사람들에게 둘러싸여라.

당신은 안트러리더로서 당신의 비전을 당신의 팀과 일찌감치, 그리고 자주 공유해야 한다. 비전은 공유하면 할수록 더 좋다. 앤디 스탠리는 그의 탁월한 저서 《비저니어링Visioneering》에서 다음과 같이 말했다.

"당신의 팀이 당신의 비전을 소화하고 믿을 수 있도록 당신의 비전을 스물한 차례 반복해야 한다. (……) 조직이 성장하고 변화함에 따라 조직이 비전을 반영할 수 있도록 당신은 끊임없이 비전을 수정 · 보완해야 한다."

사명 선언문

1980년대 비즈니스계에서 두각을 나타낸 두 개의 유행어는 '패러다임 전환paradigm shift'과 '사명 선언문mission statement'이었다. 마치 당시의 모든 경제경영 서적이 "우리는 사물과 상황을 보는 새로운 방식을 가질 필요가 있고, 자기 자신의 사명과 회사의 사명을 모든 사람이 볼 수 있도록 명확하게 진술할 필요가 있다"고 말하는 것 같았다. 나는 모든 것을 의심하는 경향이 있다. 나는 지구상에서의 나의 사명을 두세 개의 잘 다듬어진 문장으로 집약하는 것에 상당한 거부감을 느꼈다. 아울러 그 짧은 문장 안에 빠르게 성장하고 변화하는 우리 조직의 미래를 모두 담아낼 수 없다고 생각했다.

나는 회사의 벽이나 광고 책자에서 회사의 진정한 사명이라기보다는 회사의 희망사항이나 자랑스러운 역사를 피력한 것에 가까운 사명 선언문을 너무도 많이 보았다. 그러한 사명 선언문들은 진정성이 없어 보였다. 영혼과 진정한 존재 이유를 잃어버린 회사가 단순히 머리를 짜내어 그럴 듯한 사명 선언문을 탄생시켰다고 해서 근본적인 문제를 바로잡을 수 있는 것은 아니다. 그래서 나에게는 너무도 많은 사명 선언문이 진정성이 없는 겉치레 선언문처럼 느껴졌다.

내가 사업을 시작한 지 얼마 되지 않은 어느 날 아침, 나는 친구인 댄 밀러Dan Miller와 커피를 마셨다. 유명한 커리어 코치인 댄은《나는 춤추듯 일하고 싶다48 Days to the Work You Love》라는 제목의 훌륭한 책을 세상에 내놓았다. 이 책에서 그는 개인과 조직에게 시간을 갖고 자기 자신이나 회사의 사명을 도출할 것을 강권한다. 그날 아침 그는 내게 목표 설정자로서의 나의 역할이 얼마나 중요한지 상기시켜 주었다. 진정한 사명 선언문이 없으면 사다리 꼭대기에서 자신의 사다리가 다른 빌딩에 기대고 있다는 것을 알게 될 가능성이 높다고 그는 말했다. 사명 선언문은 꿈과 비전을 한층 더 명확하게 해주고, 올바른 과녁에 조준하고 있다는 확신을 심어 준다. 그래서 나는 마음은 썩 내키지 않았지만 내 개인적인 사명 선언문을 작성한 다음 회사의 사명 선언문까지 작성해 보기로 했다.

솔직히 처음에는 사명 선언문을 만드는 것이 너무 싫었다. 자리에 앉아 우리가 누구고 그것이 무슨 의미인지를 몇 개의 문장으로 만들어 내는 것은 나에게는 상당히 힘든 작업이었다. 이런 일을 좋아하는 사람도 있을지 모르지만, 나는 마치 학기 말 리포트를 작성하는 학생이 된듯한 기분이 들었다. 그런데 점점 그 작업에 빠져들어 가면서 나는 신이 나기 시작했다. 우리가 누구인지를 표명하는 이 일이 인생을 변화시키는 힘을 갖기 시작한 것이다. 내 개인적인 사명 선언문은 공식을 따르지 않는다. 단지 몇 개의 문장으로는 나의 사명을 충분히 담아낼 수 없었다. 그래서 나는 규칙을 깼다. 나는 사업 · 신앙생활, 가정, 나 자신의 목표, 이 세 가지에 대한 개인적인 사명 선언문을 가지고 있다. 나는 보다 진정한 사명 선언문을 만들기 위해 부득이 세 영역으로 나누어야만 했다.

개인적인 사명 선언문을 작성한 후 나와 내 첫 팀원은 우리 회사가 미래에 어떻게 성장할지를 결정하는 과정에 돌입했다. 우리 두 사람 모두 신앙인이었기에 우리는 하나님께 당신이 원하시는 우리의 사명은 무엇인지 응답해 달라는 기도를 드렸다. 그런 다음 우리는 우리 회사의 사명 선언문을 작성하는 어려운 도전을 감행했고, 몇 개의 휴지통을 구긴 종이 뭉치로 가득 채웠다. 앞으로 몇십 년 동안 우리가 어떤 사명을 갖고 어떤 일을 할 것인지에 대한 윤곽이 드러나기까지 우리는 한 달이 넘도록 계속해서 기도와 도전을 하고 좌절감을 맛보아야 했다. 그리고 그 결과, 그때로부터 20여 년이 지난 지금도 우리는 그때 작성한 회사의 사명 선언문을 바탕으로 회사를 훌륭히 운영하고 있다. 이것은 우리가 훌륭한 사명 선언문을 탄생시켰고, 그것을 고수했으며, 우리의 사명에 진실하게 임해왔다는 의미일 것이다.

우리 회사의 사명 선언문은 다음과 같다.

'램포 그룹Lampo Group은 성서와 상식에 근거해 재정적으로 안정적

인 사람들이나 불안정한 사람들 모두에게 희망을 주는 교육을 제공하고 힘을 부여할 것이다.'

희망은 우리가 하는 모든 일의 핵심 목표이기에 우리는 희망이라는 단어를 이탤릭체로 진하게 표시했다. 운송업자가 나의 저서 한 권을 배송할 때 그는 단순히 책 한 권을 배송하는 것이 아니다. 그는 채무의 짐에서 벗어나기를 간절히 바라는 가정이나 장차 안트러리더가 되려는 사람에게 희망도 함께 배송하는 것이다. 입장권 판매원 역시 단순히 입장권을 판매하는 것이 아니라 희망도 함께 판매하는 것이다. 우리는 팀원 모두와 그들이 하는 일 모두에 이 개념을 적용한다. 진정한 일체감을 부여하고, 모든 직위에 가치를 창조하며, 우리 모두가 하나의 목표를 보고 움직일 수 있게 해준다. 우리는 이 개념을 너무나도 중요하게 생각하기 때문에 우리와 함께 일하게 된 모든 팀원에게 90일 이내에 이 사명 선언문을 외워 암송할 것을 요구한다. 이 사명 선언문은 하나의 팀으로서의 우리의 정체성을 표명하기 때문에 우리 팀의 일원이 되려는 사람은 누구라도 반드시 이 사명 선언문을 숙지해야 한다. 우리 회사의 공기를 호흡하고 느낄 수 있겠는가? 사명 선언문은 우리 회사의 문화를 창조하는 하나의 방식이다.

우리 회사의 문화는 이 사명 선언문을 가장 잘 반영하는 것이어야 하기 때문에 우리 회사의 창의팀(우리는 마케팅 · 그래픽 · 비디오 팀을 통틀어 이렇게 부른다)은 '희망을 분명하게 표현하기'라는 문구를 가장 잘 묘사하는 포스터를 뽑는 콘테스트를 개최했다. 그들은 우리의 사명 선언문과 부합하는, 희망을 분명하게 표현하는 것이 마케팅 전문가로서 자신들이 해야 할 일이라는 것을 잘 알고 있기 때문이다. 오늘 아침 창의팀에 갔을 때 나는 창의팀 벽에 페인트로 큼지막하게 '희망을 분명하게 표현하라'라고 써놓은 것을 보았다. 창의팀 벽 곳곳에는 우리 고객들에게 희망을 분명하게 보여 주는 아주 멋진 포스터들이 붙어 있었다. 우리 팀은 우리의 사명을 향해 전진하고 있고, 나는 행복한 삶을 누리고 있다.

내 친구 짐 콜린스Jim Collins가 집필한《좋은 기업을 넘어 위대한 기업으로Good to Great》는 지난 20년간 출간된 최고의 비즈니스 서적 중 하나다. 우리의 사명 선언문은 우리가 궤도를 이탈하지 않고 우리가 잘하는 것에 집중할 수 있도록 해준다. 짐은 이것을 '플라이휠 법칙Flywheel principle'이라고 부른다. 위대한 기업은 자사의 위력과 소명을 파악하고, 그것들을 고수한다. 주된 것에 초점을 맞춰라. 회사나 개인이 주된 것을 계속 고수하면 성공할 가능성이 높다. 사명 선언문을 만들면 당신다운 것과 당신답지 않은 것을 미리 알 수 있다.

우리의 사명 선언문은 우리가 우리 자신 및 다른 사람들에게 어떤 사람인지를 보여 주는 것이다. 나는 사명 선언문의 가장 소중한 가치는 그것이 우리에게 우리답지 않은 것들을 명확하게 말해 준다는 것이라고 생각한다. 경기를 제대로 진행하기 위해서는 아웃라인이 필요하다.

소규모 사업의 주된 실패 요인 중 하나는 아이러니하게도 성공이다. 성공은 당신을 취약하게 하는 몇 가지 일들을 유발할 수 있는데, 그중 하나가 당신에게 찾아오는 수많은 '기회'다. 카운슬링을 받으러 나를 찾아온 소규모 부동산업자도 그런 경험을 했다. 여러 해에 걸쳐 그의 회사는 시장에서 인정받는 브랜드를 구축했고, 경영을 체계화했으며, 많은 돈을 벌었다. 그의 성공을 지켜본 친구 하나가 그에게 헐값에 레스토랑을 살 수 있는 좋은 기회라며 망해 가는 레스토랑 하나를 인수할 것을 권했다. 돈도 꽤 있었고 사업에 대한 자신감도 있었던 그는 그 레스토랑을 인수해 꽤 많은 자금을 투입했다. 레스토랑이 계속해서 고전을 면치 못하자 그는 투자한 돈을 만회하려고 레스토랑에서 점점 더 많은 시간을 보냈다. 그가 부동산 사업에 투자하는 시간이 줄어들자 그의 부동산 사업은 처음에는 서서히 하향길로 접어들다가 나중에는 급격한 하향 곡선을 그렸다. 다행스럽게도 얼마 후 그는 자신의 실수를 깨닫고 레스토랑 사업을 접었다. 그리고 그가 본업인 부동산 사업에 다시 전력을 다하자 그의 부동산 사업은 조금씩 나아졌고, 마침내 예전의 번영과 명성을 되찾게 되었다.

그의 성공은 실패를 야기한 두 가지 요인을 그에게 가져다주었다. 첫째, 그의 성공은 그에게 외도를 할 수 있는 돈을 주었다. 둘째, 그의 성공은 그에게 부동산 사업에 성공했을 때와 똑같은 과정을 밟으면 레스토랑 사업에서도 성공할 수 있다는 환상을 주었다. 그가 만약 사명 선언문을 갖고 있었다면 레스토랑 사업은 자기 영역 밖임을 알고 자신을 보호할 수 있었을 것이다. 사명 선언문이 없었던 탓에 그는 레스토랑 사업과 본업인 부동산 사업의 부진으로 수십만 달러의 손실을 보았다.

사업에서의 성공과 미디어 덕분에 우리는 사람들로부터 '멋진 아이디어' 세례를 받는다. 내 개인 비서의 업무 중 하나는 우리의 사명 밖에 있는 사업 아이디어로 나를 만나려는 사람들의 요청을 정중히 거절하는 것이다. 우리의 플라이휠이 무엇인지 명확히 알고, 여러 '기회'를 거부함으로써 우리의 플라이휠을 고수한 것이 우리가 성공을 거둘 수 있었던 주요 요인 중 하나라고 나는 확신한다. 좋은 아이디어라고 해서 그것이 당신의 회사에도 무조건 좋은 아이디어가 되는 것은 아니다. 당신이 봐야 할 공만을 주시하기 바란다.

당신 자신의 사명 선언문과 회사의 사명 선언문을 어떻게 작성해야 할까? 사명 선언문을 작성할 때는 다음 두 가지를 유념해야 한다. 첫째, 사명 선언문은 한두 시간 안에 끝낼 수 있는 일이 아니라 꽤 긴 시간을 투자해야 하는 작업이다. 둘째, 당신의 회사가 변모하고 시장이 변화함에 따라 의도적으로, 하지만 신중하게 당신의 사명 선언문을 다시 작성해도 무방하다.

댄 밀러는 당신의 사명 선언문이 당신의 사명을 반영하고 다음 사항들을 포함해야 한다고 말한다. 다음 사항에 유념하여 먼저 당신 자신의 사명 선언문을 작성한 다음, 회사의 사명 선언문을 작성해 보자.

1. **당신이나 당신 회사의 기술 및 역량 :** 이것은 '무엇'을 의미한다. 당신이 20년 동안 제조업을 했다면 소프트웨어 개발이나 마케팅과 관련한 내용이 많이 등장하는 사명 선언문을 작성하지는 않을 것이다. 그것들은 당신의 것이 아니기 때문이다. 당신이 하고 있고, 하고 싶고, 할 수 있는 일은 무엇인가?

2. **당신과 당신 회사의 특성 :** 이것은 '어떻게'를 의미한다. 당신과 당신의 팀은 어떻게 일을 수행하는가? 당신은 업무 또는 프로젝트 지향적인가, 관계 지향적인가? 아니면 정확성 지향적인가? 만일 엔지니어링이 정확성보다 사람들 및 인간관계에 더 비중을 두는 것이라면 나는 엔지니어링 회사를 설립하고 싶어 할지도 모른다. 하지만 엔지니어링에서는 정확성이 더 중요하다.

3. **당신이나 당신 회사의 가치와 꿈, 열정 :** 이것은 '왜'를 의미한다. 이것은

당신이 왜 지금 하고 있는 일을 하고 있는지에 관한 것이다. 이는 당신의 회사에 생기를 불어넣는 요소가 된다. 이것이 명확하게 규명될 때 목표가 빛을 발한다.

목표

목표는 행동을 동반한 꿈과 비전이다. 목표는 우리가 이론을 벗어나 현실로 나아가는 지점이며, 우리가 전략을 벗어나 기술로 나아가는 지점이다. 목표는 당신의 꿈을 실현하기 위해 필요한 실질적인 단계들을 수행하게 해준다. 우리는 불가능한 꿈을 꾸고, 비전으로 그 꿈을 명확히 하며, 사명 선언문으로 그 비전의 방향을 잡았다. 이제 뭔가 행동으로 옮길 차례다.

목표는 비전을 에너지로 변환한다. 당신이 하고 싶은 일을 상세하고 명확하게 펼쳐 놓으면 당신은 곧바로 떨림을 느끼게 된다. 당신은 마치 영화의 한 장면 같은 새로운 삶으로 이끌리게 된다. 목표는 위대한 사람을 만든다. 미국의 소매 회사 J. C. 페니 컴퍼니의 설립자인 J. C. 페니J. C. Penney는 이렇게 말했다.

"목표가 있는 창고지기를 나에게 데리고 오면 나는 그를 역사를 바꿀 수 있는 사람으로 만들 수 있다. 하지만 목표가 없는 사람을 나에게 데리고 오면 나는 그를 창고지기로 쓸 것이다."

기본적인 것이라고 소홀히 하지 마라

목표 설정에 대한 정보는 오랫동안 성공적인 삶을 살아온 훌륭한 리더들에게는 너무 기초적인 것일 수 있다. 그래서 그들은 이를 소홀히 여겨 다음과 같은 두 가지 실수를 저지르는 경향이 있다.

- 이 정보를 진지하게 읽고 이미 성공적인 그들의 삶을 더욱 정교하게 다듬고 조정하는 기회를 놓친다.
- 승리에 결정적인 이 정보를 그들의 팀이나 자녀 또는 그들이 멘토링하는 사람들과 공유하지 않는다. 이는 더 나쁜 실수다.

나는 위의 두 실수를 모두 범했다. 앞서 언급했듯이 나는 아주 어릴 때부터 목표 설정 과정의 중요성을 주입받아 이를 당연하게 여기는 경향이 있었다. 나는 모든 사람이 이 과정을 알고 있다고 생각했다. 그러던 어느 날 내가 안트러리더십 수업에서 이 정보를 나의 팀에게 전했는데, 수업이 끝나자 꽤 오랫동안 나의 팀에 있었던 조지라는 30대의 영리한 젊은이가 나를 불러 세우더니 목표 설정의 중요성과 그 과정에 대해 생전 처음 들었다며 내게 감사를 표하는 것이었다. 나로서는 정말 뜻밖의 일이었다. 목표 설정의 개념은 내가 오래전부터 알고 있고 실천해 온 것이었기 때문이다. 그는 이 정보에 힘을 얻어 비약적으로 향상된 생산성을 보였다. 심지어 그는 부업으로 자신의 사업까지 시작했다. 당신이 이미 이 정보를 알고 있더라도 당신을 멘토로 삼는 주위 사람들과 꼭 공유하기 바란다. 그들의 인생을 바꾸어 놓을 수도 있으니 말이다.

너무나도 많은 사람이 목표와 목표 설정에 관해 쓰고 말해 왔기 때문에 이 개념을 단순히 또 한 번 반복하는 것은 사람들을 지루하게 만들 수도 있다. 인생이나 사업에서 성공하지 못한 사람들은 긍정적인 사고나 목표 설정에 관한 이야기를 들으면 코웃음을 치는데, 나는 이를 이해하는 편이다. 단순히 목표를 세우고 긍정적으로 생각하기만 하면 무엇이든 할 수 있다고 주장하는 것처럼 보이는 책과 강연이 너무도 많다. 하지만 유감스럽게도 그것은 터무니없는 주장이다. 당신은 그럴 수 없다. 당신이 아무리 많은 강연을 듣고, 아무리 많은 목표를 세우더라도, 또 아무리 긍정적으로 생각하더라도 여전히 날 수 없다. 당신은 자는 동안에도 이러한 메시지를 들으며 잠재의식에 변화를 줄 수 있지만, 여전히 당신은 날 수 없다. 나는 키 178센티미터에 몸무게 90킬로그램인 50대 남자다. 그런 내가 NBA(미국프로농구)나 NFL(미국프로미식축구)에서 뛴다는 것은 불가능하다. 내가 아무리 큰 꿈을 갖고, 아무리 열심히 노력하더라도, 또 어떤 목표를 설정하더라도 그럴 능력은 내게 절대로 생기지 않는다. 내가 그렇게 되려고 노력하면 비웃음만 살 뿐이다. 나는 절대로 날 수 없기 때문이다.

성공적인 삶을 위한 인생의 수레바퀴

나는 여러 해 동안 브라이언 트레이시Brian Tracy와 지그 지글러, 그리고 다른 훌륭한 강연자들이 목표 설정에 대해 가르치는 것을 지켜보았다. 그때마다 그들은 항상 지그 지글러가 말하는 '인생의 수레바퀴'와 흡사한 주제의 이야기를 했다. 지그 지글러는 우리 삶의 각 영역을 대변하는 바퀴살들을 모두 잘 다루어야만 전체적으로 성공적인 인생을 살 수 있다고 말한다. 인생의 바퀴살들은 다음과 같다.

1. 직업의 바퀴살
2. 재정의 바퀴살
3. 영혼의 바퀴살
4. 육체의 바퀴살
5. 지식의 바퀴살
6. 가정의 바퀴살
7. 사교의 바퀴살

그들의 견해는 합당하다. 당신은 의도적이고 신중하게 이들 영역 모두에서 목표를 설정해야만 한다. 당신은 아마 이들 영역 중에서 당신이 타고난 재능을 보이는 몇몇 영역을 꼽을 수 있을 것이다. 그 영역들이 당신이 쉽게 풀어 갈 수 있는 영역들이다. 또한 당신이 혐오하다시피 하는 영역들도 있을 것이다. 당신은 타고난 재능이 없는 이러한 영역들에서 한 번도 성공을 거두지 못했을 수 있다. 누구나 위의 영역 중에서 자신의 강점과 약점을 떠올릴 수 있다. 그리고 비록 자신 없는 영역이 있더라도 모든 영역에서 의도적인 노력을 기울여야 한다. 자동차 타이어 특정 부분에 구멍이 나면 타이어 전체가 납작해진다. 그런 타이어로 당신의 인생을 나아가게 하려면 당신은 더 많은 노력을 해야 한다. 바람 빠진 타이어를 달고 있는 자동차처럼 당신의 인생도 특정 부분에 구멍이 나면 훨씬 더 많은 잡음과 불필요한 열을 낸다.

직업 및 재정의 바퀴살은 내게 항상 쉽게 다가왔다. 나는 항상 돈을 벌 수 있었다. 그 돈을 항상 지키지는 못했지만 말이다. 나는 파산했지만, 언제고 다시 돈을 벌 수 있었다. 나는 사업을 시작하거나 성장시킬 아이디어를 순식간에 떠올릴 수 있었다. 그것은 나에게는 아주 쉬운 일이었다. 반면, 내가 가장 취약한 영역은 사교 영역이다. 나는 사람들을 좋아하고 많은 사람 앞에 서는 것도 싫어하지 않았지만, 이상하게도 사교에서는 어려움을 겪었다. 점점 나아지고 있기는 하지만, 나는 강압적이고 형식적인 모임은 여전히 비명을 지르고 싶을 정도로 싫어한다. 젊었을 때 나는 경제적인 성공과 커리어에 지나치게 초점을 맞춘 탓에 어떠한 종류의 사교 모임도 시간 낭비라 여겼다. 그 시간이면 돈을 벌고 사업을 키울 수 있다고 생각했던 것이다. 어느 정도 성공하고 연륜도 쌓여 가면서 나는 친구들과 어울리는 것을 점점 좋아하게 되었고, 심지어 지금은 파티도 즐기게 되었다. 하지만 그러려면 여전히 의도적이어야 한다는 걸 인정하지 않을 수 없다.

나는 사교의 바퀴살에서는 아주 형편없다. 아내 샤론이 없었다면 사업적인 친구 이외의 친구는 한 명도 없었을 것이다. 몇 해 전 나와 샤론은 새해 첫날에 목표를 세우는 전통을 만들고 실천하기로 마음먹었다. 가벼운 새해 결심이 아니라 진지한 목표를 세우는 것 말이다. 일곱 가지 영역 모두에서 목표의식을 가져야 하지만, 나는 우선 내가 가장 취약한 영역에서 목표를 세우기로 마음먹었다. 아마 당신도 친구들을 우연히 만날 때마다 입에 발린 소리만 늘어놓았던 경험이 있을 것이다. 당신은 그 친구에게 "언제 한번 저녁 식사 함께하자"라고 말하지만, 절대 전화하는 법이 없다. 당신은 그 친구에게 거짓말을 했던 것이다. 샤론과 나는 이러한 친구들의 목록을 만들어 그들과 저녁 약속을 하는 것을 목표로 설정했고, 우리는 매년 이 전통을 따르고 있다. 그런데 나는 이 약속을 해가 바뀌고 몇 달 지나지 않아 모두 해치우는 경향이 있다. 한심하고 웃기게 들리겠지만, 매도 먼저 맞는 것이 낫다는 심정에서 그렇게 하는 것이다. 이는 여전히 내가 그다지 사교적이지 못하다는 것을 보여 주는 증거일지도 모른다. 하지만 최소한 나는 나의 취약 영역에서 목표를 세움으로써 내 고질병이 조금씩 호전되고 있음을 느낀다. 사교 활동을 많이 하면 할수록 나는 사교 활동을 더 즐기게 되었다. 누가 알겠는가, 언젠가 내가 사교의 달인이 될지?

효과적인 목표

목표는 소망이나 꿈도 아니고 심지어 비전도 아니라는 것을 명심하기 바란다. 목표는 그것들을 구체화해 우리가 행동할 수 있게 한다. 진정한 목표를 수립하고 달성하려면 다음 다섯 가지 요소를 모두 충족시켜야 한다.

목표는 구체적이고 가늠할 수 있어야 한다

목표는 모호해서는 안 된다. 두루뭉술한 목표는 목표가 아니다. 그것은 소망이고 꿈이다. 당신은 아무것도 하지 않는 몽상가가 되고 싶지는 않을 것이다. 그저 살을 빼고 싶다고 말해서는 안 된다. 구체적이지 않기 때문이다. 마찬가지로 더 좋은 교육을 받고 싶다고 말해서도 안 된다. 구체적이지도 않고, 가늠할 수도 없기 때문이다. "나는 더 많은 돈을 벌고 싶다"라는 말은 꿈이기에 결코 실현되지 않을 것이다. '더 많은 돈'은 가늠할 수는 있을지 몰라도 구체적이지는 않다.

따라서 당신은 다음과 같은 목표를 설정해야 한다.

- 나는 10킬로그램을 감량할 것이다.
- 나는 허리둘레를 4인치 줄일 것이다.
- 나는 1년에 10만 달러를 벌 것이다.
- 나는 영문학 박사 학위를 취득할 것이다.
- 나는 여섯 쌍의 부부와 저녁 식사를 함께할 것이다.

위의 목표들은 모두 구체적이고 가늠할 수 있다. 목표 설정의 위력 중 하나는 목표를 설정하는 것만으로도 그 목표에 이끌리게 된다는 것이다. 목표가 당신 앞에 또렷한 모습으로 서있기 때문이다. 제대로 설정한 목표는 냉장고 문이나 사무실 화이트보드에 붙여 놓을 수 있다. 그러면 이를 보는 사람들 모두가 당신의 진척을 가늠할 수 있다. 우리는 가늠할 수 있는 진척을 '견인력'이라 부른다. 당신이 목표를 향해 나아가는 자신의 움직임을 볼 수 있을 때 그것이 자신을 끌어 주기 때문이다.

목표에는 시간제한이 있어야 한다

시간제한을 두지 않는 목표는 당신의 진척을 가늠하게 해 견인력을 유발하는 작은 목표들로 나누어질 수 없다. 당신은 "나는 책을 집필하고 싶다"라고 말할 수 있다. 좋다. 그런데 언제? 20년 안에? 목표에 기한을 두지 않으면 그 목표는 결코 실현되지 않는다. 당신은 후회의 쓴 열매만을 맛보게 될 것이다. 당신은 이렇게 말할 것이다.

"나는 항상 책을 쓰고 싶었지만, 그게 잘 안 되더라고."

나는 글솜씨가 그리 좋은 편은 아니지만, 이러한 종류의 책은 아이디어와 개념을 가르치고 전달하는 훌륭한 수단이기에 종종 책을 쓴다. 나는 이 책의 원고를 12월 1일까지 출판사에 넘겨야 한다. 그래서 계산해 보니 한 달에 네 개의 장을 집필해야 한다는 결론이 나왔다. 즉, 일주일에 하나의 장을 써야 하는 것이다. 나는 토요일 아침인 지금 여기에 앉아 원고를 쓰고 있다. 마감일을 무리 없이 맞추려면 이번 주 내로 이 장의 집필을 끝내야 하기 때문이다. 목표 설정의 위력이 얼마나 대단한지 실감할 수 있겠는가?

"10만 달러를 벌고 싶다"라고 말하는 것으로는 충분하지 않다. 올해 10만 달러를 벌 것이라고 말해야 한다. 나는 식사를 빨리 끝낼 수 있고, 팀원들과 일상적인 대화나 사업 이야기를 나눌 수 있다는 이유로 거의 매일 회사 식당에서 점심을 먹는다(나는 시간이 많이 걸리는 레스토랑에서 점심을 먹을 바에는 차라리 아내가 남긴 음식을 먹을 것이다. 나는 평생 점심시간을 가진 적이 없다). 얼마 전에 나는 역시 회사 식당에서 젊은 판매 팀원 한 명과 점심을 먹었는데, 그가 내게 인상을 남기려고 그랬는지 몰라도 갑자기 올해 10만 달러를 벌겠다고 말하는 것이었다. 평생 영업을 하고 판매 팀원들을 관리해 온 나는 그의 말에 믿음이 가지 않았다. 내가 그에게 10만 달러를 벌려면 일주일에 평균 몇 통의 전화를 해야 하는지 물어보자 그는 모르겠다고 대답했다. 그래서 나는 그에게 경솔하게 목표를 세운 것 같다고 말했다. 이 말은 그의 감정을 다소 상하게 했고, 그래서 나는 그를 내 사무실로 데리고 와 목표 설정에 대해 가르치기로 결정했다.

그의 수수료 수익률은 10퍼센트다. 그러므로 그가 1년에 10만 달러를 벌려면 1년에 100만 달러, 한 달에 8만 3,000달러, 한 주에 2만 1,000

달러의 매출을 올려야 한다. 우리는 그의 분야에서의 평균 티켓 판매량과 하나의 판매를 성사시키기 위해 고객과 해야 하는 평균 통화 수를 알고 있다. 따라서 계산하는 것은 어렵지 않았다. 이 젊은 판매 팀원은 매주 2만 1,000달러의 매출을 올리기 위해서는 세일즈 콜을 64차례나 해야 한다는 것을 그제야 이해했다. 그래야만 1년에 10만 달러의 수익을 낼 수 있다.

나는 판매보고서를 보고 그가 그 후 몇 주 동안 한 주 평균 60차례 이상 세일즈 콜을 했다는 것을 알게 되었다. 이대로라면 그는 자기가 세운 목표를 달성할 수 있을 것이었다. 나는 그의 사무실로 가서 그에게 축하의 말을 건넸다. 그리고 약 6주 후에 나는 그의 세일즈 콜 횟수가 한 주 평균 35차례로 줄어들었다는 것을 알게 되었다. 회사 식당에서 그를 다시 만난 나는 그에게 왜 목표를 포기했는지 물었고, 그는 포기하지 않았다고 대답했다. 그래서 우리는 또 한 번 공부의 시간을 가졌다. 나는 정해진 시간에 작은 목표들을 달성하지 않으면 그 목표는 목표를 세운 사람을 몽상가라 부르며 비난할 것이라고 그에게 말했다. 그러자 놀랍게도 그의 세일즈 콜 횟수는 다시 증가했고, 그는 이제 최고의 판매 팀원 중 한 명이 되었다. 과도한 목표를 세우는 사람들은 그에 따른 적절한 행동을 취하지 않으면서도 그 목표를 실제로 달성할 수 있다고 믿는 경향이 있다. 승리는 힘든 여정이며, 다른 대안은 없다.

"나는 30킬로그램을 감량할 것이다"라고 말하는 것으로는 충분하지 않다. "나는 세 달 안에 12킬로그램을 감량할 것이다"라고 말해야 한다. 그래야만 우리가 행동으로 옮길 수 있는 토대가 마련된다. 세 달에 12킬로그램을 감량하려면 한 달에 4킬로그램, 한 주에 1킬로그램을 감량해야 한다. 세 달 동안 매주 1킬로그램을 감량하기 위해서는 더 많이 운동하고 더 적게 먹어야 한다. 초콜릿 케이크를 자제하지 못하고 운동을 게을리 하면 체중계가 당신에게 호통을 칠 것이기 때문이다.

당신이 더 사교적인 사람이 되고 싶거나, 체중을 줄이고 싶거나, 자신의 사업을 운영하고 싶거나, 책을 쓰고 싶거나, 더 나은 결혼 생활을 하고 싶다면 구체적이고 가늠할 수 있는 목표를 세워라. 그리고 당신의 목표에 시간제한을 두어라.

목표는 당신의 목표여야 한다

"아내는 내가 10킬로그램은 감량하기를 원한다."

이 경우, 당신은 결코 10킬로그램을 감량하지 못할 것이다.

"나는 어머니가 원해서 의사가 되었다."

나는 그런 의사에게는 진료받지 않을 것이다.

"나는 아버지가 원해서 목사가 되었다."

나는 하나님의 부름을 받은 목사가 필요하다.

당신 자신의 목표를 갖지 않는다면, 즉 목표가 당신 자신의 꿈에서 비롯된 것이 아니라면 당신은 상황이 힘들어질 때 포기하지 않는 불굴의 정신을 발휘하지 못한다. 목표를 향해 나아가는 길은 분명 험난하다. 예외는 없다. 승리를 쟁취하는 사람들 모두가 수많은 장애를 극복한다. 당신이 좀 더 날씬해졌으면 좋겠다는 아내의 말 한마디에 당신이 매일 새벽에 일어나 5킬로미터를 조깅하지는 않을 것이다. 큰 목표는 튼튼한 토대를 필요로 한다. 부실한 토대는 큰 목표에 무용지물이다. 당신은 용기를 내야만 하고, 그 용기는 다른 곳에서 가져오지 못한다. 용기는 결과에 깊은 관심을 가지는 당신 자신에게서 비롯되어야 한다. 당신 자신이 이야기의 결말에 깊은 관심을 가져야만 그 과정을 헤쳐 나갈 수 있다.

목표는 글로 써야 한다

목표를 적는다는 것은 꽤 괜찮은 방법처럼 보인다. 하지만 거의 모든 사람이 그렇게 하지 않으며, 그 결과 거의 모든 사람이 승리하지 못한다. 우리가 승자들을 깊이 존경하는 이유는 그들에게 특별한 부분이 있기 때문이다. 극히 드문 경우를 제외하면, 승자들은 목표를 글로 적는다. 청사진을 종이에 그리지 않고 큰 성과를 얻는 것은 거의 불가능하다.

내가 가장 소중하게 여기는 소지품 중 하나는 표지가 인조 가죽으로 된 수첩인데, 거기에는 20년 전부터 기록한 나의 각종 목표 및 기도가 담겨 있다. 1993년에 쓴 페이지에는 우리 회사의 가장 큰 영역 중 하나의 태동에 관한 역사가 기록되어 있다. 나는 일대일 재정 카운슬링을 하면서 상당한 좌절감을 맛보았다. 나는 고객들과 함께 앉아 그들의 수입과 지출을 분석하고, 그들의 수입 내에서 당면한 문제들을 해결할 수 있는 방안을 찾곤 했다. 나는 또 전화로 그들의 압류 건을 해결해 주고, 신용카드 회사와 협상을 하곤 했다. 그러면 문제는 해결되었고, 고객들은 제 갈 길을 갔다. 하지만 6주 정도가 흐른 후에 그들은 최악의 상황에 내몰렸고, 결국 대부분 파산 신고를 했다. 실로 안타까운 일이 아닐 수 없었다. 개인의 재정은 수학 문제가 아니라 행동 양식의 문제다. 한 번의 카운슬링이 이런 행동 양식까지 수정해 주지는 못한다.

그래서 어느 날 아침, 나는 목표를 세우고, 브레인스토밍을 하고, 기도를 했다. 그리고 다음과 같은 간단한 목표 하나를 수첩에 적었다.

'그룹 세미나와 카운슬링을 통해 사람들을 돕는 방법을 모색하자.'

이 간단한 문장이 오늘날의 '금융 평화 대학'이 되었다. 바로 이것이 꿈과 비전을 종이에 적고 그것을 하나의 목표로 구체화하는 것의 위력이다. 이 수업은 실제로 수백만 명의 인생을 바꾸어 놓았다. 그동안 난관도 많았고, 숱한 좌절과 장애도 겪었지만, '금융 평화 대학' 과정을 신설한 지 20년이 지난 지금 나는 그 옛날 수첩에 적은 목표를 보며 이 모든 것이 거기서부터 시작되었음을 깨닫고는 깊은 감회에 젖어든다.

성경에는 다음과 같은 말이 있다.

"이 묵시를 기록하라. 판에 똑똑히 새겨서 달리는 사람도 읽을 수 있게 하라(하박국 2장 2절)."

목표를 글로 적는 것은 성공한 사람들이 가장 먼저 하는 일이다. 당신의 목표를 구체적이고, 가늠할 수 있고, 자발적인 동기에서 비롯되고, 시간제한이 있는 것으로 만들어라. 그리고 그 목표를 기록하라. 이 다섯 가지 요소를 무시하면 결코 큰일을 해낼 수 없다.

목표를 가진 리더가 되어라

이번 장에는 두 가지 목적이 있다는 것을 기억하라. 하나는 당신이 이미 접한 정보들을 상기하는 것이고, 다른 하나는 당신의 팀과 이 기본적인 성공 법칙을 공유하는 것을 상기하는 것이다(후자가 더 중요한 문제일 수 있다). 목표 설정이 부분적인 성공 요인으로 작용해 성공한 후에 리더가 자신은 더 이상 목표를 세우지 않고 팀에게 이 과제를 떠넘기는 경우가 종종 있다. 하지만 자신은 아무것도 하지 않으면서 팀에게만 목표를 세울 것을 요구해서는 안 된다.

우리는 팀원 전체가 합심해 큰 프로젝트나 비전을 도출하고, 팀원 전체가 그것에 열정적으로 임한다. 그들의 흥분과 열정, 수용은 그들로 하여금 자연스럽게 자신의 역할을 수행하게 한다. 즉, 큰 비전을 제시하면 당신의 팀원들은 알아서 각자의 역할을 파악하게 될 것이다. 결과적으로 당신은 팀원들을 뿔뿔이 흩어지게 하는 것이 아니라 하나의 목표로 끌어들이게 된다.

당신은 판매 팀원 각자에게 할당량을 정해 주겠다는 심산으로 판매부에 가서 당신이 독단적으로 정한 수익 목표를 공표해서는 안 된다. 대신 더 많은 고객에게 서비스를 제공하는 것이 얼마나 중요한지에 대해 이야기해야 한다. 우리의 서비스가 고객 개개인에게 어떤 혜택을 주는지, 또 수익의 증가가 우리 회사에 어떤 의미가 있고, 팀원의 급여에 어떻게 반영될 것인지에 대해 이야기해야 한다. 그런 다음 수익 목표를 제안하고, 팀원 개개인에게 목표를 달성하기 위해 어떤 역할을 맡을 것인지 신중하게 고민해 볼 것을 부탁해야 한다. 그러면 팀원들은 '밀어내기'가 아니라 '끌어당기기'를 하게 될 것이다. 리더가 독단적으로 설정하는 목표는 목표가 아니다. 그것은 팀원에게 할당량을 채울 것을 강요하는 것이기 때문에 어떤 팀원도 이를 좋아하지 않는다.

경영학과에 들어가면 초반에 '목표관리MBO, management by objectives'에 대해 배운다. 목표관리는 팀원으로 하여금 전체 목표의 일부분으로서 자신의 목표를 세우게 하는 것이다. 팀원은 일방적으로 주어지는 목표를 달성하도록 강요당할 때보다 전체 목표의 일부분으로서 자신의 목표를 세울 때 더 큰 책임감을 느끼기 마련이다. 따라서 팀원 자신이 목표를 세웠다는 점에서 목표관리는 팀원들이 목표에서 이탈하지 않도록 하는 데 훨씬 더 효과적이다.

공동의 목표는 커뮤니케이션을 창출한다

대부분의 회사가 더 많고 더 나은 커뮤니케이션을 지향한다. 우리 회사는 커뮤니케이션에 탁월한 면모를 보이고 있지만, 항상 그래 왔던 것은 아니다. 우리는 커뮤니케이션에 많은 노력을 기울였다. 목표를 명확하게 진술하고 기록함으로써 얻을 수 있는 가장 큰 이점 중 하나는 그 과정 자체가 즉각적이고 직관적인 커뮤니케이션을 창출한다는 것이다.

그것은 미식축구만큼이나 간단할 수 있다. 미식축구의 목표는 아주 단순하다. 공을 상대 팀보다 더 많이 엔드 존end zone으로 가지고 가는 것이 미식축구의 목표다. 필드에 있는 모든 사람이 이 기본적인 목표를 인지하고 있다. 경기가 정상적으로 이루어질 때도, 또 공을 가지고 플레이하던 선수가 상대 선수의 태클이나 자신의 컨트롤 실수로 공을 놓치는 펌블fumble과 같은 예기치 못한 일이 일어날 때도 라인맨이나 쿼터백, 플레이스 키커 할 것 없이 모든 선수가 공을 상대편 엔드 존으로 가져가야 한다는 목표를 알고 있는 것이다. 따라서 펌블이 일어나면 디펜시브 라인맨이라 하더라도 자기 역할이 바뀌었음을 안다. 그는 자기 몸에 익숙하지 않은 일을 해야 한다. 즉, 공을 주워 들고 상대편 엔드 존을 향해 달려야 하는 것이다. 팀이 하나의 목표를 가지면 팀원 각자는 그 목표를 달성하기 위해 자신에게 주어진 임무를 수행한다. 그리고 팀과 하나의 목표를 공유하는 팀원이라면 자신에게 주어지지 않은 일도 마다하지 않고 할 수 있어야 한다.

행사 기간 동안 필요한 책을 부사장이나 이사가 다른 팀원들과 함께 굵은 땀방울을 흘리며 나르는 것은 우리 회사에서 흔히 볼 수 있는 광경이다. 이것은 하인을 자처하는 리더십 분위기를 조성하려는 것과 관련이 있다. 이것은 또한 다른 팀원들에게 우리의 리더는 승리를 위해서라면 무엇이든 한다는 메시지를 주기도 한다. 쿼터백이 공을 놓쳤는데 라인맨이 자신의 일이 아니라며 공을 잡으려고 뛰어들지 않는 것을 상상할 수 있겠는가? 많은 회사가 리더와 직원이 공동의 목표에는 관심이 없고 자기 일에만 관심을 갖는 회사 분위기 탓에 고배를 마셨다. 팀원들이 오로지 자신에게만 신경을 쓰면 그들은 더 이상 팀원이 아니라 직원이다. 이러한 일이 일어나면 곧바로 실패라는 세균이 회사에 침투한다. 이는 회사와 팀원 양측이 명확한 커뮤니케이션을 통해 공동 목표를 도출하지 못해 팀의 열정을 불러일으키지 못했기 때문이다. "그건 제 일이 아닙니다"라는 말은 회사에서 해고당하는 지름길이다. 규모가 큰 회사도 물론 마찬가지지만, 특히나 소규모 회사에서 일하는 사람들은 여러 역할을 맡아야 한다. 자신의 고유 업무 이외의 업무는 할 필요가 없다고 생각하는 사람을 자신 있게 몰상식하다고 말할 수 있을 정도로 소규모 회사에는 한 사람이 감당해야 할 일이 너무도 많고 다양하다.

함께 공유하는 목표 덕분에 이루어진 커뮤니케이션은 팀원의 불만이나 좌절감을 줄여 주는데, 이는 각자 왜 그 일을 하고 있는지 서로가 다 알고 있기 때문이다. 그리고 이러한 커뮤니케이션은 리더와 팀의 자기중심적인 사고방식을 몰아내고 모두의 열정을 불러일으킨다.

목표 공유는 결속력을 강화한다

대부분의 회사는 더 탄탄한 결속력을 지향한다. 그렇다면 그러한 결속력을 형성하려면 어떻게 해야 할까? 또 그렇게 결속력이 생기면 어떤 도움이 될까?

결속력이 있으면 다른 팀원이 자신의 영역에서 승리할 수 있도록 영감을 주기 쉽다. 당신이 그들의 승리와 당신 자신의 승리, 그리고 조직 전체의 승리가 어떻게 연결되는지 이해하는 것은 고무적인 일이다. 다른 팀원이 하는 일이 당신과 회사 전체의 승리에 어떤 의미가 있는지 알지 못한다면 당신과 그의 결속력이 무슨 의미가 있겠는가?

많은 조직에서 일어나는 유치한 험담과 부서 간의 경쟁, 반목은 그야말로 병폐다. 다른 부서의 부진을 바라는 것은 네 살짜리 아이 수준의 이기심에서 비롯된 멍청한 생각일 뿐이다. 그것은 머리가 목이 돌아가지 않기를 바라는 것과 같다. 이러한 내부 분열은 대부분의 회사의 적이 바로 자기 자신이라는 점을 또 한 번 입증해 준다. 우리 회사는 이런 종류의 내부 분열을 한 번도 겪지 않았다. 왜일까? 우리는 다른 팀원의 의견에 동의하지 않는 것도 허용하고, 심지어 다른 팀원과 논쟁을 벌이는 것도 허용하지만, 그것은 오로지 공동의 목표를 위한 선의에서 비롯될 때로 국한된다. 나는 이러한 논쟁을 아이들의 유치한 싸움으로 격하시키고, 이기적인 언행을 일삼는 팀원은 주저하지 않고 해고한다.

모든 사람이 공동의 목표에 동의하고 그 목표를 향해 함께 힘을 모아 난관을 헤쳐 나갈 때 비로소 결속력이 생긴다. 공동의 목표를 주시하며 어른답게 행동하는 것이 팀원들이 해야 할 일이고, 공동의 목표에 지속적으로 태클을 걸고 이기적으로 행동하는 방해물을 제거하는 것이 리더가 해야 할 일이다. 20년 동안 그렇게 해온 결과, 이제 우리 회사의 팀원들은 신입 팀원에게 바람직한 팀원이 되는 것과 그저 '직원'이 되는 것의 차이점을 직접적이고 명확하게 가르친다. 우리 팀은 관료주의에 대한 참을성이 거의 없는데, 동료에 대한 이런 긍정적인 압력은 신입 팀원을 변모시키거나 몰아내는 결과로 이어진다. 솔직히 말하면, 나는 이 두 결과 모두를 반긴다.

개인적인 목표를 공유하는 것도 결속력을 형성하는 데 도움이 된다. 당신 옆에서 일하는 판매 팀원이 결혼 후 2년 이내에 집을 장만하기 위해 돈을 모으고 있다는 것을 당신이 알고 있다면 그가 판매 실적을 하나 올렸을 때 당신이 그의 가장 든든한 후원자가 되어 줄 수 있다. 그렇게 함으로써 그와의 관계가 형성되는 것이다. 우리는 그동안 업무를 팀원 및 그의 삶과 분리하는 엄청난 실수를 저질러 왔다.

리더나 다른 팀원이 당신이 개인적인 목표를 달성하는 데 도움을 준다면 당신의 마음과 영혼이 한결 포근해지고 행복해질 것이다. 우리 회사 재무이사의 비서는 우리와 여러 해를 함께한 훌륭한 팀원이자 멋진 여성이다. 몇 해 전 나는 우리 팀이 내게 제출한 팀의 목표 및 팀원 개인의 목표를 읽었고(우리는 팀원에게 개인적인 목표를 공유할 것을 권장한다. 팀원 간의 믿음이 깊어질수록 공유하는 개인적인 목표도 더 깊어진다), 이 비서의 개인 목표가 부채를 완전히 해결한 다음 몽블랑 만년필을 구입하는 것임을 알게 되었다. 그녀에게는 만년필을 수집하는 취미가 있었던 것이다. 그녀가 개인 목표를 공개하지 않았다면 나는 이러한 사실을 전혀 몰랐을 것이다. 나는 몽블랑 만년필 몇 자루를 갖고 있었는데, 그녀에게는 그렇게도 큰 꿈이었던 몽블랑 만년필을 나는 그동안 아무 생각도 없이 구입해 왔구나 하는 생각이 불현듯 들었다. 그래서 나는 몽블랑 만년필 한 자루를 주문했고, 다음 날 그것을 그녀의 사무실에 가지고 갔다. 그녀는 정말 좋아했고, 그녀가 개인 목표를 달성하는 모습을 지켜본 나는 더 기분이 좋았다. 이런 간단한 사건으로 회사의 결속력이 강화될 수 있을 것이라 생각하는가? 당연히 그렇다. 사람들은 왜 이런 재미와 보람을 더 많이 느끼지 못할까? 그것은 바로 목표를 공유하지 않기 때문이다. 목표 공유는 결속력을 낳는다.

나는 믿음보다 더 중요한 것이 있다고 생각하는데, 그것은 바로 행동이다. 이 세상은 몽상가들로 가득하다. 반면 자신의 비전을 실현하기 위해 구체적인 단계를 밟으며 전진하는 사람은 그리 많지 않다.
— W. 클레멘트 스톤W. Clement Stone

비전을 낳고 그 비전에서 사명 선언문을 거쳐 여러 목표로 구체화되는 꿈을 가지는 것은 개인적인 승리에 필수적일 뿐만 아니라 당연히 안트러리더에게도 꼭 필요한 것이다. 이런 과정을 통해 얻게 되는 시너지 효과는 정말로 크고 흥미롭다. 이제 당신이 변화를 도모할 때다. 지금 당장 변화의 물결을 일으키자.

Part
3

당신의 A1은 무엇인가?

시간 관리와 조직 최적화

하루 종일 정신없이 일하고 왔는데 아무것도 한 게 없는 것처럼 느껴질 때가 있다. 그럴 때면 정말 허탈하다. 아침 일찍 일어나 회사에 출근해 급한 불을 끄고 또 끄다 보면 어느새 점심시간이 후딱 지나가고, 출근한 지 열두 시간 만에 완전히 녹초가 된다. 그리고 집에 돌아와 소파에 멍하니 앉아 있으면 배우자가 무심코 질문을 던진다.

"오늘 회사에서 뭘 했어요?"

그러면 당신은 "오늘 내가 뭘 했지?" 하고 자문하며 머리를 흔든다.

성공을 꿈꾸며 회사 생활에 몰두하는 거의 모든 사람이 이런 경험을 한다. 이 같은 경험은 사람을 상당히 불쾌하고 허탈하게 만든다. 당신은 마치 쳇바퀴를 벗어나지 못하는 멍청한 다람쥐가 된 것 같은 기분이 든다. 달리고 달리고 또 달려도 결국 제자리걸음일 뿐이다. 사업과 업무를 즐기려면 견인력을 느껴야 한다.

나에게 시간 관리라는 말은 현장에서 일한 적이 없는 사람이 제공하는 틀에 박힌 연수 프로그램 과정처럼 들린다. 그들은 위기에서 위기로 이어지는 하루를 결코 경험하지 못했을 것이다. 그럼에도 내가 이 기본적인 원칙을 내 삶에 적용하자 나는 더 많은 일을 감당할 수 있었을 뿐만 아니라 더 많은 휴식을 취할 수 있었다. 그것이 단지 시간 관리를 적용했다는 뿌듯함에서 비롯된 착각이었을까?

존 맥스웰은 예산안은 당신의 돈이 어디에 쓰였고, 앞으로 어디에 쓰일지를 말해 준다고 이야기한다. 시간 관리도 마찬가지다. 당신은 시간 관리를 통해 하루 동안 어떤 일을 하는 데 시간을 썼고, 또 쓸 것인지를 알 수 있다. 시간 관리를 하지 않으면 시간을 어디에 썼는지 제대로 파악하기 어렵다. 그리고 당신이 시간을 더 효율적으로 쓰면 쓸수록 당신의 에너지는 더욱 충만해진다. 견인력을 느끼지 못하면서 일하거나, 의미 없이 하루를 흘려보내면 당신은 휴식 같은 편안함을 느끼지 못하고 피로감을 느끼게 된다. 휴일에 늦잠을 자고 일어나 아무 계획 없이 빈둥거리다가 TV 채널을 이리저리 돌리다 예전에 봤던 유치한 영화를 보면서 소중한 휴일을 몽땅 써버린 후 갑자기 피로가 엄습하는 것을 경험한 적이 있는가? 반면, 당신의 목표에 부합하는 하루 계획에 따라 일하면 길고 힘든 하루를 보낸 후에도 이상하리만큼 에너지가 넘쳐 난다.

신앙을 가진 나는 지금껏 시간 관리를 영적 · 개인적 요소가 결여된 채 비즈니스적인 생산성만을 목적으로 한 것으로 보았다. 수년 전 어느 날 시간 관리에 관한 수업이 끝난 후 우리 회사의 젊은 리더 한 명이 내게 다가와 다짜고짜 질문을 던졌다.

"초와 분의 개념이 어떻게 생겨났는지 아세요?"

신학 석사인 그의 말에 따르면, 14세기 전에 사람들은 해시계 같은 도구를 이용해 시간 단위로만 시간을 측정했다고 한다. 14세기 어느 시점에 이르러 수학을 전공한 수도자들이 지금 우리가 하는 것처럼 시간을 분으로, 분을 초로 나누는 방법을 사용하게 되었는데, 수도자들이 그렇게 한 이유는 하나님을 숭배하는 데 더 정확성을 기하기 위해서였다고 한다. 따라서 시간과 돈을 잘 관리하고 그것들을 소중하게 여기는 것은 신앙인을 비롯해 우리 모두에게 적용되는 것이다.

중요하고 긴급한 일

때로는 단지 익숙함과 편안함에서 벗어나기 싫어 완전히 시간 낭비인 일을 하면서 시간을 보내는 경우가 있다. 《성공하는 사람들의 7가지 습관The Seven Habits of Highly Effective People》의 저자인 스티븐 코비Stephen R. Covey 박사는 우리가 쓰는 시간은 다음의 네 가지 일 중 하나에 해당한다고 말한다.

1. 중요하고 긴급한 일
2. 중요하지만 긴급하지는 않은 일
3. 중요하지는 않지만 긴급한 일
4. 중요하지도 않고 긴급하지도 않은 일

첫 번째 범주의 일은 식별하기 쉽다. 리더거나 리더가 되길 열망하는 사람들은 대부분 중요하고 긴급한 일을 인식하고 행한다. 사업에서는 팀원들에게 급여를 주는 것과 같은 일이 이에 해당한다. 팀원들에게 급여를 주지 않으면 그들은 회사를 그만둘 것이다. 납품 마감일을 지키는 것도 이러한 일에 해당한다. 납품 마감일을 지키지 않으면 당연히 고객들의 원성을 살 것이다. 첫 번째 범주의 일은 명확하게 드러난다. 만일 당신이 업무를 맡길 팀원이 없는 상태에서 사업을 시작했다면 당신은 아침에 회사 문을 열고 저녁에 회사 문을 닫는 것을 비롯해 갖가지 일을 손수 해야 할 것이다. 그러면 이러한 일들은 당신에게 중요하고도 긴급한 일이 된다.

네 번째 범주의 일 역시 첫 번째 범주의 일만큼 식별하기 쉽다. 중요하지도 않고 긴급하지도 않은 일은 그저 시간 낭비다. 거의 모든 사람이 이 말의 의미를 알 것이며, 리더에게 이 말을 들어야 할 직원이 있을 수도 있다. 하지만 일반적으로 이런 직원에게 진지한 노력을 기울이는 리더는 거의 없다. TV 시청이 이 네 번째 일의 범주에 드는 경우가 적지 않다. 특히 과도하게 TV를 시청하는 경우, 시간을 낭비하는 우를 범할 가능성이 높다. 일을 해야 할 시간에 개인적인 일로 자신의 페이스북이나 트위터를 확인하는 것도 시간 낭비의 자격이 충분하다. 수동적이고 비생산적인 순간 및 사람이 이 범주에 포함된다.

사실 첫 번째와 네 번째 일로 골머리를 썩는 사람은 많지 않다. 일에서 승리를 거두고 진정한 리더가 되기 위해 좀 더 면밀하게 살펴보아야 할 범주는 바로 두 번째와 세 번째 범주다.

세 번째 범주는 중요하지는 않지만 긴급한 일인데, 이러한 일은 당신을 현혹할 수 있다. 실제로는 시간 낭비임에도 급하다는 이유로 이 일을 중요한 것으로 여길 수도 있기 때문이다. 이메일 계정에서 로그아웃하는 것을 깜박하고 여기 앉아 이 글을 쓰는 중요한 일을 하던 나는 조금 전에 한 통의 이메일이 도착했다는 신호음을 들었다. 나방이 불빛에 끌리듯 나는 중요한 생각의 흐름을 멈추고 나에게 유머나 정치 가십을 이메일로 전달하는 것이 이 지구에 온 목적인 것처럼 보이는 친구가 보낸 이메일을 확인했다. 다음 생애에선 이 이메일이 중요하거나 재미있을지 모르겠지만, 지금의 나는 이 이메일로 정신이 흐트러질 뿐이었다. 그래서 나는 중요하지만 긴급하지는 않은 일을 잠시 멈추고 긴급하지만 중요하지는 않은 일을 했던 것이다. 당신 역시 그렇게 하는 경우가 있을 것이다.

나이가 들면서 책임감이 강화되고, 여러 인생 경험을 하면서 중요하다고 여기는 것이 바뀔 수 있다. 어린 시절 나는 전화 예절 교육을 철저하게 받았다. 1960년대에는 나의 부모님과 같은 부동산 중개업자들에게는 전화가 생명선과 같은 것이었다. 부모님은 아이가 고객의 전화를 잘못 받아 일을 그르치는 것을 참지 못했다. 그래서 당시 아주 어렸던 나는 마치 전문 접수원처럼 고객의 전화를 받을 수 있었다. 나는 "네, 부인" 또는 "네, 사장님"이라고 또렷하게 말하고는 메시지와 상대방의 전화번호를 받아 적은 다음 미소를 띠며 생기 있는 목소리로 상대방의 전화번호를 다시 불러 확인했던 일을 기억한다. 전화를 걸었던 사람이 나중에 나의 부모님에게 10대 아이가 정말 예의 바르게 전화를 받더라며 나에 대한 칭찬의 말을 전하는 경우가 종종 있었다. 그러면 부모님은 "그 아이는 이제 겨우 일곱 살인걸요"라고 말하곤 했다. 그때의 기억 때문인지 나는 한동안 전화벨 소리를 들으면 자동적으로 중요한 일이라는 생각이 들곤 했다.

하지만 몇 해 전 10대 딸들과 아내와 함께 집에 있을 때 나는 갑자기 깨달았다. 우리 집에 오는 전화는 결코 나를 찾는 전화가 아니라는 것을 말이다. 그런데도 내가 전화를 받아야 할 이유가 있을까? 나는 어린 시절의 반복된 학습 탓에 집에 전화벨 소리가 울리면 곧바로 수화기를 집어 들었다. 그런데 그것이 내게 걸려 온 전화도 아니고, 전화기에 자동응답

기능도 있는데, 굳이 내가 YMCA에서 매일 아침 아내와 조깅을 하는 여자들의 전화를 받아야 할 이유가 있을까? 그래서 나는 그 후로 집에서는 더 이상 전화를 받지 않았다. 절대로! 가끔 걸려 오는 전화를 받지 않고 있으면 이상한 기분이 들긴 했지만 말이다.

위의 사례는 긴급하지만 중요하지는 않은 일의 훌륭한 예다. 당신이나 당신의 팀원이 하는 일이 진정 목표 달성을 위한 일인지 자문해 보라. 긴급할 뿐만 아니라 누군가는 해야 하는 중요한 일이지만 굳이 당신이 할 필요가 없는 일은 당신에게는 중요하지 않은 일일 수 있다. 이제 우리 집에 걸려 오는 전화는 나를 제외한 식구가 받거나 자동응답기가 받는다.

당신의 사업이 성장하고 당신의 책임이 늘어 감에 따라 당신은 직접 해야 하는 일의 범위를 좁혀 나가야 한다. 즉, 당신은 당신만이 할 수 있는 일을 하는 데 시간을 할애해야 한다. 사업 초창기에는 당신이 온갖 업무를 감당해야 했겠지만, 수익과 팀원이 늘어났으니 이제 당신만이 할 수 있는 일을 제외한 다른 업무는 하나둘씩 다른 팀원에게 넘겨야 한다.

정보 관리자 역할을 하는 나의 비서 덕분에 나는 내가 직접 해야만 하는 일에 더 집중할 수 있었다. 나는 사업 초창기에 내가 직접 했던 일대일 재정 카운슬링을 오래전에 그만두었다. 친구나 가족이 도움을 필요로 할 때도 나는 우리 회사의 다른 카운슬러로 하여금 그들에게 도움을 주게 한다. 그러면 그들은 더 신속하고 나은 재정 카운슬링 서비스와 사후 관리 서비스를 받는다. 내가 그들에게 카운슬링을 해주는 것은 어찌 보면 내가 사랑하는 사람들에게 피해를 주는 것이다. 건방지게 들릴지 모르겠지만, 그 일은 리더인 내가 다른 팀원에게 넘겨야 할 성질의 일이기도 하다.

당신은 여전히 많은 업무를 직접 처리하며 벅차 하는가? 그렇다면 서둘러 금융 목표를 세워 당신의 업무를 줄여야 한다. 당신은 어떤 일을 하며 당신의 에너지를 쓰고 싶은가? 당신은 여전히 직접 회사 전화를 받거나 서류를 타이핑하거나 사무실 청소를 하는가? 이제 나는 예전에 내가 직접 했던 이러한 일들에서 손을 많이 뗐다. 나는 이제 글을 쓰거나 젊은 리더를 가르치거나 멘토링하는 것은 나만이 할 수 있는 일이며, 내 시간을 긴급하지만 중요하지는 않은 일에 할애한다면 그런 일들을 할 수 없다는 것을 잘 알고 있다.

두 번째 범주는 중요하지만 긴급하지는 않은 일이다. 이 범주에 속하는 일은 안트러리더인 당신이 가장 중요시해야 할 일일 것이며, 당신의 삶과 사업의 질에 가장 큰 영향을 미칠 것이다. 이러한 일들에는 운동, 전략 세우기, 목표 설정, 리더십 · 비즈니스 관련 서적 읽기 및 강좌 듣기, 인맥 쌓기, 기도, 배우자와의 데이트, 브레인스토밍을 위해 하루 쉬기, 유서 작성, 저축, 자동차 엔진 오일 교체 등이 있다. 그동안의 우리의 삶을 돌이켜 볼 때, 긴급하지는 않지만 중요한 이러한 일들은 우리에게 가장 중요한 일일 수 있다는 것에 모두 동의할 것이다. 문제는 우리가 지금 충동과 욕구가 기승을 부리는 시대에 살고 있다는 것이다. 두 번째 범주에 해당하는 일들에는 당신으로 하여금 멈추어 심호흡하고, 한숨 쉰 다음 일을 시작하게 만드는 속성이 있다. 이러한 일들은 풍요로운 삶과 성공적인 비즈니스를 구축하기 위한 토대가 된다. 하지만 긴급하지는 않기 때문에 우리가 가장 피하고 싶은 일이 될 수 있다.

그리고 만일 당신이 이런 일들을 피한다면, 이런 일들은 결국 첫 번째 범주에 속하는, 즉 중요하고 긴급한 일로 변하고 만다. 만일 당신이 시간을 내지 못해 운동이나 제대로 된 식사를 하지 않는다면, 결국 당신은 시간을 내어 병원에 가야 할 것이다. 만일 당신이 시간을 내지 못해 배우자와 대화나 데이트를 하지 못한다면, 결국 당신은 시간을 내어 부부 클리닉에 가야 할 것이다. 당신이 엔진 오일을 교체하지 않는다면, 결국 당신은 새 엔진을 장착하거나 새 차를 구입해야 할 것이다. 급하지 않다고 이런 일을 하지 않고 내버려 두면 당신은 후에 더 큰 대가를 치러야 한다.

결론적으로 말하면, 첫 번째와 두 번째 범주의 일만을 하는 데 시간을 할애하고, 가능하면 네 번째 범주의 일은 피하라. 그리고 세 번째 범주의 일은 다른 사람에게 맡겨라.

'해야 할 일' 목록을 작성하라

나는 수년 동안 시간 관리를 주제로 한 강의나 세미나에 참가하면서 이런 말을 반복적으로 들었다.

"매일 아침 15분을 할애해 종이에 하루의 계획을 적으면 생산성이 20퍼센트 상승한다."

나는 지금 이 책을 읽고 있는 당신이 하루의 5분의 1 이상을 낭비하는 사람이라고는 생각하지 않는다. 하지만 당신의 팀원들 중에는 하루의 5분의 1 이상을 낭비하는 사람이 분명히 있을 것이다. 따라서 당신이 시간 관리를 적절하게 하고 팀원들도 그렇게 할 수 있도록 가르친다면 생산성 및 업무 만족도에 큰 변화가 생길 것이다. 견인력은 만족도와 동일하다는 것을 기억하라.

하루를 효과적으로 관리하기 위해 실천할 수 있는 아주 간단한 방법은 '해야 할 일' 목록을 작성해 우선순위를 매기는 것이다. 먼저 매일 아침 오늘 처리하면 좋은 일들의 목록을 작성하라. 그런 다음 그중 오늘 반드시 해야 하는 일이 무엇인지 판단하고, 그 옆에 A라고 표기하라. 그러고는 나머지 일들 중 빠른 시일 안에 해야 할 일(오늘 하면 더 좋은 일)이 무엇인지 판단해 그 옆에 B라고 표기하라. 그 다음 남은 일들에는 C라고 표기하라. C 중에서 2주 이내에 B나 A로 바뀌지 않을 것 같은 항목은 다른 사람에게 맡기거나 아이디어 파일로 옮겨라. 이제 A 항목들을 보고 그중 가장 중요한 한 가지 일(만일 오늘 한 가지 일밖에 할 수 없다면 하게 될 일)이 무엇인지 자문해 보라. 그 일을 선택했다면 미리 표기해 둔 A 옆에 1을 덧붙여 A1으로 만들어라. 그리고 다음으로 중요한 일은 A2로, 그 다음은 A3로 만들어라. 이런 식으로 A 항목 각각에 중요도 순으로 숫자를 덧붙이고, B와 C 항목들도 마찬가지 방식으로 숫자를 덧붙여라. 그러고는 A1으로 시작해 C 항목 중 가장 큰 숫자를 단 항목으로 끝나는 목록을 다시 작성하라.

이제 당신의 목록 맨 위에 당신이 오늘 해야만 하는 일 중 가장 중요한 일인 A1이 있다. 당신의 소중한 시간을 하찮은 일을 하는 데 낭비하지 말고 중요한 일을 하는 데 할애하는 것으로 당신의 인생에 맛있는 양념을 뿌리자.

해야 할 일 목록으로 하루를 시작한 당신은 한 시간도 지나지 않아 시험에 들 것이다. 문제가 생긴 팀원 하나가 커피를 들고 당신의 사무실 문에 기대어 당신의 도움을 요청하는 것이다. 당신은 자문하는 습관을 들여야 한다. 그의 문제가 당신의 A1보다 더 긴급하고 중요한 일일까? 또는 그의 문제가 당신의 A1보다 더 긴급하지는 않지만 더 중요한 일일까? 대부분의 경우 그렇지 않다.

우리 회사에 열 명 정도의 직원이 있던 사업 초창기 시절, 한 젊은 여성 팀원이 복사기에 종이가 낄 때마다 나를 찾아오곤 했다. 내가 직접 복사기로 달려가지 않고 복사기를 손볼 수 있는 다른 사람에게 그녀를 보내기까지는 꽤 오랜 시간이 걸렸다. 반면, 몇 해 전 우리 회사의 인적자원부 책임자가 나를 찾아와 다른 층의 팀원 한 명이 의식을 잃어 구급차를 불렀다고 말했을 때, 이 일은 분명 내 목록에 있는 A1보다 중요했기에 나는 현장으로 한걸음에 달려갔다. 그는 비록 구급차에 실려 가기는 했지만, 다행히도 단순한 혈당 문제여서 곧바로 회복되었다. 그런 다음 나는 다시 해야 할 일 목록으로 돌아왔다.

당신의 하루를 세심하게 계획하면 당신은 자신만의 명확한 기준을 가지게 된다. 즉, 장애물 또는 장애물을 해결한 후에 다시 돌아가야 할 장소를 파악하게 해주는 '측량 메커니즘'을 가지게 되는 것이다.

나는 안트러리더가 되기 전 젊은 기업가로서 종종 결과물을 관리하려 했다. 나는 매출을 증대시키거나 팀의 사기를 드높이거나 수익을 향상시키는 것과 같은 일에 노력을 기울이곤 했다. 하지만 결국 나는 행동이 결과를 낳는다는 것을 깨달았다. 나의 행동을 관리하면 내가 원하는 결과를 얻을 수 있다는 것을 깨달았던 것이다. 만일 우리의 판매 팀원이 더 좋은 상품으로 고객에게 더 많은 전화를 걸고 더 나은 서비스를 제공한다면 매출 증대는 자연스럽게 따라올 것이다. 또 우리가 매출은 증대하고 불필요한 지출은 하지 않으려는 팀 문화를 형성한다면 수익 증대는 자연스럽게 따라올 것이다. 만일 당신이 팀의 사기를 드높이길 원한다면 당신은 팀원 간의 관계에 세심한 주의를 기울이는 것과 같은 일들을 해야 하며, 그러면 팀의 사기는 자연스럽게 올라갈 것이다. 당신의 행동이 당신이 원하는 결과를 야기하므로 당신의 시간과 당신 팀의 시간을 관리하는 데 만전을 기해야 한다. 증상에 매달리지 말고 증상을 일으키는 문제를 공격하라.

나는 10대 때부터 이 간단한 해야 할 일 목록을 이용해 시간을 관리해 왔다. 어렸을 때부터 이 테크닉으로 단련된 나는 시간을 낭비하는 사람을 보면 곧바로 인내심을 잃어버린다. 양서를 읽으며 긴장을 풀거나 취미생활을 하며 시간을 보내는 것은 좋은 일이다. 하지만 영화 〈뛰는 백수 나는 건달Office Space〉의 주인공처럼 이 세상에 존재하는 유일한 이유가 커피 잔을 들고 사무실을 어슬렁거리며 다른 사람들의 업무를 지연시키는 일인 것 같은 사람은 순간순간을 소중하게 여기는 당신과 당신의 팀에 분명 나쁜 영향을 미친다.

몇 해 전 우리 회사에서 함께 일한 팀원 한 명은 처리해야 할 업무가 있으면 꽤 열심히 일하는 훌륭한 일꾼이었다. 그런데 그는 사람과 교류를 해야만 하는 부류의 사람이었다. 그래서 그는 바쁘지 않을 때면 내 사무실에 나타나 시간이 있는지 묻곤 했다. 하지만 내가 시간을 내주어도 그는 30분이 지나도록 본론으로 들어가지 않았다. 결국 나는 그가 계속 바쁘게 일할 수 있도록 만들었고, 그 후로 그는 업무를 훌륭히 해내며 바쁜 시간을 보내느라 더 이상 나를 찾지 않았다. 나는 결코 비사교적인 사람은 아니지만, 당신과 마찬가지로 하루 동안 해야 할 일이 정말 많다. 시간을 낭비하는 사람은 당신과 당신 회사의 피를 빨아먹는 사람이다. 경제적인 측면에서 생각해 보면, 당신은 자기 시간을 낭비하고 다른 팀원의 시간을 빼앗는 사람에게 급여를 지불하고 있는 셈이다.

그 정도까지 시간을 많이 낭비하지는 않지만 무심코 시간을 낭비하는 사람도 있는데, 이런 사람에게는 당신의 쉴 틈 없는 일정과 바쁜 생활을 보여 주는 것이 좋다. 커뮤니케이션을 위해 나는 나의 일정을 아웃룩에 올린다. 나의 비서는 그것을 보고 수정할 수 있으며, 아내와 회사의 팀원들은 '읽기 전용'으로 그것을 볼 수만 있다. 이를 통해 그들은 내가 언제 시간을 낼 수 있는지 미리 파악할 수 있다. 내 사무실의 회의 탁자에는 42인치 평면 스크린에 아웃룩 파일이 열려 있어 내 일정을 확인할 수 있다. 나는 1년 일정이 미리 빼곡히 짜인 탓에 상당히 바쁜 나날을 보내고 있다. 이는 무심코 시간을 낭비하는 사람들에게 의도하지 않은 결과를 낳기도 한다.

예전에 나는 지역 공동체의 젊은 리더들을 멘토링했던 적이 있다. 멘토링은 보통은 한 번에 끝나지만, 가끔 몇 차례에 걸쳐 이루어지기도 했다. 한번은 비영리 종교 사업을 하는 젊은 목사가 자신의 교회를 부흥시킬 방법을 모색하기 위해 나와의 만남을 요청해 왔고, 나는 그의 요청을 수락했다. 내 비서는 아주 친절하지만 시간관념은 철저하다. 일정이 워낙 빡빡한 데다 사이사이 일어날 수 있는 예기치 못한 일을 항상 염두에 두어야 하기 때문에 그는 늘 미팅 시간을 정확히 엄수하게 했다. 젊은 목사와의 만남에는 30분이 배정되었다. 그런데 그는 자리에 앉아 17분 동안 줄곧 축구 이야기를 했다. 그러다 그는 테이블 위의 평면 스크린을 쳐다보고 내 일정을 확인했고, 순간 흥미로운 일이 벌어졌다. 그가 말했다.

"저런, 일정이 아주 빡빡하게 짜여 있군요. 어서 본론으로 들어가야겠는데요."

내 일정을 확인한 그가 드디어 내가 17분 동안 줄곧 생각했던 그 생각을 했던 것이다. 그때부터 우리는 아주 생산적인 13분을 보냈다. 이 방식은 당신의 조직에서도 분명 효과를 발휘할 것이다.

당신은 회의를 싫어하는가?

당신의 조직이 프로젝트를 추진하고 심도 깊은 커뮤니케이션을 하기 위해 회의를 해야만 할 정도로 규모가 커졌을 때 당신이 매우 신중하게 회의를 운영하지 않으면 당신은 이내 회의에 염증을 느끼게 될 것이다. 회의의 목적은 언급되지만 회의에 참석한 모든 사람이 변죽만 울리는 회의에 참석한 적이 있는가? 회의가 끝났다는 것을 눈치채지 못하는 사람이 있을 경우, 당신은 '기립 테크닉'을 사용할 수 있다. 회의가 끝났는데도 참석자 모두가 이를 받아들이지 않으면 과감하게 자리에서 일어나라. 이런 행동이 다소 무례한 것은 사실이지만, 당신의 사무실에 앉아 시간을 허비하려는 사람들도 무례하기는 마찬가지다. 당신이 일어서면 참석자들은 회의가 끝났음을 확실히 인지하고 자리에서 일어나 문을 향해 걸어갈 것이다. 당신이 자리에서 일어났는데도 참석자들이 움직이지 않는다면 당신이 먼저 문을 향해 걸어가라. 그러면 아무리 눈치 없고 특이한 사람일지라도 당신의 뒤를 따를 것이다.

당신이 시간 낭비라는 이유로 회의를 싫어한다면 뭔가 변화를 주어야 한다. 내 친구 패트릭 렌시오니Patrick Lencioni는 그의 탁월한 저서《회의로 인한 죽음Death by Meeting》에서 몇 가지 훌륭한 제안을 했다. 우리 회사의 리더 몇 명이 이 책을 읽고 우리의 회의 과정 일부를 바꿀 것을 요청했다.

현재 우리가 '리더십 위원회'라고 부르는 회의에는 각 부서의 책임자 및 회사의 핵심 리더 스물세 명이 참석한다. 우리는 회사와 회사가 나아갈 방향에 관한 모든 것을 논의하기 위해 한 달에 한 번 모임을 갖는다. 우리는 형제자매와 같다. 몇몇은 우리 회사에 몸담은 지 10년이 안 되고, 몇몇은 10년이 넘은 것을 감안하면 우리가 함께 이 회사를 위해 고군분투 한 지 10년이 되었다. 그래서 우리는 서로에 대한 끈끈한 동지애와 긴밀한 관계를 유지하고 있다.

리더십 위원회에서 우리는 종종 웃음을 터트리고, 심지어 옛 무용담까지 늘어놓으며 즐거운 시간을 보내곤 한다. 이런 분위기를 조성하는 것이 나쁘지는 않지만, 그것이 회의의 주요 목적은 아니었다. 한 이사가 돈을 받으면서 이렇게 앉아 신나게 시간을 낭비하면 되겠느냐고 지적했던 것처럼 말이다. 그래서 이제 우리는 리더십 위원회에서 안건에 대한 이야기만 한다. 리더십 위원회 위원은 누구라도 위원회가 열리기 한 시간 전까지는 어떠한 안건이라도 상정할 수 있지만, 일단 안건이 결정되면 회의 중에는 그 안건과 벗어난 이야기를 해서는 안 된다. 어젯밤 리더십 위원회 회의는 38분 만에 끝났다. 그래서 우리는 가족이 있는 집으로 일찍 돌아갈 수 있었다. 나는 리더십 위원회의 이러한 변화에 매우 만족한다. 하지만 회의 시간을 헛되이 낭비하지만 않는다면 나는 회의가 아무리 길어져도 개의치 않는다. 우리는 이제 회의 시간을 낭비하는 것을 극도로 싫어하게 되었다.

회의가 잡히면 회의를 준비하는 시간을 가져라. 아무 준비 없이 회의에 가서 시간을 낭비하는 사람들이 너무도 많다. 사람들을 한곳에 모이게 하는 데 소요되는 소중한 시간과 비용이 아깝지 않도록 안건을 정하고 그 안건에 대한 당신의 아이디어를 준비해 놓아라. 각 회의에는 각각의 사명 선언문이 있기 마련이다. 그렇지 않은 경우에도 최소한 회의의 목적은 있어야 한다. 해결책에 도달하면 특정 인물로 하여금 특정 시간에 그 해결책에 대한 후속 조치를 단행하도록 하라. 후에 행동으로 옮기지도 않으면서 갖가지 아이디어와 해결책만을 도출해 내는 회의는 회의에 임하는 사람들의 사기와 열정을 크게 저하시킨다. 회의에 참석하는 것이 시간 낭비라는 생각이 들게 하기 때문이다.

다양한 형태의 모임을 시도해 보라. 우리 회사의 한 부서 책임자는 팀원들을 차에 태워 교외로 데리고 가서 탁 트인 농지를 바라보며 이야기를 나눈다. 우리 회사 로비에는 커피숍이 있는데, 거기서 팀 회의가 열리는 경우도 종종 있다. 색다른 장소에서 좋아하는 차를 마시며 하는 회의는 분명 팀원들의 창조성을 자극할 것이다. 새로운 생각을 불러일으킬 수 있도록 리더십 수련회나 브레인스토밍 회의 등은 회사 밖의 장소에서 갖는 것이 좋다.

테크놀로지

앞서 언급했듯이 비서가 관리하는 나의 일정은 아웃룩을 통해 다른 사람들이 열람할 수 있으며, 내 이메일 계정과 연락처도 누구에게나 공개되어 있다. 이러한 접근성은 심지어 나의 아내가 디너파티를 계획할 때도 정말 효과적이다. 내가 향후 6개월까지 어느 날 밤에 시간이 되는지 눈으로 확인할 수 있기 때문이다.

소규모 사업체의 경우 일반적으로 두 부류의 사람들이 테크놀로지와 관련한 문제를 드러낸다. 첫 번째 부류는 테크놀로지를 완강히 거부하는 사람들이다. 그들은 시간을 크게 절약할 수 있는 전자 일정표와 이메일, 예산 산출 소프트웨어 등과 같은 훌륭한 테크놀로지 도구들을 사용하지 않는다. 주택 건축업자인 내 친구 한 명은 스마트폰으로 견적과 예산 산출, 일정 관리를 모두 해결하며, 그의 사무실 또한 최신 테크놀로지의 산실이다. 또 다른 건축업자 친구는 공사 때마다 매번 바지 뒷주머니에 꽂아 두는 당좌 예금 통장을 확인하면서 공사비를 산출한다.

나는 새로운 테크놀로지를 습득하는 것을 싫어한다. 내가 즐겨찾기를 가득 채운 웹브라우저에 익숙해질 즈음이면 새로운 웹브라우저와 운영체제, 소프트웨어 등이 출시되고, 그러면 나는 그것들을 다시 익혀야 한다. 하지만 내가 향상된 최신 휴대폰이나 소프트웨어를 구입한 후 이런 힘겨운 적응 시기를 지나고 나면 나의 생산성은 향상된다. 테크놀로지에 대한 거부감으로 시간을 낭비하지 마라. 나는 예전엔 내 사업의 필수품이었던 타자기와 계산기를 더 이상 갖고 있지 않다.

테크놀로지와 관련한 문제를 드러내는 두 번째 부류는 첫 번째 부류와는 정반대의 이유로 시간 관리를 제대로 못하는 사람들이다. 그들은 테크놀로지에 지나치게 초점을 맞춘 나머지 새 장난감을 가지고 놀기 바빠 업무에는 태만하다. 주로 젊은 층이 많은데, 그들은 새로운 도구와 소프트웨어에 순식간에 빠져든다. 물론 새 장난감의 멋진 기능을 모두 습득하는 것도 중요하지만, 그 기능을 이용해 뭔가 생산적인 일을 하는 것이 훨씬 더 중요하다. 최신 기기의 노예가 된 사람들을 보면 마치 청소년의 게임 중독이 성인에게 전염된 것처럼 보인다. 테크놀로지를 적절하게 이용하면 업무에 상당히 도움이 되지만, 테크놀로지에만 빠지면 효율성이 크게 저하된다.

그 밖의 작은 팁

많은 사람이 종이를 사용하는 것에서 멀어지고 있다. 예전에는 나의 해야 할 일 목록을 워드 파일로 작성해 컴퓨터에 저장해 놓았지만, 지금은 해야 할 일 목록이 내 이메일 계정의 수신함에 보관되어 있다. 나는 해야 할 일의 우선순위에 따라 그것을 위임하거나 삭제하거나 실천한다.

나는 우리 팀원들에게 한 단어로 된 이메일을 하루에 수도 없이 보낸다. 나는 '아니요'나 '멋짐', '당신이'와 같은 단어로 이메일을 보낼 수 있다. 만일 당신이 내가 말을 덧붙이길 원한다면 우선순위를 매긴 해야 할 일 목록에서 당신이 제외되거나, 서둘러 모임을 소집하게 될 것이다. '전체 회신'을 사람들을 꾸짖는 데 사용함으로써 이메일 분쟁을 일으키는 일이 없도록 하라. 나 역시 이 함정에 빠진 적이 있다. 당시에 나는 이 기능이 효율적이라 느꼈지만, 이 기능은 후에 당신이 더 많은 일을 맡길 팀원과 좋은 관계를 형성하는 데 방해 요소로 작용한다. 팀 샌더스Tim Sanders는 전체 회신을 근절해야 한다고 말했는데, 나 역시 그의 말에 동의한다.

나의 비서는 나의 파일을 모두 보관하고 있다. 내 책상 서랍에는 몇 자루의 연필 외에는 아무것도 없다. 파일을 정리하고 보관하는 것과 같은 일은 다른 사람에게 맡겨라. 당신의 파일은 당신의 컴퓨터에 들어 있어야 할 뿐만 아니라, 당신이 언제 어디서나 접근할 수 있도록 웹하드에도 올려놓아야 한다. 내 책상 위에는 골판지 상자가 하나 놓여 있는데, 나는 그 안에 비서가 가져가서 처리해야 할 것들을 모두 넣어 두었다. 상자 안에는 영수증이나 편지, 서명한 수표, 내가 처리하도록 그녀가 갖다 놓은 것들 등이 있다. 당신의 책상 위는 당신의 마음 상태, 그리고 심지어 당신 회사 전체의 상태를 대변한다. 예전에 나는 책상 위에 이것저것 어지럽게 쌓여 있는 것이 내가 바쁘고 열심히 일하는 사람이라는 것을 의미한다고 생각했다. 하지만 얼마 후에 나는 그것이 정리하는 방법과 작업 흐름을 관리하는 방법을 모르는 것을 의미할 뿐이라는 사실을 알게 되었다.

세실이라는 지인의 사무실에 갔을 때, 나는 책상 정리가 얼마나 중요한지 직접 눈으로 볼 수 있었다. 그는 당시 아주 젊은 기업가였던 내가 재정적인 의문점을 해결하는 데 도움을 주었고, 힘든 시기를 거치는 동안 나를 격려해 주었다. 세실은 수백 명의 팀원을 둔 대규모 재무설계 회사를 운영하고 있었다. 그의 사무실에 들어선 나는 실내가 너무 깨끗하게 정돈되어 있어 마치 수술실에 들어온 것 같은 기분이었다. 심지어 사무실에는 책상도 없었다. 사무실에 있는 것이라곤 서랍이 없는 대형 탁자와 전화기 한 대, 컴퓨터, 그리고 탁자 가운데 놓인 노란 메모지 묶음과 그 위에 놓인 연필 한 자루가 전부였다. 세실의 사무실은 마치 잡지 사진을 찍기 위해 준비해 둔 곳 같았다. 복잡하고 잡동사니들로 어수선하게 어질러진 나의 사무실과 비교하면 그의 사무실은 정말 아무것도 없는 것 같았다.

회의가 끝난 후 내가 불쑥 그에게 물었다.

"업무는 어디에서 보세요?"

나는 마치 이곳은 보여 주기 위한 사무실이고, 다른 곳에 실제로 업무를 보는 어질러진 사무실이 틀림없이 있을 것이라 확신하는 사람처럼 물었다.

"여기에서요."

나는 이해할 수 없어 계속 질문을 던졌다.

"사장님의 물건은 어디에 있죠? 스테이플러는요? 서류철은 없으세요? 이곳은 전혀 업무를 보는 곳 같지 않네요."

그는 웃음을 터트리더니 차근차근 설명하기 시작했다.

"누군가가 당신을 대신해 서류 정리를 해줄 때까지는 당신의 회사는 규모가 큰 회사가 아닙니다. 저는 이제 더 이상 그런 일을 하지 않아요. 현재 제 업무는 회사의 비전을 세우고 모든 면에서 회사를 잘 이끄는 것이죠. 그렇게 하는 데 필요한 것은 지력과 의지고요. 지저분한 책상과 사무실은 깨끗하게 치워야 해요. 정리를 제대로 못해서, 또는 사무실에 쌓아놓은 물건들이 꼭 필요해서 사무실을 어지럽힌다는 건 말이 안 되는 소리죠. 사무실이 어지럽다는 건 그저 당신이 체계적이지 않다는 것을 의미할 뿐입니다. 치우거나 맡기거나 버리세요. 당신의 쓰레기통이 당신의 시간을 가장 많이 절약해 주는 서류함이 될 수 있죠."

결론

꿈에서 비전과 사명 선언문을 거쳐 목표까지 다룬 우리는 이제 이러한 일들을 가능하게 하는 시간 관리에 대해서도 언급했다. 설령 이러한 정보가 당신에게는 매우 기초적인 것일지라도 당신이 이 정보를 당신의 가족이나 팀에게 전달하면 그들에게는 혁신적인 정보가 될 수 있다는 것을 기억하라. 당신은 이와 같은 과정을 통해 당신의 사업에 새로운 생명력을 불러일으킬 수 있다. 앞으로 90일 동안 계속해서 이 시간 관리법을 적용해 보라. 그러면 당신은 새로운 차원의 견인력과 만족감을 경험하고 목격하게 될 것이다. 힘들게 일했는데 바늘 하나도 움직이지 못한 것보다 더 큰 좌절감을 주는 것은 없다.

Part
4

결단력 없는 리더는 리더가 아니다

어려운 결정을 내리는 더 쉬운 방식

결정을 내리지 않거나 내리지 못하는 리더는 결코 성공할 수 없으며, 제대로 된 안트러리더가 될 수 없다. 리더가 되기로 마음먹었거나 좀 더 욕심을 부려 안트러리더가 되길 열망하는 사람은 수동적인 태도를 거부해야 한다. 리더십은 유약하고 소심한 사람을 위한 것이 아니다. 리더십은 꺾이지 않는 근성과 강한 힘을 필요로 한다. 당신의 꿈과 조직이 클수록 결정을 내리기가 더 힘들고 복잡하다. 겁쟁이나 약골은 결코 탁월한 안트러리더가 될 수 없다.

지금 활발하게 진행되고 있는 좋은 계획은 다음 주를 위한 완벽한 계획보다 낫다.
– 조지 S. 패튼(George S. Patton, 노르망디 상륙작전에서 큰 활약을 한 미국 육군 장군)

리더인 당신이 우유부단하면 당신의 사업과 당신의 가족, 당신의 팀, 그리고 당신의 미래는 마비된다. 당신이 우유부단하면 당신의 모든 꿈이 위태로워진다. 당신이 "준비, 조준, 조준, 조준, 조준……"이라고만 말하면 아무것도 쏠 수 없다. 이는 당신의 주변에 있는 재능 있는 사람들을 화나게 만든다. 그러면 당신은 결국 당신에게 가장 소중한 관계를 잃게 된다. 당신은 방아쇠를 당겨야 한다. 그리고 다른 사람들이 방아쇠를 당기도록 만들어야 한다. 멋진 여성이 소신 없는 남성과 사귀는 것을 본 적이 있는가? 그런 남성은 그 여성의 사랑을 받을 수 없다. 그녀는 그가 소신을 가질 때까지 기다리며 늙어 죽기를 원하지는 않을 것이기 때문이다.

시장은 새로운 것을 적용한 서비스나 제품을 갈구하는데, 우유부단한 리더는 과거의 방식만을 고수한다. 만일 당신이 이런 리더라면, 당신은 당신의 인생에 경쟁자가 끼어드는 것을 각오해야 한다. 우유부단한 성격으로 여자친구에게 버림받은 남자와 마찬가지로 당신은 고객에게 버림받을 것이다. 두 경우 모두 문제는 끼어드는 경쟁자에게 있는 것이 아니라 당신의 실천력 결핍에 있다. 당신이 행동을 취했다면 경쟁자는 결코 발 디딜 곳을 찾지 못했을 것이다. 당신은 고객을 유지했을 것이고, 버림받은 남성은 멋진 여성과의 행복한 미래를 보장받았을 것이다.

우유부단함은 우리 모두에게 일어나는 현상이다. 그러므로 우리는 우리의 인생에서 그것을 몰아낼 수 있도록 노력해야 한다. 그래야만 진정한 안트러리더로서 승리를 쟁취할 수 있다. 당신의 인생에서 우유부단함을 몰아내기 위해 당신이 가장 먼저 해야 할 일은 우유부단함을 야기하는 원인을 규명하는 것이다.

두려움

확실한 결정을 내리지 못하게 하는 원인 중 하나는 두려움이다. 두려움은 마비를 일으키는 궁극적인 원인이다. 우리는 가끔 헤드라이트를 바라보며 꼼짝달싹하지 못하는 사슴처럼 닥쳐올 위험을 보면서도 그저 제자리에 서있기만 한다. 두 갈래의 마음은 모든 길에서 불안정하다고 성경은 말한다. 다시 말해, 결단을 내리지 못하는 사람은 불안정하고 미래가 불투명하다는 것이다. 그런 사람은 결국 자신의 조직을 파멸로 몰고 간다. 나는 이 성경 구절을 '다람쥐 신학'이라 부른다. 자동차가 쌩쌩 지나가는 도로를 건너는 다람쥐가 연상되기 때문이다. 다람쥐는 질주하는 자동차에 대한 두려움으로 도로를 벗어나지 못하고 도로 이쪽저쪽을 왔다 갔다 하다가 결국 자동차에 치여 죽는다. 두려움으로 인한 우유부단함은 이처럼 당신의 삶도 앗아 갈지 모른다.

우리는 두려움을 토대로 결정을 내리지 않는다.

두려움이 나의 우유부단함의 뿌리고, 그 우유부단함이 내 꿈을 짓밟고 내 인생을 망친다는 것을 깨달은 나는 두려움을 다스릴 체계적인 방법을 찾기로 했다. 우리 회사의 핵심 가치 중 하나는 두려움을 토대로 결정을 내리지 않는다는 것이다. 사실 우리도 가끔 두렵다. 우리는 고객을 잃을까 두렵고, 소송을 당할까 두렵고, 손실을 볼까 두렵다. 사실 이런 일은 충분히 일어날 수 있으며, 우리는 우리 결정의 잠정적인 결과를 무시해서는 안 된다. 하지만 우리는 두려움이 우리를 꼼짝달싹하지 못하도록 내버려 두지는 않을 것이다. 우리가 두려움의 희생양이 되면 우리를 위협하고자 했던 경쟁자들은 우리를 궁지로 몰아넣을 것이다. 경쟁자들이 우리를 위협할 수도 있다는 사실을 인식하는 것은 바람직하지만, 그들이 그들의 시장 전략으로 우리를 꼼짝달싹하지 못하게 만들도록 내버려 두는 것은 바람직하지 않다. 동기부여 연사인 레스 브라운Les Brown은 "너무도 많은 사람이 두려움 탓에 꿈꾸는 삶을 살지 못한다"고 말했다. 그래서 우리는 의도적으로 상황이나 문제가 우리를 두렵게 만든다고 크게 말한 다음, 정신을 차리고 그 두려움이 우리의 결정에 끼어들지 못하게 한다. 도로시 버나드Dorothy Bernard는 "용기는 간절히 기도하는 두려움"이라고 말했다.

비판

중대한 일을 하고 있는 사람은 비판에 흔들릴 수 있다. 당신은 비판을 두려워해서는 안 된다. 비판은 필연적인 것이기 때문이다. 나는 누군가가 비판할 수도 있다는 이유로 정의의 편에 서지 않거나 바람직한 결정을 내리지 않는 사람들을 종종 보았다. 하지만 당신은 당신의 전화를 받는 것을 싫어하는 사람들의 말에 귀 기울여야 한다. 우리는 싫은 것을 싫다고 말하고, 결정에 대한 합일점을 찾기 위해 노력하는 사람에게 주의를 기울일 필요가 있다. 안트러리더는 할 일 없는 사람들이나 반대 세력들의 비판이 두려워 전화하는 것을 포기하지 않는다. 아리스토텔레스Aristotle는 이렇게 말했다.

"비판을 피할 수 있는 길은 오직 한 가지뿐이다. 아무것도 하지 않고, 아무 말도 하지 않고, 아무것도 되지 않는 것이다."

당신이 일을 많이 하면 할수록 당신에 대해 부정적인 말을 하는 사람도 더 많아진다. 내가 유명세를 많이 타면 탈수록, 또 우리 회사가 성장하면 할수록 우리는 비판의 이메일을 더 많이 받는다. 다시 말하지만, 비판은 필연적인 것이다. 그러니 비판이 두려워 꿈을 추구하는 삶을 사는 것을 포기하는 일이 없도록 하라.

좋은 결정을 내리려면

훌륭한 안트러리더는 두려움으로 인한 우유부단함을 용납하지 않는다. 우리는 가끔 두려움을 느끼기는 하지만, 그래도 어쨌든 결정을 내리고, 행동에 나선다. 우리는 두려움이 결정을 내리는 원동력이 되도록 내버려 두지 않는다. 경우에 따라서는 지금 당장은 결정하지 않기로 결정하는 것이 좋은 결정일 수도 있다. 이것은 두려움으로 완전히 얼어붙어 결정을 내리지 못하는 것과는 다르다. 우리도 이처럼 지금 당장은 결정을 내리지 않기로 한 적이 여러 번 있었다.

사업 초창기 우리 회계 부서에는 한 명의 중년 여성밖에 없었다. 그녀 혼자서 우리 회사의 회계 업무를 다 처리했다. 회계를 너무 싫어해 회계 업무를 다른 사람에게 맡긴 것이 너무 좋았던 나는 회계가 진행되는 과정을 살피지도 않았다. 후에 그녀가 회계 업무를 전혀 보고 있지 않았음이 드러났다. 그녀는 매주 내게 줄 돈과 받을 돈이 없음을 나타내는 한 페이지 분량의 보고서를 제출했고, 우리 회사가 부채 문제에서 아주 깨끗하다고 말했지만, 그것은 모두 거짓말이었다. 내가 가족과 함께 휴가를 보내고 있을 때 부사장이 내게 전화를 했다. 국세청이 지불급여세를 납부하지 않았다는 이유로 우리 회사의 문을 걸어 잠그려 한다는 것이었다. 이게 어찌 된 일인가? 나는 틀림없이 납세에 전혀 이상이 없다는 보고서를 보았다. 상황을 조사해 본 결과, 우리가 줄 돈도 주지 않고 받을 돈도 받지 않은 건이 많다는 것을 알게 되었다. 결국 국세청이 옳았던 것이다. 그 여성은 우리의 돈과 관련해 거짓말을 했다. 나는 바로 돌아와 사비를 털어 세금을 지불했고, 줄 돈은 주고 받을 돈은 받는 2개월간의 플랜을 짜기 시작했다.

그 일은 나를 당혹스럽고 난처하게 만들었고, 나는 매우 화가 났다. 그럼에도 나는 화가 난 상태에서는 이 여성의 운명을 결정짓지 말자고 마음먹었다. 정확한 상황을 파악하고 이런저런 조사를 다 마친 후 비로소 그녀를 해고하기로 결정했지만, 그녀에 대한 화가 풀리지 않은 상태라 화가 진정될 때까지 그녀를 해고하는 것을 단행하지 않기로 했다.

나는 화가 난 상태에서는 결정을 하지 않기로 결정했던 것이다. 가끔 우리는 더 많은 정보를 입수하기 전까지는 결정을 하지 않기로 결정한다. 우리가 지쳐 있거나 두려움을 느낄 때도 결정하지 않기로 결정하는 경우가 종종 있다. 흥분한 상태에서는 결정하지 않기로 결정하는 것은 두려움 때문에 결정하지 못하는 것과는 다르다. 나는 원래 결정을 빨리 내리는 편이었기 때문에 상황을 관망하는 느림의 미학을 배워야 했다. 그것은 우유부단함과는 확실히 다른, 인내의 미학을 배우는 것이었다.

데드라인을 설정하라

스스로 시간제한을 두거나 실질적인 데드라인을 인식하면 미루는 습관을 피할 수 있다. 당신의 임대차 계약이 8월 말에 만료된다면 7월을 넘기기 전에 다른 곳을 알아보거나 현재의 임대주와 재교섭을 해야 한다. 재고 조사 결과 당신의 재고가 10월에 바닥날 상황이라면 그전에 다른 공급처를 찾거나 기존의 공급처에 주문을 넣어야 한다.

만일 실질적인 데드라인이 없는 상황이라면 스스로 데드라인을 정해 당신의 실천에 추진력을 부여하라. 나는 내가 진행하는 라디오 프로그램에서 근근이 이어 가는 사업을 언제 접는 것이 가장 좋을지 묻는 중소기업 사장들의 질문을 종종 받는다. 최근에 팀이라는 웹디자이너가 전화 상담 코너를 통해 사업을 접고 '제대로 된 일자리'를 구하는 것이 나을지 내게 물었다. 실로 큰 결정이 아닐 수 없었다. 그래서 나는 그에게 수익 증대를 꾀하기 위한 서너 가지 방안을 생각해 본 후, 스스로 데드라인을 정해 두고 그 방안이 효과적인지 검증해 볼 것을 제안했다. 당시 한 달 수익이 1,000달러에 불과했던 그는 한 달에 5,000달러를 받을 수 있는 일자리는 구할 수 있다고 생각했지만, 아직 자신의 꿈을 포기할 준비가 되지 않았다. 나는 그에게 몇 가지 간단한 마케팅 아이디어를 주었고, 한 달에 5,000달러까지 수익을 끌어올리려면 얼마나 시간이 필요할 것 같냐고 물었다. 그는 네 달 정도면 그럴 수 있으리라 생각한다고 말했고, 우리는 네 달 후의 날짜를 달력에 표시했다. 그날까지 수익이 향상되지 않으면 그는 사업을 접기로 결심했다. 그런데 이상한 일이 일어났다. 그는 얼마 후 나에게 전화를 걸어 7,000달러의 월수익을 올렸다는 승전보를 전했다. 그가 자신의 꿈을 건 어려운 결정을 내리기 위해 스스로 설정한 데드라인이 그로 하여금 자리에서 일어나 잠정 고객들을 찾아나서게 만들었던 것이다.

고액 연봉자인 내 친구 하나는 일하던 대기업을 나와 여러 곳에 소매업체를 열었다. 어느 날 그가 내게 전화를 걸어 부부동반으로 함께 커피를 마시며 이야기를 나눌 수 있는지 물었다. 그가 대기업이 보장하는 안정을 뒤로하고 사업을 시작해 그의 아내가 상당히 힘들어하고 있다는 것이었다. 그녀는 그의 사업이 결국 망할 것이라며 불안해했다. 친구는 내가 그녀의 잘못된 생각을 바로잡아 그녀를 진정시켜 주길 원했다. 친구를 만나 사업 이야기를 들었을 때, 나는 그가 아주 빠른 속도로 많은 돈을 잃어 가고 있다는 것을 알 수 있었다. 그가 한 달에 지출하는 액수는 약 20만 달러에 달했다. 그는 약 160만 달러의 운영 자금을 가지고 있었지만, 그 돈은 급속도로 줄어들고 있었고, 이에 그의 아내는 자제력을 잃어 가고 있었다. 그의 아내 말이 옳았다. 초등학교 6학년생조차도 이 백만장자가 지금 이대로 사업을 끌고 나간다면 8개월 이내에 파산하리란 것을 쉽게 알 수 있었다. 물론 자기 사업을 운영하는 사람들은 객관적인 사실을 부정하는 낙관론에 눈이 멀기 쉽다.

우리는 잠시 동안 이에 대해 이야기했고, 그는 4개월 후를 데드라인으로 설정하는 데 동의했다. 4개월의 마지막 달은 1년 중 장사가 가장 잘되는 12월이었다. 그는 12월까지 수익을 내지 못하면 사업을 접는다는 데 동의했다. 나는 그러한 내용을 글로 남겼다.

'12월 20일까지 수익을 내지 못하면 나는 사업을 포기할 것이다.'

그때 그가 사업을 포기하면 그에게는 80만 달러와 퇴직금, 그리고 집이 수중에 남아 있을 것이었다. 그리고 그는 다른 일을 찾아 돈을 벌어야 할 것이었다. 나는 그에게 이 짧은 문구의 각서에 서명을 하게 했다. 그가 각서에 서명을 하자 그의 아내가 흐느껴 울기 시작했다. 남편이 가족을 완전히 궁지로 몰지는 않으리라는 안도감이 그녀의 태도를 바꾸었다. 내 친구는 이제 가장 가혹한 비평가에서 가장 든든한 지지자로 변모한 아내를 곁에 두게 되었다. 그녀는 남편의 성공을 돕기 위해 그의 상점 중 한 곳에서 일하기 시작했다. 얼마 후 그들을 만났을 때, 그들은 서로 다정하게 손을 잡은 채 환하게 웃고 있었다. 그리고 두 달 후, 그러니까 약속한 데드라인 두 달 전에 친구는 내게 전화를 걸어 사업을 완전히 접고 새 직장을 구했다고 말했다. 결국 사업은 실패로 돌아갔지만, 친구 부부는 다시 화목한 결혼 생활을 하게 되었고, 그들의 은행 계좌에는 여전히 돈이 남아 있었다. 이 모든 것이 결정을 내리기 위해 스스로 데드라인을 설정했기 때문에 가능했다.

적절한 시간을 투자하라

좋은 결정을 내리는 또 한 가지 방법은 결정의 크기에 비례하는 시간을 투자하는 것이다. 다시 말해, 큰 결정에는 많은 시간을 투자하고, 작은 결정에는 적은 시간을 투자해야 한다. 당신이 결정해야 하는 일에 돈이 더 많이 걸려 있을수록 당신은 그 결정을 하는 데 더 많은 시간을 투자해야 하며, 당신이 결정해야 하는 일이 더 많은 시간을 요할수록 당신은 더 시간을 두고 고민해야 한다. 또 당신이 결정해야 하는 일에 더 많은 사람이 관련될수록 당신은 더 오래 고민해야 한다. 하지만 껌 한 통을 살 때는 제발 고민하지 말고 즉시 사기 바란다. 당신 뒤에 줄을 서서 기다리는 사람들을 생각해서라도 말이다.

사업의 규모가 커지면 결정하는 데 더 많은 시간을 필요로 하는 돈의 액수도 커진다. 12년쯤 전에 우리는 약 7,600달러에 달하는 전화 시스템을 구입했는데, 그 액수는 당시 일고여덟 명의 팀원만이 일하는 작은 회사가 지출하기에는 상당히 큰 액수였다. 그 돈은 당시 우리 회사 총매출액의 상당 부분에 해당하는 금액이었기에 전화 시스템 구입은 큰 결정이었다. 우리는 여러 제품 및 테크놀로지를 분석하고 비교하느라 여러 달을 보냈다. 우리는 각종 자료를 읽었고, 여러 전문가에게 조언을 구했다. 그야말로 철저한 조사를 했던 우리는 결국 최고의 선택을 했다. 우리가 중요하게 생각한 것은 확장성이 좋고, 최첨단 기술이 적용되어야 한다는 것이었는데, 12년이 지난 지금도 우리가 그때 구입한 전화 시스템을 사용하고 있는 것을 보면 당시 우리가 그 두 가지를 충족시키는 시스템을 선택했음이 분명하다. 당연히 당시의 시스템을 간간이 업그레이드하고 보완하기는 했지만 말이다. 오늘날 한 부서의 누군가가 7,600달러에 상당하는 구매 결정을 하더라도 현명한 선택을 해야겠지만, 그것은 비교적 작은 결정이라 껌 한 통을 구입하는 것에 더 가까울 것이다.

이 개념이 적용되는 또 다른 영역은 조직의 건강과 미래다. 즉, 조직의 건강과 미래와 더 깊은 관련이 있는 결정일수록 당신은 그 결정에 더 많은 시간을 할애해야 한다. 만일 당신이 5년 또는 10년의 회사 건물 임대차 계약을 하려 한다면 당신은 그 분야의 지식을 전문가 수준으로 끌어올릴 필요가 있다. 당신은 건물의 가치를 알아야 하고, 건물의 위치가 사업의 미래에 어떤 영향을 끼칠지를 정확하게 파악해야 한다. 반면 휴게실에 설치할 싱크대 색깔을 결정하는 것에는 시간을 많이 들이지 말아야 한다. 싱크대 색깔이 조직의 건강과 미래를 좌우하지는 않기 때문이다.

충분한 옵션을 확보하라

고등학생 때 나는 내가 알거나 만난 적이 있는 또래 여자 전부의 전화번호를 적어 놓은 조그만 검정 전화번호부 수첩을 갖고 있었다. 물론 그 아이들 모두와 데이트를 할 것도 아니고 하고 싶지도 않았지만, 나는 그 아이들의 전화번호를 수집했다. 고등학교에 다닐 때 배우자를 만나야겠다는 생각은 전혀 하지 않았기에 나에게 데이트는 그저 재미있고 신나는 일일 뿐이었다. 나는 상심할 일을 만들지 않거나 데이트를 하지 못하는 주말을 보내지 않는 가장 좋은 방법은 가능한 한 선택의 기회를 많이 갖는 것임을 깨달았다. 더 많은 기회를 가질수록 나는 상대의 거절에 덜 민감해졌다. 심지어 나는 나의 선택권에 우선순위를 정하기까지 했다. 내가 다섯 명의 여자에게 전화를 했다는 것을 그녀들이 알 리는 없었으니까 말이다. 그렇다고 내가 10대 카사노바는 결코 아니었다. 사실 그 반대였다. 나는 그저 집에서 방청소를 하며 토요일 밤을 보내는 것을 선택하지 않았을 뿐이었다.

좋은 결정을 내리기 위한 가장 좋은 방법은 충분한 선택의 기회를 갖는 것이다. 선택의 기회는 힘이다. 다양한 선택의 기회는 두려움을 몰아낸다. 당신의 사업에 핵심적인 부품을 공급하는 공급처가 하나뿐이라면 당신은 두려울 것이고, 당연히 두려워해야 한다. 그럴 경우, 당신은 해당 부품의 가격이나 품질, 운반 등의 문제에 수동적일 수밖에 없기 때문이다. 즉, 당신에게 선택의 기회라는 힘이 없기에 그들이 당신을 쥐고 흔들 수 있는 것이다. 당신에게 선택의 기회가 많을수록 당신이 내리는 결정의 질이 더 향상된다.

당신에게 선택의 기회는 많지만 좋은 것이 없다면, 그건 충분한 선택의 기회가 없는 것이다. 그러므로 더 많은 선택의 기회를 물색하고 확보해야 한다. 지난달에 젊은 리더 한 명이 내 사무실에 찾아와 내가 고수하는 원칙을 바꾸지 않으면 그의 부서는 위기에 처할 것이라고 말했다. 그가 나를 설득한 방식은 나에게 두 가지 선택권을 주는 것이었다. 즉, 우리가 이 회사를 설립하고 성장시키는 데 적용한 원칙을 버리든지, 자기 부서가 위기에 처하더라도 그것을 받아들이든지, 둘 중 하나를 선택하라는 것이었다. 나에게는 둘 모두 좋은 선택이 아니었고, 그는 두 가지 실수를 했다. 그는 나와 같은 늙은이를 자신이 원하는 대로 몰고 가려 했고, 나에게 충분한 옵션을 주지 않았다. 우리는 몇 분 동안 그에 대해 이야기했고, 나는 그에게 그가 더 많은 옵션을 찾지 않으면 내가 더 많은 옵션을 찾을 수 있는 사람을 고용할 수밖에 없다고 말했다. 너무 심술 궂은 행동이라고 생각하는 사람이 있을지 모르겠지만, 이는 그를 위한 단호하고 흥미로운 가르침의 순간이었다. 그는 훌륭한 안트러리더가 될 재능 있는 젊은이다. 그도 언젠가는 사람들이 나쁜 결정을 하는 가장 큰 이유는 그들이 선택할 수 있는 옵션 중에 좋은 것이 없기 때문이라는 것을 배우게 될 것이다.

라디오 세계에 발을 들인 초창기에 우리는 여러 개의 라디오 방송국을 소유한 회사와 특별한 관계를 쌓아 나갔다. 그들은 우리의 가장 큰 라디오 고객이었다. 다시 말해, 우리는 다른 어떤 회사의 라디오 방송국보다 그들의 라디오 방송국을 더 많이 이용했다. 라디오 토크쇼는 일반적으로 국영 방송국의 경우에는 우리가 그들에게 판매하는 시간당 몇 차례의 광고를 통해 그들이 돈을 벌어들이고, 지역 방송국의 경우에는 지역 광고를 판매함으로써 우리의 라디오 쇼를 운영한다. 다시 말해, 그들은 로컬 스폿(local spot, 지역 광고)을 통해 돈을 벌고, 우리는 내셔널 스폿(national spot, 전국 광고)을 통해 돈을 번다. 우리도 그들에게 돈을 지불하지 않고, 그들도 우리에게 돈을 지불하지 않는다. 그야말로 공평한 협정이다.

어느 날 우리의 가장 큰 라디오 고객이 우리에게 말했다. 내 책 및 우리 회사 다른 제품의 성공의 최소한 일정 부분은 우리가 그들의 방송에 등장한 덕분이라는 것이었다. 그들은 우리가 벌어들인 돈의 일부에 대한 권리가 자신들에게 있다고 생각하는 듯했다. 그래서 그들은 이제부터 우리에게 1년에 수백만 달러의 사용료를 받을 생각이라고 말했다. 만일 우리가 사용료를 지불할 생각이 없다면 미국 전역 주요 도시들의 대표 라디오 방송국인 그들의 방송국을 떠나야 했다. 그들은 우리에게 두 가지 옵션만을 주었다. 그들의 방송국을 떠나는 것으로 연간 수백만 달러의 손실을 보든지, 자신들에게 사용료를 지불하는 것으로 연간 수백만 달러의 손실을 보든지, 둘 중 하나를 선택하라는 것이었다. 이 사안에 대해 협의하는 동안 우리는 이 방송국을 떠나 다른 방송국에서 방송한다는 또 다른 옵션을 생각하기 시작했다.

우리는 우리 회사에 도움이 될만한 도시들을 순서대로 열거한 다음, 새로운 옵션을 물색하기 시작했다. 우리는 기존 방송국을 대체할 만한 방송국을 찾아나섰고, 다행히도 우리가 접촉한 대부분의 도시에서 등급이 더 높고 더 위력적인 라디오 방송국에 안착할 수 있었다. 우리는 몇몇 도시들은 완전히 잃었지만(다시 찾아야겠지만), 우리의 총청취자 수와 수익은 극적으로 늘었다. 우리는 이 문제가 불쑥 고개를 내밀기 전까지는 예전 그 방송국에서 그야말로 행복한 나날을 보냈다. 갑자기 일이 터지자, 우리는 앞으로 상당한 타격을 입고 많은 손실을 볼 수도 있다고 생각했지만, 다른 옵션을 찾으려고 끈질기게 노력함으로써 결국 더 나은 신천지를 찾을 수 있었다.

당신이 생각하는 최악의 시나리오는 무엇인가?

어떤 옵션을 택할지 고민하고 있다면 최악의 시나리오를 상정해 보는 것도 도움이 된다. 최악의 시나리오를 상정하고 그것을 받아들이려 하다 보면 그것이 당신에게 얼마나 큰 힘을 주는지 알 수 있을 것이다. 내가 이 전화를 거는 것으로 죽지는 않는다는 것을 아는 한 나는 전화를 걸 수 있다. 분명 당신의 최악의 시나리오는 불쾌한 일이겠지만, 당신이 그것으로 죽을 일은 거의 없다. 설령 내 최악의 시나리오가 돈을 잃거나, 내 사업의 일부분을 접거나, 시장에서 곤란한 상황에 처하게 되는 것일지라도 나는 어느 정도 자신감을 갖고 소기의 목표를 향해 전진할 수 있다. 하지만 '죽음'이 멀리서 어렴풋이 보인다면 전진하기 망설여질 것이다.

몇 해 전 우리는 여러 곳에서 진행되는 라이브 이벤트들을 위성으로 동시 중계하기 위한 부서를 신설했다. 당시만 해도 동시 중계를 매끄럽게 수행한다는 것은 쉬운 일이 아니었다. 우리는 아주 대단한 일이 벌어지리라 기대하며 프로젝트에 착수했다. 우리의 멋진 아이디어를 시행하고 운영하기 위해 우리는 주저하지 않고 현금을 투입했다. 우리의 최악의 시나리오는 투자금을 몽땅 날리고, 시장에서 면목이 서지 않고, 프로젝트를 위해 고용한 사람들을 다른 부서로 흡수시키는 것이었다. 결국 우리의 꿈은 악몽이 되었다. 우리는 2년에 걸쳐 37만 8,000달러의 손실을 보았고, 시장에서 다소 면목이 서지 않았으며, 새로 고용한 사람들을 우리 회사 곳곳에 재배치해야 했다. 그건 분명 내가 원했던 결과는 아니었지만, 최악의 시나리오가 우리가 생존하지 못하는 것은 아니었기에 우리는 계속 전진할 수 있었다. 우리의 실패는 우리가 새로운 승리의 길을 열정적으로 모색하는 데 도움을 주었다. 많은 시간이 흐른 지금, 그때의 실패로 우리 팀에 합류한 사람들이 우리에게 얼마나 많은 것을 주고 있는지 생각하면 절로 입가에 미소가 지어진다.

향상된 테크놀로지를 비교적 저렴한 가격에 이용할 수 있게 되었을 때 우리는 다시 동시 중계를 시도했고, 마침내 큰 성공을 거두었다.

정보를 최대한 활용하라

좋은 결정을 내리는 데 90퍼센트를 차지하는 것이 정보의 수집이다. 내려야 할 결정이 중대한 것일수록 더 많은 시간을 투자해야 하고, 더 많은 옵션을 확보해야 하며, 더 많은 정보를 수집해야 한다. 10대들에게는 휴대전화가 큰 투자 대상이고 인간관계를 이어 주는 끈이기 때문에 어떤 휴대전화를 구입할 것이냐 하는 문제는 큰 결정에 해당한다. 안트러리더는 10대들이 휴대전화를 구입하기 전에 엄청난 조사를 한다는 것에서 교훈을 얻어야 한다. 10대들은 휴대전화 구입이 얼마나 큰 결정인지를 직관적으로 안다. 그래서 그들은 다른 친구들의 휴대전화를 사용해 보고, 주위 사람 모두에게 어떤 휴대전화가 가장 좋은지 물어본다. 그리고 그 결과, 대개 자기가 생각한 것과 거의 차이가 없는 휴대전화를 구입하게 된다. 10대들은 왜 정보 수집에 그토록 공을 들이는 것일까? 정보 수집이 결정을 내리는 데 상당히 중요하기 때문이다. 그런데 이상하게도 건물을 임대하거나, 2만 달러 상당의 컴퓨터 시스템을 구입하거나, 직원 열 명을 채용하는 데도 레스토랑에서 식사 주문을 할 때보다 더 많은 고민과 조사를 하지 않는 경영자들이 너무도 많다.

좋은 결정을 내리는 기술에는 정보 수집 기술도 포함된다. 사람들은 가끔 더 많은 정보를 수집할수록 결정을 내리기가 더 힘들어진다고 생각한다. 하지만 사실은 정반대다. 더 많은 정보를 가질수록 옳은 결정이 더 분명하게 보이고, 그 결과 결정을 내리기가 더 수월해진다. 정보는 두려움과 불안을 없애 준다. 고대 로마 황제 티투스Titus는 이렇게 말했다.

"어떤 것에 대한 두려움의 크기는 그것에 대한 무지의 크기와 비례한다."

당신의 팀을 가르쳐라

가장 쉽고 효율적인 결정은 당신이 내릴 필요가 없는 결정이다. 누군가에게 결정을 내리는 기술을 전수한다면 당신이 결정을 내릴 필요가 없다. 부모의 목표는 자녀가 스스로 좋은 결정을 내릴 수 있도록 가르치는 것이다. 당신 집 지하실에 살고 있는 40세의 자녀에게 매일 무엇을 할지 일러 주는 것은 당신을 지치게 하는 매우 비효율적인 일이기 때문이다. 사업도 이와 마찬가지다. 그럼에도 불구하고 리더들은 대부분 자신의 팀이 자체적으로 능숙하게 결정을 내릴 수 있도록 만들지 않고, 그저 자신이 내린 결정을 팀에게 하염없이 전달하기만 한다.

그렇다고 당신 혼자서 모든 것을 결정하다가 갑자기 당신의 팀에게 모든 결정을 내리게 할 수는 없다. 당신은 당신의 팀에게, 특히 당신의 리더들과 미래의 리더들에게 결정을 내리는 기술을 가르쳐야 한다. 직원이 얼마 안 되는 소규모 사업체의 첫 실수는 사장 자신과 직원 모두가 사장에게 '최고 소방관' 직함을 준다는 것이다. 다시 말해, 사장의 임무는 혼자서 모든 결정을 하고 불을 모두 끄는 것이라 여긴다는 것이다. 이러한 생각은 사장을 탈진시키고, 작업이 진척되지 못하게 만든다. 사업 초창기에는 회사에서 쓸 복사지와 커피를 결정하는 것을 비롯해 세세한 모든 것을 나 혼자 결정했다. 그래도 큰 무리 없이 흘러가기는 했지만, 얼마 지나지 않아 나는 지쳐 버렸고, 팀은 힘과 자존감을 잃어버리게 되었다. 우리 회사에 사소한 것 하나까지 나의 허락과 지시를 받는 분위기가 형성되었던 것이다. 이것은 소규모 사업체의 일반적인 모습이지만, 분명 좋지 않은 모습이다. 당신은 팀원들이 스스로 결정을 내릴 수 있도록 그들을 성장시켜야 한다.

리더십 전문가인 스티브 브라운Steve Brown은 마음속으로 원숭이를 생각하면서 이러한 과정을 지켜볼 것을 제안한다. 그의 조언을 따르자 나의 관점이 바뀌었다(심지어 10대 자녀 교육 문제에 관한 나의 관점도). 그는 이렇게 말한다.

"팀원이 결정을 내려야 할 문제 하나를 들고 당신의 사무실을 찾아왔을 때, 그 문제를 그의 어깨 위에 있는 원숭이로 시각화하라. 그 팀원이 '우리에게 문제가 있습니다'라고 말하면 당신은 그의 어깨에서 당신의 책상으로 뛰어내리는 원숭이를 시각화해야 한다(여기에 원숭이가 내는 시끄러운 소음을 삽입하라). 만일 당신의 팀이 하루 종일 당신의 사무실로 원숭이를 데리고 와 당신의 책상 위에 놓고 간다면 당신은 그만큼 더 책임을 떠맡게 되는 것이다."

안트러리더로서의 당신의 임무는 당신의 팀원이 당신의 사무실을 나

설 때 원숭이를 반드시 데리고 가도록 하는 것이다. 그 첫 단계는 그들에게 몇몇 아이디어를 준 다음, 그들이 문제를 해결할 수 있는 세 가지 좋은 방안 및 그에 따른 행동 과정을 들고 당신의 사무실을 다시 찾게 하는 것이다. 그런 다음 당신이 어떻게 결정을 내리는지 그들에게 보여 주고, 심도 깊은 논의와 가르침의 시간을 갖는다. 당신의 도움으로 몇 차례 결정을 내리고 문제를 해결하고 나면 그들은 당신이 사용한 패턴에 따라 당신이 하는 것을 하기 시작한다. 마지막 단계는 팀원이 당신에게 어떤 문제 혹은 기회가 생겼고, 그에 대한 해결책으로 어떤 것들을 생각했으며, 결국 어떻게 문제를 해결했는지를 알리는 이메일을 보내는 것이다. 이제 사업이 당신을 운영하는 것이 아니라 당신이 진정으로 사업을 운영하게 된 것이다.

이제 사업이 당신을 운영하는 것이 아니라 당신이 진정으로 사업을 운영하게 되었다.

당신이 대접받고 싶은 만큼 남을 대접하라

윤리의식이 투철한 사람은 더 쉽고 빠르게 결정을 내릴 수 있다. 결정을 내릴 때 우리가 사용하는 단순한 원칙은 그 결정이 거짓말이나 진실의 은폐를 야기하는지 자문하는 것이다. 당연한 말처럼 들릴지 모르겠지만, 거짓말이나 진실 은폐로 골치 아픈 상황에서 벗어날 수 있는 경우, 심지어 진실한 사람조차도 순간적으로 잘못된 충동을 느낄 수 있다.

결정을 내릴 때 사용할 수 있는 또 다른 원칙은 '모든 일에 네가 대접받고 싶은 만큼 남을 대접하라'라는 황금률이다. 이 황금률은 그동안 회사를 운영하면서 맞닥뜨렸던 수많은 골칫거리들을 해결해 주었다. 우리는 상대의 입장이 된다면 우리가 어떻게 대접받길 원하는지를 자문하곤 한다.

매우 유능한 젊은 비디오 편집자가 우리 회사에 입사 지원을 한 적이 있다. 우리가 거래처의 도움을 받아 한 영상물 프로젝트를 편집하는 동안, 해당 부서의 책임자가 그를 처음 만났다. 둘은 늦게까지 열정적인 대화를 나누었고, 그가 우리 팀에 합류하는 것은 자연스러운 일처럼 여겨졌다. 우리 거래처가 우리 회사의 유능한 인재를 빼간다면 우리 기분이 어떨지 생각해 보기 전까지는 말이다. 결국 우리는 그와의 공식적인 입사 면접을 시행하지 않기로 결정했다. 황금률에 의거해 그가 다른 절차를 밟을 필요가 있다고 믿었기 때문이다. 우리 팀원이 우리 거래처로 직장을 옮기더라도 우리는 당사자의 의사를 존중할 충분한 마음의 준비가 되어 있었다. 하지만 우리는 황금률에 따라 거래처에 이 젊은 편집자와의 입사 면접을 허락받아야 했다. 그래서 우리의 책임자는 젊은 편집자의 동의를 얻어 그의 사장에게 전화를 걸어 그를 정식으로 면접하고 채용해도 되는지 물어보았다. 만일 거래처 사장의 허락을 받지 못하면 우리는 그를 포기할 수밖에 없었다. 거래처 사장은 우리가 사전 허락을 받으려고 먼저 연락을 취한 것에 놀라고 고마워하며 그와의 면접을 허락해 주었다. 그래서 우리는 그를 채용했고, 지금도 그는 우리와 함께 일하고 있다. 우리는 여전히 그의 옛 사장과도 왕성하게 거래를 하고 있고, 우리는 모두 행복하다.

황금률을 따르지 않으면 정반대의 결과가 일어날 수 있다. 우리는 지역의 한 소규모 인쇄 회사에 매년 거의 10만 달러 상당의 일감을 맡긴다. 그런데 그들이 우리와 상의도 하지 않고 우리 팀원 두 명을 채용했고, 그 과정에서 우리 회사에 대한 험담을 일삼았다. 그래서 우리는 그들과 거래를 끊었다. 그들이 이유를 물었고, 우리는 숨김없이 이유를 말했다. 그들은 우리가 그런 일에 상처를 받았다는 것이 이해가 되지 않는다고 말하며 황당한 말을 덧붙였다.

"사업이란 게 다 그런 것 아닌가요?"

18개월 후 그들이 파산했을 때, 우리는 그들이 일하던 곳을 임차했고, 경매를 통해 그들의 장비를 다량 구매했다. 사업이란 게 다 그런 것 아니겠는가?

절차는 바뀌지만
원칙은 바뀌지 않는다

자신이 믿는 가치를 인식하고 명확히 기술하는 사람은 일반적으로 결정을 더 잘 내린다. 나는 지금 우리가 믿는 원칙들에 대해 이야기하고 있다. 이러한 원칙들은 바뀌지 않는다. 우리는 황금률에 의거해 사업을 한다는 원칙은 바꾸지 않을 것이다. 자신이 믿는 가치와 윤리를 쉽게 바꾸는 사람은 진정성이 떨어지는 사람이므로 피해야 한다. 그들은 상황적인 윤리를 따르는 사람들이다. 즉, 윤리를 상황에 따라 바꾸는 것이다.

절차와 원칙을 혼동하지 않도록 유의하라. 절차는 단순히 어떤 것을 하는 방식이다. 조직의 성장이 구성원들을 혼란스럽게 만들어 '법칙의 정신'이 아닌 '법칙의 문구'에 집착하도록 하는 경우가 가끔 있다. 절대로 절차를 바꾸지 않고 무조건적으로 신봉하는 사람을 우리는 관료주의자라고 부른다. 당신의 팀이 왜 그것을 하는지 설명할 수 없다면 리더인 당신이 그들을 관료주의자로 만든 것이다. 다시 말해, 당신은 당신의 회사에 파멸의 씨앗을 뿌린 것이다.

기업이나 조직의 경영 신조나 조직 통념 또는 관행을 깨려는 사람을 보면 우리는 그를 배척하고 몰아내려 한다. 우리는 항상 그렇게 해왔기에 다른 해답을 찾으려 하지 않는다. 하지만 계속 그렇게 해왔다는 것이 그렇게 해야 하는 정당한 이유가 될 수는 없다. 우리가 믿는 가치와 부합하기 때문에 우리가 항상 그렇게 해왔다면 우리의 새 팀원들이 나중에도 그 이유를 알고 그렇게 행동할 수 있도록 그들에게 설명해 주어야 한다.

작게 나누어 생각하라

때로는 당신이 내리는 결정이 너무 큰 결정일 수 있다. 그것은 당신을 압도한다. 당신이 압도되는 이유는 단순하다. 당신이 아는 사실에 비해 그 결정이 너무 크기 때문이다. 그래서 우리는 전체적인 결정의 방향을 잡기 위해 문제를 작게 나누어 작은 결정을 내리는 방법을 종종 사용한다.

새로운 제품 및 서비스를 론칭할 때, 우리 역시 자신감이 떨어지는 경우가 많았다. 그래서 우리는 더 작은 결정을 내리는 쪽을 택했다. 제품군의 일부만 론칭하거나 한 지역에만 론칭하는 것이다. 거기서 성공한다면 우리는 제품군 전체를 전국적으로 론칭할 수 있다는 자신감을 갖게 된다.

우리는 하나의 아이디어에 대해 특정 그룹의 의견만을 듣기도 한다. 페이스북이나 트위터 같은 소셜 미디어를 통해 고객들의 의견을 쉽고 빠르고 저렴하게 물어볼 수 있다. 또는 몇몇 고객들에게 적은 액수의 돈을 주거나 저녁 식사를 대접하고 우리의 아이디어를 분석해 줄 것을 부탁할 수도 있다. 그들이 얼마나 냉정하게 변하는지 알면 당신은 깜짝 놀랄 것이다.

이러한 아이디어는 결혼하기 전 몇 달 동안 몇 차례에 걸쳐 데이트를 한 후 결혼을 결정하는 것만큼 단순한 것이다. 분명 당신은 이 아이디어를 통해 더 나은 결정을 더 만족스럽게 할 가능성이 높다.

재정적인 물음

결정을 내리기 전에 당신 자신과 당신의 팀에게 만일 결정이 완전히 실패한다면 재정적인 손실을 감당할 수 있는지 물어보라. 우리가 하나의 아이디어를 론칭할 때 그 아이디어는 최소한 두 가지 재정적 기준을 충족시켜야 한다. 즉, 아이디어를 실행하기 위해 대출을 해서는 안 되고, 실패할 경우 회사 문을 닫는 것과 같은 치명적인 결과를 낳지 않아야 한다. 포커에서 '올인'을 하지 않는 것처럼 말이다. 성공하리라는 막연한 기대감으로 하나의 결정에 올인한 탓에 파국에 이르는 회사가 너무도 많다. 우리 회사가 이만큼 성장하기까지 20년이라는 시간이 걸렸다. 그래서 나는 어떠한 결정이나 아이디어, 제품군에도 결코 회사 전체를 걸지 않는다. 우리는 절대 올인하지 않는다.

결정을 내릴 때는 타이밍, 수익률 같은 것들도 고려해야 한다. 결정을 내릴 가장 적절한 타이밍은 언제인지, 성공할 경우 얻을 수 있는 수익은 얼마나 될지에 대해서도 고려해 볼 필요가 있다는 것이다. "이 결정을 이번 달에 내려야 할까?", "6개월 후에 론칭하는 것이 더 나을까?" 등과 같은 질문을 스스로에게 던져 볼 수 있을 것이다.

전문가에게 묻기

옵션을 확보하고 정보를 수집할 때는 전문가들에게 조언을 구하는 것이 좋다. 나는 부동산 문제와 관련해서는 부동산 전문 변호사에게 조언을 구하고, 세금 문제와 관련해서는 세무사나 공인중개사에게 자문을 구한다. 그들의 조언에 일관성이 있고, 내가 그것을 이해할 수 있을 때만 나는 결정을 내린다.

당신에게도 마케팅 전문가나 제조 전문가, 엔지니어 등의 조언이 필요할 때가 있을 것이다. 성경은 이렇게 말한다.

"조언자가 많으면 승리가 있다(잠언 11장 14절)."

지혜롭고 경험이 풍부한 조언들을 모아라. 당신의 팀에도 전문가들이 있을 것이다. 우리 회사 건물에는 웹디자이너와 마케팅 전문가로 가득 찬 층이 있다. 나는 프로그래밍에는 문외한이다. 하지만 나에게 충분한 설명을 해줄 수 있는 전문가들이 우리 회사에 있기에 나는 웹 전략과 관련해 좋은 결정을 내릴 수 있다.

이때 유념해야 할 것이 있다. 자신이 전문가라고 주장하는 사람들 모두가 전문가는 아니라는 것이다. 일부 업계에서는 '컨설턴트'라는 단어가 '실업자'와 같은 뜻으로 여겨지기도 한다. 그들은 자신의 업계에서 성공하지 못했기 때문에 이리저리 돌아다니며 입증되지 않은 형편없는 조언을 해주고 시간당 수수료를 챙긴다. 조언을 구할 전문가를 선택할 때는 그들의 최근 경력이나 성과를 알아보는 등 그들을 제대로 파악하려는 노력이 필요하다. 실제로 사업을 하고 있는 사람들에게 조언을 해주는 데 MBA를 갓 졸업한 젊은이들을 투입하는 컨설팅 회사들이 있는데, 그야말로 어처구니없는 일이다. 기술적으로는 대학을 갓 졸업한 젊은이에게 조언을 듣는 것이 불가능한 일이 아닐지 몰라도, 사업적으로는 그렇게 되기가 어렵다. 심도 깊고 전문적인 사업적 조언을 하려면 풍부한 실전 경험이 선행되어야 하기 때문이다. 다른 사람들에게 조언을 해주는 전문가는 어딘가에서 읽은 것만을 늘어놓는 것이 아니라, 자신의 경험을 통해 익히고 실제로 자신의 조언대로 살아온 사람이어야 한다.

배우자에게 물어보라

우리는 사업의 중요한 영역에서 배우자가 내리는 결정을 존중하는 원칙을 고수하고 있다. 나는 이 원칙이 얼마나 중요한지를 경험을 통해 절감했다. 20대에 파산하기 전까지 나는 어떠한 사업 문제에 대해서도 아내에게 물어보지 않았다. 경제학을 전공한 야심 찬 기업가인 내가 가정학을 전공한 전업주부인 아내에게 사업에 대해 물어봐야겠다는 생각을 어떻게 할 수 있었겠는가? 그런데 돌이켜 보면 그때까지 나는 아내의 지혜로운 조언이 있었더라면 저지르지 않았을 수도 있는 터무니없는 실수를 너무도 많이 저질렀다.

성경은 이렇게 말한다.

"현숙한 여인을 누가 찾을 수 있느냐? 그녀는 루비보다 훨씬 더 값지다. 그녀의 남편이 그녀를 마음으로 끝까지 믿으니 부족한 것이 없을 것이다. 그녀가 사는 날 동안 남편에게 도움이 되고 해가 되지 않는다(잠언 31장 10~12절)."

당신에게 이런 현숙한 아내가 있다면 당신 아내의 조언은 분명 당신에게 도움이 될 것이다. 나는 아내가 썩 내켜 하지 않으면 거래를 하지 않는다. 내가 아내의 느낌을 따르지 않을 때마다 나는 최소 1만 달러의 손실을 보았다. 그래서 나의 아내 샤론은 전업주부임에도 우리 회사의 모든 중대한 결정에 관여한다. 론 레인저Lone Ranger에게 인디언 친구 톤토Tonto가 있었던 것처럼 말이다.

나는 몇 차례 네트워크 텔레비전 계약을 한 적이 있다. 이 계약은 많은 시간과 노력을 투입해야 하고, 우리 브랜드를 특정 그룹의 사람들과 연관 짓는 중대한 계약이다. 우리는 네트워크 책임자들과 하루를 꼬박 협상한 끝에 상당히 큰 계약을 성사시켰다. 우리가 점심 식사를 하려는 순간 아내가 우리와 점심을 함께 먹으러 와서 그들을 만났다. 그녀는 상냥하고 사교적이었다. 그녀는 우리가 점심을 먹으며 사업 이야기를 나누는 것을 경청했다. 나는 종종 이 일류의 네트워크 책임자들이 우리의 거래가 이 점심시간에 거의 성사되었다는 사실을 조금이라도 눈치챘을지 궁금해진다. 만일 내 아내가 당시 뭔가 꺼림칙하다는 느낌을 받았다면 우리의 거래는 결코 성사되지 못했을 것이다. 그녀는 꽤 멀리서도 이상한 낌새를 잘 알아차리기 때문이다.

나는 사업을 하고, 아내는 사업을 하지 않는다. 그녀의 온도계가 그토록 신뢰할 만한 이유는 그녀가 거의 사업에 손을 대지 않기 때문이다. 그녀는 사업에 대해 결코 오만하지 않다. 그래서 내가 그녀를 그런 회의에 참석하게 하는 경우가 많다. 당신의 아내가 현숙하다는 것은 결코 오만하지 않다는 뜻이다. 즉, 결정을 내릴 역량이 된다고 건방을 떨지 않는다는 뜻이다. 따라서 아내가 현숙하면 아내가 거래에 대해 말하는 것을 가벼운 마음으로 경청할 수 있다. 가벼운 마음이긴 하지만 진지한 자세로 아내의 말에 귀 기울여라.

600만 불의 여자

현재의 우리 회사 빌딩은 아내가 결정한 것이다. 회사가 성장하면서 기존의 사무실로는 역부족이었기에 우리는 새 사무실을 찾게 되었다. 나는 새로운 일터가 될 곳을 알아보고 또 알아본 끝에 그 지역에서 우리가 임차할 수 있는 곳은 모두 훤히 꿰뚫게 되었다. 나는 옵션을 세 곳으로 좁혔다. 하지만 실제로는 그중 두 곳이 유력한 후보지였다. 그쪽에서 상당 기간의 무료 임차 및 임차료 할인을 제시했기 때문이다. 나는 항상 세 가지 옵션을 가지는 것을 선호했기 때문에 뽑힐 가능성이 희박한 세 번째 장소도 후보로 올렸다.

아내와 나는 이 세 곳을 직접 찾아가서 세 곳의 임차 조건에 대해 꼼꼼히 살펴보았다. 나는 내가 선호하는 두 후보지가 어떤 이유로 최고인지를 아내에게 자세하게 설명했는데, 세 번째 후보지를 살펴보던 아내가 갑자기 차분한 목소리로 이렇게 말했다.

"회사를 이곳으로 이전해야 해요."

순간 나는 놀라며 말했다.

"그런데 여보, 이곳은 대형 임대 회사의 빌딩이 아니라 개인 소유의 빌딩이야. 게다가 빌딩 주인이 임차료를 터무니없이 많이 요구하고 있기 때문에 우리에게 상당히 부담이 된다고. 왜 회사를 이곳으로 옮겨야 한다고 생각하는 거지?"

우리는 유리로 외장을 한 사무실을 양쪽에 두고 아트리움(건물의 중앙 홀. 건물의 중앙 천장을 뚫거나 유리로 덮어 태양광을 건물 전체에 끌어들여 채광을 좋게 하고 환기를 편하게 하는 등의 역할을 한다_옮긴이) 로비에 서있었는데, 아내는 우리가 훗날 한쪽에는 서점을, 다른 한쪽에는 팬들이 로비에서 라디오 쇼를 지켜볼 수 있도록 라디오 스튜디오를 만들 수 있다고 말했다. 아내는 또한 그 빌딩이 세 곳 중 유일한 개인 소유 빌딩이기 때문에 주인과 상의해 빌딩의 이름을 변경할 수도 있고, 심지어 돈을 모아 훗날 빌딩을 구입할 수도 있다는 장점이 있다고 덧붙였다. 나는 인정하고 싶지 않았지만, 아내의 말이 옳다는 것을 인정할 수밖에 없었다. 빌딩 주인에게 임차료가 지나치게 비싸다는 것을 인식시키고, 우리가 빌딩을 구입할 수 있다는 옵션에 동의하게 하는 데 두 달이 넘게 걸렸다.

빌딩 구입 옵션은 5년 안에 600만 달러에 빌딩을 구입한다는 것이었는데, 당시로서는 꿈도 꾸지 못할 정도로 큰 금액이었다. 하지만 우리는 그로부터 4년 반이 지났을 때 현금으로 빌딩을 구입할 수 있었다. 당시 빌딩의 가치는 1,000만 달러에 달했으며, 리모델링을 한 현재의 빌딩 가격은 1,200만 달러에 달한다. 600만 달러에 구입한 빌딩이 1,200만 달러의 빌딩이 된 것이다. 내가 말하고 싶은 요지는 현숙한 아내의 말에 귀 기울임으로써 600만 달러 이상을 벌었다는 것이다. 그녀는 진정 600만 불의 여자다.

리포트를 쓰자

풀리지 않는 문제에 대한 조언을 구하려고 친구에게 그 문제에 대해 상세히 설명하고 나자 갑자기 해답이 떠올라 더 이상 친구의 조언이 필요 없어진 경험을 한 적이 있는가? 이것이 가능한 이유는 생각을 말이라는 다른 차원에서 전개하면 더 높은 차원의 이해에 도달할 수 있기 때문이다. 이러한 사고 과정의 상승은 문제를 글로 표현할 때도 일어난다. 문제를 생각하는 것은 하나의 차원이고, 그것을 말로 표현하는 것은 다른 차원이며, 그것을 글로 쓰는 것은 또 다른 차원이다. 즉, 당신의 문제를 글로 씀으로써 당신은 그 문제를 한 번 더 처리하게 되는 것이다.

당신이 내가 지금까지 언급한 모든 것을 시도했는데도 결정을 내릴 수 없는 상황이라면 자기 자신에게 제출한다는 생각으로 그 결정에 대한 리포트를 써보자. 당면 과제를 글로 명확하게 표현하면 대부분의 경우 훨씬 더 분명하고 쉽게 결정을 내릴 수 있다. 리포트의 형식과 분량은 당신 마음대로 선택해도 무방하다. 요지는 당신의 문제와 잠정 해결책을 글로 표현한다는 것이다. 이러한 과정은 당신 뇌의 다른 부분을 활성화한다.

결정은 당신에게 자유를 부여한다

원칙에 입각한 사람인 안트러리더는 정의와 관용을 실천해야 할 뿐 아니라 악과 불평등, 갈등 등도 다루어야 한다. 안트러리더로서의 당신의 성장은 궁극적으로 결정을 내리는 당신의 역량에 달려 있다. 당신은 결정을 내리는 것을 일종의 예술의 형태로 발전시키려고 노력해야 한다. 당신은 당신이 내리는 결정이라는 색깔로 인생이라는 캔버스에 그림을 그리는 것이다.

당신이 내리는 결정이 옳은 결정이 아닐 수도 있다. 사람은 실수를 하기 마련이다. 존 F. 케네디John F. Kennedy 대통령은 이렇게 말했다.

"행동에는 희생과 리스크가 따른다. 하지만 그것들은 장기간에 걸친 안락한 휴식에 수반되는 희생과 리스크보다는 훨씬 작다."

당신은 결정이 자유를 부여한다는 것을 깨닫게 될 것이다. 아이러니하게도 지구상에서 스트레스를 가장 많이 받는 사람은 결정을 내리지 못해 움직이지 않고 있는 사람이다. 우리는 결정을 내림으로써 엄청난 에너지와 평화를 얻게 된다. 같은 맥락으로 팀원들은 결단력 있는 리더를 만나면 더 큰 에너지와 평화를 얻게 된다. 영화 〈브레이브하트Braveheart〉에서 윌리엄 월리스William Wallace가 자신의 오합지졸 병사들 앞에서 공격을 할지 말지 망설이며 전진했다 후퇴했다 하는 모습을 보이는 것을 상상이라도 할 수 있겠는가? 그럴 경우 그의 병사들에게 엄습할 두려움을 상상해 보라. 리더의 우유부단함 때문에 그들이 느끼게 될 두려움과 무력감은 실로 엄청날 것이다.

당신이 결단력을 더 자주 발휘할수록 당신은 더 넓고 안락한 평화의 품으로 걸어 들어가게 될 것이다. 이것이 내가 눈코 뜰 새 없이 바쁜 나날을 보내면서도 에너지가 넘치는 이유 중 하나라고 나는 확신한다. 나는 결정을 내리지 않은 상태에서는 퇴근하지 않으려고 노력한다. 물론 다음 날 결정을 내리기로 결정한 것도 결정을 내린 것이기에 나는 가벼운 발걸음으로 퇴근할 수 있다.

다음은 결정을 내릴 때 유용한 체크리스트다.

- 두려워도 결정을 내려라.
- 때로는 기다리기로 결정하는 것도 결정이다.
- 결정의 크기와 비례하는 시간을 가져라. 큰 결정에는 많은 시간이 필요하다.
- 일정한 데드라인이 없다면 스스로 데드라인을 정하라.
- 충분한 옵션을 확보하라.
- 최고의 결정을 위해 더 많은 정보를 습득하라.
- 당신이 믿는 가치를 명확하게 규명하고, 그에 따라 결정을 내려라.
- 단번에 결정하기 힘든 큰 결정은 작게 나누어라.
- 재정적인 측면을 고려하라.
- 스승의 마음을 가진 진정한 전문가들에게 조언을 구하라.
- 배우자의 조언에 귀 기울여라.
- 이 모든 방법이 통하지 않을 경우에는 자신에게 제출할 리포트를 작성하라.

E n t r e L e a d e r s h i p

Part 5

마술도 없고, 미스터리도 없다

시스템과 레시피, 그리고 위대한 마케팅에 대한 진실

자기계발서 저자들이 오프라 윈프리의 부름을 애타게 기다리던 시절이 있었다. 그들은 출판사들이 '오프라 효과'라 칭한 효과를 갈망했다. 당시 〈오프라 윈프리 쇼The Oprah Winfrey Show〉에 출연하는 것은 엄청난 판매 부수를 자랑하는 베스트셀러 저자가 되는 지름길인 것처럼 보였다. 나 역시 오프라와 함께 TV에 등장해 수많은 사람들에게 돈에 대해, 또 빚에서 해방되는 방법에 대해 가르칠 수 있게 되기를 꿈꾸었다. 내가 〈오프라 윈프리 쇼〉에 출연할 수만 있다면 나의 꿈이 모두 실현될 것 같았다.

〈오프라 윈프리 쇼〉 제작진이 몇 차례 우리에게 전화를 걸어 우리의 출연 가능성을 저울질하자 우리의 기대감은 상승했다. 우리는 각종 영상물과 보도 자료를 보냈지만, 아무런 반응이 없었다. 이것이 매스컴의 세계다. 나는 각종 매스컴과 거의 모든 메이저 쇼에 출연했지만, 〈오프라 윈프리 쇼〉에 출연하는 축복은 누릴 수 없었다. 〈오프라 윈프리 쇼〉에 출연할 가능성이 컸던 것으로 따지자면 우리가 단연 으뜸일 것이라는 농담을 주고받을 정도로 여러 차례 그들은 우리를 저울질했다.

그즈음 나는 〈굿모닝 아메리카Good Morning America〉와 〈얼리 쇼The Early Show〉, 〈투데이 쇼The Today Show〉, 〈래리 킹Larry King〉, 〈20/20〉을 비롯해 폭스 뉴스의 모든 메이저 쇼와 CNN의 거의 모든 쇼, 그리고 각종 토크쇼와 라디오 쇼 및 미국 전역의 다수의 지역 방송 쇼에 출연했다. 그런데도 오프라 윈프리의 러브콜은 받지 못했다.

내가 NPR(미국 공영 라디오 방송_옮긴이)의 〈디스 아메리칸 라이프This American Life〉에서 인터뷰를 했을 때 기이한 일이 일어났다. 당시 〈60분60 Minutes〉의 특파원이었던 레슬리 스탈Lesley Stahl이 뉴욕에서 운전을 하다 이 방송을 듣고 곧바로 우리에게 전화를 걸어 출연 제의를 했다. 그로부터 한 시간 후 역시 〈60분〉의 특파원이었던 댄 래더Dan Rather가 댈러스에서 운전을 하다 이 방송을 듣고 똑같은 취지로 우리에게 전화를 걸어왔다. 당시 CBS의 규정에 따르면 먼저 연락을 취한 저널리스트에게 취재 우선권이 주어졌다. 그래서 우리는 그 후 몇 달에 걸쳐 레슬리 스탈 및 그녀의 제작진과 함께 시간을 보내는 축복을 누렸다. 〈60분〉을 떠올렸을 때 우리 역시 당신과 똑같은 생각을 했다.

'좋아, 어디 한번 해보자고. 우리 이야기를 다루고 싶어 한단 말이지. 〈60분〉이 우리 이야기를…….'

이러한 반응은 〈60분〉과 레슬리가 사람들의 비밀을 속속들이 캐내기로 정평이 나있었기 때문이다. 다행스러운 점은 우리에겐 캐낼 만한 어떠한 비밀도 없었다는 것이다. 우리는 그저 사람들에게 도움을 줄 뿐이다. 그래서 그들이 우리 회사와 우리 이야기를 파헤쳐 봤자 당연히 긍정적인 측면만 드러날 수밖에 없었다.

함께 작업을 하면서 우리는 레슬리와 그녀의 프로듀서 카렌Karen과

친구 사이로 발전했다. 나는 〈60분〉에서 레슬리가 사람들을 날카롭게 비난하는 것을 지켜보았기에 그녀가 나의 뒤를 캐는 것을 원치 않았다. 하지만 그들은 아주 전문적이고 친절한 사람들이었다. 우리는 그들이 혹시라도 우리의 뒤통수를 치지 않기를 기도하는 마음으로 12분 분량의 우리 장면을 숨죽이며 지켜보게 될 11월을 기다렸다.

우리는 난처한 일이 일어날 수도 있다는 걱정에 방송 당일 사람들을 초대하지 않았다. 나는 가족끼리 단출하게 거실 소파에 앉아 숨죽이며 TV를 시청했다. 12분이 지났을 때 우리 가족은 모두 자리에서 일어나 환호성을 질렀다. 그 12분 동안 줄곧 호감 가고 긍정적인 장면만 흘러나왔기 때문이다. 우리는 다시 편하게 숨을 쉴 수 있었다. 프로듀서는 '60분 효과'에 대비해 웹사이트와 기타 인프라를 재정비하라고 말하는 것으로 우리의 긍정적인 면을 조명하는 12분이 될 것임을 암시했었다. 그리고 마침내 긍정적인 면을 조명할 경우, 그 효과가 '오프라 효과'만큼, 아니 그보다 더 크다는 것이 입증되었다.

일주일 동안 우리 브랜드의 인지도와 아마존에서의 판매 실적, 웹사이트의 방문자 수가 급격한 상승세를 보였다. 정말 놀랍고도 멋진 일이었다. '60분 효과'는 그렇게 막을 내렸고, 우리는 다시 평상시대로 업무를 보았다. 그로부터 몇 개월 후 〈오프라 윈프리 쇼〉 제작진이 다시 우리를 저울질하기 위해 전화를 걸어 왔다. 하지만 이번에는 그들이 계속 전화를 걸며 관심을 보였고, 결국 나를 〈오프라 윈프리 쇼〉에 출연시키기로 결정했다. 그래서 우리는 역시 매우 전문적인 그들과 사전 작업을 하고 4월에 있을 녹화를 준비하느라 많은 시간과 노력을 투입했다. 그리고 5월에 방영하기로 일정이 잡힌 〈오프라 윈프리 쇼〉 녹화를 성공리에 마쳤다. 그래서 우리는 여러 서점에 책을 깔고 웹사이트를 보강하며 6개월 만에 맞이할 우리의 두 번째 광풍을 준비했다. 그런데 〈오프라 윈프리 쇼〉의 프로듀서가 전화로 우리가 출연한 방송을 5월에 방영하지 않기로 결정했다고 전해 왔다. 이럴 수가! 책을 잔뜩 깔아 놓은 서점들에는 어떻게 설명해야 할까? 그들은 우리가 출연한 방송을 9월에 방영하기로 약속했다.

스타는 결코
우연히 만들어지지 않는다

〈오프라 윈프리 쇼〉가 방영될 9월이 되기 전에 멋진 일이 일어났다. 우리가 출연한 〈60분〉이 좋은 평가를 받아 8월에 다시 방영하기로 결정이 난 것이다. 다시 말해, 나는 〈60분〉에서 모습을 드러내고 열흘 후에 〈오프라 윈프리 쇼〉에서도 모습을 드러내는 것이다. 우리는 래리 킹을 섭섭하게 만들기 싫다는 핑계로 그에게 전화를 했다. 그야말로 매스컴의 관심을 한 몸에 받을 절호의 기회였다.

앞서 언급했듯이 당시 우리 팀은 평균 연령 30세 미만의 젊은 팀원들로 구성되었다. 그들은 샌들을 신고 티셔츠를 입었지만, 똑똑하고 열정적이었다. 매스컴 융단 폭격이 결정된 후 나는 그들이 웅성거리는 소리를 듣기 시작했다. 그들은 〈60분〉에 이어 〈오프라 윈프리 쇼〉를 통해 우리를 미국 전역에 알리게 된 것은 아주 멋진 일이지만, 그것은 우리가 운이 좋았기 때문이라고 생각하는 듯했다. 운이 좋았다고? 나는 이 젊은이들에게 가르침을 펼 순간이라고 생각했다. 두 방송이 방영되는 날짜의 타이밍은 다소 우연일지 몰라도, 우리는 결코 레슬리 스탈이나 오프라 윈프리에게 우연히 발굴된 것이 아니었다. 우리는 이 업계에서 열심히 일하며 사람들에게 도움을 주고 있었고, 모든 매스컴 활동에 적극적으로 임하고 있었다. 이것이 단지 그들의 눈에 띄었을 뿐이다. 나는 우리 팀원들이 이 특정 사건이 결코 운이 좋아서 우연히 일어난 일이 아니라는 것을 이해할 수 있기를 바랐다. 그것은 15년 동안 열심히 일해 온 우리에게 비로소 성공의 서광이 비친 것에 더 가까웠다.

나는 우리가 이 두 방송에 나가기까지 우리의 브랜드를 성장시키기 위해 얼마나 많은 고통을 감내하며 땀을 흘렸는지를 우리의 젊은 팀원들이 이해하지 못할까 봐 두려웠다. 그래서 나는 우리 회사의 핵심 리더들과 함께 팀원들에게 삶과 마케팅을 가르칠 방식을 생각해 냈다. 그리고 그것을 '모멘텀 정리Momentum Theorem'라고 부르기로 했다.

모멘텀 정리

모멘텀은 흥미롭지만 다소 모호한 개념이다. 당신이 삶의 어떠한 영역에서라도 모멘텀을 가지면 당신은 당신 본연의 모습보다 더 나아 보인다. 당신이 모멘텀이란 빛을 발할 때 모든 사람은 당신이 실제보다 더 똑똑하고 지혜롭다고 생각한다. 마치 당신이 손대는 모든 것이 금으로 변하는 것처럼 당신의 아이디어는 모두 훌륭하고, 당신은 실수를 거의 하지 않거나 전혀 하지 않는다. 모든 것이 제대로 돌아가기 때문이다. 사업이나 결혼 생활, 인생에서 이와 같은 일이 일어날 때 당신은 분명 당신 본연의 모습보다 더 나아 보인다.

반대로 당신에게 모멘텀이 없을 때는 당신이 보여 주는 모습이 당신

본연의 모습보다 못하다. 이 경우 당신이 손대는 모든 것이 금이 아니라 돌로 변하는 듯하다. 제시간에 출근하는 것도 힘들고, 모든 금언이 진부한 말처럼 느껴진다.

사업이나 결혼 생활, 인생에서 이와 같은 일이 일어날 때 당신은 분명 당신 본연의 모습보다 더 나아 보인다. 반대로 당신에게 모멘텀이 없을 때는 당신이 보여 주는 모습이 당신 본연의 모습보다 못하다.

우리는 모멘텀이 무작위로 치는 번개가 아니라 실제로 창조되는 것임을 알아냈다. 나는 사업의 역사 전체를 놓고 보았을 때 우리의 매스컴 폭격이 결코 우연의 산물이 아니라는 것을 우리 팀이 이해할 수 있도록 모멘텀을 창조하는 공식을 가르치기로 결정했다. 멈추지 않는 엄청난 모멘텀은 분명 창조되는 것이다.

다음은 모멘텀의 공식이다.

$$\frac{Fi}{T}(G)=M$$

초점을 맞춘 열성 나누기 시간 곱하기 하나님은 멈추지 않는 모멘텀이다.

초점

F는 '초점focus'을 나타낸다. 초점을 계속해서 유지하는 사람은 거의

없다. 우리는 TV 채널조차도 장시간 한 채널에 고정시켜 놓지 못한다.

사업에서 우리는 상당히 근시안적이라 아이디어와 제품군을 변덕스럽게 바꾼다. 상장 기업들은 종종 1/4분기를 지나치게 걱정해 장기적인 계획에 대한 초점을 잃는 함정에 빠진다. 문화 전체가 주의력 결핍증으로 고통받아 온 탓에 초점을 오래 유지할 수 있는 사람이나 기업은 시장에서 훨씬 더 유리한 고지를 점령한다.

나는 NFL의 한 신인 캠프에서 강연을 한 적이 있다. 강연을 마친 나는 리그의 최고 와이드 리시버 중 한 명인 한 베테랑 선수와 이야기를 나누었다. NFL 선수의 지배능력 physical intelligence은 그야말로 엄청나다. 그들은 자신들의 몸과 럭비공 하나로 순식간에 당신의 마음을 사로잡는다. TV로 볼 때는 잘 몰랐지만 바로 옆에서 경기를 지켜보니 그들은 놀라울 정도로 빠르고 거칠었다. NFL의 쿼터백은 럭비공으로 멀쩡한 승용차를 수리할 수 없을 지경으로 만들어 놓을 수 있을 만큼 파워가 대단하다고 한다. 탁월한 스피드와 정확성을 자랑하는 그들은 또 다른 거인이 그들을 죽이려고 덤벼드는 동안에도 그 모든 탁월한 능력을 선보인다. 나는 그 베테랑 와이드 리시버에게 경박한 질문을 던졌다.

"럭비공을 잡는 것만으로 천만 달러의 연봉을 챙기는 기분이 어떻습니까? 가끔씩 놓치기도 하는데도 말이죠."

나는 그가 나를 살려 주길 바라면서 웃었다. 그 역시 웃으면서 이렇게 대답했다.

"공이 정확하게 날아왔는데도 잡지 못하는 이유는 오직 하나뿐입니다. 바로 집중력 부족이지요."

경기 중에 집중력을 잃는 이유는 크게 두 가지가 있다고 그는 내게 말했다. 첫 번째 이유는 두려움인데, 이것은 당신과 나에게도 적용된다. 두려움이 집중력을 잃게 만드는 이유는 성공에 초점을 맞추는 대신 모든 실패 가능성만을 생각하기 때문이다. 내 앞에 있는 이 용감무쌍하게 보이는 남자가 겁에 질린다는 건 나로서는 상상하기 힘들었다. 아나운서가 "그가 발소리를 들었습니다"라고 말할 때 그 말은 결코 은유적인 표현이 아니라고 그는 내게 설명했다. 140킬로그램의 거구가 세계 최상급의 스피드로 당신을 뒤쫓아 오면 당신은 이후 엄청난 고통을 야기하게 될 그 발소리를 실제로 들을 수 있다. 임박한 고통을 알리는 신호음은 두려움을 야기해 집중력을 잃고 공을 놓치게 만든다. 설령 당신이 공을 잡는 것만으로 천만 달러의 연봉을 받는다고 하더라도 말이다.

집중력을 잃는 두 번째 이유는 욕심이다. 미식축구 선수들은 공을 잡기도 전에 엔드 존을 보고 마음속으로 점수를 내는 장면을 그리다가 너무 늦게 몸을 돌려 공을 놓치게 되는 경우가 종종 있다. 미식축구 코치는 선수에게 공 안까지 들여다보라고 가르치는데, 그것은 공을 잡을 때까지 공에 대한 집중력을 유지하라는 의미다. 그러고 난 후에야 선수는 터치다운에 초점을 맞출 수 있다. 사업가가 욕심을 부리면 고객의 이익에서 눈을 뗀다. 즉, 사업가로서의 초점을 잃어버리는 것이다. 탐욕은 당신으로 하여금 현재를 잊고 아직 찾아오지도 않은 승리감에 젖게 한다. 엔드 존에 도달하기 전에 춤을 추는 것은 분명 당신을 바보처럼 보이게 할 것이다.

열성

열성은 흥미로운 것이다. 진정으로 관심을 갖는 것을 찾기 전까지는 자신을 열성적이지 않다고 평가하기 쉬우며, 때로는 이상한 것에 열성을 보일 수 있다. 나는 어떤 차가 새치기를 했을 때 꽤 열성적으로 변한다. 이 얼마나 소모적인가? 우리는 우리의 열성에 대해 의도적이 되어야 한다. 우리는 중요한 것에 의식적으로 열성을 보여야 하고, 반대로 중요하지 않은 것에 의식적으로 열성을 버려야 한다.

나는 테네시 발런티어즈Tennessee Volunteers와 테네시 타이탄스Tennessee Titans의 정기 입장권 소지자다. 최근에 내가 타이탄스의 경기를 보러 갔을 때는 남부 출신의 사내로서는 참아 낼 수 없는 매우 추운 날씨였다. 그런데 내가 앉은 줄에서 열 줄 정도 앞에 배가 나온 50대 남자가 벗은 웃통에 모조리 파란색 페인트를 칠하고 앉아 있었다. 대학 시절에는 나 역시 저랬지만, 50대 남자가 대체 왜 저러고 있는지 이해할 수가 없었다.

그는 분명 타이탄스의 열성적인 팬일 것이고, 타이탄스 선수들은 그의 열성을 내심 무척 좋아했을 것이다. 하지만 나는 이런 생각을 하지 않을 수 없었다.

'저 남자는 자신의 커리어와 결혼 생활, 자녀, 심지어 자신의 건강에 대해서도 저토록 열성적일까?'

나는 그가 부적절한 열성의 희생자일 수 있다고 생각했다.

나는 은유적으로 당신의 몸에 파란색 페인트를 칠해 볼 것을 제안한다. 열정과 열성은 안트러리더의 특성이기 때문이다.

하지만 부적절한 것에 열성을 보여서는 안 된다. 나는 중요한 일을 할 때 열성과 집중력을 발휘하려고 노력한다. 미식축구 구장에서 뛰는 특정 선수를 목이 쉴 정도로 응원할 열성이 내게 있다면 나와 30년을 함께한 아내와의 대화에 더 열성적이어야 한다. 심지어 우리가 데이트하던 시절 내가 그녀에게 보인 열성을 능가할 정도로 말이다. 또 나는 우정과 영적인 삶을 열성적으로 추구해야 한다. 나는 더 중요한 일에 더 열성을 보여야 한다.

시간

대부분의 사람이 집중하면 초점을 맞출 수 있다. 그리고 대부분의 사람이 잠깐 동안은 집중력을 발휘할 수 있다. 대부분의 사람이 특정 결과에 충분한 관심을 가진다면 초점을 맞춘 열성의 수준에 도달할 수 있다. 하지만 오랜 시간 그 상태를 유지할 수 있는 사람은 드물다. 다시 말해, 오랜 시간 집중력을 잃지 않는 열성을 보이는 사람은 거의 없다는 것이다. 아이들은 구멍가게에서 자기가 좋아하는 과자를 보면 5분 정도 초점을 맞춘 열성을 보일 수 있다. 또 일부 성인들은 일주일이나 한 달 정도 초점을 맞춘 열성을 발휘할 수 있다. 어떤 사람이 그렇게 열성을 보일 때 우리는 대개 그 사람의 삶에 변화가 생겼다는 것을 알아차리고 그를 칭찬하고 격려한다.

1년 동안 특정한 일이나 주제에 대해 집중력을 잃지 않고 열성을 발휘하는 사람은 상당히 비범한 사람이다. 그런 사람은 자신의 인생에서 시너지 효과를 발휘해 오랫동안 모멘텀을 유지할 가능성이 크다. 책을 집필하고 출간하는 일은 1년 정도 초점을 맞춘 열성을 필요로 한다. 1992년에 출간된《파이낸셜 피스》는 지금까지도 연간 수천 부가 팔린다. 1년간의 열성적인 운동과 식이요법은 신체적으로 당신의 인생 궤적을 변화시킬 가능성이 크다. 1년간의 집중적인 노력으로 당신은 평생의 습관을 바꿀 수 있다. 체지방이 없는 근육질의 몸으로 활기차고 건강한 삶을 살 수 있는 것이다. 하지만 이러한 열성이 10일간만 지속된다면 당신은 체중계의 바늘을 조금도 움직이지 못할 것이다. 굵직한 성공을 거두려면 오랫동안 초점을 맞춘 열성을 유지해야 한다.

10년 동안 자기 분야에서 초점을 맞춘 열성을 유지한 사람이 있다면 그는 분명 그 분야에서 일류로 인정받는 사람일 것이다. 기업이 그렇다면 해당 기업은 전국적으로 인정받는 브랜드거나 그렇게 되고 있는 브랜드일 테고 말이다. 말콤 글래드웰Malcolm Gladwell은 그의 저서《아웃라이어Outlier》에서 특정한 분야에서 성공을 거두기 위해서는 선택한 기술을 만 시간 동안 연습해 익혀야 한다고 말했다. 당신이 비틀즈의 노래를 들어 보기도 전에 비틀즈는 여러 여름 축제에서 수많은 시간을 공연했다. 미식축구 역사상 최고의 쿼터백으로 널리 인정받는 페이튼 매닝Peyton Manning은 어렸을 때부터 연습 벌레였다고 한다. 나는 라디오 분야의 아카데미상이라 할 수 있는 마르코니상을 처음으로 받은 이후에도 만 시간을 넘게 라디오 방송을 했다. 15년 동안 숨 돌릴 틈도 없이 일하다 보니 어느 날 갑자기 성공이 찾아왔다는 것을 명심하라.

성공하고 싶다면 공부를 하고, 경험을 쌓아야 하며, 가능하면 당신이 성공하고 싶은 분야에서 당신보다 뛰어난 사람들과 어울려야 한다. 건강한 몸을 만들고 싶다면 온종일 TV만 보는 사람들과 어울리지 마라. 부자가 되고 싶다면 백만장자들의 이야기를 많이 듣고 그들과 어울려라. 나는 오래전 파산한 후부터 그렇게 하기 시작했다. 나는 백만장자가 되고 난 후에는 억만장자들의 이야기를 많이 듣고 그들 중 몇몇과 친구로 지내기 시작했다. 우리는 억만장자로부터 많은 것을 배울 수 있다.

나는 그런 신사와 점심 식사를 한 적이 있다. 그는 억만장자일 뿐만 아니라 훌륭한 신앙인이자 사업가이기도 하고, 자상한 남편이자 아버지이기도 했다. 그는 그야말로 모든 것을 갖춘 사람이었다. 그래서 나는 어떻게 해야 당신처럼 될 수 있느냐고 그에게 물었다. 그는 내가 해야만 하는 것이 적어도 두 가지는 있다고 말했다. 하나는 항상 관대해야 한다는 것이었다. 그는 사업에서 관대해야 하고, 집에서 관대해야 하며, 시장에서 관대해야 한다고 말했다. 또 하나는 책을 하나 사서 읽어야 한다는 것이었다. 나는 책벌레이기에 그 조언이 아주 마음에 들었다. 책에 대부분의 해답이 있으며, 독서는 당신이 가고 싶은 곳으로 데려다 줄 수 있다는 것이 나의 생각이다. 나는 이 억만장자가 추천하는 책 제목이 뭔지 무척 궁금했다. 그는 그 책이 인생의 거의 모든 영역에서 매우 중요한 교훈을 주었기 때문에 자신의 자녀에게 읽어 주었고, 지금은 손자 손녀에게 읽어 주고 있다고 말했다. 나는 펜을 든 손을 메모지 위에 놓고 그의 중요한 대답을 금방이라도 받아 적을 태세를 갖췄다.

이윽고 억만장자가 나를 쳐다보며 말했다.

"토끼와 거북 이야기를 읽어 보셨나요?"

나는 조금 허탈한 표정으로 말했다.

"재미있군요. 이솝 우화가 당신이 제게 권하고 싶은 책이라니 말입니다. 그 우화의 교훈이 당신의 최고 지혜란 말씀이시죠?"

그가 웃으며 내게 말했다.

"내가 이 우화를 읽을 때마다 매번 거북이 승리하죠."

우리는 계속해서 공을 주시하지 못하는 토끼들로 가득한 문화에 살고 있다. 즉, 오랫동안 집중력을 발휘하거나 열성적이지 못한 사람들로 넘쳐 나는 세상에 살고 있는 것이다. 심지어 그들은 경주의 목표 지점을 계속 주시하는 것조차 하지 못한다. 서두르지 않고 쉬지도 않아야 경주에서 이길 수 있다!

기업과 기업가들은 사업 계획을 도기 냄비로 서서히 익히는 것이 아니라 전자레인지에 넣고 금방 익히는 즉석요리의 전문가가 되었다. 그들은 눈앞에 보이는 1/4분기나 2/4분기에 지나치게 신경을 쓰는 나머지 비전과 영혼을 잃어 가고 있다. 그들은 진실하고 풍성하며 뿌리 깊은 성공을 순간적인 승리와 맞바꾸었기 때문에 계속해서 다시 시작해야 한다. 장기적인 비전을 가지고 그 비전을 향해 나아가기 바란다. 그 억만장자의 조언처럼 장기간의 지속적인 노력이 승리를 쟁취하게 해줄 것이다.

하나님

나는 집중력이 아주 뛰어나고 상당히 열성적인 사람이다. 자기 분야에서 일류인 사람들은 초점을 맞춘 열성을 오랫동안 발휘할 수 있다. 그럼에도 우리는 유한한 존재다. 나와 당신의 기술과 역량, 재능에는 한계가 있다. 한계가 있는 우리의 노력은 한계가 없는 하나님의 힘으로 배가 될 수 있다는 것이 기독교인인 나의 확고한 믿음이다. 상대적으로 보잘것없는 우리의 노력에 신앙이 보태지면 우리의 불확실한 동기가 더 분명해져 더 나은 결과로 이어질 수 있다. 마케팅이나 사업, 건강, 자녀 양육 등에서 끊이지 않는 모멘텀을 얻고 싶다면 장기간의 초점을 맞춘 열성에 하나님을 추가하기 바란다.

나는 내 친구 세스 고딘이 구성해 준 다른 저자들과 힘을 합해 쓴 저서에서 모멘텀 정리를 간단하게 언급했다. 그 책이 출간된 다음 날 무신론자인 친구 하나가 그냥 넘어갈 수 없다며 이메일을 통해 내게 선의의 농담을 던졌다. 하나님은 존재하지 않으므로 내 공식의 값은 결국 0이 된다는 것을 계산을 잘하는 내가 당연히 알아야 한다는 것이었다. 탁월한 유머감각이다! 만일 하나님이 존재하지 않는다면 그의 말이 맞을 것이고, 하나님의 존재가 1밖에 되지 않을 정도로 미약하다면 공식에 하나님을 곱하더라도 똑같은 수치를 얻을 것이다. 하지만 나는 나의 사업을 비롯해 신앙이 있는 다른 많은 사람이 운영하는 사업이 설명할 수 없는 힘의 도움을 받아 대단한 성공을 거두었다고 생각한다. 당신은 이 모멘텀 이론을 당신이 원하는 방식으로 적용할 수 있다. 물론 그렇게 하더라도 당신과 나는 여전히 친구가 될 수 있다. 당신에게 유머감각만 있다면 말이다.

마케팅 개론

많은 사업 초보자들이 마케팅을 단순히 판매와 관련된 것으로만 생각한다. 그들의 마케팅 계획은 판매를 하기 위한 전략으로만 짜여 있다. 물론 이러한 전략도 필요하지만, 내가 처음 사업을 시작했을 때는 보지 못했던 마케팅의 더 큰 그림을 보아야 한다. 대학 시절 나는 마케팅 수업이 정말 좋았다. 하지만 나는 생존을 위해 가만히 자리에 앉아 전략을 짜고 있을 수만은 없었다. 나는 직접 나서서 판매를 해야만 했다.

마케팅은 제품이나 서비스를 고객에게 전달하는 전반적인 계획이다. 마케팅은 개인적인 판매 전략 및 광고 기획에 그치는 것이 아니며, 그보다 훨씬 더 많은 것을 담고 있다. 고객에게 직접적으로 어필하는 판매와 광고는 마케팅의 아주 작은 부분일 뿐이다. 이에 대한 결정은 '매크로Macro'라 불리는 전체 계획에서 비롯된다. 마치 당신의 꿈과 비전이 당신의 사명 선언문과 목표, 심지어 시간 관리로까지 이어지는 것처럼 말이다. 그러므로 무턱대고 아무 데나 경작하려 들지 말고 더 효율적이고 생산적으로 경작하기 위해 먼저 수천 미터 상공을 날며 밭 전체를 한눈에 담아야 한다.

타이밍

멋진 새 아이디어를 꿈꿀 때 가장 먼저 결정해야 할 것 중 하나가 시장에서의 타이밍이다. 아무리 좋은 아이디어라도 부적절한 타이밍에 실행하면 그대로 사장되어 버릴 뿐 아니라 연쇄적인 실패를 낳을 수 있다. 당신이 소매점을 열 계획이라면 크리스마스를 고려해야 할 것이다. 대부분의 소매점은 추수감사절과 12월 31일 사이에 한 해 매출 대부분을 올린다. 따라서 2월에 소매점을 열 경우, 수익을 낼 때까지 생존하는 데 필요한 운영비가 없다면 힘든 과정이 되기 쉽다. 11월에 헬스클럽이나 조경 회사를 열 계획이라면 좀 더 신중할 필요가 있다. 몇 개월 동안은 고객이 거의 없을 테니 말이다. 헬스클럽의 경우 대개 1월에 등록하는 회원이 가장 많고, 조경 회사의 경우 당연히 봄이 되어야 슬슬 일감이 들어오기 시작한다. 이것은 너무도 당연한 것이지만, 전체 프로젝트에 너무 흥분한 나머지 타이밍을 간과하는 사업 초년생이 상당히 많다. 심지어 마케팅 전문가들도 이런 우를 범하는 경우가 적지 않다.

타이밍은 단순히 어느 달에 론칭할 것인지의 문제만이 아니다. 타이밍은 좀 더 넓은 의미에서 보면 시장 전체와 관련된 문제다. 시장에서 경쟁자들의 상황은 어떻고, 경기는 어떤가? 좋은 부지에 멋진 콘도를 짓는다는 생각에 너무 들떠 불황이라는 것을 무시한 부동산 개발업자는 파산할 공산이 크다. 시장에서의 경쟁이 치열할 때 역시 타이밍에 대해 훨씬 더 신중을 기해야 한다. 현재 시장에서 유행하는 것이 무엇인지 늘 고민하라.

타이밍은 지정학적 요인도 아울러야 한다. 전쟁이나 전쟁에 관한 루머는 당신이 언제 시장에 뛰어들어야 하는지에 영향을 미친다. 9·11 테러 이후 사람들은 전쟁이 일어나리라 확신했다. 시기가 문제지 전쟁이 일어나는 것은 확실하다고 믿었던 것이다. 당신은 모든 사람이 사막 위의 밤하늘이 환해지는 광경을 보며 TV 앞에 찰싹 달라붙어 있을 때 개업식을 하고 싶은가? 당신은 계절적 변동성과 경기, 경쟁자, 지정학적 상황 등 당신이 통제할 수 없는 것들을 충분히 고려해 창업이나 제품 출시의 타이밍을 결정해야 한다.

타이밍은 대체적으로 상식의 범주에 속하지만, 타이밍을 잘 맞추기 위해서는 고객의 생각에 대한 리서치와 이해도 필요하다. 금전적인 문제를 겪는 사람들을 돕는 사업을 하는 우리는 1월이 '빚 청산의 달'이라는 것을 알고 있다. 빚 청산과 다이어트, 금연, 이 세 가지는 사람들의 영원한 새해 목표기 때문에 1월은 항상 우리에게 중요한 달이다. 우리가 뒤늦게 깨달은 점은 9월과 10월도 1월에 버금가는 자기계발의 달이라는 것이다. 여름방학이 끝나 아이들이 학교로 복귀하면 사람들은 건설적이고 긍정적인 무언가를 다시 시작하려는 경향이 있는데, 이러한 경향은 1월에 버금가거나 그 이상이다.

'재도전 효과'와 미식축구, 정치, 이 모두가 가을에 정점을 찍기 때문에 라디오 토크쇼의 청취율 또한 가을에 가장 높다. 반대로 라디오 토크쇼의 청취율이 가장 낮은 계절은 여름이다. 호수나 바다로 피서를 가는 사람들에게는 브래드 페이즐리Brad Paisley의 컨트리송이 데이브 램지나 글렌 벡의 이야기보다 더 호소력이 있기 때문이다. 그러므로 새로운 제품이나 서비스를 론칭할 때는 타이밍을 세심하게 고려해야 한다.

특정 분야에 대한 경험이 풍부할수록 적절한 타이밍을 맞추는 당신의 본능도 더 발달한다. 여러 해에 걸쳐 치명적이지는 않은 실패를 맛보면 뛰어난 본능이 계발된다. 옛날에 한 청년이 지혜롭기로 정평이 난 노인에게 어떻게 그렇게 지혜로워졌는지 물었다. 이에 노인은 "나는 판단을 잘 내린다네"라고 대답했다. 그러자 젊은이가 다시 물었다.

"어떻게 판단을 잘 내릴 수 있게 되었습니까?"

이에 노인이 "나는 경험이 많다네"라고 대답했다. 그러자 젊은이가 또다시 물었다.

"어떤 경험이 많으십니까?"

노인이 대답했다.

"판단을 잘하지 못한 경험이 많다네."

신앙인의 경우 기도를 통해서도 본능이 계발된다. 사업이 두려운 것인 만큼 나는 자주 기도에 의지한다. 그 결과, 기도를 더 잘하게 되었다.

프로토타입

사업을 본격적으로 시작했을 때 먼저 배우게 되는 것 중 하나는 '규모의 경제Economy of scale'의 실상이다. 규모의 경제는 제품을 더 많이 주문할수록 가격이 더 내려간다는 개념이다. 그렇다면 대량 주문이 항상 더 좋은 거래로 이어질까? 그렇지는 않다. 당신이 주문한 물건을 모두 판매하는 경우에만 결과적으로 더 나은 거래를 한 것이 된다. 신제품에 밀려 주문한 물건의 절반밖에 팔지 못하고 나머지는 폐기 처분한다면 손실을 볼 수밖에 없다. 사업 초창기 시절의 우리는 다행히도 과도한 주문을 할 만한 자금이 없어 이러한 손실은 피할 수 있었다. 하지만 나는 첫 제품 출시에 흥분한 나머지 지나치게 많은 양을 주문해 큰 손실을 본 사업 초년생을 많이 보았으며, 여기에는 학력이 높은 사람들도 예외는 아니었다.

당신이 얼마나 많은 리서치를 하든, 또 당신의 본능이 얼마나 탁월하든, 원래의 형태로 시장에 모습조차 드러내지 못하는 프로토타입(Prototype, 대량 생산에 들어가기 전의 시제품_옮긴이)은 여전히 존재한다. 새로운 제품이나 서비스의 최초 버전은 성공할 가능성이 희박하므로 절대 대량으로 주문하지 말아야 한다.

기업가들은 자식과도 같은 신상품에 대해 맹목적인 애정을 보이기 마련이다. 나는 정말 못생긴 아기들을 가끔 보는데, 자신의 아기가 정말 못생겼다고 생각하는 엄마는 한 번도 보지 못했다. 당신 역시 자신의 창조물에 대한 자긍심으로 감정의 눈이 멀기 쉽다. 그러므로 당신이 주의를 기울이지 않으면 당신의 최초 버전이 큰 히트를 치리라는 착각으로 엄청난 손실을 보게 될 것이다.

나는 1994년 3월에 미국인들이 돈을 다루는 방식을 바꾸어 놓을 강의 프로그램을 론칭했다. 당시 이미 파산해 완전히 가동되지도 않는 어느 소규모 라디오 방송국의 진행자였던 나는 방송을 통해 새로운 강의 프로그램의 시작을 알리는 중대한 선언을 했다. 나는 첫날은 무료니 방송을 듣는 사람들 모두가 참석하길 바란다고 자신 있게 말했다. 나는 강의실에 135개의 의자와 오버헤드 프로젝터를 준비했다. 나는 참가자가 엄청나게 많을 것으로 예상하고 있었으므로 만일 내게 충분한 자금이 있었다면 천 권의 워크북을 주문했을 것이다. 나는 각종 그래픽을 준비했고, 워크북 표지를 컬러로 만들었으며, 사무용품 판매점에서 종이 커터와 링 세

개짜리 바인더를 구입해 워크북을 만들었다. 첫날 밤 여섯 명이 참석했다.

'빚진 후의 삶'이라는 이름을 붙인 이 강의 프로그램의 목적은 파산하지 않으려고 발버둥 치는 사람들을 돕는 것이었다. 그러나 6개월 후 약 100명이 나의 수업을 듣게 되었을 즈음에는 그들 대부분이 파산할 지경이어서가 아니라 단순히 돈에 대해 배우고 싶어 수업에 참석했고, 우리는 그들의 니즈에 맞춰 프로그램 내용을 절반 정도 변경했다. 우리는 프로그램의 명칭도 '금융 평화 대학'으로 바꾸었다. 현재는 다양한 형태로 진화한 '금융 평화 대학' 프로그램들을 수백만 명의 사람이 수강하고 있다. 실로 우리의 시작은 미약했지만, 그 끝은 창대했다. 우리의 사례를 통해 당신은 프로토타입, 즉 최초 버전이, 또는 심지어 네 번째 버전조차 당신의 성공을 보장해 주는 것이 아닐 수도 있다는 사실을 알았을 것이다. 당신의 아이디어를 되풀이해서 죽게 하고 다시 태어나게 하라. 그때마다 그 아이디어는 진화할 것이다.

포커스 그룹

엄청나게 돈이 많은 사람은 각각의 마케팅 대상 집단을 대표할 수 있는 소수의 사람들을 뽑아 그들을 인터뷰하고 조사 · 분석하는 일을 시장조사 전문 기관에 거액의 돈을 주고 맡길 수 있다. 이때 각각의 집단을 대표하는 소수 집단을 '포커스 그룹Focus Group'이라고 한다. 가끔 포커스 그룹을 통해 소기의 목적을 달성하기도 하지만, 인위적으로 구성해 놓은 집단이기에 그들로부터 잘못된 정보를 얻게 될 가능성도 있다. 무기력한 상태에 있는 동물원의 동물들을 구경하는 것과 넓은 초원에 살고 있는 동물들과 함께 있는 것의 차이라고나 할까? 인위적인 환경에 있는 동물은 자연에 있는 동물과는 다르게 행동한다.

하지만 대부분의 사람은 자금 부족 탓에 공식적인 리서치를 하고 포커스 그룹을 이용하는 사치를 누리지 못한다. 그렇다고 고객을 조사하는 방법이 없는 것은 아니다. 내가 1992년에 집필한《파이낸셜 피스》는 그동안 여러 차례 수정 · 보완되어 현재 4.2판에 이르렀다. 최근에 우리가《파이낸셜 피스》를 미국 전역에 걸쳐 대대적으로 재출간했을 때, 우리는 출판사와 우리 회사 그래픽 팀에 각각 최고의 표지를 만들어 줄 것을 당부했다. 여느 때처럼 여기에 세 번째 옵션을 추가했는데, 출판사와 우리 모두 그 표지 디자인을 그다지 좋아하지 않았다. 우리는 이 세 표지를 미국 전역의 여러 도시에 있는 '금융 평화 대학' 강의실 게시판에 붙여 놓고 사람들에게 익명으로 투표하게 했다. 그 결과, 전문가들에게 호소력이 가장 약했던 세 번째 표지를 사람들이 가장 좋아하는 것으로 나타났다. 그래서 우리는 세 번째 표지를 선택했다. 이것이 저렴하고 다소 단순한 방식으로 뽑은 포커스 그룹의 사례다.

2년 전 우리는 라이브 행사 티켓을 판매하기 위해 우리 웹사이트에 세 가지 디자인의 입장권을 번갈아 올렸다. 그런데 내가 가장 싫어한 디자인의 입장권이 가장 많이 팔렸고, 나는 내가 마음에 들어 했던 둘을 중도하차시켰다. 나의 경우처럼 당신의 에고와 예상도 가련한 결말을 맞을 수 있다. 당신의 아이디어를 검증하고 측정한 후 필요에 따라 그것을 수정하라. 당신은 예외라는 생각을 버려라. 당신이 아무리 예쁜 사람이라도 당신은 못생긴 아기를 가질 수 있다.

제품의 라이프 사이클

밭을 경작하려 한다면 당신은 밭 위의 상공을 날며 당신의 제품과 서비스가 소위 마케팅 전문가들이 말하는 라이프 사이클의 어디에 위치하는지 파악해야 한다. 생명이 영원히 지속되는 제품은 거의 없다. 그러므로 당신의 제품이 얼마나 지속될지, 또 그것이 라이프 사이클의 어디쯤에 와있는지 파악할 필요가 있다. 제품의 라이프 사이클에는 네 단계가 있으며, 각 단계마다 서로 차별화되는 고유한 특질과 속성이 있다.

● **도입 단계**

도입 단계Introduction stage는 당신이 제품을 막 론칭했을 때다. 도입 단계에서는 제품을 소량 주문 생산하는 것이 일반적이기 때문에 제품당 비용과 판매 가격이 높다. 당신이 존재하고 있고, 무엇을 하고 있는지를 시장에 적극적으로 알려야 하기 때문에 홍보비 또한 많이 든다. 이 단계는 막 이륙하기 위해 노력하는 단계다. 제트기가 이륙할 때 가장 많은 연료를 소모하는 것처럼 당신 역시 도입 단계에서 가장 많은 연료를 소모한다는 점을 기억하라. 당신이 일단 상공 높이 날기 시작하면 상황은 달라지지만, 이륙할 때는 비용이 많이 들 수 있다. 장사꾼이 대문 밖을 나서자마자 물건을 많이 팔 수 있는 것이 아니듯 이 단계에서도 매출과 수익은 낮다. 높은 비용과 낮은 매출 탓에 도입 단계는 수익이 낮거나 없는 것이 특징이다.

● **성장 단계**

성장 단계Growth stage는 제품이 알려지고 매출이 늘기 시작하는 단계다. 매출 증가로 더 많은 제품을 주문 생산하게 되면 대량 주문으로 인한 비용 절감 효과도 기대할 수 있으며, 제품이 어느 정도 알려진 상태기 때문에 홍보비도 다소 줄어든다. 당신은 이제 서서히 일이 풀리고 있다는 것을 실감하기 시작할 것이다. 매출이 증가함에 따라 수익도 늘고, 주문량도 많아진다. 그 결과 제품당 비용도 감소한다. 수익이 늘어 에너지가 충전되기에 이 단계는 살맛 나는 단계라 할 수 있다. 부분적인 성공 경험은 전체 프로세스에 모멘텀을 부여한다. 성공적으로 이륙하는 데 엄청난 연료를 소모했으므로 이 단계부터는 연료를 적게 소모하며 편안한 비행을 즐길 수 있다.

● **성숙 단계**

성숙 단계Maturity stage는 제품이 시장에서 탄탄하게 자리를 잡는 단계다. 이 단계에서는 당신을 알리는 데 필요한 최소한의 광고만으로 충분하므로 홍보비를 크게 줄일 수 있다. 이 단계 역시 성장 단계와 마찬가지로 제품에 들어가는 비용이 가장 낮다는 것이 특징이다. 당신은 지금까지 대량 주문 생산해 왔고, 지금도 그렇게 하고 있기 때문이다. 게다가 당신은 모든 재료를 가장 좋은 가격에 구입하고 제품 생산을 훨씬 능률적으로 할 만큼 성숙되기도 했다. 당신은 이미 시장에서의 전적이 있기에 매출을 어렵지 않게 예상할 수 있다. 고수익과 저비용으로 특징지어지는 이 성숙 단계가 일반적으로 가장 수익이 많은 단계다. 그리고 솔직히 이 단계가 스트레스를 가장 적게 받는 단계다. 경쟁자 문제가 있기는 하지만 말이다. 당신의 엄청난 성공에 힘을 얻은 새로운 경쟁자들이 시장에 진입하는 것이 이 단계에서 일어나는 전형적인 흐름이기 때문이다.

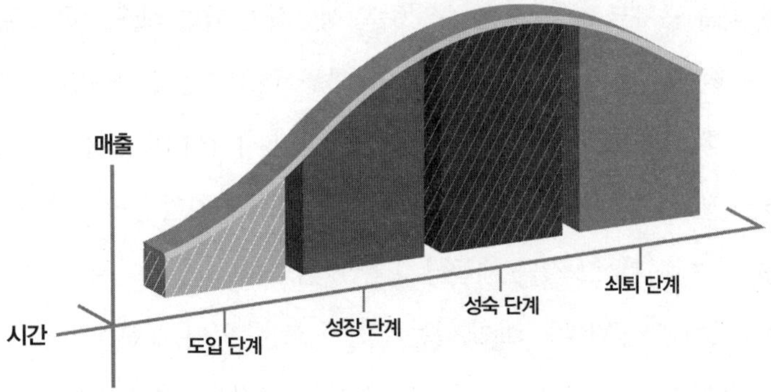

● 쇠퇴 단계

쇠퇴 단계Declining Stage는 제품의 수명이 다했음을 깨닫는 단계다. 영원한 것은 아무것도 없다. 매출이 감소하고 재고가 쌓여 감에 따라 제품 생산에 드는 비용은 급격히 줄어든다. 소량을 주문할 경우 다시 제품당 비용이 상당히 올라갈 수 있다. 비용 절감을 위해 광고와 홍보는 제한해야 한다. 매출이 감소함에 따라 수익도 감소하므로 매출을 늘리기 위해 다른 제품을 끼워 주는 것으로 고객의 구매 욕구를 자극할 필요가 있다. 제품을 수정 · 보완하거나 재창조하는 것에 대해서도 생각할 필요가 있는 단계다.

● 당신은 어디에?

특정 제품의 라이프 사이클은 매우 짧을 수도 있고, 반대로 매우 길 수도 있다. 특정 제품과 회사 및 업계가 라이프 사이클의 어디에 위치하는지를 생각해 보는 것도 흥미로운 일일 것이다. 당신의 제품과 회사 및 업계의 위치가 어디인지를 생각해 보면 마케팅 계획을 어떻게 짜고, 고객에게 어떤 메시지를 던지며 나아갈 것인지에 대한 깊은 통찰을 얻을 수 있다.

출판업계를 예로 들어 설명해 보자. 출판업계는 아주 오래된 업계다. 책을 만들어 파는 일은 수 세기의 역사를 가지고 있으므로 업계 전체의 제품 라이프 사이클은 아마 성숙 단계에 있을 것이다. 내가 출간한 리더십 관련 서적은 거의 유행을 타지 않는 리더십이라는 개념을 다루고 있기 때문에 5년에서 10년 사이의 라이프 사이클을 가질 것으로 본다. 소설류의 책은 1년이나 2년, 시국 문제를 다룬 정치 관련 책은 대략 90일 정도의 라이프 사이클을 가진다. 일반적인 책의 라이프 사이클은 대략 120일 정도다. 물론 경제경영서인《좋은 기업을 넘어 위대한 기업으로》나 성경처럼 시대를 막론한 베스트셀러도 있다. 하지만 대부분의 책의 라이프 사이클이 120일에 불과하기 때문에 많은 서점에서 출간된 지 120일이 지난 책은 진열대에서 내리는 경향이 있다. 그 때문에 긴 라이프 사이클을 가진 책들도 덩달아 천대받고 있다.

우리가 새로운 책을 출간할 때, 그 책은 도입 단계에 있고, 출판업계는 성숙 단계에 있으며, 우리 회사는 성장 단계에 있다. 우리는 이 모든 상황을, 그리고 그것이 마케팅 계획에 어떤 의미가 있는지를 고려해야 한다. 우선 출판업계 자체는 성숙 단계에 있으므로 우리는 사람들에게 정보를 얻는 새로운 방식에 대해 설명할 필요가 없다. 우리 모두가 책을 구입하기 때문이다. 하지만 전자책과 같은 새로운 방법이 생겼으므로 우리는 이런 방법들에도 끊임없이 관심을 기울여야 한다. 우리 회사는 나날이 성장하고 있으며, 사람들에게도 꽤 알려져 있다. 하지만 우리가 어떻게 모멘텀을 얻어 그 모멘텀을 한 권의 책에 모두 쏟아부을 수 있을지에 대해 고민

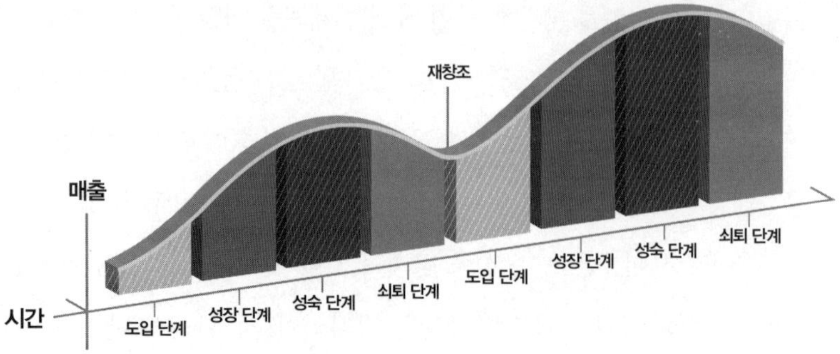

해 보아야 할 것이다. 끝으로 우리의 책은 신간이므로 도입 단계를 헤쳐 나가기 위해서는 충분한 홍보가 수반되어야 한다. 당신이 밭 위의 상공을 날며 전체적인 상황을 훑어본다면 당신은 이 모든 것들을 꽤 쉽고 빠르게 볼 수 있을 것이다. 문제는 너무도 많은 사업가가 밭에서 너무 많은 시간을 보내느라 이렇게 쉬운 관찰도 하지 못하고, 성숙한 제품에 불필요한 광고비를 지출하는 것과 같은 실수들을 범한다는 것이다.

사람들은 마케팅의 대상이 되는 것을 원치 않고, 커뮤니케이션하는 것을 원한다.
– 플린트 맥러플린 Flint McLaughlin

당신에게 경작해야 할 땅이 많이 남아 있다면 당신은 언제 경작이 끝날지 결코 알지 못한다. 그럴수록 당신은 변신을 꾀할 필요가 있다. 당신은 제품이 성숙함에 따라 그 제품을 수정·보완하는가, 아니면 그 제품이 수명이 다하도록 내버려 두고 다음 제품을 개발하는가? 때로는 조만간 수명이 다하리라는 것을 알고도 시장에 내놓는 제품들이 있다. 빌 클린턴Bill Clinton을 공격하는 책은 그를 탄핵하는 청문회가 열린 동안에는 불티나게 팔렸을 수 있다. 하지만 오늘날 그 책은 심각하게 구시대적인 책이 된 지 오래다. 반면 스티븐 코비의《성공하는 사람들의 7가지 습관》같은 책은 수명이 길며, 표지를 새롭게 하고 내용을 개정하면 더욱 오랜 시간 사랑받을 수 있다. 나의 첫 책《파이낸셜 피스》는 수정 · 보완되고 심지어 재고再考되기까지 했다. 우리는 이 책의 개정판을 낼 때마다 몇몇 새로운 장과 최신 통계를 추가했고, 표지 디자인을 바꾸었다. 이러한 재창조로 제품의 라이프 사이클은 다시 시작하지만, 처음과 똑같은 낮은 지점에서 시작하는 것은 아니다. 새로운 라이프 사이클의 도입 단계가 이전 라이프 사이클의 쇠퇴 단계의 초반 위에 안착하도록 하라. 당신은 결코 처음과 똑같은 도입 단계의 상황에 처하지는 않을 것이다.

당신의 고객을 깔때기에 붓자

사업을 처음 시작하는 사람은 대개 단 하나의 제품이나 서비스로 출발한다. 사업을 시작할 때는 누구나 마치 번개처럼 뇌리를 때려 시장으로 돌진하고 싶게 만드는 멋진 아이디어를 갖고 있다. 이러한 열정과 에너지는 훌륭하다. 그리고 훌륭한 기업을 탄생시킨 주역도 바로 이러한 열정과 에너지다. 당신의 첫 제품이 시장의 호응을 얻게 되면 당신은 다른 추가적인 제품군을 개발하기 위해 매우 전략적이고 숙고하는 태도로 임해야 한다. 고객의 신뢰를 얻으며 계속해서 고객을 늘려 가는 최고의 방법은 '깔때기 접근법'을 이용해 추가적인 서비스 및 제품군을 구축하는 것이다.

깔때기 접근법은 고객과 당신의 회사가 상호 작용할 수 있도록 해주는 몇 가지 빠르고 저렴한, 심지어는 공짜인 방식을 포함한다. 당신의 제품이나 서비스가 더 저렴하고 신속할수록 당신은 더 많은 고객을 끌어당길 수 있다. 웹사이트에 고객이 무료로 볼 수 있는 훌륭한 콘텐츠를 많이 제공하는 것도 이에 해당한다. 그런 다음 당신은 약간 더 비용이 들고, 시간이 걸리는 제품을 개발한다. 당신은 이런 식으로 가장 비싸고 시간을 많이 요하는 제품에 도달할 때까지 계속해서 깔때기 아래쪽으로 내려가야 한다. 당신이 고객에게 더 많은 돈과 시간을 요구할수록 당신을 따라 깔때기 아래쪽으로 내려오는 고객은 더 줄어들 것이다. 하지만 깔때기 위로 들어오는 사람들의 수가 많을수록 깔때기 맨 아래의 구멍을 통과하는 사람의 수도 많아진다는 것을 기억하라.

예를 들어 열 명이 무료 콘텐츠를 읽으려고 당신의 웹사이트를 방문해 그중 네 명이 59달러짜리 제품을 구매하고, 그중 한 명이 3,500날러짜리 제품을 구매했다면 당신은 소기의 목적을 달성한 것이다. 당신의 다음 목표는 깔때기 위로 들어오는 사람을 열 명에서 백 명으로 늘리는 것이다. 30달러가 안 되는 돈을 지불하고 이 책을 구입해 읽는 사람은 수백만 명이 될 수 있겠지만, 6,000달러를 지불하고 휴양지에서 1주일 동안 이루어지는 리더십 강의를 듣는 사람은 그보다 훨씬 적을 것이다. 그럼에도 이 책을 구입하는 사람이 많을수록 나의 강의를 듣는 사람도 늘어날 공산이 크다.

내가 '안트러리더십 마스터 시리즈' 프로그램에서 이 내용을 가르쳤을 때, 냉난방 기기 회사를 운영하는 한 남자가 괜찮은 방법인 것 같다며 동조했다. 그는 냉난방 공조 시스템의 수리와 교체만을 하고 있는데, 이 방식으로 그의 '밭' 위를 날아 보니 새로운 것이 보인다고 말했다. 그는 깔때기 접근법을 반영하기 위해 웹사이트를 바꿨다. 그는 먼저 보일러와 에어컨, 온수 히터를 더 오래 유지할 수 있는 방법에 관한 몇몇 팁과 함께 무료로 다운받을 수 있는 각종 보고서를 제공했다. 그중 가장 인기 있는 보고서는 〈누구나 쉽게 전기 · 가스 요금을 낮출 수 있는 열 가지 방법〉이었다. 그는 방문자들에게 무료 보고서를 포함한 다양한 정보를 담은 뉴스레터를 받아 볼 이메일 주소를 요구했다. 여기서 잠깐! 10년 이상 된 비효율적인 냉난방 공조 시스템을 새 시스템으로 교체하면 전기 · 가스 요금을 반으로 줄일 수 있다고 한다.

깔때기 조금 아래쪽에서 그는 59달러에 냉난방 공조 시스템을 튠업해 주는 서비스를 제안했는데, 이 서비스에는 열네 곳의 점검과 성능 향상을 위한 클리닝, 시스템의 안전성 확인도 포함되었다. 당연히 이러한 튠업 서비스는 교체할 시기가 된 시스템을 감지하기도 했다. 결과적으로 깔때기는 무료 보고서로 시작해 3,500달러에서 5,000달러 상당의 제품 판매로 끝났고, 그 중간에 배관 청소 서비스와 알레르기 필터 시스템 및 기타 제품 판매가 위치했다. 후에 그는 고객들에게 제공할 수 있는 제품 및 서비스를 깔때기를 통해 살펴보기만 했을 뿐인데도 새로운 사업 기회가 많이 열렸다고 내게 말했다. 이것은 사실 누구나 알고 있는 상식에 불과하지만, 사업을 하느라 매일같이 분주한 나날을 보내다 보면 잠시 경작을 멈추고 상공에서 당신의 밭을 둘러보는 것을 잊어버리곤 한다.

마케팅 스튜

마케팅의 미스터리는 실제로 미스터리가 아니다. 마케팅의 모든 부분을 의도적으로 실천하는 사업가가 극히 드물 뿐이다. 우리의 아이디어에 대한 시장의 반응은 미스터리일 수 있다. 하지만 우리가 우리의 제품이나 서비스를 사람들에게 알리는 계획을 어떻게 수립하느냐의 문제는 미스터리가 아니다. 추운 겨울날 한 냄비의 스튜를 만들 때처럼 여기에도 분명한 조리법이 있기 때문이다.

만일 당신이 제품을 완전히 개발했다면, 또 포커스 그룹을 통해 고객들이 어떻게 반응할 것인지 예측해 보았다면 제품 출시가 임박했다고 볼 수 있다. 물론 당신은 당신의 제품과 회사, 업계의 라이프 사이클을 감안해서 제품 출시 타이밍을 고려해야 한다. 심지어 깔때기 접근법을 참작해 가격을 결정하는 것에 대해서도 고민해야 한다. 하지만 무엇보다 중요한 것은 제품의 질을 최대한 끌어올릴 수 있도록 만전을 기해야 한다는 것이다.

대기업의 CEO인 내 친구 마이크 하이야트Mike Hyatt가 다음과 같은 멋진 말을 한 적이 있다.

"훌륭한 마케팅 계획은 나쁜 제품의 수명을 앞당긴다."

다시 말해, 모든 요리의 맛이 입증되기 전에는 절대 레스토랑을 개점하지 말아야 한다는 것이다. 처음에는 많은 고객을 끌어당길 수 있을지 몰라도 고객이 레스토랑에서 좋지 않은 경험을 한다면 그 소문은 금세 퍼진다. 따라서 사업에 뛰어들어 최고의 모습을 선보일 수 있도록 만반의 준비를 해야 한다. 준비를 마쳤다면 이제 마케팅 스튜를 만들기 위한 모든 재료가 있는지 확인할 시간이다.

재료 1 : 열정

나는 20대 초반에 약 3개월 동안 네트워크 마케팅(다단계 판매)에 몸담은 적이 있다. 나는 이 경험을 통해 사업에서 결코 하지 말아야 할 것들을 배운 동시에 유익한 교훈도 얻었다. 이때 얻은 교훈은 판매를 할 때 열정이 대단히 중요하다는 것이다. 이 다단계 세계의 슈퍼스타는 디 핀커드 Dee Pinkard라는 남자였는데, 그는 이렇게 말하곤 했다.

"논리에는 에너지가 없죠. 오직 감정에만 에너지가 있을 뿐이에요."

이 말에 나는 동의한다. 그리고 마케팅에는 에너지가 필요하다. 논리는 사실에 근거하지만, 무미건조하고 행동을 야기하지 못한다.

결과에 대한 열정적인 신념을 가질 때만 당신은 희생을 감수할 수 있다.

만일 당신이 일대일 판매나 마케팅을 하거나 리더의 역할을 수행한다면 열정은 여러 실수와 오해를 덮어 줄 것이다. 열정은 당신이 무엇을 모르는지를 알지 못할 때 그 무지의 상당 부분을 극복하게 해준다. 라 로슈푸코가 "교육은 받지 못했지만 열정이 있는 사람이 언변은 뛰어나지만 열정이 없는 사람보다 더 설득력이 있다"라고 말했는데, 나는 이 말에 동감한다. 나는 불꽃같은 열정이 없어 주저앉은, 매우 수준 높고 정교하게 짜인 마케팅 계획을 종종 본다. 성공의 모든 적과 싸울 열정이 있는 챔피언, 또는 그들로 가득 찬 빌딩이 필요하다. 결과는 관련된 모든 사람의 열정에 크게 좌우되기 때문이다. 만일 당신과 당신의 팀이 어떤 일에 열정적으로 임하지 않는다면 차라리 그 일을 하지 않는 편이 낫다. 마케팅은 기폭제를 필요로 하는데, 대부분의 경우 그 기폭제는 자기가 하는 일에 강한 신념을 가지고 승리를 위해 죽음까지 불사하고 싸울 의지가 있는 사람이나 집단이다. 그런데 많은 마케팅 계획에 이러한 영혼에 바탕을 둔 감정이 부족하다. 나는 이것이 그토록 많은 마케팅 계획이 실패하는 이유 중 하나라고 확신한다.

당신이나 당신의 팀에 열정이 있으면 무언가 큰 것을 실현하기 위해 기꺼이 희생을 감수할 수 있다. 성공하려면 항상 대가를 치러야 한다. 에너지와 시간, 돈, 고통 등의 대가를 치러야 하는 것이다. 그리고 결과에 대한 열정적인 신념을 가질 때만 당신은 희생을 감수할 수 있다.

재료 2 : 활동

나는 18세가 되고 3주 후에 부동산중개사 자격증을 따서 대학 4년 내내 줄곧 주당 40~60시간을 부동산중개사로 일했다. 나는 중개 업무에는 서툴렀지만, 일은 정말 미친 듯이 했다. 나는 누구도 따라올 수 없는 열정으로 콜드콜(cold call, 사전 약속 없이 고객에게 연락하거나 방문하는 행위_옮긴이)을 했고, 문을 두드렸으며, 집 앞에 앉아 무작정 기다렸다. 그 결과 나는 노련한 중개사는 아니었지만 연이자율 17퍼센트의 집들을 팔 수 있었다. 내가 이러한 개인적 장애 및 시장의 장애를 극복할 수 있었던 요인은 무엇이었을까? 그건 바로 활동이었다. 나는 다른 사람들보다 더 오랫동안 더 열심히 일했다. 당시 나에게 잘 대해 줬던 사장은 내가 생존했다는 사실만으로도 놀라워하며 고개를 절레절레 흔들곤 했다. 어느 날 그가 내게 말했다.

"램지, 자네의 성공은 놀라운 것이라네. 눈먼 돼지도 줄기차게 돌아다니면 도토리를 찾을 수 있다는 걸 증명한 셈이지."

나는 시골 출신이 아니었기에 그 말이 어떤 의미인지 정확히는 몰랐지만, 부지런히 먹이를 찾으러 돌아다니는 돼지는 설령 눈이 멀었다 하더라도 배고플 일이 없다는 뜻으로 받아들였다.

그 꿈이 실현되는 마케팅은 시장에서의 완전한 폭발과도 같다. 당신의 매출과 성공은 하늘을 찌른다. 이러한 종류의 폭발이 우연히 일어나는 일은 거의 없다. 그것은 엄청난 양의 활동을 필요로 한다. 폭발의 잠재력을 창조하기 위해 시장에 에너지를 투입해 주는 수많은 홍보 및 광고, 판매 등의 활동이 필요한 것이다. 활동을 통해 폭발을 일으키게 하는 또 다른 원칙은 활동을 더 짧은 시간에 압축해 하는 것이다. 당신이 1년치에 해당하는 일을 90일 만에 하면 당신은 엄청난 양의 활동을 작은 시간의 틀에 집어넣는 것인데, 이는 종종 당신에게 임계질량을 주고 폭발을 야기한다. 디젤 엔진이 이와 똑같은 원리로 작동한다. 디젤 엔진에는 연소실에서 전기로 연료를 점화시켜 주는 점화 플러그가 없다. 대신 연료 분사 장치, 즉 인젝터가 연료를 연소실로 분사한다. 그러면 분사된 일정량의 분자는 피스톤의 움직임으로 점점 더 작은 영역으로 몰리다가 마침내 폭발해 피스톤을 다시 원위치로 되돌려 놓는다. 이처럼 당신의 수많은 활동을 짧은 시간 안에 밀어 넣어야 한다. 그러면 당신의 마케팅 엔진이 작동할 것이다.

더 많은 활동은 실패에 대한 보험이다. 간단히 말해, 열 번의 세일즈 콜보다 백 번의 세일즈 콜이 한 건의 판매를 성사시킬 가능성이 크다는 것이다. 그야말로 단순한 이 개념에도 불구하고 왜 마케팅에서 이러한 활동을 충분히 하지 않고 회사 전체를 쓰러지게 내버려 두는지 나는 정말 이해할 수 없다. 더 많은 활동은 당신에게 판매를 할 수 있는 더 많은 옵션을 준다. 옵션이 많을 때 '결정의 예술'이 향상되는 것처럼 옵션이 많으면 '마케팅의 예술'도 향상된다.

활동의 양을 늘리려면 근본적으로 대담해야 한다. 소심함과 수동적인 태도는 자본주의 사회에서는 통하지 않는다. 당신은 대담하게 선포해야 한다. 우리가 시장에 등장했으니 모두 일어나 우리가 누구인지 눈여겨보라고 말이다. 당신이 과감하게 시장에 몸을 던질 때 당신은 승리하기 시작할 것이다. 하지만 승리해 나감에 따라 비평과 비난, 불만이 뒤따른다는 것도 각오해야 한다. 당신은 당신을 이해하지 못하는 사람들을 자극하지 않고는 회사를 성공적으로 이끌 수도, 마케팅할 수도, 운영할 수도 없다. 그러므로 당신이 승리로 나아간다면 오해와 험담, 유언비어가 뒤따르리라는 각오를 해야 한다.

절대 실패하지 않는 사람은 한 번도 시도하지 않는 사람밖에 없다.
– 일카 체이스 Ilka Chase

활동과 성공은 거부와 치명적이지 않은 실패를 감정적으로 쉽게 헤쳐 나갈 수 있게 해준다. 수많은 고객이 있다면 당신에게 심술궂게 행동하는 몇 사람쯤은 그리 신경 쓸 문제가 아니다. 내가 《파이낸셜 피스》를 홍보하기 위해 점심 식사에 초대한 스무 명의 사람들에게 짤막한 연설을 한 후 뒤편에 있는 탁자에서 책을 판매하고 있을 때였다. 한 남자가 탁자 앞으로 오더니 내가 한 말과 내 책에 나오는 돈에 대한 내용이 잘못되었다며 내게 불같이 화를 냈다. 그와의 만남에서 입은 상처가 아물기까지는 며칠이 걸렸다.

하지만 그 책이 200만 부 이상 판매된 지금은 그와 같은 사람이 내게 사나운 편지를 보내거나, 파티에서 나를 궁지에 몰아세우더라도 나는 웃어넘길 수 있다. 피와 땀으로 얻은 가치 있는 성공은 그 가치를 깎아내리려는 사람들을 무력하게 만든다. 잘못은 분명 그들에게 있다는 확신의 힘이 훨씬 더 강력하기 때문이다.

하지만 진지한 활동의 부족으로 나의 책이 많은 사람의 공감을 얻지 못한 상태에서 누군가 그 책을 비난한다면 나는 엄청난 충격을 받을 것이다. 진지하고 적극적인 활동으로 성공을 일궈 내면 그 뒤에 따라오는 근거 없는 비난과 험담에 초연해질 수 있다. 즉, 활동과 성공은 자기를 향한

화살에 대한 인식과 관점을 바꾸어 놓는다.

재료 3 : 희소성

대부분의 사람이 예약하기 힘든 고급 레스토랑에서 식사를 하기를 원한다. 대부분의 사람이 가입하기 까다로운 컨트리클럽의 회원이 되기를 원한다. 대부분의 사람이 최신 게임이나 게임기를 길게 줄을 서서라도 구입하기를 원한다. 고객들로 하여금 당신의 제품이 희소성이 있고 진귀하다는 인식을 갖도록 만들 수 있다면 당신은 엄청난 마케팅 에너지를 추가하는 것이다. 하지만 내실 없이 그렇게 하는 것은 금물이다. 우리가 론칭 준비 단계에서 주력하는 것은 시장에서 사람들이 줄을 서며 야단법석을 떨게 만드는 것이다. 어떤 사람들은 새로 출시된 아이폰을 구입하려고 야영까지 하면서 줄을 선다. 3주 후면 가게에 걸어 들어가 손쉽게 구입할 수 있는데도 말이다. 애플은 진귀한 것을 가장 먼저 소유하고자 하는 이러한 열정을 불러일으키는 데 탁월하다. 가히 그들이 마케팅에서 보여 주는 천재성의 일면이라 할 수 있다.

장난감 분야에서 마케팅 전문가들은 주로 크리스마스 시즌에 이러한 열정을 불러일으킨다. 특정 인형이나 컴퓨터 게임의 경우, 사람들이 구입한 가격의 열 배에서 스무 배의 가격을 붙여 이베이에서 되팔 정도로 이러한 열정이 불타오른다. 한두 달 후면 정가의 절반 가격으로 떨어질 것임에도 불구하고 말이다. 사람들이 당신에게 돈을 지불할 기회를 얻으려고 앞다퉈 줄을 설 정도로 당신의 제품이 마케팅 에너지를 갖게 된다면 정말 신이 나지 않겠는가?

희소성은 실제로 제한적인 수량의 제품에 적용되는 말이기도 하지만,

양은 제한적이지 않지만 질이 좋은 제품이나 서비스에 적용되는 말이기도 한다. 실제로 다른 미용사보다 세 배나 높은 가격을 받으면서도 예약이 밀려 있을 정도로 명성을 쌓은 미용사들이 있다. 나처럼 머리카락이 없는 사람은 정말 이해할 수 없는 일이지만, 그들이 자신의 서비스에 대해 그러한 신비로움과 희소성을 창조한 것은 분명 경탄할 일임을 인정하지 않을 수 없다.

재료 4 : 긴급성

희소성과 밀접한 관계를 지니는 것이 긴급성이다. 당신의 제품이나 서비스가 희소하다면 그것들은 곧바로 고객들에게 "이 가격에 구입할 수 있는 수량이 한정되어 있으니 서두르세요!"라는 메시지를 전달한다. 짐 론Jim Rohn은 이렇게 말한다.

"긴박감이 없으면 욕망은 그 가치를 상실한다."

순식간에 수만 장의 입장권이 팔려 나가는 엄청나게 인기 있는 가수의 콘서트를 생각해 보자. 왜 이런 일이 일어날까? 긴급성 때문이다. 즉, 자기가 좋아하는 스타의 콘서트를 보길 열망하는 사람들은 급하게 서둘러야만 입장권을 구입할 수 있다고 믿기 때문이다. 우리의 대규모 라이브 행사의 입장권이 수백 장 정도밖에 남지 않았을 때, 나는 내 라디오 쇼를 통해 입장권이 얼마 남지 않았음을 알리곤 한다. 그러면 그

만일 당신이 아주 질이 좋은 제품을 만든다면, 설령 당신이 숲 속에 살더라도 사람들이 당신의 집까지 길을 만들 것이라고 그 철학자가 말했다. 그런데 당신이 아주 많은 사람을 원한다면, 당신이 직접 고속도로를 건설하는 편이 낫다.

– 윌리엄 랜돌프 허스트 William Randolph Hearst

입장권들은 순식간에 팔려 나간다. 지난주 내내 판매한 입장권 수를 능가할 정도로 엄청난 양의 입장권이 그 짧은 시간에 팔리는 것이다.

재료 5 : 모멘텀 정리

우리는 초점을 맞춘 열성 나누기 시간 곱하기 하나님은 멈추지 않는 모멘텀이라는 공식을 도출했다. 제품이나 브랜드 전략에 임할 때 반드시 이 모멘텀 정리를 당신의 마케팅 스튜에 넣어 함께 젓도록 하라.

마케팅 스튜를 만드는 데 당신이 전력을 다하려면 당신은 초점을 맞춘 열성을 발휘해야 하고, 열정과 활동, 희소성, 긴급성에 주의를 기울여야 한다. 하지만 모든 노력과 지력을 다해 농작물을 심은 농부처럼 당신 역시 비의 은혜를 구하려면 하나님께 의지해야 한다. 당신이 이룬 성과가 당신이 최선을 다해 노력해서 얻은 결과에만 국한된 것이라면 당신이 이룬 성과는 너무 한정될 것이다.

훌륭한 맛

사업이 크든 작든, 원시적이든 정교하든 의도적으로 이러한 재료들을 하나도 빠짐없이 스튜에 넣고 끓이는 사업체는 드물다. 또한 자신들의 밭 위를 날면서 그 밭을 어떻게 경작할지에 대해 생각하는 시간을 갖는 사업체도 드물다. 사람들은 시장에 진입하는 것을 너무 서두르는 경향이 있기 때문에 하나의 전략으로서, 또 하나의 완벽하게 고안된 계획으로서 마케팅이 이루어지는 경우는 드물다. 나는 잘못된 출발 및 실수들로 너무나 많은 돈을 잃었기 때문에 거기에 대해 생각만 해도 구토가 날 지경이다. 하지만 그런 만큼 나는 우리가 올바른 길을 택한 시절을 한층 더 자랑스러워한다. 다층적이고 다면적인 계획을 세우고, 그것을 실천하고, 그 결과 승리하는 것은 더할 나위 없이 만족스러운 일이다. 속도를 늦추고 이러한 마케팅을 제대로 하는 데 만전을 기하기 바란다.

당신이 이 모든 재료를 넣고 마케팅 스튜를 끓이고 고객에게 다가가는 일에 더 사려 깊어질 때 당신은 비로소 당신의 제품과 서비스로 고객에게 도움을 줄 준비가 된 것이다.

E n t r e L e a d e r s h i p

Part

6

중요한 것을 놓치지 마라

당신의 꿈을 론칭할 수 있도록 도와주는
실용 가이드

1972년, 혈기왕성한 미래의 안트러리더 한 명이 자신의 차고에 서있었다. 그의 아내에게 청결에 대한 열정이 없었다면 이 특별할 것도 없는 차고는 먼지가 쌓이고 지저분했을 것이다. 그와 그의 아내는 거기서 사람들이 조립하기 쉽게 미리 절단해 놓는 셀프 조립 액자를 만들었다. 부부는 밤에 일했고, 그들의 아이들이 어느 정도 성장했을 때 아이들도 이 야간작업에 동참했다. 오랫동안 소매상에서 일한 경험이 이 젊은 기업가로 하여금 엄청난 성공을 꿈꾸게 했고, 또 확신하게 했다. 600달러와 꿈 하나만을 가진 이 30대 사내는 지금은 대기업이 된 회사를 키워 나가기 시작했다. 집 차고에서 사업을 시작한 내 친구 데이비드 그린은 현재 1만 2,000명의 직원이 일하고 자산가치가 수십억 달러에 달하는 하비로비의 경영자다.

1946년, 사우스 애틀랜타에는 별 특징이 없는 조그만 그릴 레스토랑 하나가 있었다. 제2차 세계대전이 막 끝났을 무렵 에너지 넘치는 한 젊은이가 당시 경제 상황이 좋지 않았음에도 불구하고 레스토랑 사업에 뛰어들기로 결심했던 것이다. 그는 '드와프 그릴Dwarf Grill'이라는 작은 레스토랑을 인수해 깔끔하게 단장한 다음 레스토랑 사업을 시작했다. 후에 이 그릴 레스토랑은 '드와프 하우스Dwarf House'로 알려지게 되었고, 거기서 내 친구 트루에트 캐시가 새로운 치킨 샌드위치를 만들어 냈다. 그의 두 아들 단과 부바는 각각 여덟 살, 아홉 살이었을 때 용돈을 받고 탁자 밑에 붙은 껌을 떼는 등의 잔일을 했다고 한다. 그가 1967년에 개점한 칙필에이는 현재 연간 수십억 달러의 매출을 올리고, 수만 명의 직원을 거느리고 있다. 그들은 업계에서 가장 독특한 파트너십을 자랑하고 있고, 이러한 파트너십은 여러 체인점 점주들을 부자로 만들어 주었다.

하비로비가 사업을 시작한 해인 1972년은 만만치 않은 해였다. 젊은이들은 베트남 한복판에 있었고, 인플레이션이 만연했으며, 주유소에서 줄을 서는 것이 일상적인 일이 되어 가고 있었다. 같은 해에 한 발명가가 특이한 생각을 했다. 조지 발라스George Ballas는 빠르게 회전하는 굵은 나일론 줄이 잔디나 풀을 깎는다는 것을 알아냈다. 바야흐로 '위드이터Weed Eater'가 탄생한 것이다. 위드이터가 탄생한 지 불과 5년밖에 지나지 않은 1977년에 위드이터의 연매출액은 800만 달러에 달했다. 오늘날 위드이터라는 브랜드는 우리의 문화에 깊숙이 파고들어 모든 종류의 제초기를 일컬을 때 위드이터라는 말로 대체해 사용하기도 한다. 모든 티슈를 크리넥스로, 모든 광유 젤리를 바셀린으로 부르듯이 말이다.

몇 해 전 나는 텍사스 휴스턴 출신의 제이 스타인펠드Jay Steinfeld를 만났다. 제이는 1987년에 300평방미터밖에 안 되는 작은 가게에서 블라인드 사업을 시작했다. 1993년에 그는 1,500달러를 투자해 웹사이트를 구축했고, 그로부터 몇 년 뒤에 3,000달러를 더 투자해 웹사이트에 전자상 거래 기능을 추가하고, 인터넷을 통해 블라인드를 팔았다. 2001년, 웹사이트가 방문자 수를 감당하지 못하자 그는 블라인드 가게를 팔았다. 그는 계속해서 영리한 경영을 했고, 기존의 회사를 인터넷 판매 회사로 탈바꿈시키기 위해 엄청난 노력을 했다. 보잘것없는 출발에서 일궈 낸 '블라인즈닷컴Blinds.com'은 이제 세계에서 가장 큰 인터넷 블라인드 판매 회사가 되었다. 세계에서 인터넷을 통해 판매되는 블라인드의 절반 이상이 그의 웹사이트를 통해 판매되고 있다. 그와 115명의 직원들은 올해 블라인드와 관련 제품 판매로 8,500만 달러 이상의 매출을 올릴 것으로 전망된다.

인플레이션과 에너지 위기가 절정이던 1975년에 한 젊은 컴퓨터 천재가 자신의 집 차고와 기숙사 방에서 퍼스널 컴퓨터 혁신의 첫발을 내디뎠다. 그가 바로 빌 게이츠Bill Gates라는 것은 모두 잘 알고 있을 것이다. 당시 그의 나이 스무 살이었다. 그로부터 7년 후인 1982년에 빌 게이츠에게서 영감을 받았을지도 모르는 마이클 델Michael Dell이 열아홉 살의 나이에 기숙사에서 델 컴퓨터Dell Computer의 첫발을 내디뎠다. 1982년도 여전히 불황의 깊은 수렁에서 헤어 나오지 못하고 있을 때였다. 커다란 오크나무는 작고 보잘것없는 도토리에서 성장한다. 무에서 시작하는 소규모 회사는 전 세계 경제의 중요한 부분이다. 그러므로 이 책을 읽는 독자들도 자신이 몸담고 있는 회사의 전통에 경의를 표할 필요가 있다. 당신은 아마 이러한 이야기 중 하나가 되겠다고 생각하고 있을 수도 있고, 당신의 꿈을 한창 실현해 나가고 있는 중일 수도 있을 것이다.

나는 사업의 시작은 미약하게 할 것을 권한다. 값비싼 가구들로 채워진 사무실에서 사업을 시작하려고 집을 담보로 대출을 받아 빚을 질 필요는 없다. 작게 시작하고 자긍심을 가져라. 미약한 시작을 자랑스럽게 여겨라. 나는 거실의 카드 테이블에서 사업을 시작했다. 집에서 시작하는 사업을 흔히 '마이크로비즈니스Microbusiness' 또는 '홈비즈니스Home-based business'라고 부른다. 이런 형태의 사업을 하는 사람은 정부의 레이더망을 피하려는 경향이 있기 때문에 정확한 통계를 내기가 무척 어렵다. 그들은 구속받는 것을 싫어한다. 그들이 사업을 시작한 것도 바로 이러한 이유 때문이다. 그들에게는 그럴듯한 사무실도, 제조 공장도, MBA 출신의 중역도 없었다. 그들은 자신들의 사업이 크게 성공하리라는 생각도 하지 못했다.

나는 세계 경제의 중추적인 역할을 한 사람들이 바로 이러한 소규모 업체 기업가들이라 확신한다. 지금도 어딘가에서 또 다른 빌 게이츠나 트루에트 캐시, 데이비드 그린이 되길 꿈꾸는 사람들이 있을 것이다. 그러니 미약한 시작을 절대 부끄러워하거나 두려워하지 마라.

파트타임

파트타임 기반으로 사업을 시작하고 유지하는 사람들도 있는데, 이 역시 권장할 만한 일이다. 가끔 한 번에 48시간을 일하고 며칠을 쉬는 소방관이 조경이나 페인트칠 사업을 시작하기도 한다. 그는 소방관 일을 그만둘 생각은 전혀 없지만, 독특한 업무 시간 덕에 모든 종류의 소기업 아이디어를 추구해 볼 수 있는 자유가 있다.

최상의 파트타임 일거리는 소기업 경영일 가능성이 아주 크다. 나는 버거킹에 반감은 전혀 없지만, 오늘 당장 시작할 수 있는 소기업 창업 아이디어가 널려 있는데도 굳이 최저 임금을 받고 와퍼를 굽는 것은 반대한다. 일거리를 구하는 실업자로 남아 있을 이유가 없다는 것이 나의 지론이다. 사람들의 니즈와 그 니즈를 충족시킬 수 있는 방법을 찬찬히 들여다본다면 일거리를 찾기란 그리 힘든 일이 아니기 때문이다.

파트타임 기반으로 시작하는 마이크로비즈니스가 중요한 일이 될 수도, 그렇지 않을 수도 있지만, 두 경우 모두 미약한 출발을 부끄러워할 필요가 없는 것은 마찬가지다. 어느 날 아침 매트라는 청년이 우리 집 현관문을 두드렸다. 그는 가을 학기 학비를 마련하기 위해 여름방학 동안 친구들과 함께 청소 사업을 한다고 아내에게 설명했다. 고압세척기를 장만한 그는 집 앞 차도를 세척하고 보호막을 입히면 어떻겠느냐고 제안했고, 그로부터 열 시간 후에 1,100달러를 손에 쥐고 우리 집을 떠났다. 내가 셈을 제대로 했다면 매트는 여름방학 동안 웬만한 변호사보다 돈을 더 많이 벌 것이었다. 반면 마케팅을 전공하는 대학생 중에는 경기가 좋지 않아 여름방학 때 할 일이 없다고 말하는 학생이 꽤 있다. 당치도 않은 소리다!

나 역시 대학 시절 어느 겨울방학 때 룸메이트와 함께 굴뚝이 있는 집 현관문을 두드리고 매트와 비슷한 말을 했다. 하지만 우리는 매트와는 달리 장작을 팔러 다녔다. 춥고 짧은 겨울방학 동안 우리는 78더미의 장작을 패서 운반해 팔아 다음 학기 등록금을 거뜬히 마련했다. 우리가 장작을 팔러 돌아다니는 동안 버거킹에서 최저 임금을 받고 아르바이트를 한 친구들은 학자금 대출을 받았다. 당신은 폴 버니언Paul Bunyan처럼 도끼질을 잘하는 사람보다 마이클 델이나 빌 게이츠처럼 똑똑한 사람이 되었으면 좋겠다고 생각할 수 있다. 하지만 사람에게는 모두 각자의 재능이 있으며, 그에 적합한 일을 해야 한다.

물론 모든 마이크로비즈니스 아이디어가 육체노동과 관련된 것은 아니다. 나는 그저 열심히 일하기만 하는 사람의 이야기보다 다음 이야기의 주인공처럼 영리하게 일하는 사람의 이야기를 더 좋아한다.

그때까지 골프는 제이슨 드로이지Jason Droege의 취미에 불과했다. 하지만 이제 골프는 제이슨의 생계 수단이 되었다. 어느 날 친구와 골프를 치던 드로이지에게 불현듯 이런 생각이 떠올랐다. 미국 전역의 차고에 버려져 뒹굴고 있는 골프채가 엄청나게 많으리라는 생각이었다. 드로이지는 어떤 사람에게는 쓰레기에 불과한 물건이 다른 사람에게는 보물이 될 수도 있다는 사실을 알고 있었다. 그래서 그는 2002년에 '백9골프Back 9 Golf Co.'라는 회사를 설립했다.

제이슨은 벼룩시장을 비롯해 중고 골프채를 싸게 살 수 있는 곳이라면 어디든지 찾아갔다. 그는 헐값에 구입한 중고 골프채를 깨끗하게 손질해 이베이에 내놓았다. 그는 계속해서 아이디어를 키워 나가 전국적으로 유명한 골프 소매점과 연을 맺었고, 4년 만에 이베이를 통해 200만 달러의 매출을 올렸다.

2004년 1월, 열아홉 살의 케인 본드Cain Bond도 제이슨 드로이지처럼 중고 물건을 사고팔기로 결정했다. 그가 택한 품목은 유모차였다. 5개월 후인 2004년 6월, 그는 3만 달러 상당의 중고 유모차를 이베이에 내놓았다. 계속해서 승승장구한 그는 그로부터 1년 후에 자전거 가게를 열었고, 2006년에는 스물한 살의 나이로 100만 달러 이상의 매출을 기록했다.

위의 두 이야기 모두 2006년 6월 〈안트러프러너Entrepreneur〉라는 잡지의 〈기업가를 위한 이베이 창업 가이드〉라는 글에서 소개되었다. 이러한 사례는 수십만 개나 있다. 그것이 전자 상거래든, 개 산책시키기든, 데이터 입력 또는 도끼질이든 당신이 할 수 있는 일은 항상 널려 있다. 사람들은 종종 빚이나 재정난에서 해방되는 방법에 대한 조언을 구하려고 나의 라디오 쇼로 전화를 한다. 가끔은 단순히 지출을 줄이는 것으로 문제가 해결되는 경우도 있지만, 돈을 더 많이 벌어야 할 필요가 있는 경우가 대부분인데, 후자의 경우 파트타임 소규모 사업이 훌륭한 임시 해결책이 되어 주기도 한다.

나는 가외의 돈을 벌기 위해서는 피자 배달이나 청소 일을 하는 것도 좋다고 사람들에게 말한다. 낮 동안 우리 회사에서 열심히 일하는 존이라는 젊은 친구가 있다. 그는 돈을 더 벌고 싶어 퇴근 후 피자 배달을 하기로 마음먹었다. 고객의 집에 피자를 배달하는 것은 누구라도 할 수 있는 일일 것이다. 하지만 존은 이러한 기본적인 일을 수행하는 것에 만족하지 않았다. 팁으로 벌 수 있는 돈이 만만치 않다는 것을 깨달았기 때문이다. 그래서 그는 팁을 더 많이 받기 위한 몇 가지 방법을 실험하기 시작했다. 그는 각각의 아이디어에 대한 결과를 그래프로 볼 수 있도록 스프레드시트를 작성했다.

우선 그는 피자 가게의 배달 구역을 고려해 볼 때, 한 번에 네 집 이상에 배달할 피자를 실으면 네 번째 집은 피자 배달이 늦다고 여긴다는 것을 깨달았다. 실제로 피자가 식는다는 확실한 물증도 있었다. 그래서 그는 한 번에 두 곳은 부족하고, 네 곳은 너무 많다는 결론에 도달했다. 그는 또한 초인종을 누른 후 최소 세 걸음 뒤로 물러설 필요가 있다는 것도 감지했다. 피자를 받기 위해 문을 여는 사람이 그의 키에 순간 겁에 질린 표정을 짓기도 했기 때문이다.

그는 또 가능하면 고객의 거실에서 잘 보이는 곳에 주차해야 한다는 것도 깨달았다. 피자를 시킨 집에 있는 누군가가 피자가 도착한 것을 보고 집 전체에 "피자 왔어요!"라고 외칠 수 있도록 말이다. 고객이 그를 볼 수 있는 곳에 주차했다면 그가 고객을 배려한다는 것을 보여 주기 위해 문까지 가볍게 뛸 필요가 있다는 것도 깨달았다. 그는 뛰는 동안, 그리고 문 앞에서 문이 열리길 기다리는 동안 휘파람을 불기도 했다. 심지어 그는 휘파람의 곡조까지 신경 썼다. 그는 상당히 의도적으로 고객에게 환하게 웃으며 부드러운 목소리로 피자가 따끈따끈하고 굉장히 맛있다고 말했다.

그리고 마지막으로 존은 개와 함께 그를 맞이하는 고객이 그에게 팁을 줄 확률이 가장 높다는 것을 알아차렸다. 개를 좋아하는 그는 고객의 개를 쓰다듬으며 그 개에 대한 대화를 나누면 팁을 받는 데 도움이 된다는 것을 깨달았는데, 이 깨달음이 그의 비약적인 발전을 야기했다. 그는 건축자재 가게에 가서 주머니 두 개가 달린 목수용 앞치마 하나를 구입해 허리에 둘렀다. 그리고 그 주머니에다 개 비스킷을 넣어 두었다. 피자를 시킨 주인 앞에서 개에게 비스킷을 주기 위해서였다. 이는 그가 팁을 더 많이 받기 위해 한 일 중 가장 영리한 일이었다.

정리하자면 이 명석한 친구는 집 안에 있는 사람들이 볼 수 있는 곳에 주차하고, 얼른 차에서 내려 휘파람을 불며 고객의 집까지 뛰고, 문이 열릴 때까지 뒤로 물러나 얼굴에 환한 웃음을 짓고 있다가, 개에게 비스킷을 주고, 고객에게 피자를 건네면서 피자가 따끈하고 맛있다는 말을 부드럽게 전한다. 그런 친구에게 팁을 주지 않는다면 당신은 심술쟁이에 짠돌이일 것이다. 언젠가 나는 우리 집 앞에 차를 세우자마자 시끄럽게 경적을 울려 집 밖으로 나온 우리에게 차 안에 그대로 앉아 차창을 통해 피자를 건네며 퉁명스럽게 피자 값을 통보한 배달원을 경험한 적이 있다. 존과는 사뭇 대조적이지 않은가? 나는 모든 사람이 궁극적으로 자영업자라고 생각한다. 그렇지 않은가?

그러나 너무 터무니없고 안타깝게도 존은 사장의 심술 탓에 피자 배달을 그만두었다. 존이 팁을 많이 받는 것을 질투한 사장이 존에게 한 번에 더 많은 피자를 배달하게 함으로써 존의 계획 전체를 엉망으로 만들어 버렸기 때문이다. 사업에서 승리하기 위한 리더십이 아쉬운 대목이다.

뛰어들 시기

다니던 직장을 그만두고 새로운 소규모 사업에 모든 에너지를 쏟아부을 시기는 언제일까? 사람들은 대부분 지나치게 흥분한 나머지 너무 서둘러 직장을 그만두는 경향이 있다. 나는 보트가 선착장에 완전히 도착했을 때 보트에 뛰어들 것을 권한다. 당신의 소기업이 충분한 수익을 올리기 전에 직장을 그만둔다면 당신은 보트에 성공적으로 뛰어들지 못하고 물에 빠져 허우적댈 것이기 때문이다.

나는 언제 사업에 완전히 뛰어들어야 할지 고민하는 안트러리더들에게 두 가지 사항을 고려해야 한다고 조언한다. 첫째, 사업에서 벌어들이는 수입이 현재 직장의 수입과 비교해 어느 정도인지 따져 봐야 한다. 팀이라는 젊은 안트러리더가 내게 전화를 걸어 직장을 그만두고 사업에 전력투구해도 될지 물었다. 그는 작년 한 해 동안 파트타임 그래픽 사업으로 6,000달러를 벌었다. 그런데 대기업에서 그래픽 디자이너로 일하는 그의 연봉은 7만 달러다. 그가 보트로 뛰어들기에는 거리가 너무 멀었고, 만약 뛰어든다면 그의 가족을 위험에 빠트리게 될 것이었다. 그래서 나는 그에게 수익을 증대시키기 위해 더 많은 시간과 노력을 투자해 일에 미쳐 볼 것을 주문했다. 직장에서 일하면서 사업에 많은 시간을 투자하는 것은 상당히 힘든 일이다. 하지만 보트가 선착장 가까이 오기 전에 보트에 뛰어든 탓에 집까지 압류되어 밑바닥부터 다시 시작해야 하는 것은 훨씬 더 힘든 일이다. 나는 그에게 다음 한 해 동안 파트타임 사업으로 최소 4만 5,000달러를 벌게 되면 그때 사업에 전력투구하라고 권고했는데, 여기에는 두 가지 이유가 있다. 그 정도의 수익을 올린다는 것은 첫째, 그가 소규모 사업체의 사장으로서 생계를 유지할 수 있다는 것이 입증된 셈이고, 둘째, 연봉 7만 달러에다 4만 5,000달러를 보태면 자금적인 여유가 생겨 사업 성공률이 높아지기 때문이다.

직장에서 일하면서 사업에 많은 시간을 투자하는 것은 상당히 힘든 일이다. 하지만 보트가 선착장 가까이 오기 전에 보트에 뛰어든 탓에 집까지 압류되어 밑바닥부터 다시 시작해야 하는 것은 훨씬 더 힘든 일이다.

사업에 뛰어들 시기를 결정하려는 안트러리더들이 고려해야 하는 두 번째 사항은 파트타임 사업의 수입 동향이다. 예를 들어, 그래픽 디자이너인 팀의 파트타임 사업이 꾸준하고 예측할 수 있는 수입의 증가를 보인다면 팀은 1년까지 기다리지 않고 더 일찍 사업에 올인할 수도 있다. 작년 한 해 동안 그는 파트타임 그래픽 사업으로 6,000달러를 벌었다. 따라서 평균 월수입은 500달러가 된다. 그런데 그가 이 부업으로 다음 달에 1,000달러를, 그 다음 달에 2,000달러를, 그 다음 달에 3,000달러를, 그 다음 달에 8,000달러를, 그 다음 달에 9,000달러를 벌게 된다면 어떨까? 팀은 그만큼 노력을 더해 자신의 사업을 성장시켰다는 것을 입증했기에 이제 월수입이 더 적은 직장을 떠나는 것은 그렇게 힘든 결정이 아니다. 그런데 이러한 분석에 또 다른 상식을 적용하면 얘기는 달라진다. 만일 이 모든 수입이 한 고객으로부터 창출된 것이라면 그는 아직 사업에 모든 것을 쏟아부을 준비가 되지 않은 것이다. 반대로 이러한 수입이 다양한 고객과 활발한 시장 수요의 증거라면 그는 6개월 동안만의 극적인 상승세를 지켜본 후에도 전업 사업가로 변신할 수 있다.

사업 확장 시기

사업을 시작한 후 가장 두려운 결정 중 하나는 언제 첫 팀원을 고용할지를 결정하는 것이다. 당신이 10~15명 정도의 팀원을 고용하기 전까지는 팀원을 고용하는 것은 매번 두려운 일이다. 소규모 사업을 하는 경영자들을 대상으로 강의를 할 때 나는 그들로부터 적절한 사업 확장 시기를 어떻게 알 수 있느냐는 질문을 자주 받는다. 그 답을 알려면, 조금 전에 사업에 올인하는 문제에 관해 논의할 때 사용했던 개념들을 똑같이 적용하면 된다. 즉, 당신이 정말 도움을 필요로 하는지 확신하기 위해 몇 달 동안 가외의 수입을 창출할 수 있도록 더 많은 시간과 노력을 투자해 미친 듯이 일해 볼 필요가 있다. 가외의 수입을 창출하는 것만으로는 충분하지 않다. 당신은 그 일로 잠정 고용인에게 지불할 임금만큼의 수입을 창출할 수 있어야 한다. 마이크로비즈니스에 몸담은 많은 사람이 단지 힘들다는 이유만으로 고용을 결정한다. 마이크로비즈니스는 약골을 위해 존재하는 것이 아니다. 따라서 불굴의 투지로 충분한 수익을 낼 때까지 매진한 다음에야 비로소 사업 확장을 생각해 볼 수 있다. 수익을 내기 전까지는 어떠한 욕심도 금물이다.

숭고한 소명의식

가장 기본적인 차원에서 보면 일을 하는 데는 두 가지 이유가 있다. 우리는 의식주 문제 및 각종 물질적인 욕구를 해결해 주는 돈을 벌기 위해 일을 하기도 하지만, 고차원적인 소명의식에서 일을 하기도 한다. 나는 종종 파트타임 일이나 사업을 하는 사람들에게 가족을 힘든 상황에서 벗어나게 하기 위해 돈을 벌기 위한 목적으로만 일을 하는 것도 상당한 의미가 있다고 말하곤 한다. 가족을 부양하거나 단기적인 목적을 달성하기 위한 단순한 돈벌이는 일시적이어야 하긴 하지만, 그 자체만으로 상당한 의미가 있기도 하다. 열정을 갖고 일할 수 없다는 이유만으로 집까지 저당 잡힌 채 2년 동안 실업자로 지내는 것은 실로 무책임한 일이다.

돈을 벌 목적으로만 일하더라도 그 일이 마치 천직인 것처럼 열과 성을 다해야 한다. 누가 당신을 지켜볼지 모르는 일이니 말이다. 내가 10대였을 때 가족이 함께 저녁 외식을 하러 멋진 스테이크 전문 레스토랑에 간 적이 있다. 그때 아르바이트생처럼 보이는 한 웨이트리스가 열과 성을 다해 우리를 접대했다. 그녀는 환한 웃음을 보이며 생기발랄하고 친절하게 주문을 받고 음식을 날랐는데, 그것은 분명 모든 레스토랑 매니저들이 선망하는 모습이었다. 그 다음 주에 부동산업을 하던 아버지가 그녀를 채용했다. 이 20대 초반의 젊은 여성은 첫해에 100만 달러(현재의 1,000만 달러

열정을 갖고 일할 수 없다는 이유만으로 집까지 저당 잡힌 채 2년 동안 실업자로 지내는 것은 실로 무책임한 일이다.

에 해당하는 금액) 상당의 부동산을 팔았다. 당신이 돈을 벌기 위해 일할 때 누가 당신을 지켜볼지 알 수 없다. 단순히 돈을 벌기 위해 하는 일이더라도 최선을 다해 그 일에 임하라.

매트는 차도 청소와 보수를 천직으로 여기지 않았다. 그는 학비를 마련하려고 그 일을 했다. 나는 장작 패는 것을 천직으로 여기지 않았다. 나 역시 학비를 마련하려고 그 일을 했다. 존은 피자 배달을 천직으로 여기지 않았다. 그는 빚을 청산하기 위해 그 일을 했다. 하지만 우리 모두 최선을 다해 그 일에 임했다. 기본적인 목적을 달성하기 위해 돈을 버는 것도 그 나름의 의미가 있다. 하지만 장기적인 인생 계획이나 사업 계획의 목적이 돈벌이 하나에만 국한되어서는 안 된다.

열정과 소명의식이 중요하다

세스 고딘은 이렇게 말한다.

"다음 휴가가 언제인지 궁금해하다 보면 휴가를 떠날 필요가 없는 인생을 살게 될지도 모른다."

사업에서 성공하려면 때로는 당신의 영적 · 감정적 · 육체적 에너지를 모두 소진해야 한다. 하지만 단지 돈만 보고 매일같이 이러한 에너지를 소진하지는 못한다. 돈도 좋지만, 돈은 궁극적으로 공허한 목표다. 더 큰 집과 더 좋은 차, 심지어 더 많은 선행도 당신의 생애 동안 당신을 창조적이고 활기차게 해주기에 충분할 정도로 큰 목표가 아니다. 당신이 하는 일에 열정과 소명의식을 가질 때만 당신은 생을 창조적이고 활기차게 살아갈 수 있다. 말콤 글래드웰은 이렇게 말한다.

"일에 의미를 부여하지 못하고 단순히 일만 열심히 하는 것은 의미가 없다."

영적 · 감정적으로 미성숙한 사람들이 단순히 돈을 많이 벌 수 있다는 생각만으로 사업에 뛰어든다. 역경의 시기에도 절대 굴하지 않고 헤쳐 나갈 수 있을 만큼 당신이 정말 좋아하는 일을 찾아라. 당신이 '왜' 사업을 하는지, 그 이유가 당신과 당신 팀원들의 가슴속에 활활 타오르는 불을 계속해서 지필 수 있어야 한다.

사이먼 시넥Simon Sinek은 테드에서 '왜'라는 소명의식을 가짐으로써 승리한 사람들 및 회사들에 대해 훌륭한 강연을 했다. 그는 이 강연에서 '골든 서클Golden Circle'에 대해 설명했다. 골든 서클은 황소의 눈을 닮은 세 개의 원으로 도식화된다. 골든 서클의 제일 안쪽 원은 '왜'를, 중간 원은 '어떻게'를, 바깥 원은 '무엇'을 각각 상징한다. 시넥에 따르면, 모든 기업이 '무엇'을 하는지 알고 있고, 대부분의 기업이 '어떻게' 그것을 하는지 알고 있다. 하지만 그것을 '왜' 하는지 알고 있는 기업은 극히 드물다. 사업을 '왜' 하는지를 진정으로 알고 있는 기업만이 크게 성공할 수 있다. 그들은 안에서 밖으로 움직인다. 즉, 그들은 자신들의 '왜'를 '어떻게'와 '무엇'을 통해 밖으로 표출한다.

시넥이 말하는 사업의 핵심은 다음과 같다.

"사람들은 당신의 '무엇'을 구입하지 않고 당신의 '왜'를 구입한다. 당신의 목표는 '당신이 가진 것(무엇)'을 필요로 하는 사람들과 함께 사업을 하는 것이 아니라, '당신이 믿는 것(왜)'을 믿는 사람들과 함께 사업을 하는 것이다."

이것은 단지 제품에 관한 것만이 아니라 사람에 관한 것이기도 하다. 만일 당신이 일자리(무엇)가 필요하다는 이유만으로 취직하려는 사람을 채용한다면 그 사람은 단지 월급을 받기 위해서만 일할 것이다. 반면, 당신이 믿는 것(왜)을 믿는 사람을 채용한다면 그 사람은 당신을 위해 피와 땀과 눈물을 흘릴 것이다.

시넥은 라이트 형제의 사례를 들어 이를 설명한다. 20세기에 접어들면서 많은 사람이 하늘을 나는 최초의 인간이 되려고 경쟁했다. 몇몇 사람이 거의 하늘을 날뻔했기에 사람들은 인간이 하늘을 나는 것이 실제로 가능하다고 믿기 시작했다.

형제인 오빌 라이트Orville Wright와 윌버 라이트Wilbur Wright는 하늘을 날기를 꿈꾸었다. 형제는 인간이 하늘을 나는 것은 충분히 가능한 일이라고 생각했다. 하지만 형제는 돈도 배경도 지원도 없었고, 대학 교육조차 받지 못했다. 그럼에도 형제는 날고자 하는 열정으로 불타올랐다. 형제는 '왜'를 가지고 있었고, 그 '왜'를 인류 최초의 유인 비행기라는 '무엇'으로 만들 강한 의지를 갖고 있었다.

라이트 형제는 실패나 추락으로도 전혀 기가 꺾이지 않았다. 사실 형제는 하루에 최소 다섯 번은 추락하리라는 것을 알았기에 매일 다섯 세트의 부속품을 챙겨 집을 나섰다. 반복적인 추락에도 굴하지 않고 그들은 계속 시도했다. 1903년 12월 17일, 라이트 형제의 유인 동력 비행기는 마침내 비행에 성공했다. 12초 동안 36미터를 난 이 비행은 말 그대로 세상을 바꾸었다.

그런데 이 이야기에서 언급하지 않은 중요한 인물이 한 명 있다. 그는 새뮤얼 피어폰트 랭글리Samuel Pierpont Langley라는 사람이었는데, 사실 인류 최초의 유인 비행기 개발과 관련해 사람들의 기대를 가장 많이 받았던 사람이 바로 그였다. 그는 정부로부터 5만 달러의 지원금을 받았기 때문에 그에게 돈은 문제가 아니었다. 그는 하버드 대학에서 학생들을 가르쳤고, 스미스소니언Smithsonian에서 일했으며, 미국의 최고 두뇌들과 매일 교류했다. 〈뉴욕타임스〉는 그를 따라다니며 그에 대한 몇몇 기사를 썼고, 전 세계가 랭글리가 인류 최초의 유인 비행기를 타고 하늘을 날기만을 손꼽아 기다리고 있었다.

그에게 부족했던 것은 열정과 소명의식이었다. 그에게는 '왜'가 부족했다. 열정이 부족했기 때문에 최고의 두뇌와 자금, 기타 유리한 조건들이 그를 승리로 이끌지 못했던 것이다. 그는 단지 부자가 되기를 원했고, 인류 최초로 하늘을 나는 것으로 부자가 될 수 있다고 생각했다.

랭글리는 승리하지 못하는 것에 그친 것이 아니라 상처 입은 우둔한 패자로 전락했다. 랭글리는 라이트 형제가 경쟁에서 승리하자마자 모든 연구를 중단했다. 만일 그가 하늘을 나는 것에 강한 열정이 있었다면 그는 라이트 형제의 성공에 갈채를 보내며 자신이 가진 모든 돈과 재능을 그들의 성공을 발전시키는 데 썼을 것이다. 하지만 그는 쉽게 포기했다. 그가 이 도전에 뛰어든 가장 큰 이유가 열정이 아니라 돈이었기에 그는 쉽게 포기할 수 있었던 것이다. 랭글리는 '왜'가 아니라 '무엇'에 의해 움직였다. 당신이 그를 잘 모르는 이유도 바로 여기에 있다.

사업 선택하기

당신은 큰돈을 벌 수 있고, 벌어야 한다. 그리고 그러려면 당신에게 맞는 일거리를 선택해야 한다. 당신이 장기간 몸담을 사업을 선택하든, 단기간 몸담을 일을 선택하든, 당신의 인생행로를 크게 바꿀 필요는 없다.

그래픽 디자이너가 돈을 더 많이 벌고 싶다는 이유만으로 회계학 학위에 도전하는 것은 옳지 않다. 대신 컴퓨터를 켜고 예술적인 명함을 디자인하는 것이 낫다. 세무사나 회계사가 예술 분야의 박사 학위를 딸 필요도 없다. 대신 자신의 도움을 필요로 하는 소기업들을 물색하는 것이 훨씬 더 효율적이고 현명하다.

베스트셀러 《나는 춤추듯 일하고 싶다》의 저자 댄 밀러는 쉽게 구할 수 있는 꽃으로 인생이라는 부케를 만들라고 말한다. 그는 당신의 커리어 또는 마이크로비즈니스 선택은 다음 세 가지 영역을 반영해야 한다고 덧붙인다.

1. 기술과 재능 : 당신은 어떤 기술을 연마했고, 당신의 타고난 재능은 무엇인가? 당신이 수학을 아주 잘한다면 수학은 당신의 타고난 재능이자 연마한 기술이다. 그럴 경우, 당신은 금융 분야에서 일하는 것에 편안함을 느낄 수 있다.

2. 성격적 특징 : 당신이 사교적이고 업무 지향적이지만 꼼꼼하지 않다면 설령 수학 실력이 탁월해 많은 돈을 벌 수 있다 하더라도 회

계사가 되는 것은 좋은 생각이 아니다. 매일 자살 충동을 느낄 수 도 있기 때문이다.

3. 가치와 꿈, 열정 : 당신이 빚을 좋지 않게 여기는데 고객이 빚을 져야 하는 판매를 매일 하루 온종일 담당해야 한다면 당신은 종종 비참한 기분을 느끼게 될 것이다.

쉽게 구할 수 있는 꽃으로 부케를 만든다는 것은 가장 기본적인 수준에서는 당신이 아는 것을 하고, 가지고 있는 도구를 사용해야 한다는 의미다. 당신에게 잔디 깎는 기계가 있다면 당신은 잔디 깎는 일을 할 수 있고, 자동차가 있다면 피자를 배달할 수 있으며, 회계에 대해 알고 컴퓨터를 갖고 있다면 회계 장부를 기장할 수 있다. 간단하지 않은가? 하지만 조금 더 심오한 수준에서 생각해 볼 경우, 위의 세 가지 원칙을 모두 충족시키는 사업을 선택해야 한다.

당신이 무언가를 만들기 좋아하고 오토바이에 관심이 많다면 '오렌지카운티차퍼스Orange County Choppers'와 같은 맞춤형 오토바이 제조사를 설립하는 것도 괜찮은 생각이다. 하지만 실제로 자살 충동을 느꼈다고 내게 말한 크리스의 전철은 밟지 말아야 한다.

사람들을 좋아하는 크리스는 훌륭한 세일즈맨이지만, 세부적인 것으로 들어가면 강한 거부감을 느꼈다. 그런 그가 매형의 권유로 프랜차이즈 기반의 '납세 도우미' 사업을 시작했다. 사업은 성공적이어서 그는 그 후 10년 동안 많은 돈을 벌었다. 하지만 그는 회사에 가는 것이 너무 싫었다. 사장이 활기가 없으니 직원들도 활기가 없었다. 남편이 맥이 빠져 있으니 그의 아내도 맥이 빠져 있었다. 그래서 주변 사람들 모두의 삶이 생기를 잃었다. 나는 그에게 프랜차이즈를 팔 것을 권했고, 결국 그는 엄청난 돈을 받고 프랜차이즈를 팔았다.

마케팅 컨설턴트로 변신한 그는 그 돈으로 또 다른 사업을 시작했다. 이번에는 이전 사업에서보다 더 많은 돈을 벌었다. 그러나 그보다 더 중요한 것은 이번에는 모두가 행복했다는 것이다. 그와 그의 가족, 직원들 모두 그의 전업 덕분에 즐겁고 활기찬 삶을 살게 되었다. 그 열정과 행복감이 이번 사업이 이전 사업보다 한층 더 성공적인 이유일 수도 있다. 나는 개인적으로 그가 돈을 더 많이 번다는 사실에는 그리 관심이 없다. 나는 그가 자신의 소명을 찾았다는 사실이 훨씬 더 기쁘다. 돈만 보고는 인생을 끝까지 내달릴 수 없다.

소명의식은 당신의 길이 되어 준다

당신의 사업은 빨리, 그리고 자주 변화할 것이다. 통계에 따르면, 사람들은 평균적으로 40세까지 아홉 차례 일을 바꾼다고 한다. 그러므로 당신은 당신의 사업 방향이 이러한 변화를 반영할 수 있게 해야 한다. 시장 전체가 당신의 눈앞에서 아주 빠르게 움직이더라도 당신에게 열정과 소명의식만 있다면 충분히 이런 변화에 발맞춰 나갈 수 있다. 하지만 당신의 사업이 단순히 수익을 창출하는 일련의 기계적인 활동이라면 당신은 변화가 도래하는 것을 결코 보지 못할 것이며, 이런 변화를 포용하지 못해 시장을 주도하지 못할 것이다.

나의 할아버지는 나의 우상이다. 아주 명석했던 할아버지는 대공황 시기에 어린 나이로 알루미늄 회사인 알코아Alcoa에서 회계 일을 시작했다. 그곳에서 38년 동안 열심히 일한 할아버지는 최고 회계사까지 지냈다. 하지만 그런 시절은 이미 자취를 감추었다. 한 사람이 40년 동안 한 직장에서 꾸준히 일하던 시절은 끝났다. 사람들은 이제 커리어라는 것을 다르게 바라보고 있으며, 시장에서의 변화도 훨씬 더 크고 빠르게 이루어진다. 경영자 또는 리더로서 당신이 이런 변화의 시대에 살아남을 수 있는 유일한 길은 당신이 하는 일에 열정과 소명의식을 갖는 것이다.

열정은 장애와 나이를
극복하게 해준다

나는 나이가 너무 많은 것은 아닌지 걱정하던 사람들이 사업을 시작하면서 꿈꾸던 삶을 살게 되었다고 이야기하는 것을 종종 듣는다. 기업은 재능 있는 50대를 버리려는 경향이 있지만, 사람들은 50대에 자기 인생에서 가장 많은 수입을 올린다. 흥미롭지 않은가? 꿈을 포기하지 않고 열정을 가진다면 당신은 50대에 인생에서 가장 많은 수입을 올리게 될 것이다. 당신이 기업 세계에서 버림받았다면 당신은 인생의 다음 장을 시작해야 한다.

나이와 현재 위치, 교육 수준 등은 소명의식을 추구하는 사람들에게는 결코 장애가 아니다. 실베스터 스탤론Sylvester Stallone은 서른 살 때 델리Deli의 계산원과 영화관 안내원으로 일했다. 그런 사람이 당신의 아들이거나 당신의 딸과 사귀는 남자라면 어떻겠는가? 그는 그 후 〈록키Rocky〉의 각본을 써서 이 영화로 아카데미 최우수작품상을 받으며 영화계에 힘찬 발걸음을 내디뎠다. 영화에 대한 열정 하나로 출발한 그는 자신의 모든 단점을 극복해 가며 결국 할리우드 최고의 스타로 등극했다.

마사 스튜어트Martha Stewart는 서른 살 때 증권 중개인으로 일했다. 그러다 자기 소유의 농장을 복원하면서 자신의 열정과 재능을 발견했다. 그때부터 그녀의 인생은 180도 바뀌었다.

30대 때 외장용 알루미늄 자재를 팔아 생계를 유지하던 로드니 데인저필드Rodney Dangerfield는 그때까지만 해도 코미디에 열정을 보이지 않았다. 그는 마흔이 훌쩍 넘은 나이가 되어서야 비로소 말장난의 매력에 빠져들기 시작했다.

생계를 위해 돈을 벌어야 했던 커넬 샌더스Colonel Sanders는 그의 인생 대부분을 자신과는 그리 맞지 않는 일을 하며 보냈다. 그는 67세에 KFC의 그 유명한 레시피를 개발하기 전까지 증기선 조종사, 보험설계사, 농부, 철도 소방관 등으로 일했다.

가족과 함께 몇 년 전에 갔던 로마 여행 중에 우리는 바티칸에 있는 시스티나 성당을 방문했다. 성당의 뒷벽에는 최후의 날에 그리스도가 재림하는 모습이 그려진 벽화가 있는데, 이 불후의 걸작은 미켈란젤로Michelangelo가 78세에 그린 것이었다.

너무 늙었다는 말은 성립하지 않는다. 피부색이 문제라는 말도, 장애가 심하다는 말도, 정치적 배경이 문제가 된다는 말도 결코 성립하지 않는다. 강한 열정과 소명의식을 가진 사람의 승리를 가로막을 만큼 큰 장애물은 존재하지 않는다. 키가 180센티미터가 안 되는 피스톨 피트 마라비치Pistol Pete Maravich는 키 큰 다른 선수들에 비해 NBA에 진출하기가 더 힘들었을 것이다. 하지만 그는 무엇으로도 꺾지 못하는 강한 열정과 부단한 노력 덕분에 결국 NBA의 전설적인 인물이 될 수 있었다.

나는 위에서 언급한 인물들의 사례가 당신이 사업을 선택하는 데 열정이 얼마나 중요한 것인지를 깨닫는 좋은 계기가 되길 바란다. 인생의 대부분의 시간을 할애해야 하는 직업을 현명하게 선택한다면 일하는 시간이 곧 쉬거나 노는 시간이 될 수 있다.

재택근무를 부추기는 사기

〈USA 투데이USA Today〉에 따르면, 연방거래위원회에 접수되는 불만 신고 중 가장 빠르게 늘고 있는 것이 재택근무를 부추기는 사기라고 한다. 나는 재택근무나 창업으로 돈을 많이 벌 수 있는 방법을 가르쳐 준다는 교육 프로그램이나 제품을 멀리할 것을 강권하는 바다. 이러한 것들은 대부분 완전한 사기거나 과대 선전된 것이다.

부자가 되는 쉬운 길을 찾으려는 것이 인간의 본성이기는 하지만, 사업을 시작하려고 이러한 사기 제품에 100달러에서 많게는 5,000달러까지 투자하는 사람들이 너무도 많다는 것은 참으로 안타까운 일이다. 나는 집에서 봉투를 붙여 돈을 버는 방법을 일러 주는 '비즈니스 세트'를 49달러에 구입한 사람도 만난 적이 있다. 이게 무슨 뚱딴지같은 소리란 말인가! 한 시간에 수천 개의 봉투를 자동으로 붙여 주는 기계가 있는데……. 하지만 침을 발라 봉투를 붙이는 것으로 부수입을 올릴 수 있다고 생각한 순진한 사람들이 실제로 있었다.

또 많은 사람이 회계와 의학에 대한 지식도 없고 세심한 면도 부족함에도 불구하고 집에서 의료비 청구서를 발부하는 것을 배우고자 수천 달러를 지불한다. 그들은 마치 의사들이 수십 년 동안 의료비 청구 및 회계 관리 시스템을 사용해 왔다는 사실을 애써 모른 척하는 사람들 같다. 물론 일부 의사들은 의료비 청구서 발부 업무를 외주로 해결하기도 하지만, 어떤 의사도 초등학생 수준의 교육을 받은 후 아이 다섯이 낮잠을 자는 동안 집 거실에서 그 일을 하려는 사람에게는 절대 외주를 주지 않는다.

재택근무를 부추기는 사기의 피해자가 되지 않는 쉬운 방법이 있다. 그것은 바로 그들이 판매하는 제품을 절대 구입하지 않는 것이다. 대신 앞에서 설명한 과정과 논지를 따르자. 즉, 당신이 이미 알고 있고 익숙한 것 중 열정적으로 임할 수 있는 것에서 재택근무의 아이디어를 찾자.

사기를 당하지 않는 또 다른 길은 할머니들이 들려주는 옛 속담 두 가지를 명심하는 것이다. 그중 하나는 "가치가 있는 곳으로 가는 데는 지름길이 없다"라는 속담이다. 다시 말해, 다른 사람이 어떤 훌륭한 비즈니스 아이디어를 박스에 담아 판매하고 있다면 당신은 이미 늦었으니 다른 아이디어를 찾아야 한다는 것이다. 다른 하나는 "사실이라고 믿기지 않을 정도로 좋게 들리는 것이 있다면 그건 사실이 아니다"라는 속담이다. 만일 어떤 사람이 당신에게 자기 아이디어를 따르면 쉽고 빠르게 부자가 될 수 있다고 말한다면 당신은 사기꾼의 달콤한 거짓말을 듣고 있는 것이다.

흥미로운 사실은 이런 최악의 사기꾼들은 항상 "절대 사기가 아닙니다"라고 외친다는 것이다. 이런 말을 하는 사람을 만나면 뒤도 돌아보지 말고 재빨리 도망치기 바란다. 그들이 "절대 사기가 아닙니다"라고 말하는 것은 대학 시절 당신과 처음 데이트한 여자가 당신에게 "저는 절대 미치지 않았어요"라고 말하는 것과 같다. 첫 데이트에서 그렇게 말하는 여자는 당연히 제정신이 아니다. 5분 사이에 "제 말만 믿으세요"라는 말을 세 번이나 하는 세일즈맨도 마찬가지다. 당신은 그 말이 "제 말을 절대 믿지 마세요"라는 의미임을 얼마 지나지 않아 분명 알게 될 것이다. 그러니 사기꾼을 만나면 도망가는 것이 상책이다.

맘프러너

패트리샤 코베Patricia Cobe와 엘렌 팔라피아노Ellen Parlapiano가 그들의 저서에서 맘프러너(Mompreneur, 엄마와 기업가를 합친 단어로, 경쟁력을 갖춘 주부 사업가를 뜻하는 용어_옮긴이)라는 단어를 처음 사용했는지는 확실히 모르겠지만, 그것은 분명 하나의 소기업 범주로서 주목을 받았다. 눈치챘겠지만, 맘프러너는 자녀와 함께 있으려고 집에서 일하는 엄마가 대부분을 차지한다. 집에서 시작한 맘프러너 사업이 차고까지 잠식하는 경우도 있고, 자녀의 성장과 함께 맘프러너 사업도 성장해 사업 규모가 커지는 경우도 있다. 또한 사업이 단순히 엄마가 자녀와 함께 집에 있는 동안 추가적인 수입을 올림으로써 가정 경제에 영향을 끼치는 하나의 방식인 경우도 있다. 결과야 어떻든, 이러한 움직임은 분명 하나의 인기 있는 소기업 범주로 자리 잡았다.

나는 여러 해 동안 라디오 쇼를 진행하면서 집에 있기로 결정했지만 여전히 시장의 스릴을 좋아하고, 진정으로 가계에 경제적인 보탬을 주고자 하는, 재능과 학식이 뛰어난 부인들로부터 수백 통의 전화를 받았다. 이들 중 교육 수준이 높은 일부 엄마들은 상당히 고차원적인 맘프러너 사업안을 바탕으로 사업을 하고 있었다. 반면, 아주 단순하지만 수익성이 좋은 아이디어로 맘프러너 사업을 하는 엄마들도 있었다. 여기서 흥미로운 사실은 맘프러너들은 자신의 지적 수준이나 값비싼 사무용 가구로 다른 사람들에게 깊은 인상을 주려고 애쓰지 않는다는 것이다. 그들은 단지 물속에 또 하나의 노를 넣고 저어서 돈을 벌기를 원할 뿐이었다.

릭은 다니던 직장을 그만두고 보험 회사를 열었다. 그는 아내 린디가 집에서 자녀를 돌보고 살림을 하는 동안 보험 회사가 제대로 굴러가게 하려고 고군분투하고 있었다. 어느 날 밤에 릭은 절박한 심정으로 린디에게 말했다. 자신은 있는 힘껏 노를 젓고 있지만 카누에 탄 사람이 한 명뿐이라 노를 열심히 저을수록 카누가 더 원을 그리며 맴도는 것 같다고 말이다. 그래서 린디는 맘프러너가 되어 물속에 또 하나의 노를 넣어 젓기로 결정했다. 이상한 일이 일어났다. 린디가 직접 벌어들이는 돈은 그리 많지 않았지만, 그 작은 도움이 릭에게 큰 힘이 되어 그들의 카누가 똑바로 나아갈 수 있었던 것이다. 이처럼 단지 또 다른 노 하나가 추가되는 것만으로 사업에서 모멘텀을 얻게 되는 경우도 있다.

몇 해 전 크리스탈 페인Crystal Paine은 아내이자 세 아이의 엄마로 사는 것에 대해 블로그에 글을 쓰기 시작했다. 그녀가 쿠폰 수집에 대해 쓴 글에 많은 사람이 관심을 보이자 그녀는 블로그에 쿠폰 수집 시리즈를 연재했다. 폭발적인 반응에 힘입어 그녀는 전자책을 출간하고, 쿠폰 수집을 주제로 한 인터넷 강좌를 개설했다. 그럼에도 그녀의 독자들은 더 많은 것을 원했다. 그래서 그녀는 전적으로 쿠폰 수집만을 다루는 블로그를 개설했다. 현재 Moneysavingmom.com의 하루 방문자 수는 6만에서 8만 5,000명이고, 한 달 방문자 수는 250만 명을 넘는다. 쉽게 구할 수 있는 꽃으로 부케를 만들자!

리사는 꽃꽂이에 탁월한 안목을 보였다. 그녀는 종종 친구들로부터 꽃바구니를 꾸미는 데 타고난 재능이 있다는 말을 듣곤 했다. 출산한 지 얼마 되지 않은 친구가 입원해 있는 병실을 찾은 그녀는 거기서 멋진 선물 바구니를 보았다. 친구의 친척이 고향에서 구한 갖가지 물품들과 꽃으로 가득 채운 선물 바구니를 보냈던 것이다. 고향을 떠올리게 해주는 젤리와 캔디, 핫 소스, 바비큐 소스, 엽서, 기념품 등이 모두 바구니 안에 들어 있었다. 순간 기발한 아이디어가 번개처럼 리사의 뇌리를 스쳤다. 그녀는 지역 회사들이 외지 방문객에게 기념품으로 이런 바구니를 선물하는 것을 좋아할 수도 있을 것이라고 생각했다. 그녀는 샘플로 나눠 주기 위해 바구니 열 개를 만들어 지역 회사들을 찾아갔다. 몇 주 후에 주문이 밀려들기 시작했고, 주문 폭주로 그녀의 집 대부분과 차고 전체가 창고가 되었다. 그녀의 남편은 아내 일을 돕느라 새벽 2시까지 잠을 이루지 못했다고 한다.

온라인 식단

앨라배마 버밍엄에 사는 제인 딜레이니Jane DeLaney는 2003년, 주머니에서 구겨진 5달러짜리 지폐를 발견했다. 이것이 그녀에게 사업에 대한 영감을 주었고, 그녀는 미래를 낙관하며 이 5달러로 사업을 시작했다. 제인과 그녀의 여동생 제니Jenny는 가족의 식단을 짜는 데 도움을 주는 온라인 툴을 구축하기 시작했다. 이 서비스는 엄마들의 식단 짜는 스트레스를 해소하고, 식비 지출을 크게 줄여 주었다. 자매는 서비스 이용료로 한 주에 1.25달러, 한 달에 5달러를 부과했다. 2006년, 자매는 1,000명이 넘는 회원을 확보했고, 우리의 라디오 쇼를 통해 자신들의 사이트를 광고하기 위해 우리를 찾아왔다. 우리의 전국 광고 비용은 연매출 10만 달러의 회사에게는 너무 부담이 되는 금액이었기 때문에 우리는 할인가를 적용한 인터넷 광고를 권했다.

이 인터넷 광고와 후에 합세한 막내 주디스Judith의 마케팅 전략은 폭발적인 반응을 일으켰다. 훌쩍 성장한 그들은 마침내 우리 쇼의 전국 광고를 하기에 이르렀다. 이제 그들의 회원 수는 6만 명이 넘고, 연매출은 400만 달러에 육박한다. 제인 자매와 그들의 남편들은 행복한 웃음을 멈출 수가 없다. 그들은 수많은 가족이 스트레스에서 벗어나고, 가계비를 절감하고, 함께 더 많은 시간을 보낼 수 있게 해준 데다 큰돈까지 만지게 되었다.

프랜차이즈를 선택할 것인가?

'나는 도전적인 기업가이며, 형편이 그리 넉넉하지 않다. 나는 내 사업장의 벽에 칠할 페인트 색을 강요당하는 것보다 차라리 실수를 하고 위험을 감수하는 길을 택하는 것을 선호한다.'

이런 생각을 갖고 있는 사람이 꽤 많다는 사실이 프랜차이즈가 나쁘다는 것을 대변하는 것은 아니다. 가맹점 영업권을 구입해 사업을 시작하는 것은 좋은 선택일 수 있다. 프랜차이즈는 당신에게 유명 브랜드의 이점을 누리게 해줄 수 있다. 당신은 '데이브 가게'보다는 '서브웨이Subway'로 많은 고객을 끌어들일 가능성이 더 큰데, 이것은 매우 중요한 문제다. 프랜차이즈는 당신에게 입증된 사업 운영 시스템을 제공하며, 영업점 위치 선정과 고용, 생산 과정, 설비, 마케팅, 운영 등과 관련해 당신에게 도움을 줄 수 있다. 프랜차이즈를 구축한 사업가들은 대개 수년에 걸쳐 많은 실수를 한 끝에 더 이상의 실수를 미연에 방지해 주는 현재의 프로세스와 시스템을 구축했다. 이렇게 입증된 길은 사업이라는 숲을 헤쳐 나가는 데 매우 가치 있는 것일 수 있다.

만일 당신이 '데이브 가게'를 연다면 당신은 실수를 많이 범할 가능성이 크고, 그중 어떤 실수는 당신에게 치명타를 입힐 수도 있다. 솔직히 말하자면, 어떤 사람들에게는 분명 프랜차이즈가 훨씬 더 현명한 선택이다.

위험과 경고

첫째, 프랜차이즈 가맹점도 실패할 수 있다. 문을 닫는 가맹점도 많고, 수입이 형편없는 가맹점도 부지기수다. 똑같은 브랜드를 단 프랜차이즈 가맹점도 수익성 면에서 천차만별이다. 〈CNN 머니CNN Money〉는 미국에서 가장 인기 있는 프랜차이즈 열 개의 순위를 매겼는데, 그중 1위부터 5위까지를 순서대로 나열하면 서브웨이, 퀴즈노스Quiznos, UPS 스토어UPS Store, 콜드스톤 크리머리Cold Stone Creamery, 데어리 퀸Dairy Queen 순이다. 하지만 이 유명 프랜차이즈 이름을 걸고도 다섯 곳 중 한 곳은 실패한다. 그런데 프랜차이즈를 개업하는 사람들은 대부분 집을 담보로 대출을 받아 사업을 시작한다. 이는 부푼 꿈을 안고 위의 다섯 프랜차이즈 가맹점 중 하나를 개업한 사람들이 다섯 명 중 한 명꼴로 파산한다는 것을 뜻한다. 그들이 실패하면 딸린 가족들까지 경제적인 치명타를 입는다.

둘째, 프랜차이즈 개업은 단순히 일자리를 얻는 꼴이 될 수 있다. 가맹점 수입이 당신이 일한 월급만을 벌어 가는 수준에 그친다면 당신은 단순히 일자리를 얻은 것에 불과하다. 그렇게 되면 생계유지에는 큰 문제가 없을지 모르지만, 항상 당신의 자리를 지키며 일해야 한다. 결국 당신은 단순히 당신의 일자리를 지키기 위해 다른 사람들에게 임금을 지불하는 것인데, 그건 분명 사업을 경영하는 것이 아닐 것이다.

셋째, 그들의 열정에 사로잡혀서는 안 된다. 그것은 당신의 열정이 되어야 한다. 어떤 사람들은 '자신을 위해 일하는 것'을 간절히 원하는 나머지 무턱대고 사장이 되어 돈을 버는 것만을 추구한다. 이것은 파멸을 불러올 수 있다. 사업은 돈만 보고 하기에는 너무 힘들다. 당신은 당신이 하는 사업에 의미를 부여해야 하고, 열정을 쏟아야 한다.

나의 고객 중에는 20년간 대형 백화점에서 매니저로 일한 사람이 있었는데, 그는 진정으로 자신의 일을 즐겼다고 한다. 백화점이 폐업하자 그는 변속기 수리 전문 프랜차이즈 영업권을 구입했다. 체인점 사장으로 변신한 것이다. 하지만 두 일의 성격은 너무 달랐고, 결국 그는 비참한 결말을 맞았다. 헐값에 체인점을 처분한 그는 20년간 열심히 일해 모은 돈을 거의 다 날렸다.

넷째, 본사와 가맹점은 애증 관계다. 일반적으로 가맹점은 어느 정도 자리가 잡힐 때까지 본사의 다양한 지원을 받는다. 개업한 지 1년이 지나면 가맹점은 사업의 성패는 궁극적으로 자신에게 달려 있다는 것을 깨닫게 된다. 즉, 프랜차이즈 브랜드의 인기와 본사의 지원 및 아이디어가 사업의 성패에 결정적이지는 않다는 것을 깨닫게 되는 것이다. 그래서 수년간 피땀과 눈물을 흘리며 사업을 일군 가맹점의 상당수가 매달 본사에 지불해야 하는 로열티를 아까워하기 시작한다. 사업의 성패는 결국 자신들에게 달려 있다는 것을 깨달은 그들은 프랜차이즈 계약 덕분에 쉽고 효과적으로 사업을 시작하고 운영할 수 있었다는 점은 간과하는 경향이 있기 때문이다. 사업이 잘되지 않는 가맹점은 문제가 자신들에게 있을 때조차 본사를 탓하는 경향이 있다. 잘되면 자기 공이고 잘못되면 본사 탓인 격이니 본사가 다소 안쓰러워 보이기는 하지만, 대신 본사는 가맹점으로부터 로열티를 챙기니 그리 억울해 보이지는 않는다.

뛰어들기 전에 고려할 사항들

첫째, 그것은 당신의 열정인가? 앞서 언급했듯이 다른 사람의 열정을 돈을 주고 사서는 안 된다. 돈만 보고 덤벼든다면 결국 실패할 수밖에 없다.

둘째, 사업(특히 체인점)을 시작하기 위해 돈을 빌리지 마라. 프랜차이즈 가맹점을 고려하고 있지만 돈을 빌려야 하는 상황이라면 개점은 시기상조다. 내 친구 하나는 수입이 좋은 일자리를 뒤로하고, 이 모든 경고에도 불구하고 과감히 도전했다. 수십 년간 제조 장비를 판매한 그는 집을 담보로 대출을 받아 토너 카트리지 충전 체인점을 열었다. 한마디로 총체적 난국이었다. 어느 것 하나 제대로 돌아가지 않았다. 결국 그는 사업체를 처분했지만, 빚은 거의 그대로 남아 있었다. 그는 담보로 잡힌 집을 팔아야 했고, 파산을 면하기 위해 수년 동안 힘든 나날을 보내야 했다. 그는 빌린 돈으로 사업을 하는 것은 어리석은 생각이라는 것을 보여 주는 산증인이다.

셋째, 10년 후에 어떤 기분이 들지 자신에게 물어보라. 10년간 체인점을 경영한 후에도 브랜드 사용과 본사의 초창기 지원 및 제한적인 후속 지원의 대가로 매달 본사에 로열티를 지불하는 것에 불만을 품지 않을 수 있을까? 내 경험에 따르면, 그것이 내가 받아들인 계약이라는 것을 상기하는 것은 결코 쉽지 않은 일이었다.

내 첫 책의 계약을 담당한 저작권 대리인은 아주 뛰어난 사람이었다.

그녀는 이전에 제시받은 조건보다 훨씬 좋은 조건에 계약을 성사시켰다. 나 혼자 힘으로는 결코 그런 계약을 체결하지 못했을 것이다. 그 대가로 그녀는 도서 판매로 내가 벌어들이는 수입의 일정 비율을 취한다. 나는 이성적으로는 그녀가 마땅히 그래야 한다는 것을 알고 있다. 하지만 솔직히 말해, 그녀가 15년이 지난 지금도 여전히 돈을 받는다는 사실이 감정적으로는 항상 달갑게 느껴지지만은 않는다. 그녀가 잘못한 것은 전혀 없다. 그녀는 자기 일을 훌륭히 해냈고, 그로 인해 마땅히 받아야 할 대가를 받고 있을 뿐이다. 문제는 내게 있다. 프랜차이즈 영업권을 구입하기 전에 당신 내면의 또 다른 감정을 직시하라.

넷째, 당신이 하려는 사업에 브랜드의 중요성이 부각되는지를 고려하라. 예를 들어, 나는 브랜드를 보고 프랜차이즈 레스토랑에 가기는 하지만, 브랜드 때문에 프랜차이즈 세탁소에 가지는 않는다.

다섯째, 프랜차이즈가 당신에게 경쟁력 있는 특별한 프로세스나 장비를 제공하는지를 고려하라. 가끔 새로 개발된 제품이나 장비, 또는 서비스를 바탕으로 프랜차이즈가 구축되기도 하는데, 당신이 시장에서 이러한 것들로 경쟁 우위를 확실하게 점하기 위해서는 해당 프랜차이즈의 영업권을 취득해야 한다. 그렇지만 프랜차이즈 본사가 핵심적인 것으로 여기는 것들을 똑같이 따라 하는 방법을 찾을 수 있는 경우도 있다. 또 하나 유의할 점은 만일 프랜차이즈 고유의 제품이나 장비, 서비스가 새로운 테크놀로지와 관련 있는 것이라면 그 테크놀로지는 몇 년 안에 구식이 된다는 것이다.

우리 집안은 1970년대 말부터 1980년대 초까지 프랜차이즈 부동산 업체인 ERA 부동산의 체인점 하나를 소유했던 적이 있다. 내가 대학에 가기 위해 고향을 떠나면서 부동산 중개인이 필요했을 때도 나는 지역의 ERA 중개인을 선택했다. ERA는 Electronic Realty Associates(전자부동산협회)의 약자로, 1972년에 당시 최신 테크놀로지를 무기로 업계에 뛰어들었다. 다른 도시로 이사 갈 사람이 집을 알아보기 위해 ERA에 의뢰하면 ERA는 그 도시에 있는 집들에 대한 정보와 흑백사진을 제공했다. ERA는 당시로서는 첨단 기계였던 '팩스'를 이용했던 것이다. 팩스는 사람들의 이사를 도왔기에 '무빙 머신Moving Machine'이라고 불렸다. 이 무빙 머신 덕분에 댈러스에 사는 사람이 자신의 집을 ERA에 올리면 댈러스로 이사하려는 시애틀 사람이 댈러스를 방문하기도 전에 그 집에 대한 정보와 사진을 한눈에 볼 수 있었다. 옛이야기를 하니 내가 많이 늙었다는 생각이 든다. 그런데 만일 당신이 이 멋진 테크놀로지 때문에 ERA 프랜차이즈를 구입한다면 당신은 사람들의 비웃음을 살 것이다. 그 테크놀로지는 오늘날에는 웃음거리에 불과하다. 마찬가지로 오늘날의 최신 테크놀로지 역시 5년 후에는 구식이 될 것이다. 그러니 조심하기 바란다.

끝으로, 체인점 사업에 뛰어들기 전에 해당 프랜차이즈에 대한 정보와 평판에 대해 알아보라. 프랜차이즈 본사가 당신에게 제시하는 정보와 입소문만을 확인하는 것으로 그쳐서는 안 된다. 해당 프랜차이즈에 대해 알만한 사람이나 다른 도시에 있는 해당 프랜차이즈 가맹점에 연락을 취해 보고, 해당 프랜차이즈 업체에 대해 솔직하게 말해 줄 사람들을 찾아보라. 항상 그런 사람은 있기 마련이다. 성공한 가맹점 점주들을 만나 프랜차이즈가 그들의 성공에 얼마나 지대한 영향을 끼쳤는지 물어보라. 또 고전을 면치 못하는 점주들을 만나 프랜차이즈가 그들의 실패에 얼마나 영향을 끼쳤는지 물어보라. 당신이 체인점을 여는 데 로열티와 초기 비용으로 엄청난 자금을 투입해야 하는 것을 감안하면 당신은 당연히 엄청난 숙제도 해야 한다.

다단계 마케팅

다단계 마케팅, 네트워크 마케팅, 직접 판매 등은 이러한 형태의 마케팅을 하는 회사들이 그들의 사업 모델이 어떻게 이루어지는지를 설명하기 위해 사용하는 용어들이다. 그들을 싫어하는 사람들은 이를 갈며 그들의 방식을 피라미드 판매 방식이라고 단정 짓는다. 하지만 이 회사들은 피라미드 회사가 아니다. 그들은 사람들에게 부수입을 올릴 수 있게 해주거나 사실상 자신의 사업을 구축할 수 있게 해주는 합법적인 방식을 사용한다.

피라미드 방식은 어떠한 제품이나 서비스도 판매하지 않는 불법적인 방식이다. 피라미드 방식의 사업은 단지 '구인 수수료recruiting fee'만을 챙기기 위해 존재한다. 이따금씩 불쑥 나타나 소란을 피우는 피라미드 방식은 '최후의 1인 법칙'을 공유한다는 점에서 '폰지Ponzi 사기' 또는 '매도프Madoff 사기'와 유사하다. 최후의 1인 법칙은 지구상에 마지막 남은 한 사람이 사업에 합류할 때까지는 회사가 성장하지만, 그 후에는 더 이상 성장할 수 없다는 법칙이다. 이러한 법칙이 적용되는 회사는 제품이나 서비스 판매로 돈을 벌지 않고 오로지 구인 수수료만으로 돈을 벌기 때문에 불법이다.

다단계 회사 중 가장 유명한 곳은 암웨이Amway인데, 미시간 주의 그랜드래피즈 시에서 암웨이가 태동한 이래 수많은 사람이 이 사업에 동참했다. 네트워크 마케팅 회사는 회원이 제품이나 서비스를 판매하는 것과 다른 사람을 네트워크에 영입하는 것으로 돈을 번다. 그들은 당신에 대한 당신의 친구나 친지의 신뢰를 바탕으로 한다. 즉, 당신이 자신들을 잘못된 길로 인도하지 않으리라는 그들의 믿음이 네트워크 마케팅의 원동력이 되는 것이다. 네트워크 마케팅 업계의 연간 수익은 5,000억 달러에 달하는 것으로 추정된다. 대표적인 회사로는 매리 케이Mary Kay와 팸퍼드 셰프Pampered Chef, 에이본Avon, 프리메리카Primerica, 아본느Arbonne 등이 있다.

다단계 마케팅의 장점

다단계 마케팅의 장점은 당신이 열정을 쏟을 수 있는 것을 찾을 수 있고, 그 열정을 친구들과 공유함으로써 돈도 벌 수 있다는 것이다. 또 일반적으로 소액으로 사업을 시작할 수 있다는 것이다. 이것은 꽤 괜찮은 파트타임 소규모 사업이 되어 주기도 한다. 부자가 되고 싶다는 꿈을 이루려고 다단계 마케팅 사업에 뛰어드는 사람이 많다. 나는 이 글을 쓰는 지금 다단계 마케팅을 통해 백만장자가 되었고, 지금도 연간 수십만 달러를 벌어들이는 친구들을 최소 여섯 명은 떠올릴 수 있다. 가끔 이러한 일이 일어난다.

다단계 마케팅의 단점

다단계 마케팅의 단점은 크게 두 가지 요인, 즉 과대 선전과 탐욕 때문에 발생한다. 다단계 회사 자체와 기존 회원들에 대한 광적인 과대 선전 때문에 다단계 마케팅 또는 다단계 마케팅에서의 위계질서가 악화되는데, 이는 몇 가지 문제점을 야기한다. 그중 하나는 과대 선전된 기존 회원들이 다단계 마케팅으로 큰돈을 버는 것이 아주 쉬운 일인 양 과장하는 경향을 보인다는 것이다. 다단계 마케팅으로 큰돈을 벌려면 다른 사업에서와 마찬가지로 꽤 오랜 기간 정말 열심히 일해야 한다. 다단계 마케팅으로 쉽고 빠르게 부자가 될 수 있다는 생각은 버려야 한다.

둘째, 과대 선전은 사람들을 들뜨게 해 그들이 사업의 가장 기본적인 몇몇 규칙을 어기게 만들기도 한다. 그런 사람들은 성공에 눈이 멀어 판매하는 데 2년은 족히 걸릴 물건들을 자기 집 창고에 쌓아 두기도 한다. 재고는 과도한 목표나 꿈이 아니라 실제 판매 실적을 토대로 해야 한다. 다단계 마케팅 초창기의 당신의 목표는 재고가 없거나 재고가 적은 상태를 유지하는 것이 되어야 한다.

셋째, 과대 선전은 거짓말을 부추기기도 하고, 스스로 거짓말을 하게 만들기도 한다. 나는 어느 다단계 마케팅 리더가 강당을 가득 메운 여성들에게 남편에게는 비밀로 하고 신용카드로 물건을 충분히 구입할 것을 권했다는 이야기를 들었다. 만일 당신이 일하려는 다단계 마케팅 회사가 당신에게 배우자를 속일 것을 권한다면 두말 말고 도망가도록 하라. 그들이 양심을 파는 일을 조금이라도 부추긴다면 줄행랑이 최선이다. 만일 그들의 사업이 적법하다면 그들은 결코 당신이 빚을 지게 하거나 거짓말을 하게 하지 않을 것이다.

당신이 이러한 과대 선전에 연루된다면 당신은 친구들을 잃게 된다. 사람들에게는 대부분 다단계 마케팅에 몸담은 친구가 있고, 그들은 이런 친구가 교회 로비에서 환하게 웃으며 다가오는 것을 싫어한다. 때로는 옛 친구나 오랫동안 연락이 끊긴 친척으로부터 '사업 기회'를 제시하는 전화를 받기도 한다. 어떤 사업이라도 친구나 친지에게 강요하는 것은 분명 지나친 일이니 당장 그만두어야 한다. 사업에 합류할 마음이 없는 사람들도 천국에 갈 수 있으니 제발 강요는 하지 마라.

과대 선전과 탐욕이 함께 작용해 이러한 문제들을 일으킨다. 탐욕이 있는 사람들은 부자가 될 수 있다는 생각에 사업에 뛰어든다. 여기서 한 번 더 강조하지만, 돈만을 추구하는 것은 금물이다. 당신의 사업에 열정을 가져야 한다.

끝으로, 당신이 선택한 사업에 대한 당신의 기대치가 현실적이지 않을 수 있다. 큰돈을 벌려고 네트워크 마케팅에 뛰어들고자 한다면 네트워크 마케팅이 어떤 사업인지 알아야 한다. 당신은 직접 영업을 해야 하고, 판매 인력을 모으고 교육하며 그들에게 동기를 부여하는 리더가 되어야 한다. 당신에게 가장 이상적인 인력은 주위 사람들에게 판매를 할 수 있고, 그들을 사업에 합류시킬 수 있을 정도의 신뢰와 영향력이 있는 사람이다. 따라서 고등학교를 갓 졸업한 소년을 사업에 동참시키는 것으로는 긍정적인 결과를 기대하기 힘들다. 만일 당신이 여자들의 화장에 도움을 주거나 멋진 솥이나 냄비 등을 판매하는 사업에 뛰어든다면, 직업적인 수명이 짧기 때문에 그리 좋은 파트타임이 아닐 수 있다. 반면, 당신이 고수익을 올리는 다수의 판매 인력을 구성하고 관리하기를 항상 원해 왔다면 당신은 오랫동안 매우 성공적인 사업을 유지해 나갈 수 있다.

다단계 마케팅 사업은 대체적으로 적법한 사업이고, 이러한 사업이 잘 맞는 사람들이 있다. 다단계 마케팅 사업에 동참하려는 사람이 앞서 언급한 조언들을 실천한다면 인생을 즐겁고 순조롭게 살아갈 수 있을 것이다.

결론

이 장은 사업을 시작하는 것에 관한 장이다. 당신이 이미 사업을 하고 있거나 다른 사람의 회사에서 리더의 역할을 수행하고 있다면 당신 회사의 DNA가 무엇인지 파악하거나 상기하기 위해 이 장의 정보들을 받아들일 필요가 있다. 당신의 기세등등한 오크나무는 한때 작고 여린 도토리였다. 당신의 대형 열차는 한때 작은 엔진에 불과했다. 당신은 이 장에서 다룬 사항들을 기억해야 한다. 흥미진진한 미지의 세계는 사업의 핵심이며, 이런 측면에서 보면 모든 사업이 도전을 요하는 소규모 사업이다.

Part 7

누구를 한배에 태울 것인가?

고용과 해고, 그리고 성격의 유형

진은 회사를 떠나야만 했다. 내가 그녀를 해고했던 것이다. 그녀의 거칠 것 없는 성격과 조심성 없는 말투, 나에 대한 공공연한 적대적 불손, 험담 일삼기 등은 내게 선택의 여지를 주지 않았다. 당시 우리는 열두 명뿐이었기 때문에 하나의 썩은 사과는 전체 사과의 거의 10퍼센트를 차지했다. 진은 유일한 판매 사원이었을 뿐만 아니라 판매 실적도 상당히 좋았는데, 이것이 그녀로 하여금 회사에서의 자신의 위치를 혼동하게 만들었다. 나는 그녀가 두렵지는 않았지만, 그녀가 회사를 떠난 후 일어날 일에 두려움을 느끼지 않을 때까지 그녀를 그대로 내버려 둘 수밖에 없었다. 고객들을 잃지는 않을까? 나보다 그녀를 더 따를지도 모르는 몇몇 팀원들이 그녀의 해고에 분노하며 사직서를 내지는 않을까? 나는 나의 존엄성을 포기하며 그녀에게 지나친 관대함을 베풀어 그녀의 잘못된 행동이 6개월이라는 긴 기간 동안 지속되는 것을 그저 지켜만 보고 있었다. 그럼에도 나는 그녀가 없으면 사업이 잘못되지 않을까 두려워하고 있었다. 웃기는 일이었다.

그녀를 해고하던 날, 나는 기도를 하고 그녀에게 할 말을 연습하기 위해 아침 일찍 출근했다. 나는 그녀에게 경고도 했고, 그녀를 질책도 했다. 그럼에도 그녀의 행동은 변하지 않았고, 나는 그녀를 너무 오랫동안 방치했다. 나는 사무실에 앉아 창문 밖에서 통근자들이 교통체증과 싸우고 있는 것을 물끄러미 바라보며 내가 어떻게 상황을 이 지경까지 만들었는지에 대해 곰곰이 생각해 보았다. 처음으로 한 사람을 해고하는 과정을 경험한 그날 아침부터 나는 팀원을 늘리고 줄이는 것에 대한 철학을 서둘러 정립하기 시작했다. 놀랍게도 그녀가 회사를 떠났을 때, 팀원과 고객 모두 크게 기뻐했다. 이에 나는《오즈의 마법사The Wizard of Oz》에서 자신도 모르게 사악한 마녀를 죽이게 된 도로시가 된 것 같은 기분이 들었다. 의외로 모든 사람이 그녀의 부재를 반기자 나는 고용과 해고 문제에 대해 내가 너무 무지했다는 것을 깨닫게 되었다.

대부분의 사업체가 고용과 해고 문제에 대해 끔찍할 만큼 모르고 있다. 그때로부터 수년이 지난 지금 수백 명의 팀원을 거느리게 된 나는 고용과 아주 가끔 있는 해고에 상당히 능숙해졌다. 이번 장이 이 책에서 가장 중요한 장이 되리라 확신할 정도로 나는 고용과 해고 문제에 전문가가 되었다고 자부한다.

이직은 사업에 좋지 않다

적절한 고용은 좋은 팀을 만들고, 좋은 팀은 이직률을 낮춘다. 이직은 특히 소기업의 경우 상당한 비용을 발생시킨다. 팀원 한 명을 잃으면 그의 업무만 이루어지지 않는 것이 아니라 종종 당신의 업무도 이루어지지 않는다. 업무를 중단하고 채용 절차를 다시 밟아야 하기 때문이다. 게다가 팀원을 새로 고용하면 신입 팀원을 교육하는 데 다른 업무 시간을 빼앗기기도 한다. 새로운 팀원이 업무에 익숙해지려면 시간이 걸리는데, 이 또한 생산성을 저해한다. 여기서 언급한 철학과 절차를 이용해 우리는 연간 이직률을 약 9퍼센트로 낮췄다. 우리는 이직을 두 종류로 나눈다. 하나는 출산이나 결혼, 배우자의 이직으로 인한 이사 등과 같은 인생의 사건으로 인한 이직이다. 우리 팀은 비교적 연령대가 낮은데, 그중 다수가 20대다. 그래서 우리는 인생 사건으로 인한 이직이 많다. 다른 하나는 해고를 당하거나, 더 나은 직장에 가려고 사표를 던지는 경우다. 이러한 이직은 연간 이직률이 4퍼센트 이하다.

이직은 생산성 저하로 인해 비용이 많이 들 뿐만 아니라 팀원의 사기를 떨어뜨리기도 한다. 서로 사랑하고 존중하는 팀 분위기가 형성된 상태에서 누군가가 떠나면 남아 있는 팀원들은 상처를 받는다. 사람들은 '가족'과 헤어지면 아프기 마련이기 때문이다. 또한 이직은 근거 없는 불안감을 조성하기도 한다. 남아 있는 팀원들에게 내가 모르는 무언가가 잘못된 것이 아닌가, 내가 좋아하는 사람들이 모두 떠나는 것이 아닌가, 하는 불안감을 조성하는 것이다. 이직은 부정적인 모멘텀을 불러일으키기도 한다. 한 명의 팀원이 회사를 그만두면 연쇄적으로 다른 팀원들까지 빠져나가는 일이 종종 일어난다. 한마디로 이직은 위험하다.

팀원이 회사를 떠나거나 해고당하는 가장 근본적인 원인은 잘못된 고용인 경우가 가장 많다. 다시 말해, 애초에 고용하지 말아야 했던 팀원을 고용하지 않았다면 이직률이 크게 낮아진다는 말이다. 결코 당신의 팀에 합류해서는 안 될 사람이 당신의 팀에 합류했다면 당신이 잘못한 것이다.

팀의 문제는 나의 잘못에서 비롯되었다는 것을 깨달은 나는 이러한 문제가 더 이상 일어나지 않도록 특정한 절차와 철학을 세워 나갔다. 그 결과, 우리는 다시 생산적인 일로 돌아갈 수 있었다.

고용을 할 때 우리가 흔히 하는 가장 큰 실수는 충분한 시간을 갖지 않는 것이다. 나는 고용이 어떤 것인지 안다. 특히 사업 초창기의 고용이 어떤 것인지는 더 잘 알고 있다. 정신없이 사업에만 몰두하던 당신은 어느 순간 주당 80시간 일하는 것이 당신의 삶이 되었다는 것을 깨닫고는 마치 계시를 받은 것처럼 읊조린다.

"나를 도와줄 사람을 고용해야겠어."

당신은 고용 절차를 밟을 시간이 없으므로 서둘러 직원을 고용하려 한다. 급하게 직원을 채용하려는 마음에 당신은 극도로 순진해져 한두 차례의 면접만으로 회사에 열정을 쏟을 사람을 찾았다고 믿는다. 서둘러 채용한 직원이 회사에 입사하자마자 당신은 그가 당신처럼 회사를 아끼지도 않고, 열심히 일하지도 않는다는 것을 알게 된다. 심지어 그는 제시간에 출근하지도 않는다. 당신이 계속해서 이런 방식으로 직원을 채용한다면 당신의 회사는 직원들로만 넘쳐 날 것이다. 직원의 정의를 다시 한 번 떠올려 보라. 직원은 늦게 출근하고 일찍 퇴근하며, 회사에 있는 동안 시간을 축내 당신의 돈을 도둑질하는 사람이다. 당신에게 필요한 사람은 이러한 직원이 아니라 팀원이다. 그리고 팀원을 고용하기 위해서는 더 많은 시간이 필요하다. 고용에 충분한 시간을 할애하라!

적절한 방식으로 고용한 사람은 업무를 더 잘 수행하고, 문제를 야기하지 않으며, 회사를 떠나지 않는다. 시간을 충분히 할애해 고용 절차를 밟는 것이 급하게 직원을 고용하고 반복적인 재고용을 하는 것보다 시간과 노력 면에서 훨씬 더 효율적이라는 것을 깨닫게 되면 우리의 삶의 질은 분명 향상된다. 열정과 역량이 부족한 사람들을 가르쳐 가며 억지로 일하게 만드는 것보다 열정과 재능을 겸비한 사람과 함께 일하는 것이 당신에게 더 큰 즐거움을 준다. 낮은 이직률을 자랑하는 팀을 구축하고 육성하기 위해서는 많은 시간이 필요하다. 하지만 운 좋게 괜찮은 직원을 채용하기 전까지 몇 명의 부적격자를 면접하고 채용해 교육한 뒤 해고하는 것보다는 훨씬 시간이 적게 걸린다.

당신이 말단 사원을 고용하든 화이트칼라의 중역을 고용하든, 그건 이 쟁점에서는 그리 중요한 문제가 아니다. 어떤 사람이라도 당신의 팀에 긍정적인 바람을 일으킬 수 있는 놀라운 능력이 있고, 어떤 사람이라도 당신의 회사에 분란을 일으켜 안정과 균형을 깰 수 있는 잠재력이 있기 때문이다. 새로운 팀원을 채용할 때는 해당 일자리의 직위와 연봉, 업무 성격과는 무관하게 충분한 시간을 할애해야 한다. 열정적인 팀원을 영입하고 말썽꾸러기는 근접하지 못하도록 만전을 기하기 바란다.

기회의 상실과 생산성을 고려해 볼 때, 고용에서 우리가 범한 실수는 우리에게 수십만 혹은 수백만 달러의 손실을 안겨 주는 것과 마찬가지다. 우리가 열정적인 팀원을 영입하고 유지하는 능력이 점점 더 나아짐에 따라 우리의 삶과 수익이 눈에 띄게 향상되었다는 것을 나는 알고 있다.

우리는 고용 절차를 밟는 데 최소한 열두 가지 요소를 고려한다. 우리는 한 명의 팀원을 고용하기 전에 평균 여섯 명에서 열다섯 명의 지원자를 면접하고, 최종 후보가 결정되면 완전한 고용이 이루어지기 전까지 평균 90일의 수습 기간을 둔다. 내가 사업을 시작했을 때 누군가가 내게 이렇게 해야 한다고 말했다면 나는 그의 말을 비웃으며 이러한 절차가 나의 사업과는 맞지 않는 몇 가지 이유를 꼽았을 것이다. 옛날의 나처럼 이러한 과정이 지나치다고 생각하는 사람에게 나는 자신 있게 제안한다. 앞으로 다섯 번만 이러한 절차 또는 이 절차를 바탕으로 다소 변형한 당신 버전의 절차를 밟아 보라고 말이다. 그렇게 하면 분명 당신 회사의 이직률과 불협화음이 줄어들어 당신 및 당신 팀의 삶의 질이 향상될 것이다. 내 말을 믿고 한번 시도해 보기 바란다. 결코 후회하지 않을 것이다.

우리의 목표는 채용 전에 부적격자를 색출하는 것이다. 우리 회사의 인적자원부 책임자가 멋진 말을 했다.

"우리 회사의 이직률은 95퍼센트입니다. 확실히 채용되기 전에는 말이죠."

이 말은 당신이 1차 면접을 통과했더라도 우리 팀에 합류할 확률이 불과 5퍼센트에 지나지 않는다는 뜻이다.

고용할 때 고려해야 할 열두 가지 요소

1. 기도

기독교를 믿는 나는 하나님께 당신이 주신 일을 나와 함께 하길 원하시는 사람을 나에게 보내 달라고 기도드린다. 나는 또한 내가 나의 소명을 충실히 이행할 수 있도록 말썽꾸러기들을 멀리할 수 있게 해달라고 기도드리기도 한다. 가끔 하나님은 나의 기도에 응답하신다. 당신이 종교가 없는 사람이라면 최소한 조용한 아침 시간을 이용해 당신이 매일 함께 일하고 싶은 부류의 사람과 그렇지 않은 부류의 사람에 대해 생각해 보는 시간을 갖도록 하라.

우리 회사의 몇몇 팀원은 그들이 어떻게 적당한 시기에 적당한 방식으로 우리와 인연을 맺게 되었는지에 관한 특이한 사연을 갖고 있다. 그중 몇 명은 하나님이 자신들을 우리에게 보내 주신 것이 분명하다고 확신할 만큼 특별한 방식으로 우리와 인연을 맺게 되었다. 그들과 함께 여러 해를 보내면서 나 역시 우리의 인연이 하나님의 인도임을 확신하게 되었다.

2. 구인광고와 추천

우리는 대부분의 구인광고가 돈과 시간 낭비라는 것을 깨달았다. 우리는 수천 장의 이력서를 받으려고 애쓰지 않는다. 대신 우리는 열정적인 우리 팀에 합류하려는 의지가 확고하고 역량 있는 사람을 찾으려고 애쓴다. 우리 회사 웹사이트의 구인란에는 우리 회사에 입사하고 싶은 사람들이 참고할 만한 정보와 자격 등이 충분히 제시되어 있다.

당신이 9만 달러의 연봉을 원하는 비디오 편집자라면 4만 5,000달러의 연봉을 제시하는 비디오 편집 일자리를 보고 당신이 우리 회사에 적합하지 않음을 알게 될 것이다. 그런데도 당신이 그 일자리에 지원한다면 당신은 약간 이상한 사람일 가능성이 크므로 우리가 당신을 외면할 것이다. 특정 일자리의 지원 자격으로 '2년 이상의 회계 경력 필수' 또는 '엑셀 상급 사용자' 등과 같은 특정 기술을 명시했는데 당신에게 그런 기술이 없다면 당신은 당신이 우리 회사에 적합하지 않음을 스스로 알게 될 것이다. 회사의 구인란에 해당 일자리에 대한 충분한 정보를 제공하라. 회사에서 부적격자를 일일이 색출하지 않고 구직자들이 스스로 적합하지 않음을 알아차릴 수 있도록 말이다.

우리는 구인란에 우리 회사의 문화를 대변하는 풍자적이고 잘난 체하는 다음과 같은 문구들도 곁들인다.

'당신의 엄마가 당신이 블로그에 올린 글을 좋아한다고 해서 당신이 저술가의 자격을 갖춘 것은 아닙니다. 우리는 전문 글쟁이가 필요하답니다.'

'영업 경력 2년 필수! 걸스카우트에서 쿠키를 판매한 것은 경력에서 제외하시길.'

'회사에서 청바지와 샌들을 착용할 수 있음. 하지만 방심은 금물. 우리는 뼈 빠지게 일함. 이러한 팀에 합류하길 원하신다면 맡은 바 책임을 완수하는 법을 아셔야 함.'

가장 성공적인 고용 방식은 단연 기존 팀원들의 추천에 의한 것이다. 팀원이 추천한 인재가 90일의 수습 기간을 마치고 정식으로 고용되면 우리는 팀원들 회의에서 그를 추천한 팀원에게 250달러의 포상금을 주며 박수를 친다. 그때마다 나는 팀원에게 말썽꾸러기 친구들을 추천하지 말고 열정적인 친구들을 추천할 것을 상기시킨다. 아울러 우리 회사가 이렇게 화기애애한 곳이니 말썽꾸러기 친구들을 불러들여 분위기를 망치지 말아 달라고, 우리 모두에게 이상한 친구 한 명쯤은 있으니 모두 경계하자고 당부하기도 한다. 모두가 웃으며 고개를 끄덕일 때 나는 이렇게 덧붙인다.

"좋은 친구들을 데려오지 않으면 거액의 포상금은 없습니다. 우리는 나쁜 친구들을 멀리해야 합니다."

물론 당신은 당신의 팀원들이 똑똑한 친구들에게 당신의 회사에서 일할 것을 자신 있게 추천할 수 있을 정도로 훌륭한 회사와 문화를 만들기 위해 이 책에서의 다른 권고 사항들을 따라야 한다. 당신의 팀원이 당신을 신뢰하지 않고, 당신의 회사에서 일하는 것을 싫어한다면 그들은 당연히 아끼는 친구나 지인을 당신에게 추천하지 않을 것이다.

3. 30분간의 드라이브 면접

절대 단 한 차례의 면접으로 고용을 결정하지 말아야 한다. 1차 면접은 고용 절차를 시작하거나 부적격자를 제외하기 위해 단시간에 이루어지는 '지원자를 파악하는' 대화가 되어야 한다.

나는 팀원들의 만류로 오래전에 면접의 세계에서 은퇴했다. 내가 형편없는 면접관이기 때문이었다. 나는 두 시간 동안 우리 회사 자랑만 늘어놓은 뒤에야 상대가 전혀 자격을 갖추지 못한 지원자임을 깨닫는 실수를 범하기도 했다. 사람을 좋아하고 우리가 하는 일을 사랑하는 나는 그에 대해 지나치게 말을 많이 하는데, 이러한 습관은 나의 다른 모습들과 비교해 보면 다소 모순적이다. 나는 나의 라디오 쇼로 전화를 거는 사람으로 하여금 500만의 청취자가 듣는 가운데 결코 해서는 안 될 말을 2분 안에 하도록 만들 수는 있지만, 면접에서는 그런 모습은 자취를 감추고, 상대의 이야기를 듣기보다는 나의 이야기를 하는 데 더 치중하는 경향이 있었다.

나와는 달리 우리 인적자원부의 책임자는 그의 직책에 걸맞게 훌륭한 면접관이다. 그는 30분이면 지원자에 대한 모든 정보를 입수할 수 있다. 지원자가 말하려 하지 않은 정보까지도 말이다. 그렇다고 그가 특별한 면접 기술이나 질문을 이용하는 것은 아니다. 그는 그저 듣고 질문을 던질 뿐이다. 그는 30분간 지원자와 함께 드라이브를 하며 귀와 입의 개수 비율에 따라 면접하라고 제안한다. 즉, 20분을 듣고 10분을 이야기하라는 것이다. 말하는 시간보다 듣는 시간이 훨씬 많아야 한다. 아울러 그는 30분을 넘기지 말라고 말한다. 30분이 넘어가면 했던 이야기를 또 하는 불필요한 '복습 시간'이 된다는 것이다.

4. 이력서와 추천서

이 둘은 고용할 때 고려해야 할 열두 가지 요소 중에서 가장 가치가 없지만, 여전히 필요한 것이다. 이력서를 보면 해당 일자리와 관련한 지원자의 공식적인 자격증을 신속하게 파악할 수 있다. 또한 이력서는 지원자를 제대로 파악하기 위한 대화의 좋은 출발점이 되어 주기도 한다.

좋은 말만 늘어놓기 마련인 추천서는 대개 쓸모가 없다. 우리는 전화를 걸어 확인하지 않을 것이라 믿고 가짜 추천서를 만들 정도로 어리석은 지원자를 색출하기 위해 추천서를 받는다. 또한 좋은 말을 쓰지 않은 추천서를 제출할 정도로 어리석은 지원자를 색출하기 위해 추천서를 받기도 한다. 우리는 당연히 이러한 사람들을 재고의 여지도 없이 고용 대상에서 제외한다.

5. 검사 도구

너무도 많은 회사에서 고용 절차의 핵심 요소로 검사 도구를 이용한다. 하지만 고용을 할 때는 지원자에 대한 모든 것을 말해 준다는 일종의 '마술 검사'에 지나친 비중을 두지 말고, 당신의 회사에 적합한 팀원을 채용하기 위해 충분한 '관계 지능'을 가질 필요가 있다.

그럼에도 우리는 팀원을 채용하기 위한 하나의 지표로서 검사 도구들을 이용한다. 우리는 2차 또는 3차 면접이 끝난 후 지원자들에게 '디스크DiSC 성격검사'를 실시한다. 이 성격검사는 빠른 시간 안에 지원자의 성격 유형을 파악할 수 있게 해준다. 우리는 그들의 성격 유형이 해당 업무에 적합한지, 그리고 그들이 합류하는 팀과 그들의 직속상관과 잘 융화할 수 있는지 알아야 한다. 디스크 성격검사는 몇 분이면 끝낼 수 있는, 스물 몇 가지 질문으로 구성된 짧은 검사지만, 사람의 성향을 꽤 정확하게 보여 준다.

● **디스크 성격검사**

나는 IQ 검사와 이와 유사한 각종 지능검사들을 중요시하지 않는다. 이러한 검사들은 성공과 직결되는 요인이 아니기 때문이나. 말콤 글래드웰은《아웃라이어》를 집필하기 위한 리서치를 통해 IQ나 GPA 점수(대학교 평균 학점_옮긴이)가 성공과는 거의 무관하다는 사실을 알아냈다. 가장 훌륭한 성공 지표는 관계 지능이다. 공동의 목표에 도달하기 위해 다른 사람과 교류하고 함께 일하는 능력은 가장 훌륭한 성공 지표가 되어 준다.

디스크에서 D는 'Dominance(주도형)'를 나타낸다. 주도적인 사람은 매우 업무 지향적이다. 이러한 유형의 사람은 적극적으로 문제를 해결하려 하며, 항상 "언제?"라는 질문을 던진다. 결혼 및 인간관계를 주제로 한 책을 집필하는 개리 스몰리Gary Smalley는 각각의 성격 유형에 어울리는 동물을 꼽았다. 그는 주도형을 대변하는 동물로 사자를 꼽았다. 그들은 포효하고, 세부적인 것들을 간과한다. 그들은 사람들의 감정을 다치게 할 수 있지만, 업무를 완수하는 데는 탁월한 면을 보인다. 그들은 신속하게 행동하고, 쉽게 결정을 내린다. 그들은 이미 내린 결정이 마음에 들지 않으면 지체 없이 다른 결정을 내린다. 그들은 항상 회사를 움직이게 하므로 훌륭한 팀원으로서 손색이 없다. 전체 인구의 약 10퍼센트가 주도형에 해당한다.

I는 'Influencer(사교형)'를 나타낸다. 사교적인 사람은 관계 지향적이고, 유쾌하며, 외향적이고, 파티를 좋아한다. 그들은 사람에 관심이 많으며, 항상 "누가?"라는 질문을 던진다. 그들은 표현하기 좋아하고, 설득력이 있다. 충동적인 경향이 있는 그들은 업무에 대한 집중력이 떨어지고, 신속하게 결정을 내린다. 스몰리는 그들을 놀기 좋아하고 장난기 많은 수달에 비유한다. 그들은 주위 사람들을 재미있게 해주어 팀의 분위기를 살린다. 전체 인구의 약 25퍼센트가 사교형에 해당한다.

S는 'Steady(안정형)'를 나타낸다. 이 유형에 해당하는 사람은 놀랍도록 신의가 있고, 안정적이다. 분쟁을 극도로 꺼리는 그들은 분쟁에 연루되면 어쩔 줄을 몰라 한다. 그들은 사람들을 좋아하며, 모든 사람의 감정을 살피고 돌본다. 그들은 팀 플레이어이며, 이해심이 넓다. 스몰리는 그들을 골든 리트리버에 비유한다. 모든 사람에게 이런 친구가 필요하다. 당신의 결점에도 불구하고 당신을 좋아하는 그들은 끝까지 당신 곁을 지킨다. 그들은 항상 '왜' 그렇게 해야 하는지를 이해하려 하기 때문에 빨리 결정을 내리지 못한다. 그들은 분쟁을 피하려는 성향이 강해 어느 누구도 상처받지 않도록 항상 주의한다. 그들은 매우 충직하고 안정적이므로 훌륭한 팀원이 될 수 있다. 전체 인구의 약 40퍼센트가 안정형에 해당한다.

C는 'Compliant(신중형)'를 나타낸다. 이 유형의 사람은 아주 세심하고, 분석적이며, 사실에 입각해, 움직이고, 규칙을 좋아한다. 그들은 규칙을 알고 따라야 한다고 생각하며, 규칙을 지키지 않는 것을 양심을 파는 큰 잘못이라 여긴다. 그들은 변화를 싫어하며, 먼저 모든 사실과 세부사

항을 확인하고 항상 "어떻게?"라는 질문을 던지기 때문에 결정을 내리는 데 시간이 많이 걸린다. 그들은 모르는 사람에게는 큰 관심이 없지만, 아는 사람에 대해서는 깊이 알려고 한다. 스몰리는 그들을 비버에 비유한다. 그들은 근면성실하고, 사업에 전력투구한다. 그들은 탁월한 팀원이 될 수 있는데, 특히 회계부에서 크게 두각을 나타낼 수 있다. 전체 인구의 약 25퍼센트가 신중형에 해당한다.

우리는 이 검사를 고용을 결정짓는 잣대로는 절대 사용하지 않는다. 우리는 이 열두 가지 요소를 바탕으로 일종의 고용 패턴을 수립하려고 애쓴다. 우리는 열두 가지 요소 중 절반에서 부정적인 면을 보이는 사람은 결코 채용하지 않으며, 열두 가지 요소 중 단 한 가지 요소만을 고려해 지원자를 채용하거나 배제하지도 않는다.

조직에는 다양성이 필요하다. 서로 다른 성격의 사람들이 필요한 것이다. 다양성이 결여된 조직에는 심각한 문제가 있다. 나와 우리 회사의 핵심 리더 세 명은 각각 디스크 성격검사의 서로 다른 네 가지 유형에 해당하는데, 이것이 우리로 하여금 더 현명하게 의사결정을 내릴 수 있게 해준다. 만약 우리가 모두 같은 유형에 해당했다면 우리는 많은 부분을 놓칠 수밖에 없었을 것이다.

특정 직책에 맞지 않는 성격이 있다. 당신은 아마 회계부에서 일할 사람으로 세부적인 것을 싫어하고, 사람을 좋아하며, 다소 충동적인 특성을 보이는 사교형의 사람은 뽑지 않을 것이다. 그러므로 당신은 스스로에게 다음과 같은 질문을 던져 보아야 한다.

"잠정 고용인의 성격이 해당 일자리에 어울릴 수 있을까?"

그 다음에는 "잠정 고용인의 성격이 함께 일할 팀의 특성과 어울릴 수 있을까?"라는 질문을 던져 보아야 한다. 만일 해당 팀원 모두가 에너지가 충만하고 예술적이라면 규칙을 중시하는 신중형의 사람이 어떻게 그 팀에 어울릴 수 있겠는가? 신중형도 이러한 팀에 맞을 수 있을지도 모르지만, 우리는 팀의 이러한 성격을 고려해 신중한 성격 유형을 보이는 특정 지원자의 구체적인 강점과 약점에 대해 논의해 볼 필요가 있다.

마지막으로 당신은 "잠정 고용인이 그의 리더가 될 사람과 조화롭게 일할 수 있을까?"라는 질문을 던져 보아야 한다. 만일 분쟁을 극도로 꺼리는 안정형의 성향이 강한 젊은 여성을 무뚝뚝하고, 다소 거칠며, 업무 지향적인 주도형의 나이 많은 상사와 함께 일하도록 고용한다면, 그녀의 눈에 눈물이 마를 날이 없을지도 모른다. 둘은 결코 좋은 조합이 아니기 때문이다. 나는 주도적 성향이 강하고 사교적인 성향도 다소 있다. 그래서 신중형의 특성을 강하게 보이는 동시에 안정형의 특성도 다소 보이는 나의 비서와의 조합은 거의 완벽에 가깝다. 그녀는 나와 일부 성향을 공유할 뿐만 아니라 나의 부족한 점도 채워 준다.

게으름은 성격적인 특성이 아니라는 것도 명심할 필요가 있다. 게으름은 결함이다. 자주적으로 행동하지 못하는 것은 성격적인 유형 때문이 아니다. 내가 이 말을 하는 이유는 성격적인 특성과 결함을 구분하지 못하고 우리 회사를 떠난 사람이 실제로 있었기 때문이다. 열심히 일하는 것을 원치 않았던 그들은 회사를 그만두며 자신의 성격이 우리와 맞지 않다고 말했다. 그것은 진실이 아니다. 그들에게 우리의 업무 윤리를 준수할 정도의 자질이 없었다는 것이 진실이다. 게으름은 유형이 아니다.

나는 고용 절차의 하나로 우리의 리더들에게 지원자들과 함께 시간을 보내며 그들이 다른 사람들과 잘 어울려 노는지를 살펴보게 한다. 다른 사람들과 잘 어울리는 것이 훌륭한 문화를 만들고 진정으로 팀을 즐길 수 있는 유일한 길이기 때문이다.

6. 당신이 좋아하는 사람인가?

대부분의 경우 당신은 당신이 고용하는 사람과 상당히 친밀하게 일하게 된다. 그러니 당신이 싫어하는 사람이나 당신과 공통점이 없는 사람과 억지로 일하려 하지 마라. 단순히 당신이 싫어하기 때문에 고용할 필요가 없는 사람들도 존재한다.

조지 부시George Bush가 처음으로 대통령에 당선되었을 무렵, 나는 마지막으로 나의 개인 비서를 고용했다. 나는 부시의 열혈 팬인데, 내가 이 사실을 밝히는 이유는 그것이 앞으로 할 이야기와 관련이 있기 때문이다. 팀원 몇 명이 여러 지원자들을 면접한 후 후보를 두 명으로 간추렸다. 그 중 한 명이 면접을 보러 내게 왔는데, 그녀는 충분한 자격을 갖춘 여성이었다. 〈포춘Furtune〉 선정 100대 기업 중 한 기업의 사장 개인 비서로 일하기도 했던 그녀는 상당히 세련되고 매너가 좋았다. 나는 그녀에게 우리의 책이나 강좌 중에서 아는 것이 있는지 물었다. 그녀는 내가 라디오 쇼에서 재정적인 조언을 하는 것을 들은 적은 있지만, 우리의 책과 강좌는 접한 적이 없다고 말했다. 그것까지는 좋았다. 하지만 나는 우리 회사에 대한 그녀의 지식이 걸음마 단계에 불과하다는 것을 감지했다.

어느 순간 그녀가 뜬금없이 말했다. '광대 나부랭이'가 대통령으로 선출된 현 시점은 사람들에게 우리의 재정적인 조언이 더욱 절실히 필요한 시기라는 것이었다. 이럴 수가! 그녀는 내가 좋아하는 사내를 광대 나부랭이라 부르며 비난하고 있었다. 물론 우리 팀에서 일하기 위해 모든 면을 나에게 맞출 필요는 없다. 우리는 앨라배마 미식축구팀의 광팬도 몇 명 고용했고, 며칠 전에는 플로리다 게이터스Florida Gators의 티셔츠를 입은 팀원도 보았다. 하지만 나의 개인 비서는 나에 대한 세세한 부분까지 모두 알 정도로 나와 친밀한 관계를 맺을 사람이기 때문에 내가 정말 좋아하는 사람이어야 했다. 만일 당신이 CEO와 면접을 하게 된다면 인터넷을 조금만 뒤져도 지금까지의 그의 견해를 모두 알 수 있으니 그를 만나기 전에 어느 정도 사전 조사를 하는 센스를 발휘하기 바란다. 앞서 언급한 나의 개인 비서 후보가 그렇게 했더라면 우리의 대화는 더 길어질 수 있었을 것이다.

당신이 좋아하는 사람을 고용하라. 호감은 신뢰를 낳고, 함께하는 시간을 늘려 준다. 전문가라면 함께 일하는 사람과 가치관이 다르더라도 이를 무시할 수 있어야 한다고 말하는 사람들도 많지만, 왜 굳이 수행의 길을 걸어야 하는가? 나는 내가 정말 좋아하는 사람에게 임금을 지불하고, 내가 정말 좋아하는 사람과 시간을 보내는 쪽을 택할 것이다.

나는 내가 정말 좋아하는 사람에게 임금을 지불하고, 내가 정말 좋아하는 사람과 시간을 보내는 쪽을 택할 것이다.

7. 그들에게 환한 빛이 나는가?

우리는 YMCA에서 문제가 있는 10대들을 돕는 일을 했던 젊은 여성을 고용했다. 그녀는 우리 회사에서도 10대들을 돕는 일을 한다. 하지만 그녀에게 무슨 일을 하는지 묻지 말기 바란다. 그녀를 건드렸다간 한 시간도 못 돼 녹초가 되고 말 테니 말이다. 10대들에게 돈 관리법을 가르치는 그녀는 자신의 일에 흠뻑 빠져 있어서 일에 대한 이야기를 풀어 놓으면 끝이 없다. 그녀는 자신이 다루는 주제에 대해서는 눈에 불을 켜는 열정적인 사람이다. 사실 우리에게 임금을 받는 것은 그녀 입장에서는 뜻밖의 선물이다. 처음에 그녀는 우리 회사에 자원봉사자로 지원했기 때문이다. 그 정도로 10대들을 돕는 것에 대한 그녀의 열정과 사랑은 남다른 것이었다.

당신이 해당 일자리에 대해 말할 때, 또는 지원자들이 해당 일자리에 대해 말할 때 그들에게 환한 빛이 나는가? 그들은 그 일을 하는 자신의 모습을 떠올리는 것만으로도 광채를 내는가? 아니면 그들은 그저 일자리를 구하고 있는가? 월급을 받는 것이 그들이 원하는 전부라면 당신은 결코 그들을 행복하게 해줄 수 없다.

우리는 우리가 하는 일에 기회적 · 철학적 동기가 충만한 사람들을 찾고 있다. 우리는 팀원들에게 멋진 기회를 제공하는, 힘차게 전진하고 있는 성공 기업이다. 우리 팀에 합류하는 사람은 우리와 함께 성장할 수 있다. 그러므로 그 역시 그가 맡게 될 직책에서 성장하는 모습을 보여 주어야 한다. 우리의 사업이 지향하는 바와 우리의 사업이 움직이는 속도를 사랑하는 사람만이 우리 팀에 합류할 수 있다. 그렇지 않은 사람은 우리와 어울리지 않는다.

잠정 팀원은 당신의 철학과도 어울리는 사람이어야 한다. 내가 기독교를 믿기 때문에 기독교를 믿는 많은 팀원이 나의 업무 방식을 좋아한다. 우리 팀과 잘 어울리기 위해서는 '사랑하는 사람이 되자'라는 우리의 철학을 포용할 수 있어야 한다.

우리 회사에 대한 기회적 · 철학적 이해가 부족한 사람들은 적응하지 못하고 회사를 떠난다는 것을 우리는 경험을 통해 깨달았다. 왜 그런지 모르겠지만, '기독교인'은 '열심히 일할 필요가 없다'는 뜻이라는 생각을 갖고 우리 회사에 들어온 신실한 기독교인들이 있었다. 물론 그들은 우리 회사에 들어와 크게 놀랄 수밖에 없었다. 우리가 빈둥거리며 하루를 보낼 것이라 생각했기 때문이다. 그런 생각으로 회사에 들어온 한 여성은 우리 회사가 돈벌이에만 신경 쓴다고 말하며 사표를 던졌다. 나는 그녀가 계속해서 급료 지불 수표를 현금으로 바꾸는 것을 알았기에 그녀 역시 돈벌이에만 신경 쓴다고 생각했다. 반면, 우리 회사에 들어와 돈 버는 일에만 혈안이 되어 정신없이 일하는 사람들도 있었는데, 우리가 상처받은 영혼들을 돕는 봉사활동을 할 때는 그들의 뇌가 작동하지 않았다. 이런 사람들 역시 우리 회사에 잘 적응하지 못했다. 우리 회사와 어울리려면 두 측면을 모두 충족시켜야 한다.

8. 개인 예산안과 사명 선언문

앞에서 이야기했듯이 당신은 회사의 사명 선언문뿐만 아니라 개인적인 사명 선언문도 작성해야 한다. 하지만 개인적인 사명 선언문을 작성해 놓고 우리 회사에 면접을 보러 오는 사람은 거의 없다. 그래서 우리는 면접 과정에서 지원자들에게 우리의 사명 선언문을 보여 주고, 채용된 신입 팀원 모두에게 개인적인 사명 선언문을 작성할 것을 요구한다. 우리는 그들의 사명 선언문이 그들이 받아들인 일자리가 어떻게 그들의 꿈을 실현시킬 것인지를 보여 주길 원한다.

빈털터리가 된 사람은 훌륭한 팀원이 되지 못한다는 것을 알고 있는가? 재정난을 겪는 사람은 끊임없이 돈 걱정을 하기 때문에 일에 집중할 수 없다. 생활고에 찌든 사람은 제대로 일할 수 없다. 나는 이 사실을 내가 처음으로 고용한 젊은 여성을 통해 힘들게 깨달았다. 나는 교회에서 알게 된 젊은 여성을 회사의 이런저런 일들을 맡아서 처리해 줄 비서로 고용했다. 내가 수년 동안 알고 지냈던 그녀는 무척 사랑스러운 여성이었다. 우리가 그녀를 채용하기 전까지는 말이다. 입사 후 그녀는 내가 만난 여성 중 가장 심술궂은 여성이 되었다. 그녀는 다른 팀원들에게, 심지어는 고객들에게까지도 으르렁거리고 짖어 대며 쏘아붙였다. 나는 무척 당혹스러웠다. 우리가 사업을 시작한 지 얼마 되지도 않은 데다 나는 이미 한 번 실패한 경험이 있었다.

그래서 나는 사무실로 그녀를 불러 무슨 문제가 있는지 물었다. 그녀는 "스트레스가 너무 심해요"라고 대답했다. 나는 "이해가 되지 않는군요. 문제가 뭔가요?"라고 되물었다. 그녀의 상황을 파헤쳐 보니 그녀는 우리에게 받는 임금으로는 생활할 수가 없었다. 다양한 마케팅 기술을 가진 그녀는 우리 회사에 입사하기 전에는 다른 직장에서 꽤 많은 돈을 벌었는데, 그 직장에서 갑자기 해고되면서 문제가 시작된 것이었다. 내가 그녀와 함께 앉아 그녀의 예산을 산출해 보니 우리가 그녀에게 주는 1만 4,000달러의 연봉으로는 그녀의 씀씀이를 감당할 수 없다는 것이 드러났다. 그녀가 스트레스를 받는 것은 당연한 일이었다.

나는 그녀가 더 많은 임금을 받을 수 있음에도 불구하고 그녀의 욕구를 충족시키기엔 턱없이 적은 임금을 지불하는 우리 회사를 선택했다는 사실이 믿기지 않았다. 그래서 그녀에게 우리 회사를 선택한 이유를 묻자, 그녀는 우리가 하는 일에 강한 믿음을 갖고 있었기에 하나님이 금전적인 문제는 해결해 주실 것이라고 생각했다고 말했다. 나는 그녀에게 그동안 정말 고마웠다고 말한 후, 하나님이 당신을 위해 더 나은 길을 찾으셨으니 당신을 해고하라고 내게 말씀하신다고 말했다. 이 말에 우리는 함께 웃었다. 나는 그녀에게 필요한 만큼의 임금을 지불할 수 없었기 때문에 그녀가 새 직장을 찾는 데 도움을 주었다.

그날 이후로 나는 우리가 지불하는 임금으로 생활할 수 없는 사람은 절대로 고용하지 않기 위해 지원자들에게 자신의 예산안을 제출하도록 했다. 팀원들이 내가 지급하는 임금으로 가족을 돌볼 수 있고, 그들의 책임을 다할 수 있는지를 확인하는 것은 리더인 내가 마땅히 해야 할 일이다.

9. 보상과 혜택, 그리고 회사 방침

우리는 여러 번의 면접을 거치면서 그가 회사에 입사하면 정확히 얼마의 임금을 받게 될 것인지를 도출하는 지점까지 세부적으로 들어간다. 우리는 고용이 이루어지기 전에 수당과 성과급, 상여금과 더불어 우리의 핵심 가치와 운영 원칙에 대해 설명한다.

면접을 볼 때 돈에 대한 질문을 먼저 던지는 사람은 당신에게 필요한 사람이 아니라는 것을 명심해야 한다. 만일 그들이 임금과 각종 보너스에만 관심이 있다면 그들은 결코 당신의 회사와 임금에 만족하지 않을 것이다. 그들은 단순히 일자리를 구하고 있기 때문이다. 그들은 자신에게 중요한 기회를 찾고 있는 사람들이 아니다. 면접을 보러 온 똑똑한 젊은 친구들에게 내가 3분도 안 돼 실망하는 경우가 종종 있다. 그들은 자신들이 우리 팀을 위해 무엇을 할 수 있는지에 대해서는 관심이 없고, 오로지 내가 자신들에게 무엇을 해줄 것인지에만 관심이 있었기 때문이다.

10. 핵심 업무 영역

구인광고를 내기 전에 당신은 상세한 직무 설명서job description를 작성해야 한다. 우리는 우리의 직무 설명서를 '핵심 업무 영역KRAs, Key Results Areas'이라고 부른다. 당신은 해당 직무를 이행하는 것이 어떤 것인지에 대해 상세하게 규명할 필요가 있다.

핵심 업무 영역을 적는 것은 당신이 어떤 사람을 찾는지 규명하는 데 도움을 줄 뿐만 아니라 해당 일자리가 요구하는 것을 확실히 파악하는 데도 도움을 준다. 핵심 업무 영역을 명확하게 기술하지 않을 경우 잘못된 인재 채용이 얼마나 빈번하게 일어나는지 알게 되면 당신은 깜짝 놀랄 것이다. 우리는 입사해서 자기 일을 파악한 후 회사를 그만두는 사람들을 어렵지 않게 찾아볼 수 있다.

핵심 업무 영역을 기술하는 것은 판매 팀원에게 필요한 방문 횟수 및 판매량을 정하는 것과 같은 간단한 것이다. 더 나아가 핵심 업무 영역에는 방문했을 때 어떤 일이 일어나야 하는지도 정할 수 있다. 우리 회사의 첫인상을 담당하는 접수 직원의 첫 번째 핵심 업무 영역은 다음과 같다.

'걸려 오는 전화는 벨이 세 번 울리기 전에 받아 웃으면서 응대한다. 웃음은 당신의 목소리와 표정을 바꾸기 때문이다.'

고객은 전화기를 통해 당신의 웃음을 들을 수 있다. 벨소리를 세 번 울리게 해서는 안 된다. 전화를 건 사람이 전화를 받을 사람이 없다는 생각을 하게 되는 시점이기 때문이다. 그녀의 두 번째 핵심 업무 영역은 다음과 같다.

'잠시 기다려 달라는 말을 한 후 17초를 넘겨서는 안 된다.'

조지 칼린George Carlin이 말했듯이 기다림은 외로운 것이기 때문이다.

11. 배우자 면접

어쩌면 이 부분이 이 책 전체에서 최고의 조언일지 모른다. 나는 중대한 사업적 결정을 포함해 큰 결정을 내릴 때 아내 샤론의 조언을 구한다. 고용은 큰 결정이다. 우리가 최근에 한 면접은 부서 리더들과 입사 지원자들이 부부동반으로 함께한 비공식적인 저녁 식사 면접이었다. 40명의 팀원과 함께 나와 아내는 지원자들과 그들의 배우자들이 같이 식사를 하게 될 식당으로 갔다. 지원자들에 대한 샤론의 조언을 듣고, 샤론이 그들에게서 일종의 낌새를 맡을지를 보려고 우리는 이 비공식적인 면접을 시작했다. 이 저녁 식사 면접은 우리에게 몇몇 다른 혜택도 주었다.

그중 하나는 지원자가 우리 팀에 합류하기 전에 지원자의 배우자를 만나 보는 것에 그치지 않고, 해당 일자리가 지원자에게 어울리는지에 대한 배우자의 조언도 구할 수 있다는 것이다. 우리를 만나 일자리에 대한 자세한 설명을 들은 후, 그 일자리가 자신의 남편이나 아내에게 맞지 않다고 생각한다는 견해를 피력하는 경우가 얼마나 많은지 당신은 모를 것이다. 이를 통해 우리는 여러 가지 문제를 피할 수 있다. 아울러 우리가 어떻게 회사를 경영하는지 이야기함으로써 지원자가 우리 회사에 잘 섞일 수 있는지에 대한 배우자의 조언도 들을 수 있다.

라디오 쇼를 통해 만난 아주 유능한 친구가 있는데, 나는 항상 그가 우리 팀에 합류하길 원했다. 그는 파티를 좋아하고 다소 거친 면은 있지만, 우리는 서로를 좋아하기에 함께 일할 가능성을 항상 열어 놓았다. 저녁 식사 자리에서 내가 우리는 어떤 사람들이고, 왜 이 일을 하는지에 대해 이야기하자 친구의 아내가 이렇게 말했다.

"종교적인 색채가 정말 강한 회사군요. 제 남편에게는 맞지 않네요."

우리 모두가 그녀의 말이 옳다는 것을 알았기에 슬며시 웃음을 지어 보였고, 그것으로 면접은 끝이 났다.

이 비공식 면접 절차에서 내가 뒤늦게 알게 된 가장 큰 혜택 중 하나는 배우자 면접을 통해 히스테리컬한 배우자와 결혼한 지원자를 찾을 수 있다는 것이다. 뛰어난 역량을 가졌지만 배우자 때문에 성공의 기회를 잡지 못하는 사람을 고용해 본 적이 있는가? 나는 방송부에 지원한 아주 영리한 젊은이를 면접하면서 우리의 최종 면접은 함께 저녁을 먹는 것인데 그때 배우자를 데리고 와야 한다고 설명했다. 그런데 몇 시간 후 그의 아내가 내게 전화를 걸어 고함을 지르며 욕설을 퍼붓는 것이었다. 그녀는 남편이 일자리를 구하는데 왜 자기가 관련되어야 하냐며 격분했다. 1~2분 정도 내게 고함을 지르며 욕설을 퍼부은 후 그녀는 자신은 빠지겠다고 못 박으며 내게 물었다.

"그런데 남편의 면접에 왜 이런 일을 하시죠?"

그 질문에 나는 이렇게 대답했다.

"당신 같은 분들을 찾으려고요."

이 가련한 사내는 아침마다 기가 죽어 출근하고, 저녁마다 의기소침해 퇴근할 것이다. 밤중에 밖에서 무슨 소리라도 들리면 그는 아내에게 등 떠밀려 피곤한 몸을 일으켜 세우고는 밖으로 나가 상황을 살펴봐야 할 것이며, 결국에는 용기를 내어 아내에게 부부 상담을 받을 것을 제안하든지, 아니면 이혼을 결심할 것이다. 어떤 길을 택하든 당분간 그는 생산적인 팀원이 되기는 힘들어 보인다. 배우자 면접은 지원자가 히스테리컬한 배우자와 결혼했는지를 파악하는 데 큰 도움을 준다. 히스테리컬한 배우자와 결혼한 지원자는 멀리하는 것이 좋다.

12. 90일의 수습 기간

일단 고용된 사람은 90일의 수습 기간을 거쳐야 하는데, 우리는 그 기간 동안 수습사원에 대한 의무를 거의 지지 않는다. 마찬가지로 그 기간 동안에는 그들 역시 우리 회사에 대한 의무를 거의 지지 않는다. 그들은 합류할 수도 있고, 떠날 수도 있다. 하지만 그들이 우리를 떠날 경우, 우리는 그들과 많은 이야기를 나눈 뒤에 그들을 떠나보낼 것이다. 이 시점에 이르면 우리는 이미 그들에게 많은 투자를 했기 때문이다. 90일의 수습 기간이 끝나면 우리는 그들과 함께 아주 진지하게 일해 나간다. 우리도 그들에 대한 의무를 다하고, 그들도 우리에 대한 의무를 다해야 하는 것이다.

수습 기간에 얽힌 가장 재미있는 이야기는 10년 동안 잔디를 깎는 등 조경과 관련한 허드렛일을 해온 젊은이에 관한 이야기다. 우리 회사 콜센터에 지원한 그는 '진정한 실내 일'을 하고 싶었다고 말했다. 그래서 우리는 모든 고용 절차를 거친 후 그를 그 다음 주 월요일부터 콜센터에서 일하게 했다. 월요일 오전 11시경 콜센터에서 전화를 받고 있던 그는 갑자기 벌떡 일어나 헤드셋을 벗어 던지고 밖으로 뛰쳐나가더니 황급히 차에 올라 차를 몰고 순식간에 사라졌다. 몇 시간 후 전화를 걸어 온 그는 실내에서 그렇게 오랫동안 앉아 있는 것을 견딜 수 없었다고 말했다.

감원

지금까지 우리가 팀원을 충원하는 방식에 대해 소개했다. 그렇다면 반대로 팀원을 감원할 때는 어떤 일이 일어날까? 팀원은 자신의 업무를 수행해야 하며, 그렇지 않은 팀원은 떠나는 수밖에 없다. 우리가 팀원을 떠나보내야 할 정도까지 팀원이 우리를 실망시키는 이유는 세 가지뿐이다. 어떤 팀원이 부진을 겪고 있다면 당신은 먼저 그 이유를 규명하는 것부터 시작해야 한다.

1. 리더의 잘못으로 인한 실패

우리가 업무 능력이 부진한 사람들을 떠나보낸 경우 중 절반은 리더의 불찰 때문이었다. 나는 고용되지 말았어야 할 사람이 고용된 것은 리더의 탓이라고 생각한다. 특정 팀원의 업무 능력이 부진하다면 먼저 당신 스스로에게 물어보라.

"내가 그를 고용하는 데 실수한 것이 아닐까?"

당신은 잠정 팀원들이 어떻게 해야 자신의 업무를 훌륭히 수행한 것인지 알 수 있도록 핵심 업무 영역을 명확히 설명했는가? 고용된 지 1년이 지났는데도 명확한 핵심 업무 영역을 전달받지 못해 제대로 업무를 수행하지 못하는 경우가 종종 있다. 이런 경우 그 가련한 팀원은 사실과는 달리 자신이 잘해 나가고 있다고 생각한다. 따라서 이에 대한 책임은 해당 업무에 대해 자세히 설명하지 못한 리더에게 있다.

리더가 새내기 곁에서 그가 새 업무에 적응할 수 있도록 그를 교육하고 지속적으로 멘토링하는가? 나는 한 부사장에게 신입 팀원 한 명을 고용하도록 한 적이 있다. 그런데 고용된 신입 팀원이 출근하는 첫날이 그 부사장이 휴가를 떠나는 날이었다. 어떻게 그런 일이 있을 수 있었을까? 그 가련한 새내기는 2주 동안 무엇을 해야 할지를 몰라 그저 자리만 지키고 앉아 있었다. 그는 분명 자신의 새로운 리더를 얼간이라 생각했을 것이다. 그 부사장이 실제로도 얼간이 같은 짓을 했고 말이다. 팀원이 새내기거나 새로운 임무를 맡으면 우리의 리더는 그가 새로운 과정을 밟아 나갈 수 있도록 그의 곁을 지키며 그를 교육하고 멘토링한다.

부진을 겪고 있는 팀원이 적절한 도구들을 받았는지 당신 자신에게 물어보라. 그가 업무를 성공적으로 해내기 위해 필요한 환경과 모든 자원이 그에게 주어졌는가? 한번은 신입 팀원 한 명이 합류한 후 그에게 새 컴퓨터와 전화기가 주어지는 데 2주가 걸린 것을 목격한 적이 있다. 그 후 우리는 IT부와 인적자원부를 통해 철저한 방침을 세우게 했고, 이제 우리의 IT부는 우리가 새내기의 이름을 알게 되기 몇 주 전부터 그가 사용하게 될 컴퓨터를 조립하고 전화기를 주문한다.

새내기가 매우 적극적이고 생기 넘치며 열정적이면 당신은 그와 마치 허니문을 보내는 것 같은 기분이 들 수 있다. 그들이 당신의 팀에 합류하고 빨리 적응하는 길을 막음으로써 그들의 풍선에 가득 찬 공기를 모두 빼버리는 일이 없도록 하라.

팀원이 승리할 수 없도록 만드는 또 다른 리더의 불찰은 갈등이 생겼을 때 이를 해결하지 못하는 것이다. 갈등을 무서워하기까지 하는 안정형의 사람은 다른 팀원들과 갈등이 생기면 큰 어려움을 겪는다. 일찌감치 그리고 자주 팀원 간의 갈등을 파악하고, 그들에게 해결책을 요구하거나 제시하라. 함께 일하는 사람들 사이에서 자연스럽게 일어나는 갈등의 드라마를 제때 해결하지 못하면 당신은 좋은 사람들을 잃을 것이다. 리더의 또 다른 역할은 정의가 승리하는 환경을 조성하는 것이다. 이 말은 해결되지 않은 갈등 역시 리더의 불찰이라는 뜻이다.

2. 개인적인 문제로 인한 실패

팀원이 개인적인 문제로 업무 수행에 부진을 겪는다면 당신은 먼저 팀원이 갖고 있는 문제가 얼마나 큰지 파악해야 한다.

어느 날 한 여성 팀원이 눈물을 흘리며 내 사무실로 들어와 이렇게 말했다.

"제 아기가 아파요."

그녀의 아기가 어떤 병을 앓고 있는 걸까? 아기가 아픈 걸 한 번도 경험하지 못한 초보 엄마인 그녀는 아기의 감기에 지레 놀라 이런 반응을 보인 것이었다. 며칠 후 모든 것이 정상으로 돌아왔다. 큰일이 아니었다.

어느 날 회계부의 쇼나라는 팀원이 내 사무실에 들러 "제 아기가 아파요"라고 말했을 때는 상황이 달랐다. 그녀의 세 살짜리 아이가 백혈병에 걸렸던 것이다. 우리는 완전히 다르게 반응했다. 우리는 아이가 화학요법을 받는 동안 아이를 간호할 수 있도록 그녀에게 정식 휴가와는 별개로 특별 휴가를 주면서 임금도 지불했다. 몇몇 남성 팀원은 그녀의 집 정원의 잔디를 깎아 주었고, 몇몇 여성 팀원은 그녀 가족을 위해 요리를 했다. 회계부 팀원들은 돌아가면서 그녀의 업무를 대신 처리했다. 왜 그랬을까? 내 아이가 아플 때 우리도 그런 도움을 받길 원하기 때문이다. 당신의 팀원들을 가족처럼 대하면 그들도 가족처럼 행동한다.

당신이 팀원이 갖고 있는 문제가 얼마나 큰 것인지 알면 당신은 그 팀원이 문제를 해결할 때까지 그를 위해 무엇을 해야 할지, 또 그의 업무를 어떻게 처리해야 할지를 알 수 있다. 배우자와 갈등을 겪고 있는 팀원이 있다면 부부 상담과 같은 전문적인 도움을 받도록 그에게 금전적인 도움을 줄 수도 있을 것이다. 우리는 팀원이 이혼을 하게 될 경우, 이혼 전후 최소 한 달간은 유령과 마찬가지라는 것을 경험으로 알게 되었다. 걸어 다니는 유령은 업무에서는 무용지물이었다. 당신은 이러한 상황을 얼마 동안 두고 볼 것인지 결정해야 한다. 아울러 어떤 비상 대책을 마련할 것인지도 결정해야 한다.

개인적인 문제가 있는 팀원을 다룰 때 당신은 그가 호전되는 과정을 지켜봐 주어야 한다. 결혼한 지 1년 만에 끔찍한 이혼을 겪으며 비탄에 빠진 젊은 팀원이 있었다. 그런데 그는 이혼한 지 3개월이 지났는데도 여전히 유령으로 남아 있었다. 우리는 그에게 조언도 해주고, 힘들어할 때마다 함께하며 위로도 해주었지만, 그는 여전히 깊은 슬픔에서 헤어나지 못했다. 결국 나는 그를 내 사무실로 불러 사장이 아니라 친구로서 그에게 말했다.

"이제 슬픔에서 벗어나야 할 때라네. 좋지 않았던 날들의 기억에서 벗어나 이제 좋은 날들로 채워 나가야 하네."

그는 내게 화를 냈다. 하지만 우리의 짧은 대화는 그를 치유의 길로 인도했고, 그는 지금 두 번째 아내와 귀여운 두 아이와 함께 다른 도시에서 행복하게 살고 있다. 나는 그와 함께한 시간들에 감사하며, 그가 행복을 되찾은 것에 기쁨을 느낀다. 당신은 그들이 위기를 겪은 뒤 무사히 복귀하는 것을 지켜보아야 한다. 하지만 복귀할 기미가 보이지 않는다면 결국엔 행동을 취해야 한다. 개인적인 문제가 있는 팀원들을 항상 충분히 배려하라. 그래야 후회하지 않는다.

3. 무능으로 인한 실패

팀원의 부진이 리더의 불찰이나 개인적인 문제로 인한 것이 아니라면, 대부분 그의 무능으로 인한 것이다. 무능은 악한 것이 아니라는 것을 명심하라. 우리는 모두 어떤 것에 무능하다. 그러므로 이때는 무능의 크기를 측정해야 한다.

업무 능력이 부족한 사람이 장애물을 뛰어넘어 능력을 발휘할 수 있게 하기 위해 당신은 그들에게 교육의 기회를 제공하거나 멘토링할 수 있다. 하지만 때로는 무능이 성격이나 행동 방식과 관련된 것일 수 있다. 진실성에 문제가 있거나 도둑질을 하는 경우, 당신이 할 수 있는 일은 그를 즉시 떠나보내는 것뿐이다. 하지만 그런 경우가 아니라 무능으로 인한 행동상의 문제가 있는 사람은 어떻게 행동해야 하는지 교육하여 개선시킬 수 있다.

맹렬히 돌진하는 스타일인 나는 나와 같은 속도로 움직이지 않는 사람을 게으르다고 생각하는 경향이 있었다. 하지만 점점 리더십 능력이 향상되면서 내가 게으르다고 생각한 많은 사람이 실제로는 게으르지 않다는 것을 깨달을 수 있었다. 그들에게는 분명한 방향이 없었을 뿐이었다. 그러니 당신이 게으르다고 생각하는 사람이 좋은 안내를 받고 있는지 확인해 볼 필요가 있다. 하지만 가끔 당신은 그야말로 게을러터진 사람들을 보게 된다. 그런 사람들에게 치료약은 없다. 그런 사람들은 가능한 한 빨리 놓아주는 것이 최선이다.

업무 능력이 부족한 사람 중 가장 절망적인 유형은 어떻게든 일은 마무리 짓지만 늘 제대로 해내지는 못하는 사람들이다. 당신은 그들이 앞으로도 여전히 그럴 것이라는 걸 안다. 대기업이라면 그런 사람이 맡을 수 있는 직책이 있을 수도 있지만, 소기업의 경우에는 그런 사람이 발붙일 곳이 없다. 과거 우리 팀원 중에도 그런 사람이 있었다. 그는 3년간을 우리와 함께했는데, 단 한 번도 만족할 만한 일처리를 한 적이 없었다. 그와 함께 일한 팀은 항상 그의 일처리에 실망했고, 사람들의 비난도 점점 거세졌다. 리더들이 몇 번씩이나 이제 그만 그를 떠나보내자며 나를 설득했지만, 나는 그를 보내지 않았다. 구체적으로 어떤 행동을 수정하라고 지적할 수 없었기 때문이다. 나는 분명한 것을 좋아한다. 나는 고칠 것이 있는 사람에게는 언제나 딱 부러지는 방향 제시를 해주길 원한다.

내가 그를 해고하게 만든 건 짐 콜린스였다. 그는《좋은 기업을 넘어 위대한 기업으로》에서 회사에 꼭 필요한 사람만을 버스에 태우는 것에 대해 설명했는데, 여기서 그는 내가 재정 분야에서 여러 해 동안 사용했던 말을 했다. 그는 문제가 있는 팀원이 있다면 스스로에게 "만일 그를 채용하기 전으로 돌아간다면 그를 채용할까?"라는 질문을 던져 보라고 말했다. 이 질문에 나는 채용하지 않을 것이라고 바로 대답했다. 그래서 우리는 다음 날 아침 관대한 해고 조건을 준비했고, 정말 좋은 사람이지만 업무 능력이 부족한 이 사내는 우리 회사에서 해방되었다. 내가 그를 채용하지 않을 생각이라면 그를 붙잡고 있을 이유가 있을까? 다음 날 우리 회사의 분위기는 완전히 바뀌었다. 마치 목에 걸린 가시를 빼낸 것 같은 분위기였다.

해방의 방식

내가 해고한다는 뜻으로 '해방하다'나 '풀어 주다', '놓아주다' 등의 말을 쓰는 것이 이상하지 않은가? 이 말들은 누군가를 억지로 잡고 있다가 보내 준다는 의미다. 나는 정확히 이런 의미로 이 말들을 사용했다. 팀에 어울리지 않는 사람을 해방하는 것은 그 사람에게도 호의를 베푸는 일이라는 것을 당신은 알게 될 것이다. 리더의 역할을 오래 하면 할수록 나는 이 점을 더 확신하게 되었다.

누군가를 풀어 줄 때는 항상 정중하고 관대하게 그를 대하라. 당신은 그 과정에서 그와 친구가 될 수도 있다. 실제로 나는 내가 놓아준 사람들에게서 여러 차례 감사의 메일을 받았다. 그것이 몇 달 후나 몇 년 후이기도 했지만, 그들로부터 자기를 잘 대해 줘 감사하고, 지금은 덕분에 다른 곳에서 훨씬 더 나은 삶을 살고 있다는 내용의 이메일이나 편지를 받는 것은 나에겐 결코 특별한 일이 아니다.

적절한 고용 방식이 있는 것처럼 적절한 해고 방식도 분명히 있다.

즉시 떠나보내야 할 사람

진실성이 없거나 절도, 불륜 같은 도덕적인 결함이 드러난 팀원은 즉시 떠나보내야 한다. 회사에서는 용납될 수 없는 게으름과 같은 성격적 결함을 가진 팀원 역시 바로 조치를 취해야 한다. 나는 여성에게 무례하게 대하는 사람을 보면 참을 수가 없다. 일반적으로 그것을 성희롱이라 부르지만, 나는 그것을 쓰레기 같은 짓이라 부른다. 우리 회사에서 이런 쓰레기 같은 짓이 일어난다면 나는 단 1초도 참지 않고 곧바로 가해자를 응징할 것이다. 나는 또한 호시탐탐 불륜의 기회를 노리는 사람도 우리 회사에 머물러 있게 하지 않을 것이다. 그의 배우자가 그 사람을 믿을 수 없다면 나 역시 그 사람을 믿을 수 없기 때문이다. 마약 중독이나 상습적인 도박과 같은 문제가 있는 사람 역시 우리 팀의 일원이 될 수 없다. 이런 행동을 한 사람은 그것이 드러나는 즉시 회사를 떠나야 한다. 그가 10분을 우리와 함께 있었든 10년을 함께 있었든, 그가 우리 회사에 결정적인 역할을 하든 그렇지 않든 상관없이 말이다.

이런 문제가 없는 사람들을 서둘러 해방할 수 있는 유일한 때는 90일의 수습 기간 동안이다. 그 기간이 끝나면 수습 팀원들은 우리 가족이 된다. 그러므로 그 이후 우리 회사에서 해방되려면 그들은 많은 단계를 거쳐야 한다.

품격

제임스 라일James Ryle은 이렇게 말했다.

"사랑이 없는 진실은 엄격함과 동의어고, 진실이 없는 사랑은 타협과 동의어다."

항상 당신이 대접받고 싶은 대로 남을 대해야 한다. 나는 불륜을 저지른 한 리더를 놓아주어야 했는데, 그건 정말 어려운 일이었다. 우리가 친구였기 때문이 아니라, 그가 떠나면 회사에 큰 구멍이 생길 것이었기 때문이다. 그는 많이 상처받았고 수치스러워했지만, 회사를 떠날 수밖에 없었다. 하지만 우리는 지금까지도 친구로 남아 있다. 나는 그의 친구이자 리더로서 내가 얼마나 상처를 받았고 실망했는지에 대해 그에게 솔직히 말했다. 하지만 나는 결코 화를 내거나 거들먹거리지는 않았다. 나는 그저 상처받았을 뿐이었다. 그는 회사를 떠났고, 다시는 돌아올 수 없다는 것을 알고 있지만, 우리는 여전히 친구로 남아 있다.

해고의 이유가 무엇이든 간에 떠나보낼 사람에게 관용과 친절을 베풀어라. 당신에게는 여전히 통제력이 있고 일자리가 있지만, 그에게는 둘 모두 없다. 그러니 그에게 친절하라.

떠나는 이유

지금까지 사람들이 업무에서 부진을 겪는 세 가지 이유를 살펴보았다. 그 첫 번째 이유인 리더의 불찰이 해고로 이어지는 경우는 없어야 한다. 당신이나 당신 팀의 불찰이 팀원의 무능을 낳았다면 그것을 고쳐야 한다. 당신의 리더십 결핍이 누군가의 해고로 이어질 수 있는 유일한 경우는 그가 고용되지 말았어야 했거나, 업무 수행 능력이 없다는 확실한 결론에 도달했을 때뿐이다. 우리는 그런 경우조차도 그를 위해 '버스의 다른 좌석'을 찾아 주려고 노력한다. 우리는 그가 우리의 까다로운 고용 절차를 통과했다면 그는 우리와 같은 부류의 사람이니 그에게 다른 좌석을 마련해 줄 필요가 있다고 생각한다.

팀원의 업무 능력을 저하시키는 두 번째 이유인 개인적인 문제 또한 해고로 이어지지 않아야 한다. 부상당한 병사는 쏘지 않는 법이다. 상처를 입은 팀원에게 자비와 친절을 베풀면 당신은 나머지 팀원들과 엄청난 신뢰를 쌓을 수 있다.

어느 서비스 차량 기사가 내게 끔찍한 이야기를 들려주었다. 열세 살인 그의 딸이 유괴되어 성폭행을 당했다는 것이다. 경찰이 다른 주의 휴게소에서 의식이 혼미한 상태로 배회하는 소녀를 발견할 때까지 소녀는 30일 동안이나 실종된 상태였다. 소녀의 아버지가 그의 사장에게 딸을 집으로 데려와 안정시키려 한다며 하루를 쉬게 해달라고 부탁하자 사장은 이렇게 말했다고 한다.

"오늘 출근하지 않는다면 앞으로도 계속 출근할 필요가 없어요."

사장은 자기 회사를 위해 일하는 사람이 엄청난 고통을 겪고 있는데도 아랑곳하지 않았다. 나는 절대 이런 회사의 고객이 되지 않을 것이다. 다시 생각해도 정말 이해할 수 없는 처사다. 악덕 기업은 매일 직원들을 이런 식으로 대한다. 부상당한 병사는 쏘지 말아야 함에도 불구하고 말이다.

개인적인 문제로 누군가를 떠나보낼 수 있을 때는 그 문제가 고객이나 다른 팀원들을 위험에 빠트리거나 시간이 흘러도 전혀 호전될 기미가 없을 때뿐이다.

사업 시작 후 몇 차례 우리는 음란 영상물에 중독된 남성 팀원을 보았다. 그런 음란물이 우리 회사 컴퓨터를 오염시키는 것을 나는 절대 용납할 수 없다. 게다가 나는 그런 사내와 함께 일하게 함으로써 우리 여성 팀원들을 위험에 빠트리고 싶지도 않다. 우리는 회사에서 음란물을 보는 팀원을 적발하면 그에게 마지막 기회를 주기 위해 몇몇 가혹한 단계를 거치게 한다. 즉, 컴퓨터 사용을 금하고, 목사 카운슬링 및 결혼 카운슬링을 받게 하며, 매주 그의 아내와 카운슬러, 팀원들로부터 그가 음란물 시청을 하지 않았음을 확인받는 일종의 보고서를 제출하게 한다. 만일 그가 그사이 한 번이라도 음란물을 본다면 그는 영원히 회사를 떠나야 한다. 나는 그런 음란물로 회사 분위기를 어지럽히지 않을 것이고, 중독자의 거짓말을 밝히는 데 시간을 허비하지 않을 것이기 때문이다. 우리는 이 '집행유예' 실행안을 통해 몇몇 팀원을 구할 수 있었다. 그들은 현재 훌륭한 팀원과 훌륭한 남편으로 남아 있다. 하지만 대부분의 음란물 중독자는 이 실행안을 지키지 못하고 방출되어야 했다.

우리가 팀원을 해방한 대부분의 경우가 팀원이 실패한 마지막 이유, 즉 팀원의 무능에서 비롯되었다. 팀원의 행동 및 역량에 문제가 있을 때 우리는 점진적이고 조심스러운 해고 절차를 밟는다.

나는 스물두 살 때 주택 건설 회사의 부동산 부서에서 3개월간 일한 적이 있다. 사장은 툭하면 고함을 지르며 욕설을 퍼붓는, 아주 성질이 고약한 사람이었는데, 어느 날 아침 사무실로 걸어 들어와 내게 이렇게 말했다.

"자네는 해고되었어. 책상을 치우고 급여를 확인한 후에 빌딩에서 나가도록 해."

내가 해고당할 만한 일을 했을 수도 있다. 하지만 지금까지도 나는 내가 왜 해고되었는지 모른다. 사장에게 물어봤더라도 그는 이유를 말해 주지 않았을 것이다. 그로부터 2주 후, 입사한 지 9개월 된 내 아내도 해고되었다. 아내는 한 금융 기관의 대출부에서 일했는데, 그 회사는 아내에게 특정 대출 상품을 판매할 것을 지시하며 한나절 동안 그 대출 상품에 대한 교육을 했다. 본사의 매니저 한 명이 아내의 회사에 방문해 고객으로 가장하고 아내가 그 상품을 제대로 판매하는지 지켜보았는데, 아내는 매니저의 기대에 못 미쳤고, 결국 다음 날 해고당했다. 아내의 경우에는 최소한 왜 해고되었는지는 알았다. 하지만 아내는 자신의 실수를 지적받고 재교육을 받은 후 "이 일을 제대로 할 수 없다면 여기서 일하기 곤란합니다"라는 말을 듣기를 진심으로 원했다.

신혼인 우리 둘 모두 일자리를 잃어 혼란스럽고 두려운 마음에 한동안 힘들었던 기억이 지금도 생생하다. 나는 당시의 경험을 통해 사람들을 어떻게 대하는 것이 잘못된 것인지 확실히 알았다. 우리 모두 일자리를 지킬 자격이 없었는지도 모른다. 설령 우리의 실수가 정확히 규명되고 재교육을 받았더라도 우리는 일자리를 지킬 수 없었을지도 모른다. 하지만 그건 모를 일이다.

오늘날 나의 목표는 절대 해고로 특정 팀원을 놀라게 하지 않고, 그에게 변화할 수 있는 모든 기회를 주어 그가 계속 팀에 남아 있을 수 있게 하는 것이다. 그래서 우리는 어떤 팀원의 행동이나 능력에 문제가 있을 때 그 문제에 대해 그와 상당히 자주 그리고 매우 명확하게 커뮤니케이션한다.

견책

우리는 구두로 수정을 요구하는 것을 견책의 출발점으로 삼는다. 이러한 견책은 인적자원부에 기록으로 올리는 것이 아니라, 팀에 남으려면 어떻게 변해야 하는지에 대한 일종의 아버지의 조언과 같은 것이다. 그것은 지각하는 팀원에게 출근 시간은 8시 30분이며, 8시 45분에 출근하는 것은 도둑질과 같은 것임을 상기시켜 주는 일처럼 간단할 수 있다. 내가 팀원들에게 임금을 지불하므로 그들이 지각하면 우리 회사의 시간을 도둑질하는 것이다. 이것은 진실이다. 어떤 사람은 지각을 무해한 행위로 보기도 하지만, 우리가 앞서 언급한 관점을 취하면 그것은 분명 회사의 소중한 자산 중 하나인 시간을 도둑질하는 것이다. 이러한 관점은 팀원들에게 우리가 지각을 얼마나 심각한 잘못으로 여기는지를 깨닫게 해준다.

견책을 적절하게 하려면 다음 다섯 가지를 지켜야 한다.

1. 간결하게 하라 : 한 시간 동안 구두로 상대를 공격해서는 안 된다.

2. 불편해하라 : 사람들을 견책하기를 즐긴다면 당신은 상습적으로 약자를 괴롭히는 사람이다. 잘못을 눈감아 주어도 안 되지만, 견책하는 것을 즐거움으로 삼아서도 안 된다.

3. 문제점을 공격하라 : 죄는 미워하되 사람은 미워하지 마라. 켄 블랜차드Ken Blanchard는 그의 대표적인 저서 《1분 경영The One Minute Manager》에서 견책을 할 때는 '견책 샌드위치'를 사용하라고 말한다. 먼저 상대의 장점에 대해 칭찬한 후, 문제가 되는 상대의 행동을 직접적으로 엄하게 지적한 다음, 상대가 당신과 당신의 조직에 얼마나 가치 있는 사람인지를 상기시킬 수 있는 말을 하는 것이다. 칭찬하고 문제를 꼬집고 다시 칭찬하면 멋진 샌드위치가 된다. 나는 빵을 빼고 견책 샌드위치를 주는 죄를 지어 왔다. 나는 그것이 장기적인 효과를 거두지 못한다는 것을 경험을 통해 분명히 알고 있다.

4. 개인적으로 하라 : 다른 사람 앞에서는 절대 상대를 견책하지 마라. 그렇게 하면 상대는 영원히 당신을 신뢰하지 않을 것이다.

5. 온화한 태도를 취하라 : 당신은 견책을 통해 상대의 잘못을 지적하고 상대를 가르친다. 따라서 당신은 잔인할 정도로 분명한 입장을 취함으로써 상대에게 빚을 지는 것이다. 그 빚을 친절과 부드러움으로 갚아라.

내가 상대에게 가장 큰 상처를 주었고, 다른 사람들도 그렇게 생각한 경우는 내가 상대를 개인적으로 견책하지 않았을 때였다. 바쁘고 열정적인 사람들은 자신이 옳다고 생각하는 것을 곧바로 피력하려는 경향이 있다. '지금 당장' 해야 한다는 마음이 다른 사람들 앞에서 상대를 꾸짖는 것으로 이어지면 당신은 당신의 리더십에 심각한 손상을 입힌 것이다.

나는 이것이 상식이라는 것을 잘 알고 있다. 하지만 어떤 프로젝트를 정해진 기한 안에 끝내야 할 때는 상대의 문제점을 곧바로 지적할 필요가 있다고 느낀다. 이는 순간적으로는 효과가 있을지 모르지만, 장기적으로 볼 때 상당히 비효율적이다. 당신이 당신에게 매우 충직하고 역량 있는 사람을 키우면 그 사람은 당신을 위해 팀 전체를 움직일 수 있는데, 이는 당신 입장에서는 상당히 효율적이다. 그런데 당신이 다른 사람들 앞에서 한 사람을 견책하는 경향이 있다면 당신은 이런 사람을 키우지도, 곁에 두지도 못할 것이다. 더 나쁜 경우, 당신에게서 공격받은 사람이 당신의 형편없는 리더십에 대한 반감으로 방해 공작을 펼칠 수도 있다. 나는 이 문제에서만큼은 나의 실수를 통해 배움을 얻고 싶지 않았지만, 유감스럽게도 그렇게 되었다.

하지만 나는 훌륭한 리더로 성장해 가면서 여러 해 동안 공개적으로 팀원을 견책하는 실수를 전혀 저지르지 않았다. 나는 견책을 위해 사적인 세계로 들어갈 수 있을 때까지 의식적으로 심호흡을 하고 마음속으로 열까지 센 후 기다림의 시간을 가졌고, 한동안 이런 상태를 아주 잘 유지했다. 그런데 바로 며칠 전, 몇 년 만에 처음으로 공개 견책을 하는 우를 범하고 말았다. 자기 분야에서 세계적인 수준을 자랑하는 우리 리더 중 한 명이 한 프로젝트에서 나를 정말 곤란하게 만드는 잘못된 판단을 했다. 나는 언짢은 기분에 그녀의 사무실에 찾아갔는데, 그곳에는 그녀의 팀원

세 명이 함께 있었다. 그럼에도 나는 그 자리에서 그녀가 잘못한 것을 모두 지적했다. 그녀의 팀원들은 가만히 서서 눈을 동그랗게 뜨고 나의 공개 견책을 지켜보았다. 다음 날 나는 내가 큰 실수를 저질렀다는 깨달음과 함께 새벽 5시에 눈을 떴다. 나는 회사에 도착하자마자 그 네 명의 팀원 모두를 사무실로 불렀다. 나는 그들 앞에서 그녀에게 정중하게 사과했고, 이 못난 리더의 잘못을 거울삼아 똑같은 실수를 하지 말 것을 그들에게 당부했다. 사과는 상황을 다소 호전시켰지만, 엎질러진 물은 완전히 주워 담을 수 없다는 것을 나는 잘 알고 있다.

견책에 대한 추가적인 정보

안트러리더인 당신을 걱정하게 만드는 쟁점이 있다면 당신은 그 쟁점을 자주, 그리고 분명하게 다루고 바로잡아야 한다. 당신은 팀원의 행동을 바꾸기 위해 필요한 것에 대해 그들과 명확하게 커뮤니케이션해야 한다.

당신이 주당 30차례밖에 세일즈 콜을 하지 못하는 판매 팀원에게 최소 50차례는 세일즈 콜을 해야 한다는 사실을 주지시키면 그는 자신에게 문제가 있다는 것을 깨닫게 된다. 그때 당신은 그의 저조한 판매율이 저조한 활동의 결과라는 점을 지적할 수 있다. 그렇게 했는데도 그의 세일즈 콜에 진전이 없다면 당신은 그에게 회사를 떠나지 않으려면 세일즈 콜 횟수를 늘려야 한다는 점을 분명하게 언급해야 한다. 격식을 갖춘 간단하고 직접적인 커뮤니케이션이 이루어지면 상대는 회사가 자신에게 기대하는 것을 인식할 수 있다.

반복적으로 견책을 당하는 팀원은 자신의 역량이 회사의 기준을 충족시키기에는 역부족이라는 것을 깨닫고 자발적으로 회사를 떠난다. 그가 먼저 회사를 떠나면 당신이 그를 떠나보낼 필요가 없기에 당신은 리더로서 일처리를 잘한 것이다. 우리 회사의 인적자원부 담당 리더는 이를 '피할 수 없는 상황에 대한 자발적인 대처'라고 부른다.

가끔 우리는 공식적인 서면 견책을 하기도 한다. 일반적으로 이러한 서면 견책은 해당 팀원에게는 마지막 기회가 된다. 따라서 팀원이 이 경고장을 받았는데도 행동에 아무 변화가 없다면 그는 퇴출당할 수밖에 없다.

우리는 조단이라는 매우 유능하고 열정적인 젊은이를 고객서비스부의 팀원으로 고용했다. 조단은 불과 몇 주 만에 거의 두 배의 판매 실적으로 기존의 판매 기록을 모두 갱신했다. 그는 정말 놀라운 청년이었다. 하지만 그의 유일한 결점은 우리가 결코 방관할 수 없는 것이었다. 그는 출근 시간을 지키지 못했다. 몇 분 늦는 것은 부지기수였고, 심할 때는 시간이나 늦는 경우도 있었다. 어떤 회사는 직원의 업무 시간에 유연성을 발휘하거나 직원이 일하고 싶을 때 일하는 정책을 펼치기도 하지만, 우리는 그렇지 않다. 우리는 모든 팀원이 정해진 시간까지 출근하고 정해진 시간에 퇴근하길 기대한다. 하지만 우리는 우리 회사 빌딩이 이혼한 일 중독자들로 가득 차기를 원하지도 않는다. 출근 시간에 맞춰 출근해 퇴근 시간까지 열심히 일하면 되는 것이다.

고객서비스부 책임자는 지각에 대해 그에게 여러 차례 지적했다. 조단이 판매 실적이 뛰어나면 출근 시간쯤은 눈감아 줄 수 있는 것 아니냐는 식의 태도를 취하자 고객서비스부 책임자는 우리는 슈퍼스타보다 팀워크를 더 중요시하며, 이런 잘못된 행동은 나머지 팀원들의 사기를 저하시키므로 이를 견책할 수밖에 없다고 그에게 설명했다. 그는 고개를 끄덕이며 수긍했지만, 그로부터 이틀 후에 또다시 지각했다. 마침내 부사장 중 한 명이 나섰지만, 이조차 소용이 없었다. 나는 이 청년을 내가 직접 바로잡기로 결심하고, 그가 서명하게 될 공식적인 서면 경고장을 준비한 후 그와 그의 리더를 내 사무실로 불렀다.

나는 먼저 그가 우리 회사에서 얼마나 소중한 존재인지 언급한 후 그의 지각에 대해 이야기했다. 나는 그가 서명하게 될 경고장에는 만일 한 번 더 지각하면 더 이상 우리 회사를 다닐 수 없다는 내용이 들어 있다고 그에게 설명했다. 나는 그에게 나의 말을 이해했는지 물었고, 그는 분명히 이해했다고 말하며 경고장에 서명했다. 나는 확실히 하기 위해 그에게 이 경고장을 '상자 경고장'이라고 생각하라고 말하고는, 그것이 무슨 뜻인지 아느냐고 물었다. 그는 모른다고 대답했다. 그래서 나는 이 경고장은 "당신이 한 번 더 지각할 경우 당신은 자동적으로 해고된 것이므로 당신 책상의 물건을 담아 갈 상자를 가져와야 한다"고 말하고 있다고 그에게 설명했고, 그는 고개를 끄덕였다.

그로부터 거의 두 달 동안 조단은 한 번도 지각하지 않았다. 나는 나의 리더들에게 농담처럼 나에게는 사람을 변화시키는 특별한 비법이 있다고 말하며 우쭐해했다. 그러던 어느 날 아침 9시 45분에 나는 상자를 들고 주차장을 가로질러 회사 빌딩으로 걸어오는 조단을 보았다. 최소한 그는 내 말은 분명히 이해했던 것이다.

묵인되는 무능

리더십 분야의 훌륭한 저술가인 존 맥스웰은 "무능을 받아들이는 것은 사기를 꺾는 일이다"라고 말했다. 리더인 당신이 팀원들에게 탁월함을 요구하지 않고, 그들이 기대에 못 미치는 업무 처리를 하더라도 아무 말 없이 받아들인다면 당신은 그저 그런 문화를 창출하는 데 그칠 뿐이다. 당신이 팀원들의 부정행위와 저조한 성과, 험담, 바람직하지 못한 태도, 열정 부족 등을 받아들일 작정이라면 유능한 인재를 채용하고 유지할 수 있다는 생각이나 탁월한 회사 문화를 창출하리라는 꿈은 부디 접기 바란다.

최근 대기업의 홍보 · 마케팅 직원 몇 명이 우리 회사를 방문한 적이 있는데, 나는 그들이 우리에게 가르침을 베풀 생각을 하고 있다는 인상을 받았다. 하지만 결과는 정반대였다. 그들은 우리의 문화에 매료되었다. 그들 중 한 여성이 "모든 층의 직원들 모두가 웃고 있군요. 정말 열심히 일하기도 하고요"라고 말했다. 또 다른 여성은 "당신의 회사에는 최고의 직원들이 일하고 있군요. 정말 진심으로 드리는 말씀이에요"라고 말했다.

이에 대한 나의 응수에 그들은 아마 놀랐을 것이다.

"그렇습니다. 저희 회사에는 친절하고 밝으며 열심히 일하는 사람들밖에 없죠. 저희가 실수로 그렇지 않은 사람을 뽑았더라도 그 사람이 변화를 꾀하지 않으면 결국 저희는 그 사람을 해고합니다."

우리는 얼간이와 함께 일하지 않는다. 그들과 함께 일하기에는 인생이 너무 짧다. 그들에게 임금을 지불하며 함께 일하기에는 정말이지 돈이 너무 아깝고, 인생이 너무 짧다.

당신은 매일 회사의 모든 행동과 태도, 열정 등을 훌륭하게 인도해야 하며, 용감하고 자애로운 리더가 되어야 한다.

훌륭한 팀과 문화를 구축하려면 구인광고를 내는 순간부터 결코 만만치 않은 싸움을 해야 한다. 당신은 매일 회사의 모든 행동과 태도, 열정 등을 훌륭하게 인도해야 하며, 용감하고 자애로운 리더가 되어야 한다.

우리 아이들이 아직 10대가 되지 않았을 때 우리 집 애완견 스칼렛이 세상을 떠났다. 스칼렛의 죽음에 상심한 나는 더 이상 애완동물을 키우지 않겠다고 다짐했다. 시어스 백화점 광고에 등장하는 퍼그를 보기 전까지는 말이다. 퍼그를 본 순간, 나에게 갑자기 아이들을 놀라게 해줄 멋진 크리스마스 선물에 대한 아이디어가 떠올랐다. 나는 이번 크리스마스 선물을 받으면 너무 좋아 천장까지 펄쩍 뛰게 될 거라며 아이들의 기대감을 부풀렸다. 나는 아무것도 없는 바닥 밑 작은 공간의 입구에 못질을 하고 자물쇠를 채운 뒤 그 안에 최고의 크리스마스 선물이 있는 척했다.

나는 크리스마스이브 예배를 드리러 교회에 다녀온 후 산타클로스가 방문할 수 있도록 아이들을 일찍 재웠다. 그러고는 태어난 지 6주밖에 되지 않은 퍼그 강아지를 며칠간 맡겨 놓은 지인의 집으로 차를 몰고 갔다.

이윽고 크리스마스 아침이 되어 모든 선물이 개봉되었지만, 놀랄 만한 것은 없었다. 아이들은 실망스러운 표정을 감추려 애썼다. 그때 여덟 살짜리 막내가 소리 높여 물었다.

"최고의 크리스마스 선물은 어디 있어요?"

나는 이때다 하며 강아지를 숨겨 둔 곳으로 가서 땅콩같이 생긴 선물 포장용 스티로폼으로 가득한 상자 안에 퍼그 강아지를 넣었다. 아이들이 상자를 열자 퍼그 강아지가 마치 외계인처럼 스티로폼을 헤치고 조그만

머리를 내밀었다. 순간 아이들은 모두 소스라치게 놀라며 비명을 질렀다. 아이들이 그 외계인의 정체를 알게 되자 그 비명은 이내 환희의 비명으로 바뀌었다.

아이들은 강아지에게 엔젤이라는 이름을 지어 주었다. 심각할 정도로 못생겼지만 아이들에게는 분명 크리스마스에 하늘에서 내려온 천사였을 것이다. 엔젤은 얼마 지나지 않아 막내아들의 가장 친한 친구가 되었다. 엔젤이 생후 10개월쯤 되었을 때 우리는 엔젤이 걷는 데 문제가 있다는 것을 감지했다.

엔젤을 서둘러 동물병원에 데려간 우리는 수의사로부터 나쁜 소식을 들었다. 엔젤은 수술로 치료할 수 없는 척추 질환을 앓고 있는데, 조만간 뒷다리를 사용할 수 없게 되고, 결국엔 극심한 고통을 느끼게 될 것이라는 이야기였다. 우리 가족은 모두 비통해했다. 우리는 기적을 바랐지만, 엔젤에게 기적은 일어나지 않았다. 나는 이 사랑스러운 강아지의 행복을 위해 어미가 할 수 있는 가장 힘든 결정을 해야만 했다. 우리는 엔젤이 극심한 고통을 느끼기 전에 엔젤을 떠나보내기로 마음먹었고, 드디어 운명의 토요일 아침이 찾아왔다. 우리 가족 모두 마루에 앉아 마지막으로 엔젤과 같이 놀았다. 우리 모두의 눈에서 눈물이 흘러내렸다. 이제 동물병원으로 가서 엔젤과 영원한 작별을 고해야 할 시간이었다. 모두 함께 동물병원으로 갔고, 다른 식구들이 대기실에서 기다리는 동안 나는 눈물을 흘리며 우리의 작은 천사가 다시 하늘나라로 가는 것을 지켜보았다.

적절한 시기에 적절한 방법으로 적절한 일을 행할 수 있는 용기를 가져라. 그것이 안트러리더의 길이다.

어떤 날에는 리더십을 발휘하는 것이 믿기지 않을 만큼 힘들다. 장기적으로 보면 모든 사람에게 최선이지만 당장은 깊은 상처를 남기는, 정말 힘든 결정을 내려야 하기 때문이다. 당신이 정말 사랑하는 팀원을 떠나보내기로 결정하는 것은 당신에게 특히 더 힘든 일일 것이다. 누군가를 떠나보내는 것은 결코 쉬운 일일 수 없다. 이 일이 당신에게 쉽고 재미있게 느껴지면 당신은 위험 지대에 있는 것이다. 누군가를 떠나보내는 것은 분명 쉽지 않은 일이지만, 당신은 당사자는 물론이고 관련된 팀원 모두와 회사, 회사의 문화를 위해 품위 있고 부드럽게 방아쇠를 당기는 법을 배워야 한다. 이것을 제대로 하지 못하는 리더는 결국 모든 팀원에게 해를 끼치는 것이 된다. 적절한 시기에 적절한 방법으로 적절한 일을 행할 수 있는 용기를 가져라. 그것이 안트러리더의 길이다.

Part

8

세일즈맨의 죽음

봉사하는 판매 기술

깔끔하게 가구가 비치된 맞춤형 고급 주택 세 채가 나란히 서있는 모습을 마음속으로 그려 보라. 이 주택들은 안을 둘러보면 소유하고 싶은 욕구가 생길 만큼 아주 세심하게 지어졌다. 대형 저쿠지에 장미 꽃잎을 띄운 욕실을 갖춘 침실은 로맨틱했고, 주방은 모든 요리사가 꿈꾸는 것이었다. 벽을 원목으로 마감한 서재는 벽난로 앞의 큰 안락의자에 편안하게 앉아 독서하는 모습을 상상하게 만든다. 그 어떤 것도 꼼꼼하게 계산되지 않은 것이 없다. 냄새와 가구, 바닥재 등 모든 것이 이 모델 하우스를 세계적인 수준의 것으로 만들었다.

나는 20대 초반에 이 모델 하우스들을 이용해 맞춤형 주택을 판매했다. 사무실과 고객 접견실은 예전에 차고가 있던 곳에 아주 멋지게 지어졌다. 고객 접견실은 조경이 깔끔하게 된 주차장을 훤히 볼 수 있는 곳에 위치해 있었다. 그래서 우리는 고객 접견실에서 고객의 돈 냄새를 맡을 수 있었다.

때는 비즈니스의 성수기인 무더운 8월의 어느 날이었다. 그날 영업을 하는 사람은 나와 제스, 로이, 이렇게 세 명이었다. 우리는 세 명이 돌아가며 모델 하우스를 찾는 고객들을 안내했다. 자동차가 주차장에 주차하면 음악이 시작되었다. 우리는 그들이 몰고 오는 자동차뿐만 아니라 다른 것들을 통해서도 그들의 부를 가늠하는 법을 배웠다. 우리는 반지를 보기 위해 여성 고객들의 손을 보았고, 신발을 보기 위해 모든 고객의 발을 보았으며, 손톱 및 머리 상태를 확인하기도 했다. 우리는 고가의 주택을 팔고 있었기에 돈 냄새를 맡아야 했다.

그날 나는 휠 캡이 없는 포드사의 신형 크라운 빅토리아Crown Victoria가 주차장에 들어오는 것을 보았다. 이상했다. 할머니들이 타는 차종의 새 차에 휠 캡이 없다니……. 나는 창문을 통해 크리스라는 사내가 차에서 내리는 것을 지켜보았다. 수염을 텁수룩하게 기른 그는 하얀 티셔츠와 구멍이 난 청바지를 입고, 샌들을 신고 있었다. 그의 머리는 며칠 동안 빗질 한 번 하지 않은 것처럼 보였다. 그의 모습을 본 나는 그가 다른 사람들은 어떻게 사는지 구경하려고 우리 모델 하우스에 들렀다고 생각하고, 그를 안내하는 것은 시간 낭비라고 판단했다. 그는 히피 스타일의 붙임성 있고 예의 바른 사내였다. 나는 그에게 방문 서명을 받고 마음껏 둘러보라고 말하며 모델 하우스를 가리키고는 하던 일로 돌아왔다. 만일 그가 실제로 구매할 생각이 있는 사람이라고 판단했다면 나는 우리 모델 하우스만의 독특하고 멋진 점들을 열심히 설명하며 그를 안내했을 것이다.

크리스는 몇 분 후 내 책상 옆으로 다가와 나지막한 목소리로 광고 책자를 요청했다. 나는 그에게 친절하게 대하기는 했지만, 실제 마음은 완전한 속물이었음을 인정하지 않을 수 없다. 나는 내 업무를 끝낼 수 있도록 그가 차량 두 대를 연결한 자신의 이동주택으로 빨리 돌아가기만을 바라고 있었다.

주말은 우리에게 단연 가장 바쁜 날이었다. 서너 명의 잠정 고객이 동시에 들이닥치는 경우도 종종 있었다. 그러한 잠정 고객이 자신의 고객이 될 수도 있었기에 주말은 우리에게 가장 중요한 날이기도 했다. 가장 바쁜 일요일 오후 크리스가 다시 나타났다. 이번에는 휠 캡이 없는 크라운 빅토리아에서 아내와 아이들도 함께 내렸다. 당시 나는 무척 바빴기 때문에 크리스와 그의 가족을 완전히 무시했다. 약 30분 후 잠시 숨 돌릴 틈이 생겨 주차장을 보니 크리스의 자동차가 아직 거기에 있었다. 그때 크리스의 아내가 내게 다가와 부드러운 목소리로 주방에 대해 몇 가지 질문을 했고, 나는 그녀의 질문에 친절하게 답변하기는 했지만 그녀를 주방으로 안내해 실물을 보여 주면서 열정적으로 설명하지는 않았다. 이 얼마나 철없는 행동인가!

그로부터 한 시간 뒤 내가 꽤 큰 다이아몬드 귀걸이를 한 부인과 한창 대화를 나누고 있을 때, 크리스가 나를 다시 찾아왔다. 내가 다이아몬드 귀걸이를 한 부인과 대화를 끝내자 크리스는 내게 추가로 지하실을 만들면 큰 2층 집인 세 번째 모델의 가격은 얼마나 될지 물었다. 나는 이 가난한 사내가 걱정되기 시작했다. 그래서 나는 그가 왜 그 주택을 감당할 수 없는지 설명해 그가 집으로 돌아가 편히 쉴 수 있게 해주어야겠다고 생각했다. 나는 이 집을 구매하려면 매달 수천 달러의 할부금을 감당할 수 있어야 한다고 그에게 말했다. 크리스는 이상한 표정을 지으며 현금으로 구입할 수는 없는지 물었다. 현금이라고? 농담도 심하시지.

그 후 크리스와 나는 둘도 없는 친구가 되었다. 막 상장한 신생 기업의 운영에 가장 큰 역할을 하는 소프트웨어를 제작한 크리스는 그 회사의 주식매수선택권(스톡옵션)을 통해 수백만 달러의 현금을 손에 넣은 것으로 알려졌다. 나는 크리스와 그의 사랑스러운 아내 덕분에 내가 거기서 일하는 동안 판매한 것 중 가장 큰 규모의 판매를 할 수 있었다. 나의 오만한 어리석음에 유일한 위안이 되어 준 것은 그들이 당시 살고 있던 집이 실제로 이동주택이었다는 것이다. 최소한 이 점에서는 나의 추측이 맞았다.

누구나 세일즈한다

제대로 판매하는 것은 사업에서뿐만 아니라 일상생활에서도 매우 중요한 일이다. 헨리 포드는 이렇게 말했다.

"누군가 어떤 것을 팔기 전에는 아무 일도 일어나지 않는다."

궁극적으로 모든 사람이 세일즈한다. 리더들은 모두 세일즈하는 법을 배워야 한다. 세일즈는 인간의 상호 작용의 일부분이다. 교사는 학생들이 배우도록 설득하는 세일즈를 한다. 부모는 딸에게 누구와 데이트를 할 것인지를 권하는 세일즈를 한다. 부부는 어디에서 외식을 할 것인지 서로에게 추천하는 세일즈를 한다. 비즈니스의 세계에서는 세일즈를 통해 돈을 번다. 세일즈가 이루어지지 않으면 한 푼도 벌어들일 수 없다.

아마 많은 사람이 세일즈하고 싶지 않다는 생각을 가장 먼저 떠올릴 것이다. 세일즈하고 있는 사람을 포함해 많은 사람이 세일즈를 상대를 조종하고 밀어붙이는 과정으로 본다. 하지만 바람직한 세일즈는 결코 상대를 조종하거나 밀어붙이지 않는다. 전문가 의식이 투철한 훌륭한 판매원에게서 구매하는 것은 세계적인 수준의 웨이터에게서 서빙을 받는 것처럼 아주 기분 좋은 일이다. 첨언하자면, 웨이터 역시 세일즈한다.

카운슬러는 더 나은 삶을 세일즈하고, 나는 더 나은 통솔을 세일즈한다. 나의 아내가 우리 집 실내장식을 새로 하길 원할 때 아내는 내게 더 쾌적한 생활공간을 세일즈한다. 사람들은 누구나 세일즈한다. 따라서 구매 과정이 어떻게 이루어지는지 배우는 것은 상당히 유익한 일이다. 구매 과정을 이해하면 당신은 판매원의 조종과 강압을 슬기롭게 피할 수 있다. 나의 훌륭한 친구 지그 지글러는 이렇게 말한다.

"세일즈는 감정의 이동 그 이상도 이하도 아니다. 만일 당신의 제품에 대해 당신이 느끼는 감정을 고객이 느낄 수 있게 한다면 고객은 당신의 제품을 구매할 것이다."

적절한 방식으로 판매를 한다면 세일즈는 고귀하고 품격 있는 직업이다. 의사가 당신에게 건강한 삶을 판매하는 것은 적절하다. 목사가 당신에게 영적으로 풍요로운 삶을 판매하는 것은 바람직하다. 구매자들의 구매 단계를 이해하고 그들의 구매를 돕는다는 것이 세일즈라는 직업을 값싼 직업으로 격하시키지는 않는다. 특정 직업에 종사하는 일부 사람들의 잘못된 행위를 보고 고정관념을 형성해 그 직업 전체를 격하시키는 것은 어리석은 일이다.

세일즈는 최고의 수입을 자랑하는 직업 중 하나다. 정상의 위치에 있는 판매자는 대부분 그 조직에서 최고의 연봉을 받는 사람들에 속한다. 그들이 사장보다 많은 돈을 버는 것은 그리 드문 일이 아니다. 우리 회사에도 부사장보다 많은 수입을 올리는 판매자가 몇 명 있다. 리더는 팀을 설득해 특정한 방향으로 데리고 가는 사람이기 때문에 세일즈에 탁월한 재능을 보이는 사람이 리더로 성장하는 경우가 많다. CEO가 되는 가장 흔한 길은 영업 부서나 마케팅 부서를 거치는 것이다. 수입의 큰 부분을 창출하는 사람은 기업에서는 어김없이 주목받는다.

모든 경험이 판매와 직결된다

나는 안트러리더인 당신이 항상 세일즈한다는 것을 당신 스스로에게 확신시켜 주길 원할 뿐만 아니라 회사의 모든 팀원이 세일즈한다는 것도 그들에게 확신시켜 주길 원한다. 고객서비스팀도 세일즈하고, 운송팀도 세일즈하며, 생산팀도 세일즈하고, 품질관리팀도 세일즈한다. 고객들이 이 모든 영역에서 좋은 경험을 하면 그들은 계속 당신의 고객으로 남을 뿐만 아니라 다른 사람들에게도 당신의 회사를 추천해 준다. 빠르고 맛있고 위생적으로 요리하는 요리사는 레스토랑의 가장 큰 마케팅 무기일 수 있다. 요리사가 이 점을 인식하지 않으면 레스토랑의 미래는 밝지 않다.

앞서 언급했듯이 나는 수년 동안 휴양지에서 1주일간의 안트러리더 연수 프로그램을 운영했다. 우리는 멕시코 칸쿤에서도 연수 프로그램을 개최했는데, 거기서 참가자들은 야외 활동으로 밀림을 가로지르는 집라인Zip line 라이딩 어드벤처를 체험했다. 우리는 추천을 받아 사전 체험을 한 후, 첫해부터 이 집라인 라이딩 어드벤처를 프로그램에 포함했다.

울퉁불퉁한 길을 지나 밀림 깊숙한 곳까지 차를 타고 간 우리는 라이딩 구역에 들어서자마자 흥분을 느꼈다. 라이딩을 이끄는 젊은 강사 팀은 나무에서 나무로 이어지는 라이딩의 안전에 만전을 기했다. 그들은 우리에게 확실한 안전을 보장해 주었을 뿐만 아니라, 이 라이딩 어드벤처가 우리에게 신나고 짜릿한 체험이 될 수 있도록 만반의 준비를 갖춘 듯 보였다. 그들은 우리가 라이딩을 하는 내내 농담과 장난으로 우리를 재미있게 해주었고, 우리를 안심시키며 친절하게 가르쳐 주었다. 그들은 우리에게 정말 멋진 추억을 만들어 주었다. 우리가 이 라이딩 체험을 주위 사람들에게 자랑했고, 우리가 칸쿤에서 연수 프로그램을 가질 때마다 그들의 고객이 되었다는 것은 전혀 놀라운 일이 아닐 것이다.

당신에게 제품이나 서비스를 판매하는 사람이 당신의 모든 경험이 판매와 직결된다는 것을 기억한다면 어떻게 될까? 당신이 부른 배관공이 자신이 세일즈하고 있다는 것을 인식한다면 어떻게 될까? 당신의 자동차를 수리하는 정비사가 자신이 세일즈하고 있다는 것을 안다면 어떻게 될까? 안트러리더인 당신이 어떤 팀원의 잘못된 행동을 바로 잡으려 애쓰면서 당신 자신이 세일즈하고 있다는 것을 인식한다면 어떻게 될까? 이 모든 질문에 대한 답은 해당 사업의 효율성과 즐거움, 생산성이 몰라보게 증폭된다는 것이다. 이것은 자신의 업무를 사랑하고, 회사의 사명 선언문에 열정적으로 임하는 것이 중요한 또 하나의 이유다. 당신이 좋은 책을 읽고 그 책의 매력에 흠뻑 빠지면 당신은 그 책을 주위 사람들에게 추천하지 않을 수 없다. 다시 말해, 당신은 그들에게 그 책을 읽는 것을 열정적으로 세일즈하게 되는 것이다.

구매의 단계

아이디어나 제품, 서비스 등 어떤 것을 구매하든지 간에 구매자는 누구나 구매의 네 단계를 거친다. 물론 판매자 또한 구매자와 함께 이 네 단계를 밟아야 한다. 여기에 예외는 없다. 제품이나 상황에 관계없이 누구나 이 네 단계 모두를 거쳐야 한다. 거래에 더 많은 돈이 걸려 있을수록, 거래가 더 중요할수록, 또 거래하는 데 걸리는 시간이 더 길수록 이 네 단계는 더욱 두드러진다.

당신은 당신이 데이트를 하기로 결정하기 전에 이와 똑같은 단계를 거쳤다는 것을 깨닫지 못했을 수도 있다. 하지만 당신이 결혼을 결심했을 때는 이 모든 단계를 거쳤음을 구체적으로 기억할 수 있을 것이다. 껌 한 통을 사는 경우에는 이 모든 단계를 유심히 들여다보지 않으면 그 단계들이 거기에 있었는지조차 모를 수 있다. 하지만 집을 구매하는 경우, 당신은 이 네 단계를 아주 뚜렷하게 인식할 수 있다. 결론적으로 말해, 거래하는 데 10억분의 1초가 걸리든 몇 개월이 걸리든, 또 당신이 인식하든 인식하지 못하든, 당신이 이 네 단계 모두를 밟아야 한다는 점에서는 차이가 없다.

구매의 네 단계는 다음과 같다.

1. 자격 검증
2. 라포르rapport 형성
3. 교육 및 정보
4. 구매 결정

당신이 이러한 방식으로 사람들을 설득하는 접근법을 적용한다면 당신은 분명 많은 성공을 경험하게 될 것이다. 반면, 당신이 이 단계를 무시하거나, 이 중 하나를 건너뛰거나, 이 단계의 순서를 바꾼다면 부작용이 생길 것이다. 당신의 구매자는 당신을 좋아하지 않을 것이고, 당신이 구매자에게 압박감을 주었을 가능성이 많기에 당신 역시 압박감을 느끼게 될 것이다.

자격 검증

구매자의 자격을 검증하는 단계는 판매 절차에서 가장 소홀히 다루어지는 단계다. 구매자의 자격을 제대로 파악하지 못하면 판매자와 잠정 구매자 모두 좋지 않은 경험을 하게 된다. 잠정 구매자의 자격을 제대로 파악하지 못하는 것은 구매자 설득 과정의 최악의 실수일 것이다. 자격을 갖추지 못한 잠정 구매지에게 구매를 설득하는 것은 잠정 구매자뿐만 아니라 판매자인 당신에게도 성가시고 부질없는 짓이다.

자격을 갖추지 못한 잠정 구매자를 설득하려고 노력하는 것은 시간과 돈, 에너지를 낭비하는 일이다. 구매하지 않을 사람을 설득하느라 당신은 시간을 낭비하게 되며, 잘못된 타깃에게 마케팅 비용을 사용하느라 돈을 낭비하게 된다. 또한 자격을 갖추지 못한 잠정 구매자에게 낭비하는 시간을 자격을 갖춘 잠정 구매자에게 할애했다면 실제로 판매가 이루어질 수 있었을 것이므로 당신은 돈을 낭비하게 된다. 끝으로, 결코 일어나지 않을 일에 대해 잠정 구매자와 이야기를 나누는 것은 매우 소모적인 일이므로 당신은 에너지를 낭비하게 된다.

하지만 자격을 갖추지 못한 구매자를 자격을 갖춘 구매자로 바꾸는 갖가지 마법적인 테크닉을 가르치는 세일즈 전문가들이 여전히 존재한다. 구매를 설득하는 방법을 가르칠 때는 사람들을 압박하는 테크닉이 아니라 사람들에게 봉사하는 테크닉을 가르쳐야 한다.

● **자격을 갖춘 잠정 구매자는 돈이 있다**

자격을 갖춘 잠정 구매자는 구매할 수 있는 돈이 있거나 돈을 구할 수 있는 사람이다. 모든 사람이 돈이 있는 것은 아니다. 하지만 대부분의 사람이 가격이 싼 것은 구입할 수 있을 정도의 돈이 있거나 돈을 구할 수 있다. 이 경우, 구입을 결정짓는 것은 그들이 매기는 우선순위다. 빈털터리가 된 사람도 파산 소송 전문 변호사의 서비스를 받기 위해 1,000달러 정도는 구할 수 있다. 비교적 가격이 저렴한 어떤 것을 너무도 간절히 원할 경우 우리는 그것을 구입할 돈을 마련한다. 따라서 어떤 사람이 돈이 없다고 말한다고 해서 그것이 그가 돈을 마련할 수 없다는 의미는 아니다.

채무에서 벗어나는 것을 주제로 한 나의 밀리언셀러 저서를 구입한 사람들 중 상당수가 파산한 사람이었다. 이는 그들이 실제로는 다리 밑에서 궁핍한 생활을 할 정도로 빈털터리가 되지는 않았다는 것을 의미한다. 그들은 단지 들어오는 돈보다 나가는 돈이 더 많을 뿐이다. 그들은 자신의 인생을 바꾸는 데 도움을 주는 20달러짜리 책을 구입할 수 있는 자격을 갖추었다. 소액의 돈보다 더 중요한 인생의 변화를 우선시한 사람들이기 때문이다.

만일 당신이 11만 달러짜리 벤츠를 판매하는 사람이라면 당신에게는 모든 사람이 잠정 구매자가 될 수 없다. 따라서 당신은 구매자와의 대화를 통해 구매자의 자격을 가늠할 필요가 있다. 당신은 내가 고급 주택을 판매할 때 사용했던 몇 가지 방법을 사용할 수도 있을 것이다. 하지만 당신 역시 크리스 같은 복덩이를 만날 수 있다는 것을 기억하라. 품목이 고가일수록 당신은 잠정 구매자의 금전적인 상황에 더 초점을 맞추어야 한다. 만일 당신이 금전적으로 자격을 갖추지 못한 잠정 구매자에게 적극적인 판매 전략을 구사한다면, 결국 둘 모두가 압박감과 난처함을 느끼게 될 것이다. 잘나가는 부동산 중개업자들은 잠정 고객들에게 주택을 보여 주기 전에 먼저 그들의 재정 상태부터 확인한다. 그러면 최대 75만 달러짜리 주택을 구입할 자격이 있는 사람을 이리저리 끌고 다니며 100만 달러짜리 주택을 보여 주는 불필요한 수고를 하지 않아도 되기 때문이다.

● 자격을 갖춘 잠정 구매자는 시간이 있다

"빨리, 빨리, 빨리!"를 외치며 정신없이 바쁘게 돌아가는 현대 사회에서 우리는 돈은 있지만 시간이 없어 구매하지 못할 수도 있다. 나 역시 구매하고 싶은 것도 많고, 그것을 살 돈도 있지만, 그것을 구매하거나 사용할 시간이 없다. 당신이 내게 며칠간의 크루즈 여행권을 선물하더라도 리더십 강연이나 라디오 쇼, 또는 그 밖의 바쁜 일정 탓에 시간을 낼 수 없는 나는 당신의 고마운 선물을 정중히 사양할 수밖에 없다.

직장 생활을 하는 사람들은 대부분 근무 시간에 자리를 비울 수 없다. 따라서 그 시간에 기가 막힌 할인 판매를 하는 곳이 있더라도 당신은 그곳에서 물건을 구매할 수 없다. 그곳에서 판매하는 물건들이 아무리 값싸고 좋아도 당신에게는 그것을 구매할 시간이 없기 때문이다.

● 자격을 갖춘 잠정 구매자는 니즈 또는 원츠가 있다

자격을 갖춘 잠정 구매자는 니즈needs 또는 원츠wants가 있다. 니즈뿐 아니라 당신의 원츠 또한 당신을 자격을 갖춘 잠정 구매자로 만든다.

이와 관련해 부동산 중개업자 사이에서 회자되는 이야기가 있다. 눈보라가 휘날리는 날씨에도 주택을 보러 다니는 사람은 진정으로 주택 구입을 원하는 사람이라는 것이다. 눈보라가 휘몰아칠 때 집 구경을 요청하는 행위 자체가 당신을 자격을 갖춘 잠정 구매자로 만들어 줄 수 있다. 이것은 화창한 일요일 오후에 드라이브를 즐기다 모델 하우스를 보고 걸어 들어가 실내장식을 구경하며 시간을 보내는 것과는 전혀 다르다. 오르발 레이 윌슨Orval Ray Wilson은 이렇게 말했다.

"고객들은 당신의 이유가 아니라 그들의 이유로 구매한다."

당신은 결혼한 사람에게 약혼반지를 팔려 하거나, 아이가 없는 사람에게 아동복을 팔려 하거나, 나처럼 대머리인 사람에게 무스를 팔려 하지는 않을 것이다. 이것은 너무도 당연한 일이지만, 이런 단순한 사실을 간과함으로써 낭비되는 에너지와 경비는 당신이 상상할 수 없을 만큼 엄청나다.

● 자격을 갖춘 잠정 구매자는 힘이 있다

자격을 갖춘 잠정 구매자는 결정을 내릴 힘이 있다. 판매자 중에는 CEO에게 모든 결정권이 있다는 잘못된 생각을 하는 사람이 많다. 나에게는 우리 회사의 컴퓨터를 구매할 수 있는 권한이 없다. 컴퓨터에 대해 잘 모르는 내가 컴퓨터 구매 권한을 IT팀에 넘겨주었기 때문이다.

당신이 다이아몬드 판매상이라면 나에게 다이아몬드를 구입할 것을 권하는 것은 시간 낭비다. 다이아몬드 장신구를 하는 사람은 내가 아니라 내 아내다. 결혼한 지 30년이 된 나는 구매를 결정할 사람이 곁에 없는데도 다이아몬드를 구입할 정도로 어리석지 않다. 내게 돈은 있지만, 다이아몬드 구입 결정권은 없다. 따라서 나는 무자격 잠정 구매자다. 다이아몬드 판매상인 당신이 세상의 모든 판매 전략을 구사해 가며 내게 다이아몬드를 팔려 해도 나는 여전히 다이아몬드를 구매하지 않을 것이다. 당신이 "이 다이아몬드는 아무나 소유할 수 있는 것이 아닙니다. 부인과 같이 특별하신 분만이 소유할 수 있는 거죠"라는 식의 통속적인 전략으로 나의 마음을 돌리려 해도 나는 여전히 다이아몬드를 구입하지 않을 것이다. 나의 아내가 다이아몬드를 구입하기를 간절히 원해야만 내가 다이아몬드를 구입할 수 있다. 그러니 당신은 내 아내를 설득해야 한다.

배우자 없이 주택 구매를 결정하는 사람은 거의 없다. 배우자를 데려오지 않은 사람에게 주택 구매를 재촉하는 부동산 중개업자는 순식간에 신뢰를 잃는다. 구매 결정권이 없는 사람에게 구매를 재촉하는 강압적인 판매자와 거래하고 싶은 사람은 아무도 없기 때문이다.

사람들은 누구나 세일즈한다는 것을 기억하라. 그리고 당신이 구매할 자격을 갖추지 못한 사람에게 적극적인 판매 활동을 펼치고 있는 것은 아닌지 파악하기 위해 당신의 사업의 '문제 영역'을 살펴보기 바란다.

우리 회사가 하는 일 중 하나는 재정 카운슬링이다. 상담실에서 우리는 고객들에게 재정 계획을 세우고 채무에서 벗어남으로써 어떻게 그들의 인생을 바꿀 수 있는지 보여 준다. 우리는 당신을 승리로 인도할 당신의 가치 있는 희생을 세일즈한다. 당신이 기혼자라면 우리 카운슬러는 당신 혼자에게만은 상담 서비스를 하지 않는다. 즉, 부부가 함께 참석해야만 우리의 상담 서비스를 받을 수 있다. 우리는 20년간의 경험을 통해 배우자의 동참 없이 홀로 가치 있는 희생을 하는 것은 불가능에 가깝다는 것을 알게 되었다. 만일 우리가 부부 중 한 명만을 만나 그를 들뜨게 한다면 우리는 부부의 불화를 조장하는 셈이 된다. 우리의 카운슬러는 부부가 함께 책상에 앉지 않으면 우리의 참신한 아이디어를 판매하지 않는다. 우리는 당신이 우리에게 쓸데없는 돈을 쓰기를 원치 않는다. 상담실에서 이루어지는 판매의 가장 큰 목표는 당신 부부에게 새로운 아이디어를 전함으로써 당신의 삶을 변화시키는 것이기 때문이다.

잠정 구매자의 자격을 제대로 파악하는 일이 얼마나 많은 곳에 적용될 수 있는지 알게 된다면 당신은 깜짝 놀랄 것이다. 젊은 여성이 페이스북에 남자친구가 있다는 글을 남겼다면, 그것은 사진을 보고 자신에게 반한 남성들에게 자신은 자격을 갖춘 '잠정 여자친구'가 아니라고 말하고 있는 것이다. 구매를 가능하게 하는 돈과 시간, 힘의 여부를 통해 잠정 구매자의 자격을 가늠한다는 개념은 판매자에게만 적용되는 것이 아니라 더욱 광범위한 영역에 적용된다. 심지어 당신은 전체 마케팅 계획도 이 '잠정 구매자의 자격' 렌즈를 통해 보아야 한다. 우리는 이를 "당신의 표적 시장을 알아야 한다"라고 말하기도 한다. 당신은 자격을 갖추지 못한 시장을 겨냥하고 싶지는 않을 것이다.

라포르 형성

구매 과정의 두 번째 단계는 라포르 형성이다. 라포르 형성은 구매자가 당신과 당신의 회사, 아이디어, 제품 등을 신뢰하는 것을 돕는다. 우리는 상대방에게 첫인상을 남길 기회는 단 한 번뿐이라는 것을 잘 알고 있다.

만일 당신이 당신의 자동차를 직접 팔기 위해 차에 '본 차량 판매함'이라는 문구를 붙이고 집 앞에 세워 두기로 결정했다면 당신은 먼저 차를 세차하고 광이 나게 닦을 것이다. 이것이 바로 당신이 당신의 자동차와 잠정 구매자 사이에 라포르를 형성하는 방식이다. 만약 실내가 치우지 않은 맥도날드 봉지로 가득한 지저분한 차를 집 앞에 세워 둔다면 당신은 많은 잠정 구매자를 잃을 것이다. 이때 당신 차의 성능과 가격은 중요하지 않다.

제품 포장과 디자인도 라포르를 형성하는 주역이다. 우리는 이 책의 표지에 많은 시간과 정성을 쏟았다. 우리는 당신이 서점에서 이 책을 보고 집어 들기를 원했기 때문이다. 우리는 당신과 라포르를 형성하기를 원했다. 아무리 책이 좋아도 표지와 제목이 형편없다면 실패할 가능성이 높다.

당신은 대부분의 세일즈 상황에서 직접 라포르를 형성하게 된다. 구매자와 판매자가 호의적인 대화를 나누기 위해 서로의 공통점을 찾는 데 약 1분 정도가 걸린다. 이것은 상대의 마음을 조종하고자 하는 일종의 작전이 아니다. 낯선 사람을 만날 때면 우리는 모두 그렇게 한다. 우리는 낯선 상대를 신뢰할 수 있는지 보기 위해 그를 이리저리 살핀다. 자녀에게 처음 만나는 사람과 악수를 할 때는 상대의 눈을 똑바로 쳐다보고 힘 있게 하라고 가르치기 바란다. 입사 면접을 하러 갈 때는 당신이 래퍼로 지원한 것이 아니라면 반드시 허리띠를 착용하기 바란다. 아울러 고약한 입 냄새를 풍기지 않도록 하라. 이 모든 것이 라포르를 형성하는 데 도움을 주기 때문이다.

TV나 전화번호부를 통해 배관 회사를 광고하는 데 수천 달러를 쓰고도 매너 없고, 성질이 고약하며, 시간을 지키지 않는 배관공을 보내 사업에 실패하는 경우가 있다. 설령 당신이 수리비를 받지 않는다고 하더라도 사람들은 다시는 당신의 회사를 이용하지 않을 것이다. 파란색 깔개를 들고, 깔끔하게 다린 유니폼을 입고, 밝은 표정을 지으며 5분 일찍 도착하라. 그러면 당신은 평생 고객을 만들게 될 것이다. 이러한 라포르를 형성한다면 심지어 당신이 다른 업체보다 더 비싼 수리비를 청구하더라도 고객들은 당신만 찾을 것이다.

● **네트워킹**

당신은 상대와 공통점을 찾으려 노력해야 한다. 그중 한 가지 방법이 네트워킹이다. 만일 상대가 신뢰하는 사람이 당신을 상대에게 보냈다면 당신은 상대와 곧바로 라포르를 형성하고, 공통점을 공유할 수 있다. 만일 당신이 나와 절친한 친구의 소개로 나를 찾아왔다면 당신은 내 개인 비서를 거치지 않고 곧장 나를 만날 수 있다. 하지만 당신이 누구의 소개도 받지 않고 왔다면 내가 아닌 다른 팀원이 먼저 당신을 맞이할 것이다. 결정권자와 라포르를 형성하고 싶은 사람은 항상 '추천'을 물색해야 한다. 나는 방문 세일즈맨에게 마지못해 친구들의 이름을 알려 주고는 뒤돌아서 후회하는 억지 추천을 말하고 있는 것이 아니다. 나는 지금 당신이 직접 한 경험에 흡족해서 당신과 신뢰 관계가 형성된 사람에게 진정으로 권하는 추천을 말하고 있는 것이다. 우리는 친구도 꼭 보았으면 하는 마음에 친구에게 멋진 영화나 감동적인 책을 추천한다. 이것이 바로 진정한 추천이다.

나는 내가 졸업한 테네시 대학의 체육 위원회 위원으로 3년간 봉사한 적이 있다. 나는 위원회도 좋아하지 않고, 위원으로 봉사하는 것도 좋아하지 않는 편이다. 그런 내가 신뢰하는 친구의 강력한 추천으로 위원직을 맡게 되었다. 그런데 놀랍게도 위원으로 봉사하는 동안 나는 정말이지 멋진 경험을 했다. 그래서 의사인 또 다른 친구가 나와 똑같은 제의를 받았을 때 나는 그 친구에게 위원직을 맡을 것을 강력 추천했다. 신뢰하는 친구와의 인맥으로 의사 친구와 나 둘 모두에게 세일즈가 이루어졌다. 라포르가 곧바로 형성되었던 것이다.

우리 모두가 추천의 영향력을 인정할 뿐만 아니라 사실상 매일 추천을 하기도 한다. 입도 뻥긋하지 않고 그저 눈을 굴리고 입을 삐죽이는 것도 일종의 추천이다. 물론 부정적인 추천이기는 하지만 말이다. 우리 사업의 성공 비결 중 하나는 훌륭한 제품과 서비스를 통해 지역 사회 및 인터넷에서 즉각적인 라포르를 형성하면서 우리 회사에 대한 긍정적인 추천의 바이러스를 전파하는 것이다. 또 우리는 판매 계획의 일환으로 다분히 의도적으로 추천을 부탁하기도 한다.

"친구, 이제 내가 맡은 맞춤형 주택 건축 일이 끝나 가고 있어. 집주인이 대단히 흡족해하더라고. 조금 있으면 이번 일이 끝나는데, 자네 주위에 집을 지으려는 사람이 있으면 내게 좀 소개해 줘."

주위 사람에게 이런 부탁을 하는 건축업자는 거의 없다. 나는 몇 년 전에 우리 집을 지은 솜씨 좋은 건축업자에게 일거리를 많이 소개해 주었다. 하지만 소개비는 받지 않았다. 나는 그저 흡족한 고객으로서 소문을 퍼뜨렸을 뿐이다. 추천을 부탁하라.

● **리서치**

소개로 당신을 찾은 사람을 대하는 최선의 방법은 다정하게 그를 대하는 것이다. 이렇게 소개가 이루어지면 당신은 상대를 만나기 전에 둘 사이의 공통점을 찾기 위해 리서치를 해야 한다. 이 역시 상대를 조종하기 위한 일종의 전략이 아니다. 우리는 상대를 알고, 큰 실수를 저지르는 것을 미연에 방지하고자 리서치를 한다. 나의 개인 비서는 내가 어떤 사람과 만나거나 전화통화를 하기 전에 종종 그 사람의 간단한 프로필을 내 책상 위에 올려놓곤 한다. 내가 상대에게 상처를 줄 수 있는 말을 무심코 내뱉는 것을 미연에 방지하기 위해서다. 회의 전에 당신이 만날 사람에 대해 간단한 리서치를 하기 바란다. 상호 간에 신뢰를 형성하기 위해 상대와의 공통점을 찾아라. 그것은 자동차가 될 수도 있고, 자녀의 학교나 취미 생활이 될 수도 있다. 대화의 첫 순간에 상대와의 어색함을 없애 주고 공감대를 형성하는 공통분모는 얼마든지 있다. 어색함 제거는 라포르 형성과 동의어다.

● 그들의 성격 유형에 따라 세일즈하라

라포르는 연결이고 신뢰다. 우리 모두가 우리의 생각을 진정으로 이해하는 사람을 신뢰하고, 그와 유대감을 형성하는 경향이 있다. 관계 지능이 높은 사람은 다른 사람이 어떻게 정보를 처리하고 결정을 내리는지 파악하려 한다. 그들은 다른 사람들과 함께 있거나 함께 걸을 때 상대에 대한 관찰력을 발휘한다. 만일 당신이 밀어붙이고, 쉽게 결정하고, 세부적인 것을 싫어하는 나와 같은 사람을 만난다면 부디 300쪽에 달하는 보고서를 이용해 세일즈하려 들지 마라. 300쪽의 보고서 위에 한 장짜리 요약본을 준비하는 것이 좋다. 당신이 세부적인 것을 좋아한다는 사실은 내게 중요한 문제가 아니다. 나는 당신의 취향을 신경 쓰지 않는다. 하지만 당신이 300쪽에 달하는 보고서를 내민다면 그 즉시 나와의 라포르를 잃을 것이고, 그 결과 세일즈는 이루어지지 않을 것이다. 만일 내가 당신과 라포르를 형성하기를 원하는데 당신의 성격 유형이 사람을 좋아하고, 분쟁을 싫어하며, 급하게 결정을 내리지 않는 안정형이라면 나는 맹렬히 돌진하는 나의 성격을 누그러뜨려야 한다. 내 아내의 성격 유형이 안정형이다. 그래서 나는 속도를 늦추고, 아내에게 결정권을 주고, 관련된 모든 사람이 만족하는지에 만전을 기하는 법을 배워야 했는데, 이것은 나를 거의 미치게 만들었다. 하지만 아내와 라포르를 형성하려면 나를 버리고 그녀를 받아들여야 한다. 아내와의 라포르 형성은 나에 대한 것이 아니고, 그녀에 대한 것이다.

나는 고급 주택을 판매하면서 고객의 성격에 맞추기 위해 나의 성격을 죽이는 법을 배웠다. 내가 한 엔지니어에게 주택을 판매했을 때도 마찬가지였다. 그는 엄청나게 꼼꼼한 사람이었다. 그래서 나는 계약을 성사시키기 위해 그가 물어볼 것 같은 내용들을 미리 설명해 주고, 그가 모든 리서치를 끝낼 수 있도록 하기 위해 많은 시간을 할애했다. 그날 저녁, 내가 혼자 남아 모델 하우스를 지키고 있을 때, 한 사내가 끼익하는 소리를 내며 주차장으로 차를 몰고 들어왔다. 그는 황급히 차에서 내려 우리가 일종의 과시용으로 지은 가장 큰 모델 하우스를 향해 씩씩하게 걸어갔다. 그는 아무 말도 하지 않은 채 불과 몇 분 만에 그 큰 집의 모든 방을 둘러보았다. 나는 그를 따라다니며 그 집의 특징과 훌륭한 우리 회사에 대해 떠들어 댔고, 그가 묻지도 않은 질문에 답했다.

그는 돌아가려고 현관문을 향해 걸어가다 갑자기 고개를 돌려 집값이 얼마인지 내게 물었다. 내가 그 집의 가격을 말해 주자 그는 "이 집을 사도록 하죠"라고 말했다. 순식간에 계약이 성사되었다. 너무 쉬웠다. 이제 계약서를 작성하는 일만 남았다. 나는 계약서의 상당히 많은 조항을 하나씩 채워 나가기 시작했다. 그런데 그가 나를 쳐다보며 이렇게 말했다.

"학생, 나는 비행기를 타러 가야 해요. 내가 비행기를 놓치면 학생은 집을 팔지 못해요."

그의 말씀을 알아챈 나는 계약서를 어떻게 처리할지 그에게 물었다. 우리는 나머지 조항은 비워 둔 채 곧바로 계약서에 가격을 기입하고 서명했다. 그는 내게 계약금으로 10만 달러 수표를 건네고는 차를 향해 걸어갔다.

나는 너무 쉽게 풀린 이 엄청난 거래가 믿기지 않았다. 그래서 나는 그가 사기꾼이고, 수표는 가짜일지도 모른다는 생각을 했다. 하지만 또 한 번 내가 틀렸다. 수표는 결제되었고, 계약은 체결되었다. 그는 이사를 자주 다닌 대기업 중역이었다. 그는 이 지역으로 전근을 와야 했고, 조만간 다른 곳으로 전근을 가야 한다는 것을 알고 있었다. 그래서 그는 주택 구매를 비교적 수월하게 하는 편이었다. 게다가 그는 강한 주도형이었다. 알다시피 주도형은 신속하게 결정을 내리고, 상당히 주도적이다. 내가 만약 계약서의 모든 조항을 그에게 이해시키려 했다면 나는 이 큰 계약을 체결하지 못했을 것이다.

당신과 당신의 회사, 제품을 신뢰하지 않으면 사람들은 당신에게서 구매를 하지 않는다.

우리 회사의 웹팀과 IT팀은 꼼꼼한 사람들로 넘쳐 난다. 그들은 자기가 판매하는 소프트웨어나 하드웨어에 대해 자세히 알지 못하는 판매자는 만나기 싫어한다. 설령 최고의 제품을 판매하는 판매자라 할지라도 그가 구매자의 성격 유형을 파악하지 못해 구매자와 라포르를 형성하지 못한다면 세일즈는 이루어지지 않는다. 그러니 성공적인 세일즈를 위해 구매자의 성향을 반드시 파악하도록 하라.

당신과 당신의 회사, 제품을 신뢰하지 않으면 사람들은 당신에게서 구매를 하지 않는다. 그리고 그들이 당신과 라포르를 형성하지 않으면 그들은 당신을 신뢰하지 않는다. 당신의 세일즈 과정에서 이 단계를 건너뛰지 말기 바란다. 이 단계를 건너뛰면 당신은 시장에서 상당한 곤란을 겪게 될 것이다.

교육 및 정보

팔지 말고 봉사하라. 판매자는 자신을 판매자로 생각하는 즉시 고객을 밀어붙이려 한다. 진정한 리더와 마찬가지로 진정한 판매자는 밀어붙이지 않고 끌어당긴다. 그들은 판매 과정 전반에 걸쳐 시중을 드는 태도를 보임으로써 고객을 끌어당긴다. 이러한 접근 방식에는 적극성과 부드러움이 공존한다. 과거에 세일즈할 때 나는 나 자신을 망치로, 고객을 못으로 생각했다. 하지만 못 취급을 받고 싶은 고객은 아무도 없다. 그러므로 이러한 접근법은 결코 바람직하지 않다.

그렇다면 당신과 거래를 하는 사람에게 어떻게 봉사할 수 있을까? 일류 웨이터가 어떻게 서빙하는지 한번 생각해 보라. 당신이 자리에 앉으면 그는 당신을 당연히 자격을 갖춘 구매자라 생각하고 미소 지으며 "저는 식사를 도와 드릴 존입니다"라고 자기소개를 하는 것으로 당신과 라포르를 형성한다. 당신이 주차장이나 옷가게에 들어갔는데 처음 대하는 직원이 이런 식의 인사를 건넨다면 조금 색다른 기분이 들지 않겠는가? 인사를 마친 웨이터는 이제 세 번째 단계인 교육 및 정보 단계로 나아갈 것이다. 웨이터는 메뉴에 대한 우리의 질문에 답하고, '오늘의 특선 메뉴'에 대한 정보를 주고, 메뉴에서 그가 실제로 먹어 본 것 중 맛있었던 요리와 우리가 좋아하지 않을 수도 있는 요리, 매운 요리를 알려 주고, 우리가 원하는 가격대의 와인을 추천하고, 자기가 먹어 본 경쟁 레스토랑의 요리와 자기 레스토랑 요리를 비교 설명해 줄 수 있을 것이다. 당신은 이 웨이터의 예를 통해 무엇을 배울 수 있을까?

● **제품에 대한 지식**

첫째, 당신이 어떤 사람에게 판매·봉사를 하기 전에 당신은 먼저 당신의 제품에 대한 정보 및 역사를 꿰뚫고 있어야 한다. 어떤 것에 대해 제대로 모른다면 사람들에게 그것이 얼마나 좋은지 가르칠 수 없다. 당신의 제품에 대해 자세히 공부하라. 그렇지 않으면 그것으로 고객에게 봉사할 생각은 하지 말기 바란다. 모든 메뉴에 대해 꿰뚫고 있어야 한다. 아울러 제품을 판매하기 전에 그것을 직접 체험해 보는 것이 좋다.

만일 성격 유형이 서둘러 결정을 내리는 주도형이나 사교형인 당신이 당신의 제품에 대해 잘 모른다면 당신은 꼼꼼한 신중형의 사람들을 불쾌하게 만들 수 있다. 당신이 제품에 대해 꿰뚫고 있는 신중형이라면 당신은 고객의 제품 구매를 돕는 데 자신감이 생겨 고객에게 진정으로 봉사할 수 있다.

● **자신감과 열정을 가져라**

둘째, 반드시 자신의 회사 및 제품을 사랑하고 신뢰해야 한다. 부디 혼다를 몰면서 쉐보레를 팔지 말기 바란다. 당신은 고객의 관점에서 가장 좋은 선택이 당신과 거래하는 것이란 걸 진정으로 믿어야 한다. 이것은 진정성이다. 고객이 사지 말아야 한다고 생각하는 제품은 절대로 팔지 마라. 당신이 당신의 진공청소기가 지구상에서 가격 대비 최고의 제품이라고 믿지 않는다면 그 진공청소기를 팔지 마라. 당신의 부모님에게 당신의 제품이나 서비스를 판매하고 싶지 않다면 고객들에게도 그것을 팔지 마라.

당신의 판매팀이 최상의 가격에 최상의 제품으로 고객들에게 봉사하고 있다는 것을 그들이 진정으로 믿을 수 있게 하는 것이 안트러리더인 당신이 반드시 해야 할 일이다. 당신의 팀이 그렇게 믿지 않는다면 당신은 제품을 바꿔야 한다. 자신이 하는 일에 긍지와 자신감을 보이지 않는 팀원은 떠나보내라. 자신이 판매하는 제품을 신뢰하지 않는 팀원은 고객에게 봉사할 수 없다. 그는 그저 제품을 팔기만 할 뿐이다. 그는 임무를 수행하는 것이 아니라 단순히 일을 할 뿐이기 때문이다. 나는 팀원 회의에서 항상 이렇게 말한다.

"만일 재정 분야에서 우리보다 더 나은 회사나 강좌나 책이 있다고 생각한다면 그 회사나 강좌나 책을 위해 일하십시오. 이 회사에 남아 제 돈을 가져가지 마시고 말입니다."

당신이 봉사할 수 있는 유일한 길은 신념을 갖는 것이다. 신념을 갖지 않으면 당신은 또 다른 강압적인 판매자가 될 뿐이다.

개인적인 확신을 갖고 당신의 제품을 보증할 수 있을 정도로 제품에 대한 당신과 당신 팀의 믿음은 깊어야 한다. 당신의 팀은 당신이 정말 재미있는 영화를 보고 친구에게 열정적으로 그 영화에 대해 이야기할 때와 똑같이 행동해야 한다. 당신의 이야기를 들은 친구가 그 영화를 보러 가지 않으면 당신은 친구가 이해되지 않는 동시에 그 좋은 것을 보지 않는 것이 안타깝다는 생각이 들 것이다. 당신의 제품에 대해서도 그런 믿음이 들지 않는다면 팔지 마라. 당신이 하는 일에 진정으로 자부심을 가져라.

우리는 라디오 쇼에서의 나의 보증을 광고주들에게 세일즈할 때 이 접근법을 취한다. 나는 우리의 광고 판매자에게 만일 그것을 당신이 구입하지 않거나, 내가 구입하지 않거나, 내가 내 여동생이 구입하는 것을 적극 반대한다면 우리는 그것을 보증하지 말아야 한다고 말한다. 그러므로 앞으로 어떤 것을 홍보하는 나의 목소리를 들으면 그 회사와 그 회사의 제품, 서비스는 우리의 까다로운 테스트를 통과한 것이라는 사실을 알아주기 바란다.

● **경쟁자를 알아라**

나는 예전에 고급 승용차를 구입할 때 멋진 경험을 한 적이 있다. 나는 브랜드가 각기 다른 세 대의 승용차에 관심이 있었다. 나는 과거 각기 다른 시점에 이 차종 모두를 소유해 보았기에 그 차들에 대해 꽤 잘 알고 있었다. 나는 시장조사를 했고, 이 차들과 경쟁 관계에 있는 차들의 특징 대부분을 알게 되었다. 내가 만난 자동차 딜러는 내가 관심을 갖고 있는 차들에 대한 모든 정보를 꿰뚫고 있었고, 나의 구매에 친절하고 세심한 도움을 주었다. 그는 경쟁 차량을 깎아내리지 않았고, 경쟁 차들이 내가 관심을 갖고 있는 차보다 더 나은 점에 대해 이야기해 주었다. 그의 정직하고 투명한 접근법에 나는 이 딜러를 신뢰하기 시작했다. 그는 그의 차가 특정 부분에서 뛰어나기 때문에 내가 그의 차를 구입해야 한다는 확고한 입장을 취하기는 했지만, 경쟁 차에 대해서도 훌륭한 정보를 광범위하게 제공해 주었다. 실로 세련된 접근법이었다. 이 멋진 자동차 구입 과정에서 가장 안타까웠던 일은 다음 날 내가 만난 경쟁 차의 딜러가 자기가 판매하는 차에 대해 내가 전날 만났던 딜러보다 더 몰랐다는 것이다.

열정적으로 고객에게 봉사하고 당신의 제품이 어떤 점이 더 나은지 설명하기 위해 당신은 경쟁자나 경쟁 제품에 대해 많은 것을 알아야 한다. 당신은 경쟁자를 흠잡지 않으면서 브랜드의 차이점을 지적할 수 있다. 경쟁자를 무작정 깎아내리는 판매 전략을 구사하는 판매자는 신뢰받기 어렵다. 그저 차이점을 이야기하고, 왜 당신이 더 나은 선택인지에 대해 설명하라. 이는 경쟁 제품에 대해 경쟁자만큼 자세히 공부하지 않으면 불가능한 일이다.

수즈 오먼Suze Orman과 나는 둘 다 방송을 통해 재정적인 조언을 한다. 우리는 어떤 문제에서는 의견이 일치하고, 어떤 문제에서는 정반대의 입장을 취한다. 나는 진심으로 그녀가 정말 똑똑하고 다른 사람을 돕고자 하는 마음을 가진 여성이라고 생각한다. 우리는 서로 다르고, 종종 서로 다른 입장을 취하지만, 당신은 내가 그녀를 헐뜯는 말을 하는 것을 듣지 못할 것이다. 그녀를 비하하는 것은 신사적이지도, 합당하지도 않기 때문이다. 시장에는 돈 문제와 관련해 우리 둘 모두의 도움을 필요로 하는 사람들이 너무도 많다.

이 교육 단계에서 고객은 제품과 제품의 효용성에 대해 배우게 된다. 당신은 훌륭한 선생님이 되기 위해 말하는 것보다 듣는 것에, 설명하는 것보다 질문하는 것에 더 많은 시간을 할애해야 한다. 일류 웨이터는 고객의 질문을 듣고 그 질문과 관련한 질문을 그에게 다시 던진 다음에야 추천한다. 내가 웨이터에게 어떤 요리가 가장 좋은지 물으면 일류 웨이터는 어김없이 나의 취향에 대해 물어본다. 내가 쇠고기를 좋아한다고 말하면 그는 몇 가지 쇠고기 요리를 제안하고, 각각에 대해 설명을 덧붙인다. 내가 채식주의자라고 말했는데 웨이터가 스테이크를 추천하면 우리의 대화는 결코 재미있게 이어지지 못할 것이다. 질문하고, 또 질문하고, 계속 질문하라. 그리고 목적을 분명히 하기 위해 또 질문하라. 고객은 자신이 무엇

을 좋아하고 중요하게 여기는지 말할 것이다. 결과적으로 그들은 당신이 그들에게 어떻게 봉사할지를 알려주는 것이다.

우리는 고객들에게 우리의 고객이 되어야 하는 이유를 모두 말하려고 애쓴다. 그들에게 구매에 필요한 정보를 충분히 제공했다면 구매 설득은 더 이상 필요치 않다. 한쪽 끝에는 고객의 시간과 돈을, 다른 쪽 끝에는 당신의 제품이나 서비스의 가치를 올린 저울을 머릿속으로 그려 보라. 당신과 고객의 대화가 시작되면 고객은 그들의 시간과 돈을 올린 쪽으로 기울어 있는 저울을 보게 될 것이다. 우리 제품을 신뢰하는 우리의 임무는 충분한 교육과 정보 제공을 통해 우리 제품의 가치에 무게를 싣는 것이다. 그러면 구매는 자연스럽게 이루어진다. 내가 어떤 고급 승용차의 모든 특성과 장점을 파악해 본 후 그 승용차가 마음에 들었다면 딜러는 내게 그 승용차를 판매하려고 노력할 필요가 없다. 내가 자발적으로 그 승용차를 구입할 것이기 때문이다.

껌을 구입하는 경우, 판매자가 제품의 가치에 무게를 실을 필요는 없다. 껌 제조사의 광고가 내 입에서 커피 향기가 나는 것보다 덴타인 향기가 나는 것이 더 섹시하다는 것을 이미 가르쳐 주었기 때문이다. 어떤 경우에는 마케팅 전략이 판매하고, 판매자는 그저 주문을 받는다.

● **사람들이 구입하는 것은 제품이나 서비스가 아니다**

사람들은 제품이나 서비스를 구입하지 않는다. 사람들은 제품이나 서비스가 자신에게 제공하는 것을 구입한다. 당신은 시계를 구입하는 것이 아니라 시간을 관리하게 해주는 메커니즘을 구입한다. 만일 당신이 값비싼 시계를 산다면, 당신은 시간을 관리하게 해주는 메커니즘과 더불어 다른 사람에게 보이는 이미지를 구입하는 것이다.

내가 아내에게 다이아몬드를 사줄 때 나는 반짝이는 돌덩이를 구입하는 것이 아니라 또 다른 애정 표현을 구입하는 것이다. 만일 아내가 끼고 있는 반지의 보석이 크다면, 아내는 그것이 내가 그녀를 사랑하며, 꽤 잘나간다는 것을 보여 주는 증거이기 때문에 그 반지를 끼는 것이다. 아니면 내가 정말 큰 잘못을 저질러 그녀에게 꼼짝 못하고 있음을 보여 주는 증거이기 때문일 수도 있다(농담이다). 제품이 아니라 제품이 주는 혜택을 설명하여 판매하고 봉사하라. 고객에게 중요한 것은 제품의 역할과 기능이다.

집에 있던 에어컨이 고장 나 새 에어컨이 필요하다고 가정해 보자. 내가 원하는 것은 집 안에 시원한 공기가 돌게 하는 것이다. 나는 에어컨 자체가 아니라 에어컨이 하는 일을 좋아한다. 나는 또한 전력 소모량이 적은 효율적인 에어컨을 좋아한다. 하지만 나는 에어컨을 자랑하기 위해 사람들을 초대해 정원에서 가든파티를 하지는 않을 것이다. 내가 원하는 것은 오로지 에어컨이 내게 주는 혜택뿐이다. 즉, 나는 비교적 전력 소모량이 적으면서 시원한 공기를 만들어 주는 기계를 원할 뿐이다.

훌륭한 웨이터는 USDA 프라임 비프 스테이크가 어떤 맛을 내며, 어떤 영양소가 포함되어 있는지 설명한 후에야 그것을 당신에게 권한다. 사실 USDA 프라임이라는 용어가 무슨 의미가 있단 말인가? 나는 그저 하나님이 의도하신 모든 맛을 내고 육즙이 많은, 입에서 살살 녹는 스테이크면 족하다. 당신은 제품이 아니라 제품이 주는 혜택을 판매해야 한다.

마사지를 판매할 때는 고객이 마사지를 받은 후 느끼게 될 기분에 초점을 맞추어야 하며, 금융 상품을 판매할 때는 고객이 은퇴 후의 삶이나 심지어 유산 문제에서도 돈이 근심을 덜어 줄 수 있다는 사실에 공감할 수 있게 하는 데 초점을 맞추어야 한다. 어느 누구도 보험을 구입하기를 원치 않는다. 우리는 보험이 우리에게 주는 혜택을 구입한다. 그러니 보험이 주는 혜택을 판매하라.

구매 결정

구매에 필요한 자격을 갖추었고, 당신과 라포르를 형성했으며, 당신에게서 당신이 판매하는 것의 혜택을 배운 고객들은 자연스럽게 구매를 결정한다. 이는 '판매 종결'이라고도 표현할 수 있다. 판매 종결은 자연스럽고 부드럽게 이루어져야 한다. 판매 종결은 서둘러 이루어져야 한다고 말하는 세일즈 트레이너들이 있는데, 부디 그의 말을 따르지 말기 바란다. 그렇게 하면 당신은 또 한 명의 강압적인 판매자가 될 뿐이다.

구매 능력이 있고, 당신을 신뢰하고, 당신이 설명한 구매의 혜택에 공감한 고객이 있다면 그는 스스로 구매를 결정할 것이다. 그러므로 강압적인 판매 테크닉을 구사할 필요도 없고, 구사해서도 안 된다. 만일 당신이 앞선 세 단계를 제대로 밟았다면, 당신이 강압하지도 않고 고객이 강요당한다고 느끼지도 않는 상태에서 자연스럽고 자발적으로 고객의 구매가 이루어진다. 강제적인 것은 관련된 모든 사람을 난처하게 만든다.

파티에서 초면의 매력적인 여성에게 다가가서 무작정 자기 여자친구가 되어 달라고 말했다가 무시당하거나, 심한 경우 뺨을 맞고 마는 남자가 이에 대한 좋은 비유가 될 수 있다. 그는 그렇게 하는 대신 여성에게 다가가 예의를 갖추고 가볍게 인사를 건넨 후 파티에 남자친구와 함께 왔는지 물어볼 수 있었다. 만일 그녀에게 남자친구가 없다면 그가 자격을 갖춘 남자친구 후보가 될 수도 있었고, 그렇게 되면 일단 첫 관문은 뚫은 셈이었다. 그 다음에는 그녀와의 공통점을 찾고 그녀에 대해 파악함으로써 그녀와 라포르를 형성할 필요가 있다. 교육 및 정보 단계는 그가 자신에 대해 조금 이야기하는 단계다. 이때 자신에 대한 이야기를 지나치게 많이 해서는 안 된다. 마무리 단계는 그가 식사 제안을 하지 않을까 그녀가 신경을 쓰고, 그 제안을 어느 정도 받아들일 생각이 있을 때다. 삶은 정말 이런 식으로 흘러간다. 실제로 우리는 매일 이런 식으로 구매를 결정한다.

구매가 이루어지기 전에 불안과 좌절감이 높아지는 순간이 있다. 이전까지의 과정에서 꾸준히 상승해 온 우리는 갑자기 끝을 향해 내리막을 타고 급격하게 굴러 떨어지는 지점을 만나게 된다. 이 정점에서 고객은 신체적인 변화를 느낀다. 구매가 더 중요할수록 이 정점의 순간은 더 명확하게 드러난다. 만일 앞선 세 단계가 제대로 이루어지지 않았다면 이 정점에서 고객은 구매로부터 등을 돌릴 것이다. 그리고 때로는 판매자인 당신이 고객보다 먼저 이 정점에 도달한다.

당신이 저항과 강압을 느끼고 있다면 고객을 밀어붙이지 말고, 대신 구매의 단계를 처음부터 다시 밟아 나가라. 상대가 자격을 갖춘 잠정 구매자인지 판단할 수 있는 질문들을 당신 자신에게 다시 던져 보아야 한다. 다시 한 번 말하지만, 당신은 구매 자격을 갖추지 못한 사람에게는 판매할 수 없다. 잠정 구매자와 가벼운 대화를 나누면서 둘 사이에 라포르와 신뢰가 형성되는 분위기를 다시 조성하라. 저울의 한쪽 끝인 '제품의 가치'에 무게를 더 싣고, 잠정 구매자에게 새로운 질문들을 던져라. 대부분의 경우, 당신은 하나의 단계를 빈틈없이 끝내지 못했음을 깨닫게 되고, 그 틈을 채워 넣을 기회를 갖게 될 것이다. 틈을 채우면 고객은 구매를 결정한다. 즉, 당신이 이전의 세 단계를 제대로 다시 밟으면 고객의 마음은 구매를 향해 달려갈 것이다.

성격 유형에 따라 구매의 정점에 도달하는 방식도 제각각이다. 주도형의 고객은 아주 빠르게 정점을 넘는다. 설령 당신이 주도형이라 하더라도 주도형인 고객의 속도를 따라가지 못할 것이다. 당신은 앞서 언급한, 비행기 시간을 맞추기 위해 아주 빠른 속도로 주택 구매 계약을 체결한 대기업 중역을 기억해야 한다. 그는 강한 주도형이었다.

사교형의 고객은 구매를 할 때 꽤 떠들썩할 것이다. 그들은 구매 행위를 일종의 파티로 여긴다. 그들 또한 정점을 쏜살같이 넘는다.

안정형의 고객은 정점에 도달했을 때 속도를 늦춘다. 그들은 종종 갈등을 느낀다. 안정형의 사람에게는 주변 사람들이 모두 그 구매에 만족할 것이라는 확신을 심어 주어야 한다. 그들은 결정을 앞두고 다른 생각에 빠져 망설이는 경향이 있다.

신중형의 고객은 정점에서 다소 불안 증세를 보인다. 그들 역시 안정형과 마찬가지로 속도를 늦춘다. 그들은 분석적이고, 항상 더 자세한 것을 원한다. 그렇기에 신중형에게는 가능한 한 많은 정보를 제공해야 한다. 그들은 라포르 형성에 관심이 없다. 그들은 합당한 것을 가장 중시한다. 그래서 그들은 정보를 많이 제공받아야 안심한다. 그들이 정점을 넘어 구매를 결정할 때 당신은 그들이 몸에 긴장을 풀고 꼭 다문 입에 미소를 띠는 것을 보게 될 것이다. 신중형은 정점에서 상당히 긴장한다.

● 부드럽게 판매를 완수하라

바람직하지 못하고 술수를 쓰는 판매 전략을 가르치는 일이 너무도 흔히 일어난다. 나는 예전에 한 세일즈 연수에서 그런 바람직하지 못한 판매를 목격했다. 연사는 계약서를 작성한 후 계약서 위에서 볼펜을 떨어뜨려 고객이 그것을 잡게 해야 한다고 말했다. 그렇게 고객이 볼펜을 쥐게 되면 계약서에 서명할 가능성이 높다는 것이었다. 그의 말처럼 반응하는 줏대 없는 고객이 있을 수도 있겠지만, 당신은 이 쓰레기 같은 판매 전략으로는 평생 고객을 절대 확보하지 못할 것이다.

당신이 처음 세 단계를 철저하게 준비한다면 판매는 자연스럽게 이루어진다. 강매 전략은 절대 구사하지 마라. 밀어붙이지 않고 끌어당기는 안트러리더의 인도를 받는 고객은 평생 고객으로 남는다. 그리고 안트러리더는 오로지 봉사함으로써 끌어당긴다.

판매는 봉사정신에 입각해 이루어져야 하며, 주문은 깔끔하게 마무리 지어져야 한다. 당신이 수표를 받아 들지 않으면 당신은 사업에서 살아남을 수 없다. 봉사정신과 더불어 판매를 깔끔하게 마무리 짓는 법을 배운다는 것은 품위 있고 부드럽게 판매를 완수하는 모범 답안을 본다는 것을 의미한다.

● **느끼고, 느꼈고, 알았다**

몇 가지 간단한 법칙들이 제품과 작별 인사를 하고 판매를 종결짓는 데 도움을 준다. 가장 기본적인 테크닉이 최고의 방법이다. 그것들은 고객을 조종하지 않는 진짜 테크닉이기 때문이다. '느끼고, 느꼈고, 알았다'라는 장황한 명칭의 테크닉은 상대를 불만의 정점에서 끌어내리는 데 도움을 준다. 이 테크닉은 망설이는 고객에게 그가 옳은 일을 하고 있다는 확신을 심어 주는 것이다. 예를 들면 이런 식이다.

"존, 이것을 구매하는 것에 대해 어떻게 느끼는지 이해합니다. 당신처럼 느낀 고객들이 많았거든요. 하지만 저희 고객이 된 후에 그들은 이것을 구매하길 잘했다는 것을 알게 되죠."

아니면, 이런 식의 방법도 가능하다.

"존, 아내와 함께 여성 관객을 겨냥한 영화를 보러 가는 것에 대해 어떻게 느끼는지 알아요. 당신처럼 느끼는 남성들이 상당히 많죠. 남자들은 대개 액션물을 좋아하죠. 그런데 그들은 함께 영화를 본 후에 아내들이 그런 류의 영화를 좋아하지 않아 모처럼의 데이트를 망쳤다는 것을 알게 된답니다."

모든 사람이 세일즈한다는 것을 기억하라.

● **추정 종결**

추정 종결The Assumptive close은 안트러리더와 그의 팀이 가장 많이 사용하는 것이다. 추정 종결은 운송 등에 필요한 정보를 모으고 잠정 구매자가 고객이 될 것이라 추정하면서 모든 서류에 기입하는 것이다. 즉, 그저 주문을 받는 것이다. 웨이터는 추정 종결을 사용하면서도 자신이 그것을 사용하고 있는지조차 모른다. 그저 주문을 받아라. 만일 잠정 구매자가 구매할 준비가 되어 있지 않다면 이전의 세 단계를 다시 밟아라. 레스토랑에서 주문할 준비가 되었을 때 웨이터가 없으면 당신은 서빙을 받지 못하고 있다고 생각할 것이다. 판매를 종결짓는 것이 진정한 봉사다. 당신의 판매 대부분이 추정 종결로 마무리되어야 한다. 그저 주문을 받고, 고객에게 봉사하라.

● 침묵

마케팅이나 세일즈와 관련된 직함을 부여받는 사람은 그 즉시 너무 많이 말하는 수다병에 걸린다. 질문하고 침묵하는 법을 당신의 팀에게 가르쳐라. 수다쟁이 세일즈맨이 그렇지 않은 세일즈맨보다 판매가 부진하다. 거래를 향해 나아가고 있음을 암시하는 질문을 던지고 침묵하라.

질문을 던지고 침묵해야 하는 이유는 두 가지다. 첫 번째 이유는 그것이 좋은 매너기 때문이다. 상대에게 질문을 던진 후에는 설령 오랜 침묵의 시간이 흐른다 할지라도 상대의 반응을 기다리는 것이 예의다. 하지만 제대로 교육을 받지 못한 신입 판매자들은 침묵이 흐르면 곧바로 뛰어들어 뛰어나지 못한 견해라도 덧붙여야 한다고 생각한다. 질문을 던지고 상대의 대답을 듣기 전에 마음대로 정보를 덧붙이는 것은 무례한 행동이다. 만일 웨이터가 당신의 테이블로 와서 "어떤 요리를 주문하시겠습니까?"라고 물어 당신이 고민하고 있는데 웨이터가 다시 불쑥 끼어들어 여섯 가지 요리를 추천한다면 그것은 무례한 행동이다. 질문을 던진 후의 침묵에 편안한 마음을 갖도록 하라. 당신이 조용히 경청하고 있으면 잠정 구매자가 자신에게 어떻게 세일즈해야 하는지 알려 줄 것이다. 성경에는 "지식이 있는 사람은 말을 아낀다(잠언 17장 27절)"라는 말이 있다. 심지어 물고기도 입을 다물면 잡히지 않는다.

질문을 던진 후에 침묵해야 하는 두 번째 이유는 침묵의 시간에는 압박감이 저절로 형성되기 때문이다. 이 순간이 판매가 이루어지는 바로 그 순간이다. 침묵의 순간을 '임신 기간'이라고도 하는 이유는 침묵이 탄생을 낳기 때문이다. 침묵의 순간은 세일즈를 낳는다. 침묵하라, 세일즈라는 아기가 서둘러 세상에 나올 수 있도록.

● 택일 종결

택일 종결The Alternative close은 추정 종결과 유사하다. 당신은 구매 절차의 처음 세 단계 동안 고객의 니즈가 무엇인지 파악해 그의 선택을 두 가지 옵션으로 좁힐 수 있다. 택일 종결은 고객에게 두 가지 옵션을 제시하는데, 이 둘 모두 구매를 수반한다. "낱개로 구매하시겠습니까, 아니면 다섯 개들이 묶음으로 구매해 할인을 받으시겠습니까?"와 같은 말이 택일 종결의 예다. 또 다른 예로 "녹색 제품을 원하세요, 아니면 빨간색 제품을 원하세요?", "생선 스페셜 요리와 양고기 요리 중 어떤 것을 주문하시겠어요?" 정도를 들 수 있을 것이다. 이때 반드시 명심해야 할 것은 살 것인지 말 것인지를 묻는 질문은 금물이라는 것이다. "이 주택을 구매하실 겁니까?"라는 질문은 당연히 어리석은 질문이다.

● 캘린더 종결

캘린더 종결The Calendar close은 캘린더를 이용하는, 추정 종결과 택일 종결의 조합물이다. 캘린더 종결은 고객이 선택할 수 있는 두 날 혹은 그 이상의 날을 제시하는 것이다. 캘린더 종결의 예는 다음과 같다.

"현재로서는 부부 카운슬링을 받으실 수 있는 가장 빠른 날이 10월 셋째 주 화요일과 목요일입니다. 어떤 날을 선택하시겠어요? 화요일을 선택하시겠다고요? 좋습니다. 시간은 오전 10시와 오후 2시 중 어떤 시간으로 하시겠습니까?"

캘린더를 이용해 제품이나 서비스의 옵션을 만들어라. 여기서도 모든 옵션이 거래를 수반한다.

● 신뢰 종결

신뢰 종결The Integrity close은 '체험 종결', '강아지 종결' 또는 '시운전 종결'이라고도 한다. 당신은 잠정 고객의 구입을 바라거나 제품을 보증하는 차원에서 그들이 제품이나 서비스를 체험하게 할 수 있다. 승용차를 집으로 가져가서 자녀와 이웃과 함께 시승해 본 후 다음 날 돌려주는 식인데, 이런 경험을 한다는 것은 결코 쉽지 않은 일이다. 과거에는 애완동물 가게 주인이 잠정 고객으로 하여금 강아지를 집으로 데려가 함께 시간을 보낼 수 있게 해주었는데, 이렇게 할 경우 거의 모든 사람이 강아지를 계속 키우기로 결정했다고 한다.

나도 이런 경험이 있다. 나는 광고가 위력을 발휘하면 광고 계약을 맺는다는 조건으로 일주일간 무료로 내 라디오 쇼를 통해 한 고급 전당포의 광고를 했다. 그들은 광고 첫날, 광고가 나간 지 4분 만에 1만 2,000달러짜리 다이아몬드 반지를 팔았고, 이로 인해 우리와 1년간의 광고 계약을 체결했다. 이 전당포는 15년이 지난 지금도 나의 라디오 쇼를 통해 광고를 하고 있다.

이것을 신뢰 종결이라고 하는 이유는 이것이 잠정 구매자와의 신뢰를 바탕으로 하기 때문이다. 잠정 구매자는 제품이나 서비스가 당신이 제공한 정보에 부합한다는 것을 확인하면 구매 절차를 밟아 나간다. 상황에 따라 당신은 잠정 구매자로 하여금 일정 기간 동안 제품을 체험해 보고 특정한 기준에 부합하면 제품을 구입해야 한다는 내용의 계약서에 서명하도록 할 수도 있다.

돈을 받기 전에는 끝이 아니다

계약 체결과는 상관없이 어떠한 판매도 돈이 들어오기 전에는 종결된 것이 아니다. 송장은 약속일 뿐, 돈이 아니다. 우리는 수금하기 전까지는 판매자에게 수수료를 지불하지도 않고, 그것을 판매로 계산하지도 않는다. 우리는 이에 대해 아주 엄격하다. 우리의 리더 중 한 명이 이와 관련한 장난을 쳤을 정도로 말이다. 재능 있는 신입 판매원이 처음으로 수표를 받았는데, 그의 리더가 그에게 첫 수표를 받은 사람은 처음으로 판매를 종결했다는 것을 사람들에게 알리기 위해 그 수표를 복사해 사본을 점심시간까지 이마에 붙이고 다니는 회사 전통이 있다고 말했다. 나는 판매부 사무실을 지나가다 이마에 수표 사본을 붙이고 앉아 있는 젊은이를 보고 깜짝 놀라 물었다.

"이마에 붙인 것이 뭔가?"

그제야 그는 그의 리더가 자기에게 장난을 쳤다는 것을 알았다. 당신이 돈을 수중에 넣었을 때 비로소 판매 실적으로 인정된다는 것을 명심하라.

결론

자기 제품도 사랑하고 자기 고객도 사랑하는 안트러리더는 둘이 결혼하는 것을 보길 원한다. 즉, 안트러리더는 단지 돈만 보고 서둘러 거래를 성사시키려고 하지는 않는다. 안트러리더는 사업을 매매로 보기보다 관계로 본다. 우리는 판매를 하지 않고 봉사를 한다. 봉사를 잘하기 위해서는 사람들의 구매 과정과 관련해 의도적인 지혜를 발휘할 필요가 있다. 따라서 당신이 데이트 신청에 성공하기 위해 노력하든, 자녀가 좋은 성적을 받을 수 있게 자녀를 설득하든, 돈을 벌기 위해 사업적인 거래를 하든, 상대에게 좋은 영향을 끼친다는 마음가짐으로 각각의 과정에 접근해야 한다. 당신이 이러한 접근 방식을 취하는 하인과 같은 판매자가 된다면 당신은 평생 고객을 얻게 될 것이다.

EntreLeadership

Part 9

사업에서의 재정적인 평화

돈과 빚, 미래를 위한 투자 원칙

2008년, 주식 시장이 급락했고, 미국에 혼란이 찾아왔다. 왜 우리 경제가 벼랑 끝을 걷게 되었는지에 대한 많은 논의가 있어 왔고 앞으로도 있을 것이지만, 대부분의 사람은 서브프라임 모기지론의 큰 실패가 기본에 금이 가게 했다고 믿는다.

탐욕스러운 은행가들이 터무니없이 높은 이자율의 모기지를 파산한 사람들에게 판매했다. 양당의 어리석은 정치가들은 정부의 후원을 받는 모기지 대출 기관들이 나쁜 거래를 마치 좋은 거래인 것처럼 받아들이도록 부추겼다. 그래서 파산한 사람들이 대출금을 갚지 못하게 되자 예전에는 합리적으로 돌아가던 모기지 업계가 금이 가면서 자연스럽게 금융 붕괴가 일어났는데, 어찌 보면 이것은 당연한 귀결이었다.

2008년의 금융 붕괴는 이보다 더 복잡한 것이었다. 월스트리트의 두려움이 워싱턴 DC로 전해지는 순간, 공황이 도래했다. 양당의 리더들은 공황 상태에 빠졌고, 그 공황이 워싱턴 DC를 떠나 언론에 도달한 순간 완전한 히스테리가 찾아왔다. 경제의 미래에 대한 두려움과 공황, 심지어 히스테리까지 매일 저녁 뉴스에서 언급되었다. 나는 미국의 재정과 관련해 미국에서 가장 영향력 있는 목소리를 가진 사람들 중 한 사람으로서 한 시간이 멀다 하고 주요 뉴스 프로그램에 출연해 조언을 하고, 사람들을 진정시키려 애썼다.

어느 날 나는 폭스 뉴스에서 세 개의 쇼를 끝내고, 아내와 몇몇 친구와 함께 저녁 식사를 하러 뉴욕의 유명한 스테이크하우스에 갔다. 우리가 그날의 뉴스에 대해 토론하고 있었을 때 갑자기 특별한 깨달음의 순간이 내게 찾아왔다. 나보다 더 영리하고 학식 있는 사람들이 실제로 공황 상태에 빠졌다. 그들은 만일 국회가 엄청난 액수의 구제 금융안을 통과시키지 않는다면 우리의 경제는 붕괴할 것이고, 그 결과 우리에게 익숙한 우리의 삶은 지구상에서 종적을 감추게 될 것이라고 생각했다. 그들은 지나치게 감정에 치우쳐 있었다. 예일 대학을 졸업하고 스탠포드 대학에서 경제학 박사 학위를 받은 매우 학식 있는 내 친구는 두렵거나 술에 취했을 때는 절대 큰 결정을 내려서는 안 된다고 말한 적이 있다. 나에게는 2008년의 붕괴로 인해 대부분의 사람이 두려움에 취한 것처럼 보였다.

깨달음의 순간은 나는 왜 공황 상태에 빠지지 않는지 골똘히 생각하고 있을 때 찾아왔다. 나는 왜 두려움에 떨지 않는 걸까? 내가 이 경제 위기의 진정한 의미를 파악할 만큼 똑똑하지 못해서일까? 나는 얼마 동안 나 자신의 지력과 믿음을 의심했고, 그때 머릿속에 하나의 생각이 떠올랐다. 성경과 금융 원칙에 입각한 상식으로 내 삶과 사업을 꾸려 온 나는 큰 위기가 닥쳐올 것 같은 혼란한 상황에서 중심을 잡을 수 있었기에 두려움을 느끼지 않을 수 있었던 것이다. 나는 태풍의 한가운데서 평온할 수 있었다. 나는 마치 건초와 나무가 아닌 탄탄한 벽돌로 지은 우리 안의 돼지와 같았다.

국회가 엄청난 액수의 구제 금융안을 통과시킨 후 대단히 자극적인 정책을 펼쳤는데, 안타깝게도 이러한 정책은 효과를 발휘하지 못했다. 정부의 개입이 없었다면 금융 붕괴는 일어나지 않았을 것이라 믿는 사람들이 있는데, 나도 그들 중 한 명이다. 나는 우리의 믿음이 사실인지 결코 알지 못할 것이다. 내가 확실히 아는 것은 정부의 '도움'에도 불구하고 경제는 여전히 난관에 처해 있었다는 것이다. 경제가 침체되고 주택 가격이 유례없이 폭락함에 따라 실업률이 크게 증가했다. 두려움 탓에 모든 업계가 끼익 소리를 내며 정지했다. 경기 침체는 전례 없이 많은 압류 건을 야기했고, 재정적인 고통은 마치 무너진 댐에서 쏟아져 나오는 거센 물줄기처럼 준비되지 않은 사람들을 순식간에 휩쓸어 버렸다.

다른 공황 때와 마찬가지로 준비된 사람들은 이 침체의 기간에도 부를 축적하며 투자했다. 워렌 버핏Warren Buffett은 이러한 상황을 멋지게 묘사했다.

"썰물이 되면 누가 알몸으로 수영하고 있었는지 알 수 있다."

상식과 보수적인 재정 원칙을 따르지 않은 사람들과 그들 사업의 운명은 경쟁자의 변덕과 시장의 물결, 더 나아가 전체 경제의 큰 변화에 거의 무방비 상태로 노출되었다.

2008년의 경제 위기 동안 나는 두려움에 떨고 있는 사람들의 한가운데 서있으면서도 평온을 유지할 수 있었다. 우리는 사업을 시작한 첫날부터 이 장에서 소개할 돈에 관한 원칙들을 따랐기 때문이다. 우리는 현금을 많이 보유했고, 개인적으로나 사업적으로 채무가 없었으며, 제품의 마진도 좋았다. 이런 막강한 재정 상태 덕분에 우리는 다른 기업들이 움츠

러들 때 성장하고 투자할 수 있었다. 우리는 거리로 나온 유능한 인재들을 채용함으로써 인력에 투자했다. 우리는 몇 년 만에 처음으로 가격이 내린 부동산과 같은 것들을 구입했고, 주식 시장에 많은 돈을 투자했다. 워렌 버핏은 다음과 같이 말하기도 했다.

"다른 사람들이 욕심을 부릴 때 조심하고, 다른 사람들이 조심할 때 욕심을 부리도록 하라."

헐값에 파는 것들을 구입하라. 하지만 당신의 신세가 당신이 소유한 것들을 헐값에 팔아야 하는 빈털터리로 전락했다면 다른 사람들이 내놓은 것이 아무리 헐값이라 하더라도 그것들은 단지 그림의 떡일 뿐이라는 것을 명심하라.

나는 당신에게 화창한 날뿐만 아니라 태풍이 부는 날에도 당신의 사업을 번영시킬 수 있는 방법을 알려 줄 수 있다. 나는 당신에게 당신의 사업에서 스트레스가 가장 심한 영역을 제거하는 데 도움을 줄 수 있는, 오랜 세월에 걸쳐 입증된 몇몇 원칙들을 어떻게 지킬 수 있는지 알려 줄 수 있다. 여기서 문제는 이러한 원칙들이 대부분의 사람이 믿고 행하는 것과 정반대의 양상을 띤다는 것이다. 그 대부분의 사람들에는 사업을 하지 않거나 사업을 하지 않았으면 하는, 스트레스를 많이 받고 지쳐 있는 사람들이 포함된다. 우리는 '다시는 정상적으로 살 수 없는' 영역에 들어가지 않도록 각별히 신경 써야 한다.

기본 원칙

금융 분야의 학계는 특유의 오만함을 드러낸다. 금융 분야의 공식적인 교육을 받은 사람들은 단순한 것을 업신여기는 경향이 있다. 그들은 단순한 것은 원초적이고 세밀하지 못하다고 배웠다. 하지만 현실은 그렇지 않다. 금융 분야에서는 정교한 옵션도 선택해야 하지만, 단순한 옵션도 선택해야 한다. 나는 단순한 것에 깊은 존경심을 갖고 있다. 어떤 분야라도 가장 심오한 진실 중에는 아주 단순하면서도 심오한 것들이 있다. 원칙과 그 원칙의 적용이 합당하기 위해 복잡할 필요는 없다. 당신의 교육 수준이 높을수록 당신은 이 장을 읽는 데 더욱 신경을 써야 한다. 아주 똑똑한 사람은 지혜로울 수 있는 기회를 놓칠 수도 있으니 말이다. 나 역시 이런 우를 범해 큰 대가를 치렀다. 나의 전철을 밟지 않으려면 단순한 개념에 귀 기울여라.

아주 똑똑한 사람은 지혜로울 수 있는 기회를 놓칠 수 있다.

회계 업무

작은 회사는 대부분 형편없는 회계 탓에 망한다. 그들은 충분한 자본력을 갖추지 못한 채 사업을 시작한다. 그들은 구체화를 하지 못하고, 분기별 세금이나 급여세를 내지 못하며, 현금 흐름 문제에 봉착한다. 이러한 문제들 모두 사업을 운영하는 데 요구되는 회계를 제대로 하지 못해 일어난 증상들이다. 성경은 이렇게 말한다.

"네 양 떼의 상태를 잘 알고, 네 소 떼를 주의 깊게 살펴라(잠언 27장 23절)."

밤이 되어 양 떼가 집으로 돌아갈 시간이 되면 양치기는 길을 잃고 헤매는 양이 없는지 확인하기 위해 양을 센다. 그가 양을 세는 행위가 바로 회계다. 이것이 당신의 사업에서 당신이 해야 할 전부다. 당신은 반드시 그것을 해야 한다.

마이크로비즈니스

신생 홈비즈니스는 종종 가장 기본적이고 원초적인 회계 업무조차 망각한다. 그들은 자신도 모르게 개인적인 돈과 사업적인 돈을 혼용한다.

당신이 해야 할 회계의 첫 단계는 사업을 위한 별도의 당좌 예금 계좌를 개설하는 일이다. 사업을 위한 별도의 당좌 계좌를 개설하고 나면 당신은 사업으로 번 모든 돈을 이 계좌에 입금해야 한다. 사업적인 지출은 반드시 이 계좌의 돈을 사용해야 하며, 사업적인 지출이 아니라면 절대로 이 계좌의 돈을 사용해서는 안 된다. 다시 말해, 개인적인 지출에 사업 계좌를 사용해서도 안 되고, 사업적인 지출에 개인 계좌를 사용해서도 안 된다. 사업과 관련한 수입과 지출만 기록되는 이 계좌는 현금 기반 회계를 위한 간단한 손익계산서가 되어 줄 것이다. 이것은 수표장의 잔고가 당신의 수익이라는 의미다. 절대 속임수를 써서는 안 된다는 것을 명심하라. 다른 사람의 사업 계좌인 양 이 계좌를 이용하라. 당신은 다른 사람의 계좌에 있는 돈을 당신의 개인적인 용도로 쓰지 않을 것이고, 당신의 개인적인 돈을 그 계좌에 입금하지도 않을 것이다. 이 간단한 단계는 당신의 회사가 이윤을 내고 있는지, 승리하고 있는지 보여 줄 것이다.

세금 때문에 당신의 회사가 쓰러질 수 있다

나는 세금을 싫어한다. 그런데 세금을 제때 내지 않는 것은 더 싫어한다. 세금을 제때 낼 수 없다면 당신의 회사는 문을 닫게 된다. 만일 당신이 판매세를 받고 내는 제품 판매 사업을 하는데 판매세를 낼 돈이 없어 돈을 빌린다면 당신의 사업은 실패할 것이다. 당신이 직원을 두고 있는데 급여세를 낼 돈을 마련해 두지 않는다면 당신의 사업은 실패할 것이다. 제때 세금을 낸다는 이 단순한 원칙은 이를 따르지 않는 사람들에게는 매우 힘든 일이다.

당신은 당신의 사업 계좌에서 돈을 뺄 때 그 돈의 일정 부분을 떼어 별도의 예금 계좌에 입금할 필요가 있다. 분기별 세금을 미리 마련해 놓기 위해서 말이다. 당신이 사업 계좌와 연계된 수표를 쓸 때마다 그 돈의 일정 부분을 입금할 별도의 '세금용' 예금 계좌를 개설하라. 나는 사업을 시작한 이래 지금까지 이 기본적인 원칙을 지켜 왔고, 그 결과 세금을 제때 내지 못한 적이 한 번도 없다. 아주 기본적인 세금 준비이기는 하지만, 당신은 여기서부터 출발해야 한다.

예산

거의 모든 소규모 기업이 연말에 세금을 납부할 목적으로 손익계산서를 준비하는 세금 담당자 또는 공인회계사를 두고 있다. 당신이 조금 더 일을 잘한다면 매달 손익계산서를 손수 준비할 수도 있을 것이다. 많은 소기업에게 손익계산서는 회계 시스템의 전부를 차지한다. 성공하기를 원한다면 당신은 손익계산서 이외에 다른 회계도 해야 한다. 기업인들은 대개 꼼꼼한 사람이 아니기에 손익계산서를 싫어한다. 그래서 그들은 특히 사업 초창기에 손익계산서 업무를 제대로 하지 못하는 경향이 있다.

당신은 손익계산서를 통해 지난달과 지난 분기, 지난해에 어떤 일이 있었는지 알 수 있다. 하지만 손익계산서는 앞으로 어떤 일이 일어날 것인지에 대해서는 말해 주지 않는다. 당신은 반드시 손익계산서 업무를 처리해야 하지만, 그것으로 그쳐서는 안 된다. 당신은 그보다 더 많은 일을 해야 한다. 손익계산서는 오로지 백미러만을 이용해 운전하는 것과 같다. 당신이 맨 먼저 해야 하는 회계는 예산이다. 이것은 자동차 앞 유리를 통해 전방을 보면서 운전하는 것과 같은 것이다.

사업 예산이 하는 일은 수입과 지출, 수익을 계획하거나 예상하는 것이다. 처음으로 예산안을 세울 때는 학습한 추정을 할 수밖에 없기 때문에 정확한 결과를 얻지 못할 것이다. 사업을 오래 하면 할수록 예산은 더 정확해진다. 당신은 여행 경로를 계획하지 않고 플로리다에서 뉴욕까지 차를 몰고 갈 수는 없다. 목적지를 정하지 않고 집을 나선 사람은 결국 여행에 실패한다. 지그 지글러는 이렇게 말했다.

"당신이 목표하는 것이 없다면 당신은 매번 아무것도 달성하지 못할 것이다."

존 맥스웰은 이렇게 말했다.

"예산은 돈에게 어디로 갔는지 묻는 것이 아니라, 어디로 갈지를 지시하는 것이다."

예수는 이렇게 말했다.

"먼저 경비를 계산하지 않고는 탑을 세우지 마라."

예산안을 세우면 당신은 다양한 옵션을 준비하고 생각할 수 있다. 당신이 조경 사업을 하고 있다면 예산안은 당신에게 비수기인 겨울을 대비해 다람쥐처럼 도토리를 비축해 놓아야 한다는 것을 일깨워 준다. 나는 당신에게 다람쥐처럼만 영리할 것을 당부한다. 그게 전부다. 다람쥐처럼만 되라는 것이 어려운 주문은 아닐 것이다.

임금에 맞게 행동하라

사업가는 돈을 만지기 시작하면 감정에 상당히 치우치는 경향이 있다. 우리가 개인적으로 사치를 일삼는 것과 마찬가지로 사업가도 사업을 이유로 과도한 지출을 한다. 하지만 이에 대한 사업가의 합리화는 훨씬 더 복잡하다. 그들은 사업에 불필요한 온갖 장난감과 설비를 '신뢰감 얻기' 또는 '생산성 향상'이라는 미명 아래 사들인다.

나는 멋진 신형차를 구입하고 빚을 지는 부동산 중개업자들이 많다는 것을 알고 있다. 그들이 빚을 지면서까지 값비싼 고급차를 구입하는 이유는 사람들이 고급 승용차를 소유한 부동산 중개업자들에게서 주택을 더 잘 구매하는 경향이 있다는 근거 없는 믿음 때문이다. 부동산 중개업자들에게 가장 적당한 차는 깔끔하고 믿을 만한 중고 중형차다. 그들의 수입이 얼마인지와는 무관하게 말이다.

건설 현장에 가격이 3~4만 달러에 달하는 4륜 구동 신차와 고급 트럭이 그렇게 많은 것처럼 이해되지 않는 광경은 없다. 배관공과 전기 기사, 벽돌공, 목수 등의 트럭을 보고 그들을 고용하는 사람은 아무도 없다. 아무리 멋진 트럭이라도 업무 현장에서 금방 엉망이 될 것이고, 이를 소유한 일꾼은 자신의 일에 전혀 필요 없는 망가진 트럭을 소유한 대가로 꽤 많은 빚을 지게 될 것이다.

나는 사람들이 사업에 성공하기 위해 필요하다는 명목으로 각종 전자기기를 구입하고 하드웨어를 업그레이드하는 것을 보면 비명을 지르고 싶은 심정이 된다. 돈이 넘쳐 날 때 이러한 장난감들을 구입한다면 말리지는 않겠다. 하지만 수익을 내기 위해서는 반드시 필요하다고 우기면서 사업에 부담을 주거나 빚을 내면서까지 그것들을 구입하는 일은 삼가기 바란다.

수익이 높고 안정적인 사업체는 장난감 구입을 피하고, 사람들에게 불필요한 인상을 주려는 감정적 욕구를 거부한다. 여윳돈이 있는 경우에만 멋진 장난감을 구입하라. 하지만 이 경우에도 그것이 사업에 필수적이라는 합리화는 하지 마라.

내가 수백만 달러의 거래를 하기 위해 자산가치 수십억 달러의 한 사업체를 방문했을 때, 나는 그 회사의 로비에서 오래전부터 표면이 벗겨져 있었을 빛바랜 인조 가죽 소파를 보았다. 뿐만 아니라 이 중대한 회의를 위해 우리는 접이식 탁자와 쌓아올려져 있던 의자를 사용했다. 이 업체의 대표는 나에게 좋은 인상을 심어 줄 필요가 없었다. 내가 그와 거래하기를 간절히 원한다는 것을 누구보다 잘 알고 있었기 때문이다. 만일 당신과 당신의 사업 자체가 매력적이라면 당신은 가구나 장난감으로 사람들에게 좋은 인상을 심어 주려 애쓸 필요가 없다. 지금까지 로비에 있는 소파 때문에 성사되거나 결렬된 거래는 없었다.

절세의 합리화

현명한 안트러리더는 불필요한 구입으로 '절세'를 해 수익을 창출한다는 어리석은 생각은 절대 하지 않는다. 당신이 어떤 물건을 구입할 때

절세를 위해 물건 값을 미리 지불하는 것은 현명한 처사다. 하지만 "내 공인회계사가 나에게 세금을 줄이기 위해서는 지출을 해야 한다고 말했단 말이야"라는 바보 같은 소리를 하며 불필요한 구매를 하는 것은 너무나도 어리석은 일이며, 실패의 길로 접어든 것이다. 물론 당신은 사업을 운영하기 위해 필요한 지출에 대해서는 적절한 소득공제를 받아야 한다. 하지만 당신의 공인회계사가 소득공제를 받기 위해 사업에 불필요한 지출을 권한다면 당신은 그 공인회계사를 당장 해고해야 마땅하다. 그런 지출은 당신에게 결코 득이 되지 않기 때문이다.

채무

당신이 오랫동안 사업을 한 사람이라면 누구나 실수를 한다는 것을 뼈저리게 느꼈을 것이다. 누구나 실수를 하고, 바보 같은 생각을 한다. 대부분의 사람은 하루에 한 가지 아이디어를 생각하는데, 그 아이디어는 대부분 터무니없는 것이다. 오랫동안 사업을 해왔고, 데이브 램지 브랜드로 전국적인 유명세를 떨친 나는 우리 회사의 거의 모든 수입과 성공이 우리의 아이디어 중 10퍼센트에 해당하는 아이디어 덕분이라는 것을 잘 안다. 우리는 90퍼센트를 차지하는 나머지 실패한 아이디어에도 불구하고 지금까지 살아남았다. 그 비율은 틀릴 수도 있겠지만, 사업에 오랫동안 몸담은 사람들은 그들이 떠올린 대부분의 아이디어와 브레인스토밍, 영감이 아무짝에도 쓸모없거나 잘못된 것임이 입증되었음을 증언할 수 있을 것이다.

채무는 실수를 확대한다

나의 '탁월한' 아이디어 중 어떤 것이 잘못된 아이디어인지 알 수 없으므로 돈을 빌려 아이디어를 실행에 옮겨 실수의 크기를 키우는 것은 결코 바람직하지 않다. 우리는 너무도 많은 실수와 계산 착오를 범했기 때문에 그것들을 전부 이야기하려면 책 한 권으로도 어림없다. 우리의 빛나는 성공의 산은 사실 실수와 오판으로 수북이 쌓인 쓰레기 더미다. 우리는 단지 그것들을 땅에 묻지 않고 밟고 서있을 뿐이다. 당신이 온갖 실수 위에 서 있다면 당신은 성공한 것이다. 하지만 돈을 빌려 실수의 크기를 키운다면 당신은 사업에서 아웃이다. 치명적이지 않은 실패는 해보는 것도 괜찮다. 당신은 이러한 실패를 거치면서 자전거 타는 법을 터득했기 때문이다. 하지만 당신의 탁월한 최신 아이디어를 실행에 옮기기 위해 돈을 빌린다면 당신이 치명적인 실수를 할 가능성은 급격하게 커진다.

스페이스 캠프

우리는 3세에서 12세 아이들에게 금융 원칙을 가르쳐 주는 이야기책 시리즈를 출간했다. 이 시리즈는 퓰리처상 후보에 두 차례나 오른 시사 만화가인 나의 사촌 마셜 램지Marshall Ramsey가 삽화를 그린 세계적인 수준의 이야기책이다. 우리는 처음에 네 권으로 이 시리즈를 시작했다. 여기서 우리의 주인공 '주니어(금융 평화 주니어)'는 일하고 저축하고 지출하고 기부하는 것을 배우는 네 차례의 모험을 떠났다.

어느 날 칙필에이에서 자신들의 키즈 세트에 우리 회사 이야기책 다섯 권을 포함하고자 한다며, 그 허가권을 구입할 수 있는지 물었다. 그들의 계획은 한 주에 한 권의 책을 총 5주에 걸쳐 그들의 키즈 세트에 끼워 파는 것인데, 그렇게 되면 대략 250만 권의 책이 필요하다고 했다. 이러한 종류의 저작권료는 그리 많지 않은 편이어서 우리는 우리의 브랜드를 널리 알리고 브랜드 이미지를 향상시킬 수 있는 이 멋진 기회로부터 더 많은 돈을 벌 수 있는 아이디어를 도출하길 원했다. 우리에게는 네 권밖에 없는데 그들은 다섯 권을 원했기 때문에 우리는 이야기책을 세 권 더 만들기로 결정했다. 세 권의 책을 더 만들어 칙필에이에 다섯 권을 공급하고, 나머지 두 권은 250만 권의 책 뒤표지에 광고할 예정이었다. 우리는 그렇게 만들어진 일곱 권을 세트로 판매할 수도 있고, 최소한 칙필에이가 자신들의 키즈 세트에 포함하지 않은 두 권의 책을 추가적으로 판매할 수 있다고 생각했다. 그래서 우리의 '주니어'는 결국 채무와 신성성, 만족에 대해 배우는 세 차례의 모험을 더 떠나게 되었다.

'만족'에 대한 새 책의 제목은 《우주에서의 모험Adventures in Space》이었다. 이 책에서 주니어는 스페이스 캠프에 참가하고 싶었지만 참가비가 너무 비싸 부모님이 감당할 수 없었던 탓에 참가하지 못했다. 주니어가 너무 슬퍼하자 주니어의 아빠는 큰 상자를 파는 가게에 가서 팔다 남은 상자들을 몇 개 얻어 와 주니어에게 우주선을 만들어 주었다. 비싼 참가비 탓에 스페이스 캠프에 가는 것을 포기해야 했던 주니어와 그의 친구들은 박스로 만든 우주선 안에서 신나게 놀았다. 성대하고 화려한 스페이스 캠프에 참가한 주니어의 친구들은 일주일 내내 내리는 비 때문에 전혀 재미있는 시간을 보내지 못했다. 그래서 주니어는 만족이라는 값진 교훈을 배웠다. 이 얼마나 아이들에게 교훈적이고 영감을 주는 이야기인가?

그런데 어느날 '헌츠빌 스페이스 앤드 로켓 센터Huntsville Space and Rocket Center'의 책임자가 우리에게 전화를 걸어 왜 자신들이 등록한 트레이드마크인 '스페이스 캠프'라는 용어를 도용했는지 물어 왔다. 그는 나름대로 예의를 갖추고 호의적인 태도로 말했는데, 그 후 그들의 변호사가 우리에게 위협적인 편지를 보내기 시작했다. 우리가 그들의 트레이드마크를 뜻하지 않게 침해한 것이므로 우리에게 전적으로 책임이 있었다. 나 자신도 트레이드마크와 저작권을 많이 갖고 있기에 결코 의도적으로 한 일은 아니었다. 우리는 스페이스 캠프라는 용어가 트레이드마크로 등록된 것인지 전혀 몰랐다. 상황은 점점 더 나빠졌다. 스페이스 캠프 책임자의 아내가 내 라디오 쇼의 애청자였는데, 내가 라디오를 통해 스페이스 캠프는 나쁘고 터무니없이 비싸다는 말을 한 것을 듣고 남편에게 데이브 램지가 왜 그런 말을 했는지 따지고 물었던 것이다.

설령 모르고 저지른 실수라 하더라도 우리가 잘못한 것은 확실했다. 그들은 우리에게 엄청난 타격을 줄 수 있었다. 실제로 그들의 변호사가 그들이 그렇게 할 것이라는 암시를 주기도 했다. 나는 책임자에게 전화를 걸어 정중하게 사과한 다음, 내가 라디오에서 한 말은 실수였다는 말을 아내에게 전해 달라고 당부했다. 그는 처음에는 내게 화가 난 상태였지만, 나와 대화를 나눌수록 내가 사기꾼은 아니라는 것을 감지하는 듯했다. 고맙게도 그는 남아 있는 재고를 폐기하고 그것을 입증할 것만을 요구했다. 그리고 그의 팀원 누구라도 우리의 행사에 평생 무료로 참석할 수 있다는 조건으로 사태를 마무리 지어 주었다. 정말 다행이었다.

우리가 돈을 빌릴 마음이 들 정도로 이 프로젝트에 열정적으로 매달렸다면 우리는 25만 권의 책을 폐기했을 것이다. 다행히 우리는 돈을 빌리지 않았기에 우리의 실수를 확대하지 않을 수 있었다. 우리는 약 2만 2,000권의 책을 폐기하는 것으로 그쳤는데, 이것으로 저작권 침해 소송을 피하고 사태를 마무리할 수 있어 만족했다. 사실 우리 입장에서는 돈을 잃은 것이 안타까웠지만, 그렇게 하는 것이 합당했고, 진짜 스페이스 캠프 측에서 우리를 많이 배려해 준 처사였다. 덧붙이자면, 내가 이전에는 존재하는지도 몰랐던 진짜 스페이스 캠프는 아주 훌륭한 캠프이며, 참가비도 비싸지 않다. 그들이 내게 이 말을 하라고 부추긴 적이 없음을 분명히 밝히는 바다.

기업을 죽이는 부채

소기업이 쓰러지는 이유는 대부분 현금 흐름 문제 때문이다. 현금 흐름 문제는 세금 문제와 채무 문제로 바꾸어 말할 수 있다. 채무가 없는 기업이 같은 업계의 채무가 있는 경쟁 기업보다 현금이 더 많은 것은 분명한 사실이다. 30만 달러의 대출을 받았고, 모기지로 주택을 구입한 세탁소는 빚이 없는 세탁소에 비해 실패할 확률이 훨씬 높다. 따라서 채무는 리스크 및 치명적인 실패의 확률을 기하급수적으로 높이는 주범이다.

빚을 진 회사를 시장에 내놓으면 그 회사는 리스크가 크기 때문에 평가 절하된다. 그런데 교육 수준이 높고 지적으로 보이는 사람들이 빚은 제대로만 이용하면 좋은 것이라며 열을 올리는 경우가 허다하다. 그들은 사업을 시작하고 운영하려면 빚이 필요하다고 말한다. 하지만 빚이 없는 소기업 중에는 대를 이어 번영하는 소기업이 너무도 많으며 리스크나 현금이 새어 나가는 것을 꺼려 빚을 지지 않는 대기업도 적지 않다. 부채가 없는 이러한 기업들 모두 사업에 성공하려면 부채도 필요하다는 잘못된 믿음의

기업을 죽이는 것은 부채다. 부채가 없는 기업은 생존하기 위한 돈이 있다.

레이더망에 걸리지 않고 순조롭게 비행한다. 당신이 들어 봤을 법한 대기업 중 부채가 없는 곳으로는 시스코, 마이크로소프트, 칙필에이, 하비로비, 베드 베스 앤드 비욘드Bed Bath and Beyond, 더 갭The Gap, 일렉트로닉 아츠Electronic Arts, 이베이, 애플, 구글, 리글리Wrigley 등이 있다. A. G. 에드워즈A. G. Edwards에서 애널리스트로 일했던 피터 앤드류Peter Andrew는 이렇게 말했다.

"기업을 죽이는 것은 부채다. 부채가 없는 기업은 생존할 수 있는 돈이 있다."

채무에 대한 근거 없는 믿음

사업과 관련한 채무에 대한 근거 없는 믿음들이 떠돌아다니고 있다. 그중 하나는 빚을 지지 않고는 사업을 시작하거나 확장할 수 없다는 믿음이다. 하지만 통계에 따르면, 소기업의 60퍼센트가 5,000달러 미만의 돈으로 사업을 시작했다고 한다. 대부분 큰 액수의 부채와 다수의 새 장비, 모기지 없이 사업을 시작했다는 것이다. 대부분의 사업체가 작게 시작해 점차 확장하는 패턴에 따라 생존했다. 작게 시작해 점차 확장함으로써 리스크를 줄이고 실수의 크기를 최소화할 수 있었다는 것이 틀림없는 진실이다.

대출 한도에 대한 근거 없는 믿음

나는 현금 흐름의 변동에 대처하기 위해 대출 한도가 필요하다는 이야기를 종종 듣는다.

"내 사업은 계절에 따라 변동이 심하고 예측하기 어려워. 그래서 난 사업을 유지하기 위해 대출 한도가 필요해."

여기서도 진실은 우리 문화가 믿는 근거 없는 믿음과는 매우 다르다. 당신이 사업을 오래 할수록 당신은 적절한 회계 및 예산 업무를 통해 현금 흐름의 변동을 더 잘 예측할 수 있다. 사업을 잘하는 영리한 사람은 현금이 빠져나가는 것이 계절의 변화에 따른 문제인지, 아니면 사이클이 야기한 문제인지를 재빨리 파악한다. 아울러 어느 정도의 수익과 유동 현금을 보유하고 있는 사람은 대출 한도를 필요로 하지 않는다.

사업에서의 신용카드 빚

나로서는 이해하기 어렵지만, 사람들은 사업에 필요한 자금을 조달하기 위해 신용카드를 이용하는 것이 영리한 방법이라고 생각한다. 이렇게 생각하는 사람은 매우 순진한 사업가라고 할 수 있다. 하지만 〈비즈니스위크Businessweek〉에 따르면, 전체 소기업의 50퍼센트가 신용카드를 사용하고 있으며, 그중 71퍼센트가 잔고가 부족하다고 한다. 지극히 비싼 형태의 부채를 야기하는 신용카드는 이를 이용해 사업을 시작하거나 운영하는 사람이 자금 조달에 대해 얼마나 고민하지 않는지를 보여 주는 하나의 지표다. 이러한 사람들은 자신의 수익이 자신의 우둔함을 극복할 수 있다는 망상에 사로잡혀 있다. 오랫동안 소기업 경영자들을 상담해 온 나는 신용카드를 사용하는 대부분의 소기업 경영자들이 민감하게 반응하는 사람이라는 사실을 알게 되었다. 그들은 계획적으로 생각하지 않고, 반사적으로 반응한다. 모든 일이 저절로 잘 풀릴 것이라 생각하는 몽상가의 방식으로 반응하는 것이다. 나는 소기업의 실패율이 신용카드로 자금을 조달하는 기업의 수에 지대한 영향을 받는다고 확신한다.

신용카드로 자금을 조달하는 사람들은 자신의 수익이 자신의 우둔함을 극복할 수 있다는 망상에 사로잡혀 있다.

나는 또한 사업에 신용카드를 사용하면서 "저희는 신용카드 빚이 없어요" 또는 "저희는 회계 때문에 신용카드를 사용합니다" 등의 말로 신용카드 이용을 합리화하는 사람들도 상담했다. 신용카드 대신 체크카드를 사용하라. 우리 회사는 전적으로 체크카드를 사용하는데, 체크카드는 실제 돈과 마찬가지여서 우리가 훨씬 더 주의 깊게 지출할 수 있게 해준다. 아이러니한 점은 신용카드 역시 실제 돈을 대변하지만, 체크카드를 사용할 때처럼 실제로 돈을 쓰는 느낌이 강하지는 않다는 것이다. 내가 체크카드 사용을 권하면 경영자들은 놀란 눈으로 나를 쳐다보며 이렇게 말한다.

"직원들에게 체크카드를 사용하게 하라고요? 그들을 어떻게 믿고요?"

나는 이 바보 같은 말을 통해 두 가지 사실을 알 수 있다. 첫째, 그들은 직원들의 신용카드 오용에 대해 경영자가 법적 책임을 질 필요가 없다고 생각한다. 둘째, 그들은 자기 회사의 성장을 돕는 직원들을 믿지 못한다. 10만 달러짜리 거래를 성사시키려는 팀원을 내가 믿지 못한다면 나는 그 팀원을 우리 회사에 두지 않을 것이다. 이것은 신용카드에 관한 쟁점이 아니라 상호 신뢰에 관한 쟁점이다. 이것은 믿을 수 없는 사람들과 한배를 타기로 결정한 꼴이다.

만일 당신 회사의 유일한 회계 시스템이 회사 신용카드라면 당신은 분명 서투른 사업가다. 그렇다면 당신은 서둘러 진정한 회계 시스템을 갖추어 나가야 할 것이다. 신용카드 회사가 고객에게 주는 혜택의 하나로 회계 기능을 제공한다는 것을 나도 알고 있다. 하지만 당신이 잠시만 시간을 내어 생각해 본다면 그것이 얼마나 변변치 않은 회계인지 알게 될 것이다.

큰 구매에는 부채가 필요하다고?

누구라도 근면성실하고, 성품이 좋고, 정직한 빌을 보면 그가 성공하길 바랄 것이다. 그는 아내에게 자상하고, 아이들을 사랑하며, 사업에 정직하고 근면하게 임한다. 그런 그가 아내와 함께 나를 찾아왔다. 그와 아내는 탁자를 사이에 두고 내 건너편에 앉아 있었는데, 그는 면목이 없어 고개를 푹 숙인 채 상담실 바닥만 주시하고 있었다. 배관공으로 성공적인 소기업을 운영하고 있던 빌이 파산 직전까지 내몰린 것이었다. 그는 건설업자로부터 땅을 파달라는 요청을 받고 굴착기를 대여했다. 굴착기 대여료는 약 450달러였다. 일을 맡긴 고객은 좋은 사람이어서 빌의 굴착기 대여료를 모두 부담했다. 다음 달에 그는 모두 세 차례 굴착기를 대여했고, 그 다음 달에는 네 차례 대여했다. 대여료를 모두 합산해 본 빌은 대여료 부담이 너무 크다는 생각에 굴착기를 구입하기로 결정했다.

빌은 중장비 가게로 가서 5만 2,000달러짜리 새 굴착기와 그것을 운반할 1만 6,000달러짜리 트레일러를 할부로 구입했다. 같은 날, 그는 굴착기를 실은 트레일러를 끌 6만 4,000달러짜리 덤프트럭도 구입했다. 빌은 좋은 사람이기는 하지만, 정말 어리석은 결정을 내렸다. 450달러의 대여료로 이 구입을 상쇄할 것이라 생각했다면 정말 엄청난 착각이다. 하지만 사업가들은 항상 그런 식으로 생각한다. 그들은 경쟁에서 앞서기 위해, 또 큰 일감을 따내기 위해 돈을 빌려 '비장의 무기'를 구입한다. 그들은 큰 구매 없이는 두각을 나타낼 수 없다고 생각한다.

빌과 그의 아내가 내 앞에 앉게 된 이유는 무리한 구매로 발생한 할부금이 그들에게 꽤 괜찮은 수익을 안겨 주었던 작은 사업을 빠른 속도로 무너뜨리고 있었기 때문이다. 구입한 장비와 차량을 처분한 빌은 2만 달러 정도의 손실을 봤다. 그는 이 손실액도 여전히 갚아 나가고 있다. 하지만 이 결정이 그가 가진 모든 것을 잃지 않게 해주는 유일한 해결책이었다.

비즈니스 리더들은 대부분 낙관주의자다. 그들은 종종 감정에 치우쳐 모든 상황이 자기가 예상한 대로 잘 돌아갈 것이라 생각한다. 나는 비상하기 위해 돈을 빌려 큰 구매를 감행했지만 결국 땅으로 떨어진 수천 명의 사업가를 상담하는 안타까운 경험을 했다. 부채의 부담을 지고 감행하는 큰 구매는 결코 사업의 성공 요인이 될 수 없다는 점을 명심하라.

빚의 늪에 깊숙이 빠지는 것보다 천천히 점진적으로 성장하는 쪽을 택해야 한다.

나는 당신에게 앞서 언급한 여러 가지 이유로 돈을 빌려 큰 구매를 하지 말 것을 당부한다. 부채로 인해 리스크는 기하급수적으로 높아지고, 실수의 크기는 확대되며, 현금 흐름은 무너지기 때문이다. 당신은 "이 장비나 빌딩을 구입하지 않으면 도대체 어떻게 나의 사업을 키울 수 있겠습니까?"라고 반문할 수 있다. 서두르지도 않고 쉬지도 않아야 경주에 승리할 수 있다는 점을 상기하기 바란다. 그러므로 빚의 늪에 깊숙이 빠지는 것보다 천천히 점진적으로 성장하는 쪽을 택해야 한다.

큰 구매를 감행할 때 따라야 할 네 가지 원칙이 있다.

1. 현금을 지불하라 : 구매라는 목표를 향해 체계적으로 돈을 모으고, 그 구체적인 금액을 하나의 품목명으로 매월 회계 장부에 기재해야 한다. 마치 일종의 비용인 것처럼 말이다. 저금은 소득공제 대상이 아니다. 하지만 나는 그것을 감정적으로나 산술적으로 비용으로 취급한다. 예를 들어, 매달 2만 8,000달러를 18개월 동안 저축한다면 18개월 후에는 50만 달러짜리 장비를 구입할 수 있다.

하지만 매월 빠지지 않고 저축하지 못할 경우, 당연히 목표한 구매를 할 수 없다. 차후 수입이 증가해 구매를 감당할 수 있으리라는 생각은 하지 마라. 항상 생각대로 되지는 않으니 말이다.

2. 현금 구매를 할 수 있을 때까지는 대여하라 : 빌이 굴착기를 구매하지 않고 계속 대여해 사용했다면 사업을 거의 접어야 할 상황까지는 가지 않았을 것이다. 내가 우리 집 거실에서 사업을 시작했을 때 우리에게는 복사기가 없었다. 그래서 나는 복사 집에 가서 장당 돈을 지불하고 복사를 했다. 당신이 무리 없이 현금 구매를 할 수 있을 때까지는 대여하라. 심지어 그때가 되면 마음이 바뀌어 마음먹었던 구매를 하지 않게 되는 경우도 생긴다.

나는 현재 약 50만 달러의 장비를 갖춘 멋진 TV 및 라디오 스튜디오를 가지고 있다. 하지만 우리가 처음부터 이런 스튜디오를 소유한 것은 아니었다. 우리는 지역 라디오 방송국의 스튜디오를 빌려서 〈데이브 램지 쇼〉를 시작했다. 나는 4년 동안 매일 라디오 쇼를 진행하기 위해 꽤 먼 거리를 차를 몰고 다녀야 했다. 그것은 나에게 꽤 고된 일이었지만, 나는 그 기간 동안 장비에 대해 많은 것을 배웠다. 그래서 나는 장비를 구입할 때 실수를 하지 않았다. 물론 나는 빚을 내서 장비를 구입하지도 않았다. 절박한 심정에 오판을 낳을 수 있는 상황도 피할 수 있었던 것이다.

나는 우리가 마침내 목표한 돈을 모아 아담한 우리의 첫 스튜디오를 지었을 때를 결코 잊지 못한다. 우리는 유리벽을 설치해 스튜디오를 둘로 나누었고, 거기에 자랑스러운 물건들을 넣었다. 우리는 몇몇 중고 장비와 가구를 들였다. 스튜디오는 방음 시설도 갖추지 못해 방송을 할 때면 사람들이 복도에서 떠드는 소리가 방송에 나가지 않도록 사무실 끝에 줄을 쳐 사람들의 통행을 막아야 했다. 우리는 마이크는 좋은 것으로 구입했다. 하지만 나의 첫 방송용 테이블은 우리 지역의 사무용품점 구석에 처박혀 있던 흠집투성이의 작은 합판 원탁이었다. 우리는 그 원탁에 구멍을 뚫어 마이크를 세우고, 경주에 출전했다.

우리는 스튜디오를 개선해 나가기 위해 서두르지 않고 조금씩 돈을 모았고, 마침내 TV 스튜디오 장비를 추가했다. 우리는 이제 계속해서 장비를 업그레이드할 수 있을 정도로 충분한 돈을 벌고 있다. 우리는 결코 돈을 빌리지 않았을 뿐만 아니라 그렇게 할 필요도 없었다. 우리는 다른 사람의 장비를 대여해 방송을 시작할 수 있었기 때문이다.

3. 빚을 지지 않으려면 외주를 이용하라 : 모든 회사가 무언가는 외부에 위탁한다. 당신이 구멍을 팔 수 없을 때는 굴착기를 가지고 있고 구멍 파는 일을 하고 싶어 하는 사람을 찾으면 된다. 우리가 인쇄에 쏟아붓는 돈은 연간 1,000만 달러를 상회한다. 하지만 우리는 단 한 대의 인쇄기도 가지고 있지 않다. 우리는 팀원들에게 한 주에 한 번, 또 회의실에서

열리는 행사에 참석한 사람들에게 한 달에 한 번 음식을 제공한다. 하지만 우리는 전속 요리사를 두고 있지 않다. 경영상 외주를 주는 것이 더 경제적이기 때문이다.

사업을 막 시작했거나 사업이 빠르게 성장하고 있을 때는 사업과 관련한 부동산 소유는 금물이다. 나는 투자 대상으로서의 부동산은 좋아한다. 하지만 사업이 안정되기 전에 회사 부동산을 소유하는 것은 상당히 나쁜 생각이다. 사업체의 위치에 영향을 받는 사업들이 많기 때문에 잘못된 위치에 회사 부동산을 소유하면 회사를 이전해야 하는데도 그곳에 머무를 수밖에 없는 상황이 발생한다. 나는 빌딩을 사업에 맞추는 것이 아니라 사업을 빌딩에 맞추려고 노력하는 회사를 종종 본다. 나는 소유하고 있는 회사 빌딩보다 사업이 더 커지는 것을 원치 않기에 사업을 성장시키지 않는다고 말하는 사람들을 실제로 만났다.

최소 5년간은 사업을 했고, 사업의 성장을 확실하게 예견할 수 있는 사람은 현금으로 부동산을 구입하기 위해 돈을 모으기 시작할 수 있다. 앞서 언급했듯이 나는 현재의 우리 회사 빌딩을 좋은 조건으로 구매했다. 그렇더라도 언젠가 건물 수리 및 리모델링을 해야 할 때가 올 것이고, 그렇게 되면 나는 나에게 수입을 안겨 주는 사업에 집중하지 못하고 건물주 역할을 해야 한다. 건물에 새 지붕을 놓기 위해 업체들을 꼼꼼하게 알아보고 비교하는 것은 당연히 수익을 창출하는 일이 아니다. 당신이 회사 부동산을 구매할 현금을 가지고 있고, 당신의 회사가 빌딩을 압도할 정도로 성장하지 않을 것이라면 빌딩 구매를 생각해 볼 수도 있다. 하지만 그런 경우가 아니라면 사업하는 내내 회사 건물을 임대해 사용해도 괜찮다.

4. 중고를 구입하라 : 우리는 사업을 시작해 큰 물건들을 구입해야 할 때 비교적 가격이 저렴하고 품질이 좋은 중고 물건들을 구입했다. 우리는 첫 상담 테이블을 스틸케이스Steelcase에서 만든 아주 멋진 의자와 함께 구입했는데, 그 의자의 가격은 새 제품으로 구입할 경우 아마 400달러 정도 했을 것이다. 하지만 우리는 개당 10달러를 주고 중고로 구입했다. 색깔이 녹색이라 썩 마음에 들지는 않았지만, 꽤 흡족한 구매였다. 보기 흉하지 않고 기능상 문제가 없다면 그것으로 족했기 때문이다. 아직까지 테이블은 우리 회사 어딘가에 있는 것 같은데, 의자들은 사라진 지 오래다. 지금 우리는 그런 중고 물건들은 구입하지 않는다. 하지만 나는 그런 구매가 현재 우리의 수익에 일조했다고 믿는다. 중고 물품으로는 사업을 시작하지 않겠다는 고집은 그리 자랑할 만한 것이 못 된다.

세상을 돌아가게 하는 저금

우리는 월요일 아침마다 네 명의 핵심 리더가 모이는 리더십 회의를 갖는다. 우리는 사업을 시작하고 처음 몇 년간은 이 모임을 '경영자 회의'라고 불렀고, 이 경영자 회의에서 사업과 관련한 모든 이야기를 나누었다. 우리는 인사 문제와 현금 유동성, 구매, 테크놀로지를 비롯해 사업을 운영하는 데 살펴볼 필요가 있는 모든 것에 대해 이야기했다.

내가 '아내의 지혜'를 적용한 아주 중요한 세 가지 영역이 있다. 하나는 앞서 언급한 고용이고, 다른 하나는 회사 빌딩을 구입한 것과 같은 큰 결정이며, 나머지 하나는 사업 초창기에는 아내도 참석했던 경영자 회의다. 경영자 회의에 참석하길 원치 않았던 아내는 회의 내내 거의 침묵을 지켰다. 아내에게 너무 벅찬 일이기 때문에 지금 아내는 더 이상 회의에 참석하지 않는다. 하지만 사업 초창기 그녀가 회의에서 보여 준 지혜는 우리 회사의 전설이 되었다.

어느 월요일 경영자 회의에서 우리는 징징대며 우는소리를 하고 있었다. 다른 회사에서는 그렇지 않을지 모르지만, 우리는 경영자 회의에서 곧잘 징징댔다. 우리는 너무도 부족한 자금에 대해 징징댔고, 어두운 앞날에 대해 징징댔다. 우리는 몇몇 고객사로부터 수금을 하지 않으면 금요일까지 팀원들에게 월급을 줄 수 없다며 앓는 소리를 했다. 우리는 회의 내내 사업이 얼마나 힘든지에 대해 앞다투어 앓는 소리를 했다. 그러던 중 아내가 갑자기 말문을 열었다.

"저는 회사에 왜 돈이 없는지 알겠어요."

아내의 말에 놀란 나는 아내가 뭔가 깨우침을 주기만을 바라며 그녀를 뚫어져라 바라보았다. 그러자 그녀가 말했다.

"회사에 돈이 없는 것은 여러분이 위선자이기 때문이에요."

순간 나는 화가 치밀어 올랐지만, 화를 억누르며 물었다.

"그게 무슨 뜻이죠?"

아내는 말을 이었다.

"여러분은 라디오나 책, 세미나를 통해 많은 사람들에게 비상금을 마련할 것을 강조하지만 정작 여러분에게는 비상금이 없으니까 여러분은 위선자나 다름없다는 말이죠."

오, 맙소사! 정말 인정하기 싫지만, 아내의 말이 옳았다.

나는 아내가 상식을 적용했다는 것을 바로 깨달았다. 아내는 우리가 보유자금(유보이익)을 마련하지 않았다는 말을 하고 있었다. 숲 속에서 나무를 볼 수 없을 때는 주위에 벌목꾼을 두는 것이 항상 유용하다. 그달부터 우리는 매월 순수익의 일정 비율을 보유자금으로 따로 모았다. 성경은 이렇게 말한다.

"의인의 집에는 값진 보물과 기름이 있지만, 어리석은 사람은 자기가 가진 것을 다 없애 버린다(잠언 21장 20절)."

즉, 지혜로운 사람은 저축을 한다는 것이다. 지금까지 사내 보유자금 계좌의 별명은 아내의 이름을 딴 '샤론 펀드'다. 아내로 인해 이 자금을 모으기 시작했으니 합당한 명칭이리라.

단순한 비상금 이상의 의미

보유자금은 긴급 상황과 사업 투자, 기회 포착 등 세 가지 목적을 위해 이용되며, 그 목표는 약 6개월간의 운영비를 현금으로 모아 두는 것이다. 당신은 아직 이 정도의 자금을 모으지 못했고, 이 목표에 도달하려면 꽤 많은 시간이 걸릴 가능성이 크다. 하지만 이것이 최상의 시나리오다.

예기치 못한 손실이나 지출을 예상하는 것이 현명하다.

보유자금은 단순한 비상금이 아니다. 비록 보유자금의 가장 중요한 기능이 비상금으로서의 기능이기는 하지만 말이다. 환금성을 구축하면, 다시 말해 보유자금을 모아 두면 태풍에 대처할 힘이 생긴다. 사업에서의 태풍은 개인적인 생활에서의 태풍과는 다르지만, 유사한 면도 없지 않다. 두 태풍은 예기치 못하게 불어닥친다는 점은 같지만, 각각 서로 다른 방향에서 불어온다. 당신은 개인적으로 해고를 당할 수 있고, 당신의 사업체는 한두 달 동안 수금을 하는 데 애를 먹을 수 있다. 사업에서 당신은 제대로 돌아가지 않은 업무나 장비로 인한 비용 초과와 같은 예상치 못한 지출을 할 수 있고, 개인적으로 당신은 자동차 변속기 고장으로 인해 예상치 못한 지출을 할 수 있다. 예기치 못한 사건, 즉 비상사태는 말 그대로 예기치 못한 상황에서 우리를 찾아온다. 우리는 그것들이 어떻게, 어떤 모습으로 찾아올지 알 길이 없다. 그러므로 미리 예기치 못한 손실이나 지출을 예상하는 것이 현명하다. 그렇게 하면 당신은 스트레스를 훨씬 적게 받으며 사업을 운영할 수 있게 될 것이다.

당신이 가장 좋아하는 기업에 투자하라

보유자금은 단지 비상금으로만 사용되는 것은 아니다. 미래의 성장을 위해 단순히 현금을 비축하는 것만으로도 채무의 속박에서 벗어나 당신의 회사를 성장시킬 수 있다. 자금이 있으면 당신은 신제품을 출시할 수도 있고, 유능한 인재를 채용할 수도 있으며, 새로운 마케팅 전략을 시도해 볼 수도 있다. 당신이 힘들게 모은 돈으로 그렇게 할 때 당신은 빌린 돈으로 그렇게 할 때보다 훨씬 더 신중하고 현명하게 성장을 위한 투자를 하게 된다. 빌린 돈은 진짜라고 느껴지지 않는 법이다.

10년 이상 나와 함께한 리더 한 명은 지나칠 정도로 현금을 좋아하는 사람이었다. 반면 그의 부서 리더는 어떠한 리스크도 감수하지 않으려는 사람이었다. 나는 마케팅이 제대로 작동되도록 하기 위해 이 두 사람에게 치명적이지 않은 실수를 할 것을 제안했다. 앞으로 60일 이내에 1만 달러 상당의 효과가 없는 마케팅 아이디어를 찾아볼 것을 제안했던 것이다. 나는 그들에게 가만히만 있지 말고 무언가를 해보자고 말했다. 사무실에 앉아 동전만 세고 있으면 아무 일도 일어나지 않기 때문이었다. 나는 다소 냉소적으로 에둘러 말한 것이었지만, 그들은 나의 말을 곧이곧대로 받아들인 것 같다. 그들이 곧바로 아무짝에도 쓸모없는 마케팅 전략을 1만 달러를 주고 구입한 것을 보면 말이다. 결국 내가 화를 자초했다. 하지만 우리에게는 사업에 투자할 돈이 있었기에 최소한 무언가를 시도할 수 있었다. 나는 당신에게 경솔하고 충동적으로 행동할 것을 제안하는 것이 아니다. 다만 현금을 모아 두면 예상한 리스크도 안전하게 감수할 수 있다는 점을 말하고 싶을 뿐이다.

기회가 노크를 한다

현금의 또 다른 좋은 점은 기회가 생겼을 때 그 기회를 잡기가 유리하다는 것이다. 현금이 있으면 도산한 회사의 재고를 헐값에 사들일 수도 있고, 경쟁사를 헐값에 인수할 수도 있다. 나에게 기회란 거래와 동의어다. 가끔 당신의 코앞에서 온갖 종류의 '할인 판매'가 떠다니는데도 돈이 없어서 달려들어 잡지 못하는 경우가 있다. 1990년대 말 닷컴 붐이 한창일 때, 우리는 금융 전문 웹사이트 한 곳에 콘텐츠를 제공하고 있었다. 이 신생 업체는 전형적인 닷컴 거래를 하고 있었다. 즉, 그들은 주식 상장을 위한 아이디어를 구축하기 위해 벤처캐피탈을 이용하고 있었다. 그런데 그 아이디어는 믿기지 않을 만큼 빠른 속도로 현금을 태워 버리고 있었고, 조금의 수익도 창출하지 못했다. 결국 이 회사는 무너지고 말았다.

회사 대표는 우리에게 전화를 걸어 회사가 문을 닫게 되었으니 자기들이 장만한 새 사무 가구들을 구입해 달라고 말했다. 우리는 사무 가구가 더 이상 필요하지 않다고 거절했지만, 그는 정말 싼 가격에 넘기겠다며 끈질기게 매달렸다. 성화에 못 이겨 결국 나는 가구를 보러 갔다. 가보니 스틸케이스의 워크스테이션(개인용 컴퓨터의 규모에 다양한 기능을 집약시킨 고성능 컴퓨터_옮긴이)과 회의용 탁자 및 중역용 책상 몇 개가 있었는데, 모두 최고급 제품이었다. 그것들은 아직 건물에 들어가 있지도 않았고, 따라서 새 제품이나 마찬가지였다. 나는 그가 내민 청구서를 보고 전체 가격이 거의 30만 달러에 달한다는 걸 알았다. 나는 그에게 정말 가구가 필요 없지만, 내가 궁지에 몰린 사람을 어떻게 외면했는지에 대해 그가 사람들에게 말하고 다니는 것도 원치 않는다고 말했다. 그는 가구를 구입해 줄 것을 거듭 요청했다. 그는 물건을 처분하고 새출발하고 싶어 했다.

나는 나의 리더들과 가구를 구입하지 않으면 멍청하다는 소리를 듣게 될 가격이 얼마인지에 대해 의논했다. 우리는 우리의 현금 유동성을 고려해 볼 때 2만 1,000달러면 크게 부담 없는 가격이라고 판단했다. 우리는 당장은 가구가 필요 없었기에 그 가구들을 당분간은 보관만 하게 될 것이라는 점도 고려하지 않을 수 없었다. 그가 우리가 제안한 낮은 가격을 받아들여 우리는 100달러짜리를 약 7달러에 사는 꼴로 가구들을 구입했다. 만일 당신에게 현금이 없다면 당신은 이러한 구매를 할 수도 없고, 해서도 안 될 것이다. 기회가 당신의 문을 두드릴 때 당신에게 현금이 있어야 문을 열어 줄 수 있다.

관대하라

당신의 제품과 서비스, 수익에 관대하라.

마크 드모스Mark DeMoss는 그의 저서《지혜에 관한 작고 빨간 책The Little Red Book of Wisdom》에서 존 D. 록펠러John D. Rockefeller의 일화를 소개한다. 1937년에 생을 마감한 스탠더드오일Standard Oil의 설립자인 록펠러는 세계에서 가장 부유한 사람 중 한 명이었다. 그는 일생 동안 오늘날의 돈 가치로 약 50억 달러를 기부했다. 마크 드모스가 소개한 록펠러의 일화는 다음과 같다.

"당시 작은 소년에 불과했던 나는 어머니를 부양하기 위해 일을 시작해야만 했다. 나의 첫 주급은 1.50달러였다. 나는 일을 시작한 지 일주일 후에 1.50달러를 받아 들고 집으로 와서 그 돈을 어머니에게 드렸다. 어머니는 그 돈을 무릎 위에 올려놓고, 내가 그 돈의 10분의 1을 주님께 드리면 좋겠다고 말했다. 그날 이래로 나는 지금까지 한 번도 빠지지 않고 그렇게 했다. 나는 하나님께서 내게 할당해 주신 십일조의 액수를 정확하게 지켰다. 만일 내가 처음으로 번 돈으로 십일조를 내지 않았다면 후에 100만 달러의 십일조도 결코 내지 않았을 것이다."

나는 기독교인으로서 십일조를 믿고 따르는데, 이것은 나와 내 아내가 개인적인 수입의 10퍼센트를 우리가 다니는 교회에 헌금한다는 것을 의미한다. 우리는 성경에서 사업에서 창출되는 이익에 대해 십일조를 해야 한다는 근거를 찾을 수 없다. 그래서 우리는 우리의 사업에서 곧바로 십일조를 하지 않는다. 우리는 사업에서 얻은 이익을 집으로 가져와서 그 돈으로 십일조를 하고 그 밖의 기부를 한다. 가정으로부터 헌금을 하는 것과 사업으로부터 헌금을 하는 것은 수학적으로는 동일하다. 하지만 사업으로부터 헌금을 하는 것은 우리가 얼마나 좋은 사람들인지를 광고하는 형태를 띤다. 따라서 가정으로부터 헌금을 하는 것이 훨씬 더 동기가 순수할 뿐만 아니라 익명성 면에서도 유리하다. 우리 가족은 '헌금 분리의 원칙'을 가족 전통으로 삼고 있다.

우리가 하는 거의 모든 헌금과 기부가 가정으로부터 이루어지기는 하지만, 우리는 회사에서도 관대함의 정신을 실천한다. 우리는 우리의 팀에 관대하려 하고, 우리의 책을 비공개 경매에 기부하는 종류의 자선활동을 한다. 당신이 치과 의사라면 당신의 팀과 그들의 직계가족에게 무료 치과 치료를 해주어야 한다. 당신이 타이어 가게를 운영한다면 당신의 팀이 다 닳은 타이어를 끼운 차량을 운전하도록 방치해서는 안 된다. 당신의 예산에서 관대함을 지속적으로 실천하기 위한 자금을 별도로 산정하라. 당신은 '흐뭇한 미소'라는 배당금을 받게 될 것이다. 만족감은 몇 달러의 돈보다 훨씬 더 값지다는 것을 명심하라.

내 친구인 랍비 다니엘 라핀은 그의 저서 《부의 비밀》에서 하브달라 Havdalah라는 유대 전통 의식에 대해 묘사한다. 이것은 아마 번영에 대한 사업가의 바람직한 관점을 가장 아름답게 보여 준 메타포일 것이다. 그는 이렇게 묘사하고 있다.

> 매주 토요일 밤 안식일이 끝나고 나면 유대 가족은 흥겹게 노래하는 하브달라 의식을 거행하는 것으로 다음 주에 해야 할 일을 활기차게 준비한다. 하브달라 의식은 포도주 잔에 포도주를 계속 따라 포도주가 잔 아래의 받침대로 흘러넘치는 것을 보면서 하브달라를 암송하는 의식이다.

포도주가 넘쳐흐르는 잔은 다가오는 한 주 동안 자신의 잔만을 채우는 데 그치지 않고 다른 사람들을 위한 잔도 채울 만큼 충분한 일을 하겠다는 의지를 상징한다. 즉, 나는 나의 잔을 채울 의무도 있지만, 다른 사람에게 자선을 베풀 수 있을 만큼 계속해서 노력을 게을리 하지 않을 의무도 있다는 것이다.

그는 우리의 니즈와 어느 정도의 원츠를 충족시킬 만큼의 돈을 번 다음에는 자선을 베풀기 위한 돈을 계속해서 벌어야 한다고 말하고 있다. 당신이 만일 이 공식을 따른다면 당신의 사업은 훨씬 더 만족스러운 것이 될 것이다. 당신의 팀과 고객, 공동체에 관대함을 실천하는 것이 성공이 가져다주는 가장 큰 기쁨 중 하나라는 것을 꼭 기억하기 바란다.

원칙의 적용

이쯤에서 당신은 이러한 원칙들을 어떻게 시작하고 적용하는지에 대해 궁금해할 것이다. 정확한 예산안을 세우고 회계 업무에 더 많은 노력을 기울여야 한다는 원칙처럼 대부분의 원칙은 명확하다. 먼저 수익을 내고 세금을 줄이려는 욕심에 당신에게 필요 없는 것들을 구입하는 것부터 그만두어라.

당신의 회사에 부채가 있거나 충분한 보유자금이 없다면 무조건 내가 제안하는 공식을 따라라. 먼저 당신의 개인적인 임금을 당신의 가족이 기본적인 생활을 할 수 있는 금액으로 낮추어라. 그리고 당신 자신에게 최소 임금만을 지급한 후 남은 이익의 대부분을 빚을 갚는 데 쓰고, 나머지는 현금으로 보유하라.

최근 나는 우리의 안트러리더십 행사에서 꽤 괜찮은 인쇄 회사를 운영하는 경영자를 만난 적이 있다. 그의 연간 순수익은 약 20만 달러였는데, 그는 이 수익의 전부를 집으로 가져왔다. 그래서 그의 회사에는 보유자금이 한 푼도 없었다. 뿐만 아니라 그에게는 장비를 구입하느라 빌린 15만 달러의 빚도 있었다. 우리는 그에게 연간 집으로 가져오는 돈을 6만 달러로 줄이라고 조언했고, 그는 이에 동의했다. 그리고 나머지 이익의 80퍼센트를 빚을 갚는데 쓰고, 20퍼센트를 현금으로 보유하겠다고 말했다. 만일 그의 사업이 계속 지금처럼 돌아간다면, 그는 1년에 11만 2,000달러의 빚을 탕감할 수 있다. 즉, 그는 17개월 후면 그가 진 모든 빚을 갚는 것을 넘어 4만 달러의 현금을 보유하게 되고, 자신의 임금도 올릴 수 있다. 그는 그 후에도 6개월간의 사업 운영비가 모일 때까지 매월 순수익의 20퍼센트를 꾸준히 모아 나가기로 결심했다.

마지막 잔소리

내가 앞서 했던 말을 다시 언급하면 이제 지겨울 정도로 당연하고 기본적인 말처럼 들릴 것이다. 그렇다. 사업은 그렇게 어렵거나 복잡한 것이 아니다. 하지만 사업에 성공하려면 기본적인 것은 반드시 실천해야 한다. 그렇게 하지 않으면 결과는 불 보듯 뻔하다. 예산안을 세우고, 회계 업무를 제대로 하고, 부채를 멀리하고, 불필요한 것을 구입하지 말고, 현금을 보유하고, 항상 관대하라. 당신이 이 기본적인 것들을 반드시 실천하고, 이를 바탕으로 세련미를 향상시켜 나간다면 당신은 틀림없이 안정적이고 만족스러운 사업을 운영하게 될 것이다.

사업은 그렇게 어렵거나 복잡한 것이 아니다. 하지만 사업에 성공하려면 기본적인 것은 반드시 실천해야 한다. 그렇게 하지 않으면 결과는 불 보듯 뻔하다.

Part 10

파티로 가는 지도

훌륭한 커뮤니케이션과 훌륭한 기업 간의
부정할 수 없는 상관관계

내가 대학에 다닐 때 나의 할아버지와 할미니는 내가 호숫가에 있는 그들의 별장에서 무료로 지낼 수 있도록 허락해 주었다. 호숫가 별장에 사는 대학생이라니! 게다가 무료로! 상상이 가는가? 유일한 단점은 그 별장이 대학 캠퍼스에서 43킬로미터나 떨어진 곳에 위치해 있는데, 가는 길이 결코 만만치 않다는 것이었다. 이 특별한 길은 소 떼가 지나다니고, 모든 종류의 야생 동물이 갑자기 나타날 수 있는 꼬불꼬불하고 좁은 시골길이었다. 통학은 매번 모험이었다. 호숫가 별장에서 대학에 다닌다는 것은 파티를 자주 열어야 한다는 의미였다. 인터넷도 없고 휴대전화나 내비게이션도 없던 시절이어서 길을 가르쳐 주는 기술도 터득해야 했다. 나는 파티가 열리는 곳으로 오는 약도를 종이에 그렸는데, 그것은 마치 보물지도처럼 투박해 보였다. 나는 약도에 길 설명을 덧붙였는데, 대충 이런 식이었다.

'철도를 건너면 오른쪽에 도로가 보이는데, 그 도로로 빠지면 안 됨.'

나는 이 지도로 유명세를 떨치기까지 했다.

파티는 매번 성황리에 끝났고, 파티에 처음 참석하는 친구들의 왕복 여행은 전설이 되었다. 길을 잃는 것도 문제였지만, 테네시의 오지에서 길을 잃으면 파티에 늦고 만다는 것이 더 문제였다. 나 역시 지금까지 살면서 상대가 길을 잘못 가르쳐 주거나 아예 가르쳐 주지 않아 파티에 늦은 적이 여러 차례 있었는데, 그때마다 정말 답답한 마음이었다.

이번 주에 우리 집에서 저녁 식사 모임을 가졌는데, 우리가 초대한 손님들이 내비게이션 오류로 정상 경로에서 16킬로미터나 벗어났다. 휴대전화 덕분에 손님들은 결국 우리 집에 도착하기는 했지만, 약속 시간보다 30분이나 늦었다. 우리는 함께 멋진 저녁을 보내기는 했지만, 나는 이 일로 모임 장소로 가는 길을 상대가 잘못 가르쳐 주거나 아예 가르쳐 주지 않아 참으로 답답했던 기억들이 다시 떠올랐다.

당신의 사업은 파티와 같다. 당신은 당신의 팀을 파티로 초대해야 한다. 당신이 길을 잘 가르쳐 준다면 팀원 모두가 파티에서 멋진 시간을 보낼 것이다. 그런데 대부분의 회사가 길 안내와 커뮤니케이션에 서툰 모습을 보인다. 사업에서 커뮤니케이션은 파티로 가는 지도이자 파티에서의 소통이다. 커뮤니케이션이 잘 이루어지는 회사는 멋진 파티를 할 수 있지만, 많은 회사가 그렇지 못하다.

승리하는 기업의 특징 중 하나는 아주 의도적이고 효과적인 커뮤니케이션을 한다는 것이다. 사실 안트러리더의 목표는 커뮤니케이션이 잘 이루어지는 회사 문화를 구축하는 것이다. 커뮤니케이션은 엔진의 윤활유다. 회사에 최고의 엔진이 있더라도 그 엔진에 윤활유를 치지 않으면 엔진은 소음을 내며 결국 멈춰 버린다. 오른손이 하고 있는 일을 왼손이 모르면 좌절감과 불신이 만연한다.

커뮤니케이션의 결핍에는 여러 요인이 있지만, 그중 가장 중요한 두 가지 요인을 꼽자면, 하나는 회사가 커뮤니케이션을 중요시하지 않는 것이고, 다른 하나는 리더가 오만하고 위압적이라 의도적으로 커뮤니케이션을 차단하는 것이다. 두 경우 모두 커뮤니케이션의 결핍이 팀원들 사이에 불만족과 불신의 씨앗을 뿌린다. 즐거운 마음으로 일할 수 있는 회사 분위기를 조성하려면, 즉 생산성과 창조성이 높고, 팀원과 리더로서 보람을 느낄 수 있는 회사를 만들려면 훌륭한 커뮤니케이션 문화를 구축해야 한다.

즐거운 마음으로 일할 수 있는 회사 분위기를 조성하려면, 즉 생산성과 창조성이 높고, 팀원과 리더로서 보람을 느낄 수 있는 회사를 만들려면 훌륭한 커뮤니케이션 문화를 구축해야 한다.

커뮤니케이션의 결핍은 좌절감을 낳는다. 좌절감은 노골적인 분노로 바뀌고, 노골적인 분노는 팀원 간의 불신을 야기하며, 이러한 불신은 마침내 두려움으로 귀결된다. 회계 전문업체인 딜로이트Diloitte의 2010년 윤리 및 직장 설문 조사에 따르면 직장을 그만두려는 직장인 중 48퍼센트가 고용주에 대한 불신 때문에, 그리고 46퍼센트가 리더의 투명한 커뮤니케이션 결핍 때문에 직장을 그만두려 하는 것으로 나타났다.

많은 회사가 팀과 '버섯 커뮤니케이션'을 한다. 즉, 팀원들을 음지에 두고, 그들에게 배설물을 거름으로 준다. 이러한 커뮤니케이션은 근시안적이며, 비극적인 결과로 이어진다. 이러한 커뮤니케이션으로는 결코 유능한 인재를 끌어당기거나 보유하지 못하고, 생산적이고 창조적인 환경을 조성할 수 없으며, 리더의 역할을 떳떳하게 수행할 수 없다.

회사에 어떤 일이 일어나는지 모르는 사람은 팀원이 아니다. 그들은 직원일지는 몰라도, 결단코 팀원은 될 수 없다. 회사에 무슨 일이 일어나는지 모르는 팀원들은 두려움과 분노를 느낀다. 진실을 모르는 사람은 마음속에서 부정의 쓰레기 더미를 실제의 열 배나 되는 어마어마한 크기로 키운다. 경영진의 투명성과 커뮤니케이션에 대한 평판이 좋지 않으면 그들의 간단한 말도 직원의 마음속에 혼란을 불러일으킬 수 있다. 팀원들이 경영진의 정보를 완전히 신뢰할 수 없게 되면 "예산이 초과된 상황이라 판매량을 늘려야 합니다"라는 경영진의 간단명료한 말도 돌고 돌아 결국 "판매가 부진해 직원 수를 반으로 줄여야 합니다"라는 루머로 되돌아올 수 있다. 경영진이 완전한 진실을 말하지 않아 팀원들과 신뢰 관계를 형성하지 못하면 팀원들은 최악의 상황을 생각한다. 사내 커뮤니케이션이 형편없이 이루어지면 두려움과 좌절감, 분노, 불신 등이 회사 문화에 침투하게 되고, 이것은 은폐와 험담, 기회 상실이 만연하는 문화를 낳는다. 안타깝지만, 대부분의 회사의 문화가 이렇다.

경영진이 완전한 진실을 말하지 않아 팀원들과 신뢰 관계를 형성하지 못하면 팀원들은 최악의 상황을 생각한다.

당신이 원활한 커뮤니케이션을 위한 사전 작업을 게을리 해 팀원들과의 소통에 문제를 일으키는 리더라면 원활한 커뮤니케이션을 위한 몇몇 기본적인 절차를 통해 당신이 빠른 속도로 이러한 회사 문화를 반전시킬 수 있도록 내가 당신을 도울 수 있다. 당신의 회사를 변모시키는 데 가장 필요한 것은 커뮤니케이션 문화를 창조하기 위한 당신의 헌신이다. 당신은 오른손이 하는 일을 왼손이 알기를 진정으로 원해야 한다.

당신이 팀을 신뢰하지 못하거나, '아랫사람들'은 모든 정보를 알 필요가 없다는 오만함에 커뮤니케이션에 실패한 리더라면 나는 아마 당신을 돕지 못할 것이다. 좋은 팀원들을 고용해 그들의 감정적인 성숙함을 믿고, 그들과 모든 정보를 공유하는 것이 안트러리더의 특징이다. 따라서 당신이 이와 상반되는 리더라면 당신은 진정한 안트러리더로 거듭나기 위해 먼저 당신의 팀을 보는 관점부터 바꾸어야 한다. 그때까지 당신은 그저 사장일 뿐이다.

커뮤니케이션 방식

꿈을 공유하고 이야기하라

당신이 팀원들에게 당신의 꿈을 말하지 않으면 그들은 그 꿈을 실현시키기 위해 시간과 노력을 투자할 수 없다. 커뮤니케이션은 팀 전체를 위해 공을 움직이게 한다. 경영진은 회사의 꿈과 비전, 사명 선언문, 목표 등을 팀원들과 반복적으로 공유해야 한다. "당신의 팀이 당신의 비전을 소화하고 믿을 수 있도록 당신의 비전을 스물한 차례 반복해야 한다"는 앤디 스탠리의 말을 기억하라. 안트러리더는 조직의 꿈이 무엇이고, 팀원들이 그 꿈을 위해 무엇을 해야 하는지를 계속해서 언급해야 한다. 당신이 리더로서 당신조차 지겨울 정도로 같은 말을 반복하지 않는다면 당신은 당신의 팀과 커뮤니케이션이 잘 이루어지지 않을 가능성이 크다.

당신은 리더로서 당신의 회사 및 회사의 역사에 대해 이야기하는 것을 배워야 한다. 당신이 팀원들에게 회사의 과거 역경과 승리에 대해 이야기하면 당신은 많은 것을 얻을 수 있다. 당신이 팀원들에게 과거 당신이 특정 상황에서 어떻게 대처했는지를 이야기해 주면 그들은 회사의 가치 체계에 대해 배우게 된다. 그들은 또한 당신의 이야기를 통해 자신이 보다 더 큰 것의 일부임을 깨닫게 된다. 당신의 팀원들이 자신이 더 큰 것의 일부임을 인식하면 그들의 에너지와 창조성이 향상된다. 만일 팀원이 회사의 문화에 적응하지 못하고 겉돌거나, 자신이 더 큰 것의 일부임을 잊고 안하무인으로 행동한다면, 당신은 그가 당신의 회사에서 일하지 못할 수도 있음을 인식시켜 주어야 한다.

나는 팀원 회의에서 과거에 우리가 거둔 승리에 대한 이야기를 자주 한다. 나는 항상 팀원들에게 그것은 분명 가치 있는 승리였고, 이제 미래는 우리에게 달려 있다는 것을 상기시켜 준다. 우리는 과거의 승리를 발판으로 미래를 만들어 간다. 최근에 나는 2파운드짜리 영국 동전의 둘레에 새겨진 '거인들의 어깨에 서서'라는 글귀를 보고 나와 수십 년을 함께 한 팀원들의 희생과 노고에 대해 이야기했다. 나는 우리의 훌륭한 젊은 인재들이 자신이 서있는 곳은 과거 우리 전사들의 어깨이니 그들을 존경해야 한다는 메시지를 전달받았기를 바란다.

문제가 생겼을 때의 커뮤니케이션

당신에게 문제가 생길 것이다. 당신의 회사에도 문제가 생길 것이다. 예외는 없다. 그러니 문제가 치명적인 것이 되기 전에 문제에 대해 어떻게 커뮤니케이션할 것인지 정하라. 감정적 · 영적으로 성숙하고 정신적으로 건강한 사람들은 위기가 닥쳤을 때 커뮤니케이션을 통해 그 위기에 대처할 수 있는 힘이 있다.

골치 아픈 문제를 다루어야 할 때가 팀과의 커뮤니케이션이 가장 절실히 요구되는 순간일 수 있다. 골치 아픈 문제를 다룰 때, 우리는 몇 가지 규칙을 따른다.

첫째, 의심스러울 때는 과도하게 공유하라. 당신이 편안함을 느끼는 정도보다 더 자세하고 많이 문제에 대해 이야기하라. 이것은 위험한 일이므로 사전 경고를 동반해서 신중하게 해야 한다. 지금까지 나는 몇 차례 이 '위험한 공유'를 해야 했는데, 그때마다 사전 경고로 시작했다. 나는 먼저 팀원들에게 내가 지금 과도한 공유를 하고 있으니 이 민감한 정보를 퍼뜨리지 말아 달라고 당부한다. 그리고 팀원들에게 우리 회사에는 '소문내지 않기' 정책이 있다는 것을 상기시킨다. 즉, 문제에 대해 할 말이나 질문은 경영진 이외에는 아무에게도 해서는 안 된다는 것을 거듭 강조하는 것이다. 나는 우리 회사가 수준 높은 커뮤니케이션이 이루어지는 특별한 회사이길 바라고, 과도한 공유가 이러한 바람에 부합하기에 팀원들이 이 절차를 존경하는 성숙함을 보여 주길 원한다고 말한다. 나는 과도한 공유를 하는 것이 두렵다. 그런데 우리 회사가 평범한 회사가 되는 것은 훨씬 더 두렵다.

여러 상황이 커뮤니케이션의 필요성을 야기할 수 있다. 우리 회사 역사상 처음으로 몇 분기 연속으로 판매량이 하향 곡선을 그린 적이 있었다. 그때 나는 리더들 및 관련 부서들과 직접적으로 판매 부진 문제에 대해 논의했다. 나는 정확한 수치를 언급하지 않고 팀원 모두에게 분발할 필요가 있다는 말을 전했고, 우리는 돈을 빌리지 않기에 매출 감소 문제를 조기에 바로잡지 않으면 회사가 팀원 모두를 끌고 갈 수 없다고 덧붙였다.

나는 우리 모두가 궁극적으로 자영업자이므로 자영업자답게 판매 부진을 극복하는 데 능동적인 자세로 임해야 한다고 설명했다. 나는 팀원 모두에게 그들의 모든 업무를 5퍼센트 이상 향상시킬 것을 요구했고, 그렇게 하면 현재의 부진을 극복하게 될 것이라 확신한다고 말했다.

나는 이러한 정보를 모든 팀원 앞에서 공개적으로 공유하는 것이 공포 분위기를 조성하지는 않을까 크게 걱정했다. 그럼에도 나는 모든 것이 순조롭지 않을 때조차 모든 것이 순조롭다는 말을 들을 필요가 있는 어린아이들과 일하는 것이 아니라 현실의 무게를 감당할 수 있는 성인들과 일한다고 믿었기 때문에 이러한 리스크를 감수해야 한다고 판단했다. 리더로서 이런 말을 전하는 것은 두려운 일이지만, 나는 항상 리스크를 감수하고 입을 열 것이다.

둘째, 문제에 대해 과도하게 공유할 때는 공개적으로 특정인을 깎아내리거나 난처하게 만들지 마라. 지금까지 나는 인터넷 음란물에 중독된 팀원을 몇 차례 다루어야 했다. 우리는 그들 중 치유의 길로 인도되지 않은 팀원들은 회사를 떠나게 할 수밖에 없었다. 나는 이러한 문제에 대해 이야기할 때 가능한 한 다른 부서의 팀원들에게는 특정인의 이름을 거론하지 않았다. 하지만 가끔 음란물 중독으로 회사를 떠나게 된 사람이 있다는 것은 상기시켜 주었다. 나는 팀원들이 사용하는 컴퓨터와 이메일은 내가 소유한 것이므로 그들에게는 그것들을 개인적인 용도로 사용할 권한이 없음을 상기시켜 주었다. 이렇게 쓰고 보니 이 말이 지나치게 규제적이고 공격적으로 들리기는 하지만, 다른 사람에게 부끄럽지 않은 떳떳한 삶을 사는 사람들에게는 이러한 규제가 전혀 문제되지 않을 것이다.

기계적인 커뮤니케이션 시스템

일단 풍부한 커뮤니케이션이 당신과 당신의 팀에 결정적인 역할을 한다는 것을 인지하고 커뮤니케이션의 양을 늘리기로 마음먹었다면 당신은 커뮤니케이션을 위한 몇몇 기본적인 방식을 적용할 필요가 있다. 승리하는 회사 환경을 만들어 갈 수 있는 유일한 길이 커뮤니케이션임을 기억하라. 경영진이 지속적으로 커뮤니케이션의 중요성을 언급하지 않는 회사 문화는 경계의 대상이다. 만일 팀원들이 커뮤니케이션에 큰 가치를 두는 문화에서 일하지 않는다면 커뮤니케이션 방식은 위력을 발휘하지 못한다. 커뮤니케이션의 중요성을 인식하지 못한 상태에서 커뮤니케이션 시스템을 도입하면 오히려 역효과를 불러일으킬 뿐이다. 내가 예산안과 보고서의 중요성을 인식하지 못하면 그것들이 내게 꼴도 보기 싫은 서류 작업에 불과한 것처럼 말이다.

팀원 회의

우리가 처음으로 열 명 정도의 팀원을 보유하게 된 어느 날, 우리는 엄청난 논쟁을 벌였다. 우리에게 스트레스와 좌절감을 듬뿍 안겨 준 이 논쟁은 결코 아름다운 광경을 연출하지 않았다. 우리가 어느 정도 진정되었을 때, 우리는 함께 앉아 우리에게 일어난 일을 찬찬히 되새겨 보았다. 우리는 매우 열정적인 몇몇 챔피언이 자신의 영역을 승리로 이끌기 위해 돌진하고 있었다는 것을 알게 되었으며, 왼손이 하는 일을 오른손이 알지 못한 것이 서로의 역량과 진정성, 심지어 의도까지 불신하게 만들었다는 것을 알아내기도 했다. 이때가 우리의 팀원 회의가 태동한 시기였다.

우리는 오전 8시 반에서 9시 반까지 팀원 회의를 갖기로 못을 박았다. 월요일 아침의 팀원 회의에는 모든 팀원이 의무적으로 참석해야 했다. 우리의 초기 팀원 회의는 팀원 개개인이 지난주에 어떤 일을 했고, 이번 주에 어떤 일을 할 것인지를 보고하는 아주 초보적인 회의였다. 하지만 이 회의를 통해 우리는 최소한 다른 팀원이 하는 일을 알 수 있었다. 우리는 이 초보적인 단계에서조차 좌절감과 불신이 사라지기 시작하는 것을 감지할 수 있었다. 우리는 우리가 그동안 보지 못했던 무언가가 우리에게 다가오는 것을 보기 시작했는데, 그것은 '시너지'였다. 당신의 전우가 어떤 전투에서 싸우고 있는지 알면 당신은 그에게 깊은 통찰과 당신의 인맥을 제공할 수 있으며, 심지어 그 전투에 동참할 수도 있다. 일주일에 한 시간 근무 시간을 손해 보는 것이 우리의 생산성을 놀라울 정도로 향상시켰다. 생산성은 모습을 드러낸 시너지로 향상되기도 했지만, 우리 모두가 서로를 더 좋아하고 존중하게 되었다는 사실로 향상되기도 했다.

그래서 우리는 300명이 넘는 팀원을 보유하고 있는 지금도 여전히 월요일 아침마다 팀원 회의를 갖는다. 팀원 회의에서 각각의 부서 리더는 자기 부서에서 일어난 좋은 일과 나쁜 일을 모두 공유한다. 우리는 승리를 함께 축하하고, 실패를 함께 슬퍼하며 위로한다. 오늘날의 부서 보고는 사진이나 동영상을 포함하기도 한다. 우리는 팀원 회의에서 신입 팀원을 회사 전체에 소개하며, 그들을 환영하는 박수를 치기도 한다. 우리는 수익과 매출에 대해서도 이야기한다. 또 고객이 보내온 호평과 악평의 이메일을 읽고, 고객 서비스를 점검한다. 나는 우리 모두가 한 부족임을 상기시키며, 팀원들에게 우리의 핵심 가치와 운영 원칙에 대해 가르친다. 우리는 다소 진부하기는 하지만 한 달에 한 번 생일 축하 노래를 부르고, 회의가 끝나면 생일 케이크를 돌린다. 우리는 추첨을 통해 NHL(북미아이스하키리그)이나 NFL의 입장권을 주기도 한다. 우리는 함께 맞이할 한 주에 대한 각오를 다지며 회의실을 나선다.

수요일 아침에 우리는 한 시간 동안 다시 만난다. 이 만남은 우리의 영혼을 충만하게 해주는 시간이다. 이 시간에는 지역의 목사나 동기부여 연사, 심지어 일류 예술가까지 우리를 찾아 우리에게 영감을 준다. 우리는 이 시간을 이용해 우리 모두의 영혼을 고양시키는 동시에 회사 전반에 대한 소식도 전한다. 우리 모두가 같은 선율의 노래를 부르고 있다는 것을 확인하기 위해 회사 가동을 중단하는 이 두 시간은 놀라운 결과를 낳았다.

우리가 훌륭한 회사 문화를 가지고 있다는 증거는 많다. 당신이 우리 팀원들에게 우리가 훌륭한 문화를 유지하는 이유가 무엇인지 물어본다면 아마 대부분의 사람이 우리가 함께하는 이 가치 있는 시간이 큰 역할을 한다고 대답할 것이다. 당신이 회사를 경영한다면 가능한 한 자주 그룹 미팅을 가져야 한다. 회사 규모가 크다면 부서별로 그룹 미팅을 갖도록 하라. 팀이 지역적으로 퍼져 있다면 인터넷을 통해 자주 연락을 취하라. 아울러 1년에 최소한 서너 차례는 실제로 얼굴을 대하는 모임을 갖도록 하라.

고정 모임

당신은 아무 성과도 없는 모임을 자주 갖기를 결코 원치 않을 것이다. 영혼을 잃어버린 회사들이 종종 이러한 모임을 자주 갖는 잘못을 저지른다. 반면, 신생 기업의 기업가들은 대부분 정기적인 모임을 전혀 갖지 않는다. 그 결과, 그때그때 불을 끄는 경영 방식을 적용해 직원들을 지치게 하고, 생산성을 저하시킨다. 예전에는 나 역시 그런 우를 범했다. 내가 처음으로 회사를 이끌었을 때 나는 팀원들 중 한 명에게 질문을 받거나 어떤 팀원과 함께 해야 할 일이 있을 때마다 직원들 앞에 등장했다. 당연히 일이 제대로 진행되지 않았다. 하루 종일 서로를 방해했기 때문이다.

우리가 매주 정해진 요일에 고정 모임을 갖기 시작하자 서로를 방해할 일이 없어졌다. 매주 월요일 오전 11시부터 정오까지 나는 두 명의 전무이사와 최고운영책임자, 재무이사를 만난다. 우리 다섯 명은 팀의 핵심리더다. 우리는 이 모임에서 거의 모든 것을 의논한다. 우리는 회사에서 가장 많은 연봉을 받는 사람들이므로 문제가 생길 때마다 모이는 것은 금전적으로도 큰 낭비다. 그래서 우리는 각자 의논할 문제의 목록을 미리 준비해 모임에 참석한다. 이렇게 함으로써 우리는 매우 생산적인 한 시간을 보낸다. 질병이나 휴가, 그 밖의 정말 중대한 문제가 있지 않은 한 우리는 이 모임에 꼭 참석한다.

나는 또한 전무이사 두 명과 최고운영책임자와도 매주 각각 한 시간씩 정기적으로 만난다. 이 만남은 일이 있을 때마다 이메일을 주고받거나 직접 만나 소통해야 하는 번거로움을 덜어 준다. 이 고정적인 만남은 우리에게 생산성과 효율성 측면에서도 혜택을 주지만, 내가 처음에는 미처 깨닫지 못했던 또 다른 혜택도 준다. 거의 20년 동안 일정한 시간에 같은 모임을 갖는 것은 생활에 리듬감을 주었다. 만일 어떤 일이 생겨 이 모임 중 하나가 몇 주 연속으로 취소되면 우리는 본능적으로 무언가 잘못되어 가고 있다는 것을 감지한다. 이러한 모임들이 결코 안도감을 얻기 위해 껴안는 담요는 아니다. 이 모임들은 실제로 매우 중요한 역할을 한다. 그래서 모임이 취소되면 무언가 잘못되어 가고 있다는 느낌을 갖기 시작하는 것이다. 사실 무언가가 잘못되었기에 우리의 소중한 업무 중 하나가 이루어지는 모임이 취소되는 것이기도 하다.

이메일

당신의 팀과 커뮤니케이션하는 데 이메일, 문자메시지 등은 효율적이긴 하지만, 위험한 방식이다. 그것들은 효율적이다. 당신이 한 명 이상의 사람에게 신속하게 메시지를 전달할 수 있기 때문이다. 하지만 그것들은 위험하다. 보디랭귀지와 어조가 빠지기 때문이다. 비언어적 커뮤니케이션이 당신의 메시지의 80~90퍼센트를 차지한다. 당신이 이 사실을 간과한다면 당신은 사람들과 이메일 싸움을 벌이게 될 것이다. 나 역시 이런 잘못을 저질렀고, 그것은 분명 어리석음의 소치였다. 이메일 싸움보다 더 나쁜 것은 단체 메일을 보내 결투를 신청하는 것이다. 이메일은 아주 효율적이지만, 이메일을 통한 불완전한 커뮤니케이션을 바로잡기 위해서는 더 많은 실제 만남을 가져야 한다. 당신이 말하려는 의도를 종종 왜곡하는 이메일 사용에 세심한 주의를 기울이기 바란다.

주간 보고서

우리는 관료주의를 거부한다. 우리는 사소하거나 쓸모없거나 정치적이거나 사람들을 그다지 좋아하지 않는 것을 '기업적인 것'이라 부른다. 당신이 우리 팀원들 중 한 명이 "이것은 너무 기업적이야"라고 말하는 것을 듣는다면 그것은 일종의 모욕이라고 생각해도 좋다. 물론 우리는 모든 대규모 조직이 이러한 모욕을 당해야 한다고 생각하지는 않는다. 하지만 우리 중 다수가 쓸데없는 일을 요구하는 회사에서 일한 경험이 있기 때문에 우리는 이에 대한 앙갚음으로 우리 문화에서 이러한 기업적인 것들을 거부한다.

우리 회사의 규모가 충분히 커져서 내가 더 이상 팀원들의 어깨너머로 살피는 것을 하지 못하게 되자, 나는 팀원 모두가 무엇을 하고 있는지 알고 싶어졌다. 나는 팀원 각자가 한 주 동안 무엇을 했는지 주간 보고서를 작성해 나에게 제출하면 좋겠다는 생각을 하기 시작했다. 하지만 이내 나는 나 자신이 기업적이 되어 가고 있다는 생각에 움찔했다. 주간 보고서는 사무실에 갇혀 마지못해 자기 업무를 보는 게으름뱅이들이 억지로 작성하는 쓸모없는 일거리인 듯한 느낌이 들었다. 하지만 나는 팀원들에게 시간 관리와 목표 설정에 대해 가르치고 있었고, 그들이 이것들을 실제로 실천하는지 내 눈으로 확인하고 싶었다.

주간 보고서에 대해 생각하면 할수록 그것은 내가 끔찍이 싫어하는 보고서가 아니라는 것이 더 분명해졌다. 주간 보고서에 대한 나의 거부감은 그것이 기업적인 것일 수 있다는 두려움 때문이었다. 그래서 나는 우리 팀원들에게 주간 보고서를 작성하되, 나에게 제출하는 것이 아니라 자기 자신에게 쓰는 것이라 여기고 솔직한 생각을 담을 것을 당부했다. 그래서 우리 팀원들은 한 주 동안 있었던 일을 한 페이지 분량으로 요약해 내게 제출한다. 만일 당신이 우리 팀원이라면 당신은 승리하길 원하고, 그 승리를 위해 객관적인 잣대로 자기 자신을 측정하길 원하는 그런 부류의 사람이 되어야 한다. 체중계에 올라가지 않는다면 당신이 실제로 살을 뺐다는 것을 확실하게 입증하지 못할 것이다.

팀원들은 아래에 언급할 몇 가지 가이드라인을 바탕으로 자신만의 보고서를 디자인할 수 있다. 보고서는 한 페이지를 넘지 않아야 한다. 보고서 맨 위에는 내가 그들에게 지급하는 연봉을 적고, 나머지 부분은 내가 왜 기꺼이 그만한 연봉을 지급해야 하는지를 설명해야 한다.

● **고점과 저점**

보고서는 그 주의 고점(최고의 순간)과 저점(최악의 순간)을 포함해야 한다. 처음에 내가 팀원들에게 이를 요구했을 때, 나는 순진하게도 그들의 고점과 저점이 우리의 사업, 즉 그들의 업무에 국한될 것이라 생각했다. 그러나 그들은 특이한 개인적 정보를 언급하곤 했다. 나는 팀원 회의에서 그들에게 고점과 저점을 사업에 국한시키라고 말하고 싶은 유혹에 사로잡혔다. 그러나 얼마 후 나는 그들의 초점이 어디에 맞춰져 있는지 파악하는 것은 그들과 관계를 형성하고 그들에게 리더십을 발휘하는 데 아주 중요하다는 것을 깨닫기 시작했다.

만일 한 주의 고점이 "이번 주말에 난생처음 NFL 경기를 보러 갔는데, 정말 재미있었다. 입장권을 주셔서 정말 감사해요"라면 나는 어떻게 해야 할까? 첫째, 나는 팀원 회의가 끝나면 그를 만나 30초 정도 그와 미식축구 이야기를 나누고, 그날 경기가 어땠는지 물어볼 필요가 있다. 둘째, NFL 입장권을 구매해 팀원들에게 나눠 주자고 제안한 인적자원부 팀원들에게 그들의 아이디어가 우리 팀원 중 한 명을 감동시켰다는 긍정적인 피드백을 전할 필요가 있다. 셋째, 정기 입장권 소지자로서 나는 많은 사람이 이러한 운동 경기 관람을 대단히 좋아한다는 것을 기억할 필요가 있다. 나는 관점을 달리할 필요가 있었다. 하나의 사소한 사적인 고점을 통해 이 모든 결론을 도출했으니 말이다. 이것이 바로 커뮤니케이션의 위력이다.

만일 한 팀원의 저점이 "아버지가 내 생일에 전화를 하지 않으셔서 실망했다"라면 나는 어떻게 해야 할까? 나는 그 팀원의 아버지와 연관된 이 문제를 어떻게 다루어야 할까? 우리는 내년에 그의 생일을 잊지 말고 더 멋지게 축하해 줄 필요가 있다. 나와 그의 관계를 고려해야겠지만, 내가 그의 사무실에 직접 들러 그를 안아 주면 더 좋을 것이다. "우리 집 개가 아프다", "어머니가 편찮으시다", "내 생애 이렇게 큰 수표를 받은 적이 없었다", "채무에서 해방되었다", "결혼 생활이 순탄치 않다", "남자친구와 헤어졌다", "10킬로그램 감량에 성공했다", "난생처음으로 마라톤 대회에 출전해 완주했다", "내 일을 사랑하고 있다는 걸 새삼 느꼈다" 등이 내가 팀원들의 보고서에서 실제로 읽은 몇몇 고점과 저점이었다. 이러한 정보는 대단히 소중하다. 당신의 팀을 구성하는 것은 실제 사람들이기 때문이다. 나는 그들에게 사적인 정보를 요구한 적이 없다. 그들이 자발적으로 자신의 사생활을 드러냈을 뿐이다.

- **보고서와 관련해 반드시 해야 할 일들**

만약 당신과 당신의 리더들이 팀원들의 보고서를 읽지 않거나, 그들의 보고서 내용에 적절한 반응을 하지 않는다면 당신들은 그들에게 그들과의 커뮤니케이션이나 그들의 보고서는 당신들에게 중요하지 않다는 메시지를 보내는 것이다. 판매 기록을 깼다는 내용이 담긴 보고서를 읽었다면 보고서 주인에게 바로 달려가 칭찬과 격려의 말을 전하라. 회사와 관련된 문제점이 언급된 보고서를 접했다면 그를 해결할 수 있는 방안을 모색하라. 여기서 가장 중요한 것은 제기된 문제의 처리 결과를 보고서 작성자에게 알리는 것이다. 팀원들이 전하는 정보를 소중히 여겨야 하며,

그 정보에 반응하고 있다는 것을 그들이 알도록 해야 한다. 매주 빠짐없이 보고서를 읽고 거기에 적절하게 반응하든지, 아예 보고서를 읽지 말든지, 둘 중 하나를 선택하라.

연간 평가

일부 관료주의적인 회사들은 연간 평가를 시행하는데, 한 직원이 자신의 업무와 개인적 역량에 대해 진정한 피드백을 받는 연간 평가는 임금 인상이 이루어질 수 있는 유일한 기회다.

우리 팀원들은 자신의 업무와 개인적 역량에 대한 피드백을 거의 일주일마다 받는다. 나는 실수한 과정을 바로잡는 데 1년을 기다리지 않으며, 우리 팀원들 역시 경영진에게 문제점을 알리는 데 1년을 기다릴 필요가 없다. 그것은 실로 어리석은 일이기 때문이다. 팀원들은 심지어 임금 인상을 받는 데 1년을 기다릴 필요도 없다. 그들은 임금 인상의 혜택을 누릴 자격이 없을 수도 있고, 1년에 두세 차례 임금 인상을 받을 수도 있다.

이러한 이유로 우리는 연간 평가를 시행하지 않는다. 하지만 우리는 연간 검토는 할 필요가 있다는 것을 깨달았다. 한 해에 걸쳐 우리는 실적을 평가하고, 팀원들은 문제를 제기하고 임금을 인상받을 많은 기회를 가진다. 그럼에도 우리는 1년에 최소 한 번은 우리가 팀원 모두의 수입을 검토하고, 팀원들이 문제점을 제기하거나 미래에 대한 아이디어를 낼 수 있는 또 다른 기회가 되는 고정적인 모임을 가질 필요가 있다고 생각한다. 분쟁이 일어날 소지가 다분한 모임은 거부하는 사람들도 이 모임에서는 마음을 연다. 나는 연간 검토 모임이 실적에 대한 논의의 장이 되기를 원치 않는다. 나는 나의 리더들에게 연간 검토 모임을 유연성 있고 지속적인 논의의 장으로 만들어 줄 것을 요구한다.

핵심 업무 영역

직무 설명서는 커뮤니케이션이다. 당신이 당신 업무의 핵심 업무 영역이 무엇인지 글로 명확하게 기술한다면 당신은 커뮤니케이션을 한 것이다. 핵심 업무 영역은 반드시 필요한 커뮤니케이션 형태다. 우리는 우리 팀이 승리하는 모습이 어떤 것인지 끊임없이 규명해야 하기 때문이다. 우리는 합당한 열정과 창조성, 태도로 자신이 맡은 일을 하는 것이 승리하는 길이라는 것을 전달하고 있다. 팀원들이 그것들을 하지 않으면 그들은 실패하고 있는 것이므로 변화를 꾀할 필요가 있다. 기업이 가장 많이 간과하는 커뮤니케이션이 이러한 종류의 커뮤니케이션이다.

둘러보기 경영

직접 만나서 하는 커뮤니케이션보다 더 좋은 커뮤니케이션은 없다. 커뮤니케이션을 완전하게 만들어 주는 보디랭귀지와 접촉, 어조, 아이콘택트를 비롯해 수많은 비언어적 신호의 혜택을 누릴 수 있기 때문이다. 톰 피터스Tom Peters는 그의 저서《초우량 기업의 조건In Search of Excellence》에서 탁월한 기업의 자질에 대해 기술하고 있다. 수십 년 전에 이 책을 읽은 나는 지금도 이 책의 몇 가지 소중한 정보를 기억하고 있는데, 그중 하나가 바로 '둘러보기 경영Management by Walking Around'이다. 나는 이것을 '찾아가는 리더십'이라고 부르고 싶다.

내가 이러한 형태의 커뮤니케이션을 실행하는 방식은 최소한 일주일에 두 차례 휴대전화를 집어 들고 내 개인 비서에게 전화를 걸어 농담조로 "나는 지금 증오와 불화를 조장하려고 빌딩을 둘러볼 참이에요"라고 말하는 것으로 시작된다. 나는 노란 운동화를 신고 천천히 건물을 거닐며 회사 분위기를 느낀다. 나는 인상적인 고점과 저점을 기술한 보고서의 작성자를 보게 되면 그 팀원에게 축하나 위로의 말을 던진다. 나는 불결하고 질서가 없는 것들을 찾아본다. 나는 전화통화를 엿듣는다. 가끔 나는 팀원 중 한 명의 책상에 걸터앉아 그 팀원에게서 인생과 사업에 대한 이야기를 듣기도 한다. 나는 30분 정도 회사를 둘러보며 회사의 온도를 감지한다. 이것이 나와 나의 회사가 커뮤니케이션하는 문화다. 분위기를 통해 느끼는 것도 커뮤니케이션이다. 이 찾아가는 리더십을 통해 나는 내가 결코 그들과 다른 사람이 아니며, 팀원들을 많이 생각하는 리더라는 이미지를 팀원들에게 각인시킬 수 있다.

커뮤니케이션에서 가장 큰 문제점은 커뮤니케이션이 이루어지고 있다고 착각하는 것이다.

– 조지 버나드 쇼George Bernard Show

샘 월튼Sam Walton은 즉흥적으로 그의 회사인 월마트Wal-mart의 배달 기사와 함께 트럭을 타고 배달을 다니고 월마트를 둘러보는 것으로 유명했다. 보고서를 읽는 것보다 배달 기사와 함께 물건을 배달하고 월마트를 직접 둘러보는 것을 통해 더 많은 것을 배웠다는 그의 말은 이제 전설이 되었다. 그는 둘러보기 경영 또는 찾아가는 리더십을 이용한 양방향 커뮤니케이션의 달인이었던 것이다.

결론

커뮤니케이션을 중요하게 여기지 않는 회사에는 유해하고 실패를 야기하는 혼돈이 자리 잡고 있다. 당신의 팀원들이 꿈과 사명, 목표 등을 공유하지 못하면 당신의 팀을 결코 팀이라 부를 수 없다. 그런 것들을 공유하려면 의도적이고 지속적인 커뮤니케이션이 이루어져야 한다. 세스 고딘은 말한다.

"리더와 커뮤니케이션이 없는 부족은 그저 하나의 무리에 불과하다."

안트러리더로서의 나의 권한과 책임은 훌륭한 커뮤니케이션 문화를 유지하면서 체계적이고 품격 있게 길을 안내하는 것이다.

Part 11

사람이 가장 중요하다

최고의 인재들과 일체감 형성하기

나의 개인 비서는 강인한 사람이다. 그래서 내가 책상에 앉아서 사무실 문 앞에 서있는 고속도로 순찰 경찰관 옆에 서서 하염없이 눈물을 흘리고 있는 그녀를 보았을 때, 나는 위장이 목구멍으로 올라오는 것 같은 충격을 받았다. 순간적으로 나는 내 아내와 아이들을 걱정했다. 도대체 무슨 일이 일어난 걸까?

경찰관은 정말 안타까운 소식을 전하러 여기에 왔다고 말했다. 정면충돌 사고가 있었는데, 그 사고로 젊은 엄마와 어린 딸이 목숨을 잃었고, 아기만이 생존했다는 것이었다. 그들은 우리 회사에서 일하는 젊은 팀원의 가족이었다. 우리는 경찰관에게 그에게 이 소식을 전해야 하는지 물었고, 경찰관은 그렇게 하라고 대답했다. 나는 거칠게 뛰고 있는 심장 소리를 들으며 현기증을 느꼈다. 어떻게 한 젊은이에게 아내와 딸이 사고로 목숨을 잃었다는 소식을 전할 수 있을까? 나는 숨조차 제대로 쉴 수 없었다. 우리는 그의 부서에 전화를 걸어 보고 나서야 비로소 그가 회사에 없다는 것을 알게 되었다. 그는 지금 어디에 있을까? 상황은 점점 더 엉망이 되어 가고 있었다.

우리는 그의 리더를 통해 그가 한 주 동안 우리의 라이브 행사 일꾼들과 함께 무대를 설치하기 위해 회사에서 160킬로미터 떨어진 곳에 갔다는 것을 알게 되었다. 그날 저녁 뉴스에 보도될 정도로 큰 사고였기에 경찰관은 젊은 남편이 곧 뉴스를 보게 될 것이라며 걱정했다. 우리는 그를 빨리 이곳으로 데려올 수 있도록 제트기를 전세 냈다. 저녁 뉴스가 방송되기 전에 우리가 그를 진정시키고 있을 동안 제트기는 그곳에 도착할 것이었다. 우리는 현장의 리더에게 전화를 걸어 몇몇 사람과 함께 그를 데리고 호텔 객실로 가달라고 부탁했다. 우리는 안타깝게도 이 끔찍한 소식을 전화로 전해야 했지만, 곧바로 그와 그를 보살피고 위로할 리더를 제트기가 있는 공항으로 보낼 수 있었다. 우리는 그에게 조금이라도 위로와 도움이 필요한 이 끔찍한 상황에서 그가 가능한 한 그를 사랑하는 많은 사람과 함께할 수 있도록 그의 다른 가족과 목사를 제트기가 도착하는 곳으로 보내 그를 맞이하도록 했다. 그날이 리더로서 지금까지 가장 힘든 날이었다.

엄청난 스트레스를 유발하는 이런 끔찍한 상황에서 우리는 어떻게 그토록 신속하고 지혜로운 결정을 내릴 수 있었을까? 이 엄청난 위기 상황에서 우리는 어떻게 당황하거나 주저하지 않고 우리가 선택할 수 있는 최선의 길을 찾아낼 수 있었을까? 그것은 우리가 어떠한 상황에서도 우리 팀원들과의 상호 작용에 한 가지 간단한 규칙을 적용하기 때문에 가능했다. 즉, 우리는 황금률을 적용함으로써 이 엄청난 비극에 신속하고 지혜롭게 대처할 수 있었던 것이다. 이미 여러 번 언급한 터라 당신이 식상해할 수도 있다는 것을 나는 잘 알고 있다. 하지만 당신의 회사가 일체감과 신의를 바탕으로 바람직한 방향으로 성장하길 원한다면 당신은 '모든 일에 네가 대접받고 싶은 만큼 남을 대접하라'라는 황금률을 몸소 실천하는 법을 반드시 배워야 한다. 나는 이 간단한 황금률 덕분에 우리의 젊은 남편이 겪게 될 극단적인 고통을 내 능력이 허락하는 범위 내에서 최소화할 수 있는 모든 방법을 정확히 알 수 있었던 것이다.

충성심을 위한 리더십

왜 대부분의 직원이 자신의 회사와 경영진에 충성하지 않을까? 그것은 그들의 회사와 경영진이 그들에게 충성하지 않기 때문이다. 내 아내는 우리 아이들에게 친구를 갖고 싶다면 먼저 친구가 되어야 한다고 늘 말해 왔다. 당신이 충성하는 사람을 원한다면 당신부터 먼저 충성하는 사람이 되어야 한다. 너무도 많은 사업가가 자신의 팀원들도 인간이라는 사실을 잊어버리는 것 같다. 그들도 당연히 인간이다. 하지만 많은 사업가가 자신의 팀원들은 관계의 대상이 아니라 단순히 거래의 대상일 뿐이라는 매우 얄팍한 생각을 키워 왔다. 당신의 임금을 받는 사람들은 생산을 위한 도구가 아니다. 그들도 당신과 똑같은 인간이다. 그들도 당신처럼 꿈과 목표를 키우고, 상처를 받으며, 위기에 처한다. 당신이 그들을 짓밟거나 그들과 인간적인 관계를 맺는 데 신경을 쓰지 않는다면 당신의 사업은 계속해서 삐거덕댈 것이다.

'모든 일에 네가 대접받고 싶은 만큼 남을 대접하라'라는 황금률은 안트러리더십의 핵심 원칙이다. 칭찬받고 싶다면 먼저 칭찬해야 한다. 배려받고 싶다면 먼저 배려해야 한다. 도움을 받고 싶다면 먼저 도움을 주어야 한다. 상대가 당신에게 예의를 갖추길 원한다면 당신이 먼저 상대에게 예의를 갖춰야 한다. 비난받고 싶다면 당신이 먼저 비난하면 된다.

사람은 누구나 존중받아야 한다. 누구나 합당한 대우를 받을 자격이 있다. 만일 당신이 원하는 것이 당신의 팀원들이 당신의 꿈을 따르며 그들의 모든 열정을 불태우는 것이라면 당신은 그들에게 세심한 관심과 애정을 쏟고, 합당한 대우를 해줘야 한다.

우리는 중요한 관계 구축을 위해 마케팅계의 슈퍼스타를 고용한 적이 있다. 우리는 그의 핵심 업무 영역을 명확히 규명해 주었고, 그가 받을 보상도 분명히 정했다. 한두 건의 큰 거래를 성사시키면 그는 상당히 큰 돈을 벌게 되어 있었다. 그는 고용된 지 6개월 만에 마침내 100만 달러의 거래를 성사시켰다. 그런데 그가 판매한 것은 우리가 계약한 판매 대상과는 완전히 다른 것이었다. 거래가 체결되고 난 후 우리도 그도 영역 밖의 거래로는 수수료를 받을 수 없다고 계약서에 구체적으로 명시되어 있는 것을 분명히 인식했다. 우리는 그래도 그에게 수수료를 지불하겠다는 결정을 곧바로 내렸다. 악덕 기업들을 위해 오랫동안 일해 온 이 가련한 사내는 법적으로는 자신의 역량과 노고에 대한 보상을 해줄 필요가 없는 회사가 자신에게 보상을 해주리라고는 생각하지 않았다. 봉투를 열고 수표에 적힌 액수를 확인했을 때, 그는 눈물을 흘렸다. 나로서는 정말 뿌듯한 광경이었다.

우리는 망설이지 않고 곧바로 그런 결정을 내렸다. 왜 그랬을까? 그것이 바로 내가 어떤 회사에 100만 달러 거래를 물어다 주었을 때 내가 그 회사에 바라는 일이기 때문이다. 설령 계약된 사항이 아니라서 그 회사가 내게 돈을 지불할 의무가 전혀 없다고 하더라도 말이다. 당신은 이 사내가 기운이 솟았을 것이라 생각하는가? 당연히 그랬을 것이다. 당신은

만일 당신이 원하는 것이 당신의 팀원들이 당신의 꿈을 따르며 그들의 모든 열정을 불태우는 것이라면 당신은 그들에게 세심한 관심과 애정을 쏟고 합당한 대우를 해줘야 한다.

이 사내가 우리를 저버리지 않을 것이라 생각하는가? 물론이다. 당신은 그가 나에 대한 나쁜 소리를 하고 다닐 것이라 생각하는가? 당연히 그렇지 않을 것이다. 이유는 내가 그에게 도의적인 신의를 지켰기 때문이다. 그는 다른 어느 때보다도 더 의욕이 생겨 나에게 또 다른 100만 달러 거래를 물어다 줄지도 모른다. 그는 내가 그를 지지하고, 자신은 돈을 받을 수 있다는 걸 알고 있기 때문이다. 하지만 안타깝게도 근시안적인 기업들은 이와 정반대로 행동한다. 그들은 그에게 지불할 돈은 챙기지만, 그의 신뢰와 충성, 의욕, 창조성은 잃게 된다. 수수료를 아끼기 위해 이 모든 것을 잃는 것은 정말로 어리석은 거래다.

완전한 진실성

충성은 완전한 진실성에서 비롯되기도 한다. 당신의 '예스'를 '예스'가 되게 하고, 당신의 '노'를 '노'가 되게 하라. 누군가에게 돈을 줘야 한다면 돈을 주어라. 임금을 지불하지 않는 일은 결코 있어서는 안 된다. 당신의 회사가 고전을 면치 못한다면 직원들에게 일을 시키고 임금을 지불하지 않는 것보다 감원하는 것이 더 바람직하다. 좋을 때나 나쁠 때나 진실만을 말하라. 어떻게 결정을 내렸는지에 대해 투명하게 밝혀라. 회사가 직면한 현실을 가감 없이 털어놓아라. 팀원들이 생산적인 일을 하고 있는 동안에는 그들의 임금을 삭감해서는 안 된다. 그것은 그들로 하여금 생산적인 일을 하기 싫게 만들기 때문이다. 유능한 인재들에게 적절한 대우를 해주지 못하는 회사는 유능한 인재를 채용하지도, 유지하지도 못한다.

진실성은 또한 일관성을 뜻하기도 한다. 만일 당신이 비슷한 상황에 항상 똑같이 반응한다면 당신은 회사 홍보 팸플릿에 회사의 가치를 언급하는 문구를 실을 필요가 없다. 당신의 팀원들이 매일 그 가치가 살아 숨 쉬는 것을 분명히 목격하기 때문이다. 당신의 원칙과 가치, 문화에 대해 예측하기 쉬우면 쉬울수록 당신은 당신이 믿고 맡길 수 있는 리더들과 팀원들을 더 많이 양성할 수 있다. 그들은 당신의 일관된 언행을 보고 자신이 무엇을 해야 하는지를 알게 되기 때문에 당신을 대신할 수 있다.

만일 당신이 비슷한 상황에 항상 똑같이 반응한다면 당신은 회사 홍보 팸플릿에 회사의 가치를 언급하는 문구를 실을 필요가 없다. 당신의 팀원들이 매일 그 가치가 살아 숨 쉬는 것을 분명히 목격하기 때문이다.

안트러리더가 모든 쟁점과 기회에 예측할 수 있고 긍정적이며 진취적인 방식으로 반응하면 충성심이 태동하고, 양질의 문화가 형성된다. 사람들은 자신의 가치와 존엄성을 인정받고 그에 따라 대우받고 있다고 느낄 때만 리더의 말을 따른다.

당신의 팀원들을 알아라. 그들 자녀의 이름을 알고, 그들 아내의 이름을 알고, 그들의 꿈을 알아라. 그들의 이야기를 알아내라. 모두가 이야기 하나쯤은 갖고 있다. 병문안을 가고, 장례식에 참석하라. 생일은 절대 잊어버리지 마라. 만일 당신에게 그들의 삶을 더욱 윤택하게 해줄 수 있는 힘이 있고, 인맥이 있고, 돈이 있다면 항상 그들에게 더 나은 삶을 선사하라.

우리 회사 규모가 너무 커버려서 나는 더 이상 팀원 모두의 삶에 깊숙이 들어가지 못한다. 그렇다고 방법이 없는 것은 아니다. 여러 계층의 리더들이 나를 대신해 개개인의 팀원과 긴밀한 관계를 형성하고 유지할 수 있기 때문이다.

당신은 내가 사업에 깊숙이 담갔던 발을 서서히 빼고 있다고 생각할지 모르겠지만, 절대 그렇지 않다. 나는 인생의 막바지에 이르러 과거를 돌아봤을 때 단지 사업에서 승리한 것만이 아니라 사업에서 어떻게 승리했는지가 나의 가장 큰 기쁨과 만족이길 원한다. 이것이 내 삶과 사업의 목표다. 생을 마감할 때가 되어 그때 거래를 하나 더 성사시켰어야 했는데, 그때 돈을 더 벌었어야 했는데, 하며 후회하는 사람은 없다. 생을 마감할 때가 되면 우리는 무엇이 중요한 것인지를 깨닫게 된다. 우리는 사람들을 어떻게 대하는지가 삶에서 가장 중요한 것임을 깨닫게 될 것이다.

당신의 자녀뿐만 아니라 당신의 팀원들도 당신을 지켜본다. 그들은 항상 당신의 설교를 귀로 듣기보다는 눈으로 본다는 것을 잊지 마라.

일체감

세상에서 가장 크고 힘이 센 말 중 하나는 벨기에의 복마(짐수레 말)다. 어떤 말의 끄는 힘이 가장 좋은지를 가리는 대회가 열렸는데, 이 대회에서 한 벨기에 복마가 3.6톤을 끌었다. 그런데 이상한 일은 서로 처음 보는 벨기에 복마 두 마리를 함께 마구에 채웠더니 9.1톤에서 10.9톤까지 끌 수 있었다는 것이다. 즉, 두 마리가 한 마리의 두 배가 아니라 세 배를 끌 수 있었던 것이다. 이 사례는 시너지의 위력을 보여 준다. 더 놀라운 일은 두 마리의 말을 함께 사육하고 훈련시키면 그 녀석들은 둘이 아닌 하나로 생각하고 수레를 끄는 법을 습득한다는 것이다. 훈련받아 일체가 된 두 말은 10.9톤이 아니라 14.5톤까지 끌 수 있다. 즉, 일체가 된 한 쌍의 말은 한 마리 말이 끄는 힘보다 무려 네 배나 큰 힘을 발휘할 수 있다. 그들은 완전히 일체가 된 것만으로 3.6톤이라는 엄청난 무게를 더 끌 수 있는 것이다. 하지만 일체화는 결코 간단하거나 쉬운 일이 아니다.

농구나 미식축구 경기를 보면 슈퍼스타들이 자기중심적인 사고 탓에 팀에 분열을 초래하는 경우가 상당히 많다. 스포츠 경기에서 슈퍼스타로 구성된 팀이 드림팀이 되는 경우는 거의 없다. 일반적으로 슈퍼스타팀은 걸핏하면 성질을 내고 소란을 일으키는 큰 어린이들을 모아 놓은 것과 같은 분위기를 연출한다. 대부분의 스포츠 선수와 스포츠 팬은 자기중심적이지 않은 선수들을 좋아한다. 훈련을 잘 받아 일체화된 B급 선수들로 구성된 팀이 종종 일체감이 없는 유명 팀들을 이기곤 하는데, 이러한 경기는 실로 감탄을 자아낸다.

우리는 사업에서도 종종 이와 같은 실수를 저지른다. 우리는 유능한 인재를 고용하기만 하면 사업에서 승리하는 데 문제가 없다는 잘못된 믿음을 가지고 있다. 그래서 일부 기업은 능력에만 초점을 맞춰 인재를 채용하곤 한다. 하지만 이러한 무리에는 몇몇 자기중심적인 얼간이들이 있기 마련이고, 이들로 인해 팀의 일체화가 이루어지지 않는 경우가 많다. 이런 유능한 얼간이들이 많이 있는 회사는 실패할 가능성이 크다. 분열이 능력을 상쇄하고도 남기 때문이다. 나는 매사에 불만을 품고 분열을 일으키는 슈퍼스타 그룹보다는 차라리 열정적이고 결속력이 있는 B나 C 그룹을 택할 것이다. 강한 결속력이 있는 팀은 거의 매번 승리할 것이기 때문이다.

1980년에 있었던 '빙판 위의 기적'은 이 일체감 원칙을 입증해 준 좋은 사례다. 허브 브룩스Herb Brooks 코치는 1980년 올림픽 아이스하키팀을 구성할 때 당시 가장 뛰어났던 몇몇 아이스하키 선수들을 발탁하지 않았다. 그는 자신이 찾고 있는 선수는 최고의 선수가 아니라 옳은 선수라고 말했다. 허브 코치는 팀을 위해 혼을 다해 경기에 임함으로써 팀을 하나로 만들어 주는 선수들을 원했던 것이다. 무명 선수들이 만들어 낸 이러한 일체감은 스포츠 역사상 가장 위대한 승리 중 하나를 탄생시켰다. 그들은 모든 불리한 조건을 극복하고 그해 올림픽에서 금메달을 따냈다.

일체감 형성

일체감은 대부분의 기업에서 좀처럼 찾아보기 힘든 요소다. 하지만 위대한 기업에는 항상 일체감이 존재한다. 다른 많은 것들과 마찬가지로 일체감 역시 의도적으로 창출해야 하는 것이다. 사람들은 저절로 통합하지 않는다. 사람들이 통합하려면 인도를 받아야 한다. 통일된 문화를 조성하려면 당신의 팀이 자신들의 이기적인 동기보다 더 큰 대의를 선택하도록 만들어야 한다. 일체감은 팀원들이 회사뿐만 아니라 다른 팀원들도 자신을 신경 써주고 배려하고 존중한다는 것을 인식할 때만 조성될 수 있다. 당신의 팀원들이 서로의 이익과 대의를 위해 자기 자신의 영광이나 이익을 기꺼이 포기할 때만 당신의 팀이 통합

될 수 있다. 그런데 이런 일은 극히 드물다. 결속력이 강한 단체를 보면 그 아름다움에 감탄하고, 때로는 존경의 마음까지 드는 이유가 여기에 있다.

사람들은 저절로 통합하지 않는다. 사람들이 통합하려면 인도를 받아야 한다.

일체감의 오적

나는 우리 팀에 일체감을 형성하기 위해 고군분투해 오는 동안 일체감을 해치는 주범들을 어렵게 잡을 수 있었다. 통합과 단결을 저해하는 이 다섯 가지 적을 회사 밖으로 완전히 몰아낸다면 우리 팀은 탄탄한 결속력을 자랑할 수 있으리라는 것을 나는 깨달았다. 일체감은 생산성과 고객 서비스, 창조성, 그리고 이 모든 것으로 인한 수익을 더 자연스럽게 창출하는 훌륭한 업무 환경을 우리에게 선사해 준다.

1. 커뮤니케이션의 결핍

커뮤니케이션의 결핍은 일체감의 결핍으로 이어진다. 앞에서 언급했던 내용을 다시 요약해 보자. 왼손이 하는 일을 오른손이 알지 못할 경우 분열과 분노, 좌절감이 회사를 가득 채운다. 모든 팀원이 통합되어 같은 곳을 보고 있어야만 진정한 팀이다. 만일 당신이 멋지게 통합된 팀과 그런 팀이 야기하는 좋은 것들 모두를 원한다면 당신은 수준 높은 커뮤니케이션을 창출하고 유지하기 위해 엄청난 노력을 기울여야 한다.

2. 공동 목표의 결핍

공동 목표의 결핍도 일체감의 결핍으로 이어진다. 팀이 경영진의 목표 및 서로의 목표를 공유하지 않으면 일체감은 형성되지 않는다. 공동의 목표는 일체감을 형성한다. 공동의 꿈에서 비롯되는 공동의 목표와 공동의 사명, 공동의 비전이 없는 곳에는 일체감도 없다. 만일 당신이 멋지게 통합된 팀과 그런 팀이 야기하는 좋은 것들 모두를 원한다면 당신은 공동의 비전과 공동의 목표를 탄생시키기 위해 엄청난 노력을 기울여야 한다.

3. 험담

나는 험담을 참을 수 없다. 기업 문화에서 험남은 당신이 공들여 쌓은 모든 탑을 무너지게 한다. 험담을 일삼는 무리와 일체감을 형성할 수 있는 길은 없다. 사실 험담의 본질 자체가 일체감과는 반대되는 것이다. 험담은 사람들을 끌어당기지 않고, 뿔뿔이 흩어지게 한다.

회사나 리더십에 대한 험담은 특히나 사악한 형태의 불충이다. 어떤 사람이 일삼는 험담이 그의 가족을 먹여 살리는 회사와 함께 일하는 동료들에게 상처를 입힌다면 그것은 자살 행위와 같은 것이다. 어느 누가 자기가 다니는 회사가 망하길 원하겠는가?

나는 험담을 정말 싫어한다. 그래서 나는 사업 초창기에 험담의 폐해를 다소 경험한 뒤에 우리 회사에 '험담 금지' 정책을 도입하기로 결정했다. 험담을 일삼는 사람은 우리 회사에서 일할 수 없다. 우리 회사 리더들이나 내가 험담을 하는 사람을 보면 처음에는 경고를 주는 선에서 그치지만, 그가 또다시 험담을 하면 그 즉시 그를 해고한다. 험담은 악이다. 험담은 다른 사람들을 함정에 빠트린다. 험담은 전염성이 강하다. 결속력을 원한다면 험담을 뿌리 뽑아야 한다. 성경은 이렇게 말한다.

"입과 혀를 지키는 사람은 자기 자신을 재앙으로부터 지킨다(잠언 21장 23절)."

팀에서 험담이 오가면 팀원들은 좌절감을 느끼고, 화가 나고, 어려움을 겪을 것이다. 험담이 오가지 않으면 이런 문제를 겪지 않을 수 있다. 우리 팀원들은 문제가 있는 무언가를 수정하고 개선한다. 설령 그들이 경영진과 부딪치거나 경영진에 실망했을 때도 그들은 우리의 험담 금지 정책을 떠올려야 한다. 우리는 팀원들이 우리에게 불만을 가질 수 있다는 것을 알고 있다. 하지만 그들이 불만을 표출하는 방식이 험담을 일삼는 것이어서는 곤란하다.

문제의식을 갖거나 불만을 품는 것은 괜찮지만, 그것들이 경영진이 아닌 사람들에게 전달되어서는 안 된다. 즉, 문제점이나 불만은 위로만 표출되어야 한다. 문제점이나 불만을 아래로, 혹은 수평으로 표출하는 팀원은 해고의 위험을 감수해야 한다. 자신의 리더와 끊임없이 삐거덕대는 팀원이 우리 회사에 있었다. 이 팀원과 그의 리더 둘 모두 유능했지만, 그들은 서로 계속 충돌했다. 그런데 이 팀원이 자기 팀의 판매 지원인에게 리더에 대해 험담하는 실수를 저질렀다. 우리가 그에게 경고했지만, 그는 또 다른 두 사람에게도 리더에 대한 불만을 표출했고, 결국 더 이상 우리 회사에서 일할 수 없게 되었다. 판매 지원인이 그를 도울 수 있는 것은 아무것도 없었다. 그러므로 그가 판매 지원인에게 전한 말은 험담이다.

컴퓨터가 말을 듣지 않아 IT팀에게 도움을 청한 젊은 여성 팀원이 있었는데, IT팀이 그녀의 컴퓨터를 제대로 수리해 주지도 않고, 교체해 주지도 않았다. 너무 화가 난 그녀는 우리 회사의 접수원에게 15분 동안 IT

팀의 무능력과, 나와 경영진의 관리 소홀에 대한 불만을 표출했다. 우리 접수원은 컴퓨터를 수리하지도 못하고, 교체해 줄 권한도 없었기 때문에 그녀의 불만을 직접적으로 해소해 줄 수 없었다. 젊은 여성 팀원이 컴퓨터를 고치거나 교체하길 원한다면 그녀는 그렇게 해줄 수 있는 사람을 찾아야 했다.

회사에 대한 당신의 불만은 위로 표출하고, 회사에 대한 당신의 칭찬은 아래로 표출하라. 그렇지 않으면 험담이 고개를 들기 시작할 것이다.

험담을 일삼는 사람은 속이 좁은 사람이다. 훌륭한 사람은 험담을 할 시간이 없다. 루스벨트 대통령의 부인인 엘리너 루스벨트Eleanor Roosevelt는 다음과 같이 말한 적이 있다.

"편협한 사람은 사람들에 대해 이야기하고, 보통 사람은 사건에 대해 이야기한다. 하지만 위대한 사람은 아이디어에 대해 이야기한다."

공공연하게 험담을 싫어하는 '험담 없는 환경'을 지향하는 회사에 근무하는 사람들은 험담에 대한 자제력이 생기며, 이는 회사 발전에 큰 도움이 된다. 신입 팀원이나 삐딱한 팀원이 험담을 하기 시작하면 다른 팀원들이 험담을 하는 팀원에게 이 회사에서는 아무도 험담을 하지 않기 때문에 험담을 하는 사람은 이 회사에서 일할 수 없다는 것을 상기시켜 주어야 한다. 우리 회사에서는 이런 일이 여러 차례 있었다. 밝고 긍정적인 업무 환경을 만들기 위해, 험담을 하려는 동료에게 팀원들이 주의를 주는 광경은 나를 미소 짓게 한다. 멋지게 통합된 팀과 그런 팀이 야기하는 좋은 것들 모두를 원한다면 당신은 당신의 조직에서 험담이라는 악을 영원히 몰아내기 위해 엄청난 노력을 기울여야 한다.

4. 해결되지 않은 갈등

팀원들 간에 일어난 갈등은 해결되어야 한다. 해결되지 않은 갈등은 사람들을 마비시키며, 팀의 결속력에 치명타를 입힌다.

해결되지 않은 갈등은 안트러리더가 그 존재를 인식하지 못한다면 계속 미해결 상태로 남아 있을 수밖에 없다. 당신의 팀원들에게 갈등을 직접 해결하거나 그것에 대해 경영진에게 공개적으로 이야기함으로써 도움을 받을 수 있도록 가르쳐라. 주간 보고서에 언급하는 고점과 저점의 또 다른 이점은 당신에게 갈등을 해결할 수 있는 기회를 준다는 것이다.

언젠가 나는 팀원들의 주간 보고서를 검토하다가 한 여성 판매 지원인이 "사람들이 나를 깔보고 내게 함부로 말하는 것이 정말 싫다"라는 저점을 피력한 것을 보았다. 나는 이 글을 보고 처음에는 '이 여성은 좀 더 대범할 필요가 있겠군'이라고만 생각했다. 하지만 얼마 후 나는 그녀가 정말 말하려고 하는 것이 무엇인지 생각해 보기 시작했다. 그녀는 도움을 청하고 있었던 것이다. 그래서 나는 그녀의 리더에게 확인 요청을 했다.

알아보니 임신한 이 젊은 여성이 그날 기분이 좋지 않았던 50대의 동료 여성이 한 말에 화가 나있었던 것이었다. 호르몬의 영향을 받지 않는 임산부와 중년 여성을 생각할 수 있겠는가? 우리는 두 사람을 불러 대면하게 했다. 중년 여성이 사과했고, 두 사람 모두 울었다. 그 후로 둘은 좋은 친구가 되었다. 심지어 중년 여성은 여러 해 동안 젊은 여성의 훌륭한 멘토가 되어 주기도 했다. 오해에서 비롯된 단순한 갈등을 해결해 준 리더십이 개입되지 않았다면 이러한 미담은 없었을 것이다.

나는 팀원 모두가 서로를 좋아하거나 친구가 되길 바라지는 않는다. 하지만 팀원들이 서로를 존중하길 바라고, 우리가 성격이나 스타일이 달라도 진정성과 의도는 공유하고 있다는 점에 동의하길 바란다. 우리는 그 지점에 도달할 때까지 서로 마주 앉아 이야기할 것이다.

가끔 경영진이 드라마에 끼어들 용기가 없거나 드라마에 무심한 탓에 갈등이 해결되지 않는 경우가 있다. 리더십은 팀을 함께 성장시키는 것이다. 팀이 함께 성장하지 못하면 팀에 분열이 온다. 안트러리더는 팀원들 간의 갈등에 맞설 용기가 있어야 하고, 팀의 드라마에 관심이 있어야 한다. 나는 한때 아카데미상을 받기에 충분한 드라마가 연출되고 있는 미용실을 운영하고 있다는 느낌을 받은 적이 있다. 나는 일체감을 바탕으로 하는 훌륭한 문화를 원했기에 이러한 드라마에 적극적으로 대처해야 했다. 멋지게 통합된 팀과 그런 팀이 야기하는 좋은 것들 모두를 원한다면 당신은 당신의 조직에서 일어난 모든 갈등을 해결하기 위해 엄청난 노력을 기울여야 한다.

5. 묵인되는 무능

존 맥스웰은 "무능을 받아들이는 것은 사기를 꺾는 일이다"라고 말했다. 한 팀원이 어떤 이유에서건 제대로 능력을 발휘하지 못하는데 경영진이 이를 묵인한다면 다른 팀원들의 사기가 저하된다. '저 사람은 열심히 일하지 않는데 내가 왜?'라는 생각이 회사 전체의 지배적인 생각으로 자리 잡게 되는 것이다. 당신이 부적격한 업무 능력을 간과한다면 의욕적으로 일하는 것은 당연히 해야 할 일이 아니라 예외적인 일이 될 것이다.

팀원들은 종종 당신이 다른 팀원들을 다루는 방식을 보고 자신의 행동 방향을 정한다. 나는 팀원들에게 그들의 업무 능력을 바꿀 수 있는 모든 기회를 주면서 친절하게 대하는 것과 그들의 업무 능력 부족을 회사 전체에 퍼뜨리는 것 사이에서 균형을 잡으려고 노력해 왔다.

우리 회사에 자기 업무를 제대로 한 적이 없는 여성 팀원이 있었다. 그녀는 자신의 업무 능력을 끌어올려야겠다는 마음가짐 자체가 결여되어 있었다. 그러나 그녀는 보기 드물게 성품이 좋은 여성이었다. 사람들은 모두 그녀를 좋아했기에 그녀가 승리하는 것을 보고 싶어 했다. 그녀의 매력과 좋은 성격 때문에 우리는 그녀의 업무 능력 부족을 1년이라는 너무 긴 기간 동안 방치했다. 그러다 결국 우리는 그녀가 어떤 프로젝트에 동참한다는 발표가 나면 팀원 모두가 눈을 흘기며 불만스러워한다는 것을 감지하기 시작했다.

아무리 양보와 이해의 분위기가 조성되어 있는 상태라고 해도 업무를 제대로 하지 못하는 사람을 무작정 방치하는 것은 누구에게도 득이 되지 않는다는 것을 우리는 깨달았다. 그런데 우리는 그녀에게 구체적으로 어떤 것을 수정해 달라고 요구할 수도 없는 상황이었다. 그녀의 무능력은 마치 희미한 먹구름과 같은 것이었기 때문이다.

우리는 마침내 그녀를 회사에서 떠나보냈는데, 그로 인해 일어난 변화는 놀라운 것이었다. 이 결정은 우리가 아무리 사랑하는 팀원일지라도 자신의 임무에 소홀한 것은 용납될 수 없다는 메시지를 팀 전체에 남겼다.

제7장에서 이야기했듯이 우리 회사가 일정 수준에 못 미치는 업무 수행 능력을 보여 주는 팀원을 방치하는 유일한 경우는 그 팀원이 개인적인 문제를 겪고 있다는 것을 감안해 그를 배려할 때뿐이다. 그래서 우리 회사에서 특정 팀원이 낮은 업무 능력을 보이는데도 경영진이 그에게 부드럽게 대한다면 나머지 팀원들은 자동적으로 경영진이 그렇게 하는 것은 경영진의 무능 탓이 아니라 그 팀원에게 치유의 시간을 주려는 배려

라는 것을 감지한다.

나는 대부분의 리더가 '부적격 팀원'에게 지나치게 늦게 반응하거나 지나치게 빠르고 가혹하게 반응하는 실수를 범한다고 생각한다. 정확한 반응 시점을 찾는 것은 힘든 일이기는 하지만, 리더십은 가끔 과학이라기보다는 예술이다. 리더는 대개 너무 늦거나 너무 빠르게 행동하는 경향이 있으니, 당신의 경향을 파악해 반대 방향으로 두 걸음 정도 움직여라. 그러면 당신의 팀 문화가 균형을 잡아 갈 것이다.

업무 능력 문제로 팀원을 해고하는 데 너무 서두른다면 회사에 공포 분위기를 조성하게 되는데, 이것은 경영진과 팀원 간의 신의가 좀처럼 형성되지 않는 결과를 낳는다. 반대로 업무 능력 문제로 팀원을 해고하는 데 너무 느리다면 당신은 힘이 없거나 경영에 관심이 없는 리더로 보이게 된다. 부적격함을 결코 간과하지 않는 동시에 팀원들에게 역량을 쌓을 수 있는 모든 기회를 부여하는 균형 감각을 가지려고 노력하는 것은 당신이 진정한 안트러리더가 되고 있다는 또 하나의 증거다. 이러한 균형 감각을 가질 때 당신은 일체감이 신의와 함께 성장하는 것을 지켜보게 될 것이다. 멋지게 통합된 팀과 그런 팀이 야기하는 좋은 것들 모두를 원한다면 당신은 당신의 조직에서 무능을 묵인하는 일이 일어나지 않도록 엄청난 노력을 기울여야 한다.

오적과 싸우기

당신이 일체감을 가치 있게 여긴다면 일체감의 오적과 싸워야 한다. 아울러 당신의 팀에게 이 오적과 싸우는 법을 가르쳐야 한다. 이 오적은 너무도 막강해서 그중 하나만으로도 당신의 사업을 휘청거리게 만들 수 있고, 둘이 힘을 합하면 당신의 사업을 완전히 무너뜨릴 수 있다. 그중 하나라도 당신의 문화에 발을 들여놓으면 그것은 리더로서의 즐거움을 앗아 간다. 우리는 그것들이 죽을 때까지 싸워야 한다. 그 싸움은 충분히 그럴 만한 가치가 있다.

일체감과 신의

당신의 회사에 일체감과 신의가 있을 때 나머지 회사들이 그렇지 못하다면 당신의 회사는 시장에서 자동적으로 두각을 드러낼 것이다. 당신 회사의 문화는 전설과도 같은 것이기에 훌륭한 인재들이 당신의 회사에 입사하기 위해 줄을 설 것이다. 이러한 문화를 가진 회사에서 훌륭한 고객 서비스가 이루어지는 것은 자연스러운 현상이다. 그리고 무엇보다 중요한 것은 이러한 문화를 가진 회사에서 리더의 역할을 하는 것은 아주 만족스러운 일이라는 것이다. 이러한 문화를 선도하는 당신은 대부분의 리더가 경험하지 못했던 영혼의 충만함을 향유할 것이다. 비록 모든 나날을 완벽하게 보낼 수는 없을지라도 말이다.

Part 12

무엇이 그들을 춤추게 하는가?

칭찬과 인정, 영감이 주는 시너지 효과

〈심슨네 가족들The Simpsons〉의 한 에피소드 첫 장면에서 호머 심슨Homer Simpson이 '금주의 직원상' 발표를 기다리며 동료 직원들 사이에 서 있다. 호머는 이번에는 자기가 상을 받을 것이라고 확신한다. 그도 그럴 것이 회사에서 지금까지 이 상을 받지 못한 사람은 호머 심슨 한 명뿐이었다. 사장이 수상자를 발표하기 위해 직원들이 내려다보이는 발코니에 도착한다. 호머가 기대에 부풀어 발표를 기다리고 있을 때 사장이 '금주의 직원상' 수상자는 '무생물 탄소봉'이라고 선언한다. 그러자 호머는 "진정한 무생물이 뭔지 보여 주마!"라며 으르렁거리듯 말한다.

〈심슨네 가족들〉의 작가들은 천재성이 있다. 그들은 이 장면에서도 직원들에게 표창을 하는 몇 가지 규칙과 이유의 핵심을 훌륭하게 포착했다.

- 인정은 중요하다.
- 모든 사람이 똑같은 방식으로 똑같은 인정을 받는 것은 의미가 없다.
- 인정받지 못하고 존재감이 없는 사람은 무생물과 같다.

• 팀원들을 인정해 주지 않는 회사에서 열정적이고 창조적이며 의욕적인 팀원을 만나는 경우는 드물다.

명예의 전당에 오른 NHL 골키퍼 자크 플랑트Jacques Plante는 이렇게 말했다.

"당신이 실수할 때마다 빨간불이 켜지고 1만 8,000명의 사람들이 야유하는 곳에서 일한다면 어떨까요?"

현실을 받아들이는 마음은 사람들에게 최선을 다할 수 있는 최고의 기회를 부여한다. 사람들은 인정받는 것을 동경한다. 나는 현재 멋진 골든 리트리버를 키우고 있는데, 그 녀석은 이제껏 내가 키웠던 애완견 중 최고라 할 수 있는 녀석이다. 이 녀석은 인정받기 위해서라면 어떤 일이든지 한다. 나는 당신과 나 역시 이와 같다고 생각한다. 사람들은 칭찬받는 것을 갈망한다. 칭찬은 교육 수준이 높고 교양 있는 사람도 하늘 높이 띄울 수 있다. 내 아내는 여자는 종종 칭찬받기 위해 옷을 입는다고 말한다. 여자는 남편이나 남자친구뿐만 아니라 친구에게도 칭찬받기 위해 옷을 입는다는 것이다. 또한 원만한 결혼 생활을 하는 대부분의 남자는 실제로 그 어느 누구에게보다도 자기 아내에게 칭찬받길 갈망한다. 주위를 둘러보면 크게 성공한 남자들은 모두 남편을 인정하고 지지하는 아내를 갖고 있다. 성공한 남자에게는 훌륭한 아내와 놀라운 장모가 있다는 옛 재담도 있다.

사람들은 주목받는 것을 동경한다. 이러한 동경은 너무도 본능적이고 원초적인 것이라 사람들은 주목받기 위해 심지어 나쁜 행동까지도 한다. 사람들은 사교 모임에서 주목받기 위해 얼간이 짓도 주저하지 않고 한다.

주목받고 싶은 충동은 너무도 강렬해 심지어 감정적·영적으로 성숙한 사람도 이러한 충동에 사로잡히면 평소와는 전혀 다른 행동을 한다. 그리고 사람들은 애정을 갈구한다. 대학에서 심리학 과목을 수강한 사람이라면 아기들에게 물리적인 니즈는 충족시켜 주되 사랑도 주지 않고 접촉도 하지 않았더니 거의 모든 아기가 죽었다는 유명한 연구 결과(접촉의 결핍이 식욕 부진을 낳는 '소모증marasmus'이라는 질환으로 미국 고아원에서 99퍼센트의 아기가 죽은 100년 전의 연구 결과_옮긴이)를 알고 있을 것이다.

우리는 성인이 되어서도 애정을 필사적으로 갈구한다. 그렇다면 직장에서의 애정은 어떤가? 당신은 직장에서의 애정이라는 말을 듣는 순간 성추행 장면이 떠올라 눈살을 찌푸릴지도 모른다. 지금 나는 직장에서의 부적절한 스킨십에 대해 이야기하는 것이 아니다. 안타깝게도 부적절한 스킨십을 한 사람들 때문에 좋은 사람들이 적절한 방식으로 스킨십하는 것도 조심하게 되었지만, 진심 어린 스킨십은 그 어떤 행동보다 더 큰 위력을 발휘한다. 동료의 어머니가 암으로 세상을 등졌을 때 당신은 깊은 위로의 마음을 담아 그 동료를 포옹해 줄 필요가 있다.

우리 팀원 중 한 명의 아내가 최근에 임신 3개월 차에 유산을 했다. 이들 부부에게는 이미 세 아이가 있지만, 아기를 잃어버린 충격은 항상 극복하기 어려운 것이다. 우리는 그들이 아기를 잃은 지 일주일이 지난 일요일 점심시간에 그들을 방문했다. 나는 아무런 생각도 하지 않고 팀원의 아내에게 걸어가 그녀를 안아 주며 우리 역시 마음이 아프다는 말을 전했다. 그날 오후, 그 팀원이 나에게 자신이 우리와 함께 일하는 이유는 우리가 사람들에게 진심으로 애정을 쏟기 때문이라는 내용의 멋진 이메일을 보내왔다. 적절한 방식으로 사람들을 사랑하는 것을 두려워하지 마라. 사람들은 수용과 인정, 칭찬, 주목, 애정 등을 동경한다.

인정해 주는 방식

인정의 첫 번째 원칙은 상대를 인정하는 데 망설이지 말라는 것이다. 사람들이 옳은 일을 행하는 것을 포착하는 것을 습관화하라. 진심으로 하는 칭찬은 당신이 리더가 아닌 한 명의 인간으로서 칭찬하기 시작할 때 매우 특별한 것이 된다. 칭찬을 할 때 우리는 상대의 행동을 수정하려는 경향을 경계해야 한다. 건설적인 비판은 종종 나쁜 결과를 낳는다. 내 아이가 C 하나를 제외하고는 모두 A를 받은 성적표를 내게 보여 줄 때 나는 왜 C에 초점을 맞출까? 개선의 여지가 있는 C를 무시하는 것은 어리석은 일인데, 왜 나는 다섯 개의 A를 자랑스러워하는 데 더 초점을 맞추지 않고 하나밖에 없는 C에 더 초점을 맞출까?

우리 자신을 '책임자'로 인식하면 우리는 무언가를 수정하는 것이 우리의 임무라고 생각하는 경향이 있다. 수정도 리더가 해야 할 일이기는 하지만, 그것이 리더가 하는 유일한 일은 아니다. 그럼에도 잘한 것은 간과하고 못한 것을 찾는 데만 모든 시간을 할애하는 사장들이 적지 않다. 회사 전반에 걸쳐 당신이 원하는 행동이나 성격적인 장점을 인정하는 세심함을 발휘하라. 당신이 인정하는 것이 무엇이 됐든 그것은 회사 내에서 빠르게 성장할 것이라는 사실을 기억하라.

언젠가 나는 어떤 상황에 급진적으로 대처한 한 팀원을 칭찬한 적이 있다. 어떤 일이 일어났겠는가? 얼마 지나지 않아 회사 전체에서 수많은 급진적인 행동들이 나타나기 시작했는데, 대부분 바람직하지 않은 것이었다. 당신은 반복되길 원하는 것만을 의도적으로 인정할 필요가 있다. 실제로 그것이 반복될 것이기 때문이다.

누군가 인정받을 만한 일을 한다면, 당신은 그 사람이나 그 사람이 한 일을 인정한다는 뜻으로 고개를 끄덕이거나 가볍게 미소를 지어 보이면 된다. 회사를 둘러보다 보면 고객들과 통화하는 팀원들을 종종 보게 된다. 그들의 전화 통화를 방해할 수는 없기에 나는 그들 옆에 서서 몇 분 동안 그들이 고객들을 어떻게 돕는지 들은 후, 그들에게 고개를 끄덕이고 미소를 지어 보이고는 가던 길을 간다. 나는 그들에게 한마디 말도 하지 않고 그들이 일을 잘하고 있다는 메시지를 전달한 것이다. 나는 팀원들에게 칭찬을 해야 한다는 사실을 수시로 떠올린다.

칭찬은 진심에서 우러나는 것이어야 한다. 칭찬을 하기는 하지만, 그것이 그저 입으로만 하는 거짓 칭찬이라면 어떨까? 진심 어린 칭찬이 상대에게 동기를 부여한다면, 값싼 아첨은 상대의 의욕을 꺾는다. 값싼 아첨은 상대에게 당신이 진정성이 없는, 남을 조정하려 드는 사람이라는 인상을 주어 상대와의 관계에 치명타를 입힌다.

다른 사람들을 자랑스러워하고 그들에게 경의를 표할 기회를 찾아라. 일대일 칭찬도 충분히 효과적이지만, 다른 사람들 앞에서 상대를 인정하는 것은 한층 더 효과적이다. 그중 가장 위력적인 것은 상대가 좋아하고 사랑하는 사람들 앞에서 칭찬하는 것이다. 나는 신입 팀원들의 부모가 회사를 방문하면 종종 그들을 직접 만나 자녀를 우리 회사에 보내 줘서 고맙다는 말을 전한다. 나는 그들에게 "마이클은 특별한 팀원이죠. 그는 특히 대인관계에 탁월한 면을 보입니다"와 같은 식의 말을 건넨다. 당신이 상대에 대한 진심 어린 칭찬을 그의 부모님을 통해 한다면 상대가 40대의 아주 이성적인 사람이라 하더라도 기쁨을 숨기지 못할 것이다. 나는 이런 생각만 해도 입가에 미소가 지어진다.

팀원의 배우자를 만나면 남편이나 아내가 당신 회사에서 얼마나 특별한 존재인지 반드시 말하라. 우리 리더 중 한 명은 한 팀원의 아내에게 당신의 남편은 정말 훌륭한 사람이고, 우리는 그와 함께 일하게 되어 정말 기쁘다고 적은 카드와 함께 꽃다발을 보내기까지 했다. 그날 그 팀원이 귀가했을 때, 그는 아내로부터 영웅 대접을 받았다고 한다.

회사의 성공과 내가 진행하는 방송 덕분에 나는 유명 인사들을 만날 기회가 잦은 편이다. 몇 해 전, 나는 세계 챔피언 한 명과 친구가 되었다. 나는 그가 거만하지 않을까 다소 걱정했지만, 그건 내 기우에 불과했다. 그는 친절하고 공손하며 신사적인 멋진 운동선수였다. 우리 집 주방 식탁에서 밤늦게까지 이야기를 나눴던 어느 날, 그는 내게 10대 시절에 아버지가 그의 훈련을 돕기 위해 많은 시간과 노력을 희생했다는 이야기를 했다. 그는 아버지의 희생과 격려 덕분에 자기가 챔피언이 될 수 있었다고 겸손하게 말했다.

그래서 나는 그에게 알리지 않고 몰래 그의 부모님의 집주소를 알아내서 그들에게 그를 훌륭하게 성장시켜 준 것에 대한 감사의 편지를 보냈다. 나는 그 편지에 아들이 훌륭한 젊은이로 성장할 수 있도록 잘 키워 준 데 감사하다는 내용과 함께, 아들은 세계적인 운동선수로서도 훌륭하지만 인간 됨됨이가 더 훌륭한 사람인데 그 모두가 부모님의 희생과 격려 덕분이라고 말하더라는 내용도 덧붙였다. 나는 그의 부모님에게 훌륭한 부모가 되어 준 것에 대한 고마움을 전했던 것이다. 내가 받은 답장의 내용을 상상할 수 있겠는가? 그의 부모는 내가 해준 이야기에 대해 진심으로 고마워하고 기뻐했다. 세계적인 사람들은 자기 재능이나 외모에 대한 찬사는 매일 접하지만, 다른 면에서 훌륭하다는 칭찬은 좀처럼 듣지 못하기 때문이다.

글을 통한 인정

우리의 사업은 초창기에 규모도 작고, 수익도 많지 않았다. 그런데 우리의 이 미약한 출발에 동참한 리더 한 명이 그 당시 내 사무실에 들러 양각 편지지를 주문하는 것을 승인해 달라고 요청했다. 대기업이나 돈이 많은 회사에서는 이러한 요청이 일상적인 것일 수 있겠지만, 당시 우리는 엄연히 블루칼라였다. 따라서 나에게는 양각 편지지 구입이 과소비로 느껴질 수밖에 없었다. 그럼에도 그는 추가 권유장을 쓰는 데 반드시 필요하다며 나를 설득했고, 나는 마지못해 그의 주문을 승인해 주었다.

그는 잠정 구매자에게 권유장을 보내는 데 달인이었을 뿐만 아니라 1년에 수백 장의 감사장을 보내기도 했다. 무엇보다 놀라운 것은 그가 수많은 양각 편지지에 일일이 자필로 사람들을 인정하고 칭찬하는 각기 다른 내용의 글을 썼다는 것이다. 그는 지금도 여전히 수많은 글귀들을 통해 그의 팀원과 리더, 그들의 배우자, 고객 등을 인정하고 칭찬한다. 그의 시야에 들어온 사람들이 그로부터 감사와 칭찬의 메모를 받지 않기가 힘들 정도다.

그는 우리 회사 사람들 모두에게 영감을 주어 현재 우리 회사에는 양각 편지지가 다량 구비되어 있다. 그를 모방하고 싶을 때 언제든지 그 편지지를 이용할 수 있도록 말이다. 부끄러운 일이지만, 나는 필체와 철자 문제로 인해 그리 많은 자필 메모를 작성하지는 않는다. 하지만 나는 이 간단한 방식의 크나큰 위력에 영감을 받아 가끔 그의 영역에 도전하곤 한다. 글로 사람들을 인정하라. 사람들은 그것을 기억할 것이다. 당신이 누군가의 사무실에 들렀을 때 당신의 자필 메모가 든 액자를 보게 되더라도 놀라지 마라!

더 큰 위력을 발휘하기 위해 동료들 앞에서 인정하라

앞에서도 언급했듯이 인정은 상대가 가장 중요하게 여기는 사람들 앞에서 가장 큰 힘을 발휘한다. 공인회계사 모임에서 한 공인회계사에게 '훌륭한 부모님상'을 주는 것은 그리 큰 의미가 없지만, 교회에서 똑같은 상을 똑같은 공인회계사에게 가족 모두가 보는 앞에서 주는 것은 엄청난 힘을 발휘할 수 있다.

회사 규모가 커지면서 우리는 예전에 회사 규모가 작았을 때 지켰던 훌륭한 전통을 수정할 수밖에 없었다. 당시 우리는 팀원이 몇 명밖에 없었고, 돈도 넉넉하지 않았다. 그래서 초창기에는 우리 집에서 손수 요리한 음식을 차려 놓고 크리스마스 파티를 했다. 초창기의 조촐한 크리스마스 파티에서 우리는 팀원들에게 후한 선물을 주지 못했다. 대신 우리는 후한 칭찬을 해주었다. 우리의 '행사'가 시작되면 나는 회사의 현 위치에 대한 짤막한 연설을 한 뒤 모두에게 감사의 말을 전했고, 그 후 팀원을 한 명씩 자리에서 일으켜 세워 그들의 업무 능력과 성격, 근면성 등을 자세히 언급하며 진심 어린 칭찬을 해주었다. 우리 모두가 종종 울음을 터트렸다. 나를 다 큰 울보로 생각할지도 모르겠지만, 진심 어린 칭찬을 주고받는 자리는 매우 드물기에 실제로 상당히 감성적인 분위기를 연출한다. 동료와 배우자, 친구들 앞에서 칭찬과 인정을 받는 것은 해마다 기다려지는 크리스마스 선물이었다. 당신 역시 이러한 일을 하면 스무 명밖에 되지 않는 사람들로부터도 우레와 같은 박수갈채를 받을 수 있다. 하지만 실제로 박수갈채를 받는 사람은 당신이 아니라 당신이 칭찬한 사람들일 것이다. 이러한 칭찬은 절대적인 힘을 발휘한다는 것을 기억하라.

인정과 칭찬을 하는 데 비싼 값을 치를 필요는 없다

나는 스물두 살 때 다단계 회사에서 3개월 동안 일한 적이 있다. 그들은 인정과 칭찬에 놀라울 정도로 뛰어났다. 주말이면 그들은 열광적인 주말 모임을 갖고 어김없이 시상식을 거행했다. 상품은 고작 티셔츠에 불과했지만, 그들은 특정 색상의 티셔츠를 받기 위해 자신을 거의 초주검 상태로까지 내몰면서 연간 10만 달러의 매출을 기록해 냈다. 그들에게 중요한 것은 티셔츠가 아니라, 티셔츠가 상징하는 인정이었다. 즉, 동료들 앞에서 승자로 선언되는 기회를 잡는 것이 그들에게는 가장 중요한 문제였다. 사람들은 존중받는 기회를 잡기 위해 엄청난 노력을 한다.

생일 축하합니다!

아무리 나이가 많거나 근엄한 사람도 "생일 축하합니다!"라는 말을 들으면 미소 짓지 않을 수 없다는 것이 나의 지론이다. 하지만 상대의 생일을 기억하지 못한다면 "생일 축하합니다!"라는 말을 건넬 기회를 잡는 것이 다소 힘들 수 있다. 나에게는 세계적인 마술사인 케빈 킹Kevin King이라는 친구가 있다. 그의 장기 중 하나가 기억력인데, 그는 이제껏 내가 본 사람들 중 단연 최고다. 그는 자기가 아는 모든 사람의 생일을 기억한다. 지난 10년간 나와 아내의 생일날이면 그는 생일 축하 메시지를 우리 집 전화에 음성 메시지로 남겨 놓았다. 음성 메시지를 재생할 때마다 나는 어김없이 아내의 얼굴에서 일곱 살 소녀의 환한 웃음을 발견할 수 있었다. 케빈은 우리의 생일뿐만 아니라 결혼기념일까지 기억하고 있다.

케빈을 보고 힌트를 얻은 나는 인적자원부 리더에게 내가 생일 축하 이메일을 보낼 수 있도록 내 달력에 모든 팀원의 생일을 표시해 줄 것을 요청했다. 나는 이메일을 보내는 것뿐만 아니라 생일을 맞은 팀원을 만날 경우 그에게 생일 축하한다는 말을 직접 건넬 수도 있을 것이었다. 그렇게 하는 데는 그리 많은 노력이 필요하지 않았다. 하지만 그 결과는 대단했다. 솔직히 말하면, 나는 이제 유머러스한 생일 축하 이메일을 자동으로 발송하도록 설정해 놓았기에 사실상 팀원들의 생일을 일일이 챙기지는 않는다. 하지만 그 효과는 예전과 다름없다. 당신은 자동이든 수동이든 당신에게 생일 축하 이메일을 보내 주는 사람을 위해 일한 적이 있는가?

어쩌면 당신은 내가 당신에게 더 많은 설탕을 떠먹여 주면 토할 것이라고 말하고 싶을지도 모른다. 하지만 당신은 지금까지 내가 이야기한 것들이 사람들을 더 사랑하는 데 효과적이라는 것을 가슴으로 느껴야 한다. 남다른 회사와 인생을 경영하고 싶다면 남다른 노력을 해야 한다. 나폴레옹Napoleon은 이렇게 말했다.

"리더는 희망을 중개하는 사람이다."

영감

영감은 감정을 자극하고, 행동을 유발한다. 어떤 책이나 설교, 사람이 당신에게 영감을 주었을 때, 당신은 고양되고 앞으로 나아간다. 당신은 회사의 문화를 시궁창으로 몰아넣으면서 사람들에게 영감을 주는 말을 할 수는 없을 것이다. 이러한 말은 말과 행동이 일치하지 않는 〈새러데이 나잇 라이브Saturday Night Live〉의 촌극과도 같다. 조직에 영감을 불러일으키는 일은 간단한 동기부여 스피치보다 훨씬 더 복잡하다. 진정한 영감을 불러일으키려면 일관성이 있어야 한다. 진정한 안트러리더가 되길 원한다면 이 책에서 개괄한, 팀을 구축하고 성장시키는 모든 단계를 몸소 실천해야 한다. 하나의 작은 몸짓이 아니라 회사의 전체 환경이 영감을 불러일으키는 것이어야 한다. 지그 지글러는 이렇게 말했다.

"사람들은 목욕 후 청결이 지속되지 않듯 의욕도 지속되지 않는다고 말한다. 우리가 이 둘 모두를 매일같이 권하는 이유가 바로 여기에 있다."

우리는 회사의 전체 환경이 영감을 불러일으킬 수 있도록 다음의 일곱 가지 사항을 의식적으로 이용한다.

1. 비전 공유하기

팀이 이해하고 반복적으로 되새기는 비전이 없는 회사에는 영감이라는 것도 없다. 꿈과 비전, 사명을 믿는 것보다 사람들을 더 고양시키는 것은 그리 많지 않다. 팀원들이 의욕을 불태울 수 있는 조직 문화를 창조하기 위해서는 팀원들과 비전을 공유하고, 같은 곳을 향해 나아가야 한다.

2. 보상

낮은 급료를 받고 있다고 느끼거나, 제대로 보상받고 있지 못하다고 느끼는 사람들 중에 영감을 받는 사람은 거의 없다. 당신이 팀원들의 모든 금전적인 인센티브를 없앤 후에 그들의 생일을 기억하는 것은 그들에게 모욕감을 줄 수도 있다. 당신이 동기부여가 된 의욕적인 팀을 원한다면 팀원들이 수익을 창출할 때 그들에게 만족할 만한 보상을 해주는 시스템을 구축해야 한다. 훌륭한 팀원들이 바라는 것은 그들이 승리할 때 돈을 벌 수 있는 기회를 주는 것이다.

3. 운동가의 사고 조성하기

운동가들은 불타는 건물에 뛰어든다. 운동가들은 일터에 있는 동안 열심히 일한다. 운동가들은 진정성이 있는 강력한 리더를 필요로 한다. 당신은 운동가들을 소 떼처럼 인도할 필요가 없다. 그들은 야생마처럼 달리기 때문이다. 운동가들은 자기 자신보다 더 큰 것을 위해서만 달린다. 사람들은 자기 자신보다 더 큰 것을 위해 일할 때 영감을 받고, 의욕을 불태운다.

앞서 나는 훌륭한 기업들에 대한 연구 결과를 담은 톰 피터스의《초우량 기업의 조건》을 소개한 바 있다. 그의 또 다른 발견은 훌륭한 기업들은 팀원들이 그들 자신보다 더 큰 것의 일부가 되길 열망한다는 것을 이해하고 있다는 것이다. 최고의 인기를 누리는 컨트리 그룹 '빅앤리치Big and Rich'의 멤버인 존 리치John Rich는 이렇게 말한다.

"나는 나 자신보다 더 큰 것을 위해 연주할 때 연주를 더 잘한다."

또 성경은 이렇게 말한다.

"무슨 일을 하든지 사람에게 하듯 하지 말고 주께 하듯 마음을 다해하라(골로새서 3장 23절)."

이 말은 더 높은 소명의식을 갖고 이에 대해 당신의 팀과 커뮤니케이션할 필요가 있다는 말이다. 레오 버스카글리아Leo Buscaglia는 이렇게 말한다.

"당신의 재능은 하나님이 당신에게 준 선물이고, 그 선물로 당신이 하는 일은 당신이 하나님께 드리는 선물이다."

그저 다듬기만 하는 목수가 되지 말고, 장인이 되어라.

4. 이야기하기

당신은 회사의 역사에 대해 이야기해야 한다. 그것은 항상 영감을 불러일으키기 때문이다. 그것은 개척자들이 마차를 타고 산을 넘은 이야기와 같다. 우리의 선조들은 강인하고 독립적인 사람들이었다. 나의 뿌리를 아는 것은 영감을 불러일으킨다. 우리 가문의 문장에는 '오라 에트 라보라Ora et Labora'라는 라틴어가 새겨져 있는데, 이것은 '기도하고 일하라'라는 뜻이다. 우리 가문은 이 말을 가훈으로 삼고 항상 가훈에 따라 살려고 노력해 왔다. 이러한 사실은 분명 나에게 영감을 불러일으킨다.

이야기는 엄청난 영감을 불러일으킨다는 것을 기억하라. 회사의 역사도 하나의 이야기며, 그것은 당신이 계속해서 만들어 가야 할 이야기다. 매주 열리는 팀원 회의에서 우리가 하는 일 중 하나는 고객이 보낸 이메일을 읽는 것이다. 나는 우연히 나에 대한 비난을 늘어놓은 이메일을 읽은 적이 있는데, 그때 우리 모두 한바탕 웃음을 터트렸다. 나는 우리 팀을 자랑하는 이메일과 편지도 읽었다. 고객들로부터의 인정은 우리 모두에게 실로 엄청난 영감을 준다. 우리 문화와 우리의 가치에 대해 확실히 인정받았다는 사실은 우리의 입가에 미소를 머금게 해준다.

"우리가 라이브 행사 입장권을 구할 수 있도록 지메트가 친절하게 도와준 것에 대해 고마움을 전하려고 이 글을 써요. 그녀는 이제껏 제가 만난 고객 서비스 직원들 중 단연 최고였어요. 그녀 같은 직원이 있는 당신의 회사가 성공했다는 건 전혀 놀라운 일이 아니죠. 다른 회사들도 당신의 회사와 같은 고객 서비스를 실천하면 얼마나 좋을까요?"

이런 이메일을 회사 사람들 모두 앞에서 읽을 수 있도록 노력하라. 이 이메일을 읽은 후 어떤 일이 있었을까? 지메트는 얼굴이 붉어지기는 했지만, 이 이메일을 분명 좋아했다. 다른 팀원들 모두 이 이메일에 자극을 받아 자신의 고객 서비스 수준을 끌어올려야겠다고 생각했을 것이다. 그들이 훗날 이와 같은 이메일의 주인공이 될 수도 있을 테니까 말이다. 박수 소리가 울려 퍼졌고, 팀원들은 우리 회사는 실로 특별하다는 생각을 했다. 곧이어 우리는 "경영진은 고객 서비스를 매우 가치 있는 것으로 여깁니다"라고 크고 명확하게 말했다.

우리는 이런 편지를 읽은 적도 있다.

"당신 회사의 판매 대리인인 에이미에게 정말 고맙다는 말을 전하고 싶어요. 우리가 수업을 시작하기 일주일 전에 허리케인이 몰아쳐 건물이 심하게 손상됐죠. 수업에 필요한 물품들도 모두 더 이상 사용할 수 없게 되었고요. 우리는 이 소식을 에이미에게 전하면서 수업을 연기해야 할 상황이라고 말했죠. 그런데 그녀가 조금의 망설임도 없이 무료로 물품들을 모두 바꿔 주었어요. 정말 상상도 할 수 없는 일이었죠. 우리는 지금 에이미 덕분에 다른 장소에서 수업을 하고 있어요. 에이미와 당신의 회사에 정말 감사드려요."

모든 팀원이 우리 회사와 에이미를 자랑스러워했다. 팀원들 모두가 옳은 일을 한 사람과 한배를 탔다는 뿌듯함을 느꼈다. 고객에 대한 배려와 신속한 판단, 선행 등이 합당하게 보상받은 것이다. 박수가 터져 나왔고, 에이미는 지금까지의 그 어느 날보다도 완벽한 한 주를 보내게 되었다. 에이미도 의욕에 불탔고, 다른 팀원들도 의욕에 불탔다. 인정과 통합, 애사심, 커뮤니케이션 등이 발생한 것이다.

만일 당신이 일주일에 세 통의 이메일을 당신의 팀에게 읽어 준다면 당신의 팀을 자랑하는 이메일이 당신 책상에 쌓여 가는 것을 보게 될 것이다. 그들은 자신이 주인공으로 등장하는 이메일을 당신이 읽게 되길 바랄 것이다. 심지어 당신은 한 팀원이 다른 팀원을 자랑하는 내용의 이메일도 읽게 될 것이다. 당신이 당신의 회사에서 되풀이되길 원하는 것을 인정해야 한다는 것을 기억하라. 잘못된 인정은 당신 회사의 문화를 순식간에 바꿔 놓을 수 있다는 것을 나는 당신에게 자신 있게 말할 수 있다. 내가 실제로 경험한 일이기 때문이다.

5. 예측 가능한 행동

경영진의 일관성 없고 즉흥적인 행동은 영감을 불러일으키지 못한다. 어떤 예측을 해야 할지 모르는 것은 조직을 마비시키는 가장 큰 원인 중 하나다. 당신이 어떻게 반응할지 팀원들이 예측하지 못하면 팀원들은 얼어붙어 아무 일도 할 수 없게 된다. 당신이 의욕에 찬 훌륭한 팀원들을 고용했더라도 그들이 당신의 다음 행동을 예측할 수 없다면 그들은 그 자리에 멈춰 버리고 말 것이다. 원칙에 근거해 예측할 수 있는 행동을 하는 것은 통합과 신뢰, 성장을 위한 출발점이다. 에이미가 학교 물품을 무료로 교환해 주는 관대함을 베풀고 칭찬받은 것이 어떻게 가능했을까? 그녀가 경영진이 똑같은 유형의 관대함을 베푸는 것을 여러 차례 지켜보았기 때문이다. 경영진이 그동안 예측 가능한 행동을 한 것이 그녀가 그렇게 행동하는 데 큰 힘이 되어 주었던 것이다.

명확하게 표현된 핵심 가치와 운영 원칙은 당신이 조직을 어떻게 운영할 것인지를 드러내는 데 큰 도움을 준다. 물론 당신이 이러한 가치와 원칙에 따라 사는 것이 가장 중요한 문제겠지만 말이다.

6. 열정

불에 들어가지 않으면 당신은 결코 당신 자신을 불사를 수 없다. 단조로움은 영감을 불러일으키지 않는다. 그렇다고 당신이 고함을 지르거나 드라마의 주인공이 되어야 한다는 것은 아니다. 당신은 경영진의 열정을 팀에 전하는 것이 얼마나 중요한지 인식해야 한다. 복잡하고 번거롭다는 핑계로 많은 기업과 리더들이 자신들이 결과에 상당히 신경 쓰고 있다는 것을 말이나 행동, 보디랭귀지 등으로 전달하는 커뮤니케이션을 제거해 버렸다. 조직의 성공에 중요한 쟁점에 대한 당신의 감정을 열정적으로 보여 주기 바란다. 리더십이 잠자고 있는 동안에도 팀원들이 의욕을 불태울 수 있을 것이라 기대하지 마라.

7. 본보기

안트러리더는 자신이 팀의 목소리와 속도, 업무 윤리 등을 설정했다는 것을 알고 있다. 내 친구 한 명은 연간 순수익이 100만 달러가 넘는 매우 성공적인 소기업을 운영하고 있었다. 골프를 아주 잘 치는 그는 항상 프로 골프 선수가 되고 싶어 했다. 사업이 성공적으로 돌아가자 그는 프로 골퍼로 전향하는 것을 목표로 일주일에 3~4일을 골프에 전념하기로 마음먹었다. 그는 프로 골퍼가 되기에 충분한 재능도 있었다. 그 다음 해 그가 골프에 빠져 있는 동안 그의 사업은 순수익 30만 달러로 곤두박질쳤다. 커피를 마시면서 그가 나에게 왜 이런 일이 일어났다고 생각하는지 물었다. 대답은 아주 쉬웠다. 본보기가 되어야 할 사람이 자신의 꿈을 좇느라 회사를 떠났기 때문이었다. 그가 일을 그만두자 그의 팀도 일을 그만두었다. 그가 사업이 아닌 다른 것에 더 집중하자 그의 팀도 다른 것에 더 집중했다. 그가 사업에 무관심해지자 그의 팀도 사업에 무관심해졌다. 나는 그에게 그의 골프 외도가 70만 달러짜리 인간행동과학 실험이었다고 생각하라고 말했다. 그는 이제 자신의 질문에 대한 답을 얻었다. 즉, 사업에 더 신경 쓸 사람에게 사업을 넘기고 골프에 매진하든지, 다시 사업에 전념하든지, 둘 중 하나를 선택하는 것이다.

나의 아들은 고등학생 때 괴팍한 성격의 소유자가 운영하는 소매업체에서 일한 적이 있었다. 이 소매업체는 일종의 가족 기업이었다. 나는 아들이 거기서 일한 것에 흡족했다. 아들이 몇 달 만에 리더가 해서는 안 될 일을 완벽하게 배웠기 때문이다. 주인은 정말 끔찍했다. 그는 고객과 직원, 공급자에게 거짓말을 했다. 그는 늦게 출근해서 일찍 퇴근했다. 그와 관련해 하고 싶은 이야기는 많지만, 그중 작은 본보기가 얼마나 중요한지를 보여 주는 이야기를 해보고자 한다. 최근에 아들과 함께 차를 타고 그 소매업체 앞을 지나가는데, 아들이 내게 어떻게 가게 주인이 항상 가게 바로 앞의 가장 좋은 주차 공간을 차지할 수 있는지 이해가 되지 않는다고 말했다.

"저는 지금까지 아버지가 아버지 회사 앞의 가장 좋은 주차 공간에 주차한 것을 한 번도 보지 못했어요. 아버지는 항상 최고의 주차 공간은 고객들을 위해 비워 두셨죠. 저는 그렇게 하는 것이 상식이라고 생각해요."

그렇다. 그렇게 하는 것이 상식 중에서도 상식이다. 하지만 많은 사람이 지키지 않는 상식이다. 주인이 보여 주는 이러한 행동은 팀원들에게 고객은 중요하지 않다고 큰 소리로 말하는 것과 같다. 당연히 그의 이러한 행동은 고객들에게도 똑같은 말을 할 것이다.

만일 당신이 늦게 출근하고 일찍 퇴근한다면 그것이 당신의 팀에게 당신의 열정이 어느 정도인지 보여 주는 증거라는 사실을 이해하기 바란다. 직원이 주인보다 사업에 대해 더 신경을 쓰리라고 기대해서는 안 된다. 모든 면에서 보여 주는 당신의 본보기는 영향력이 아주 크다는 것을 잊지 마라.

결론

당신은 아마 이 장에서 당신에게 새로운 깨달음을 주거나 당신이 실천할 수 없을 정도로 복잡하거나 정교한 것은 하나도 접하지 못했을 것이다. 대신 당신은 이 장의 모든 말에 동감하며 고개를 끄덕였을 것이다. 그렇다. 사업을 잘하기 위해 기억해야 할 것은 전혀 복잡한 것이 아니다. 하지만 당신은 세심한 부분까지 신경 써야 한다. 칭찬하고 영감을 불러일으키는 것을 통해 당신 자신과 당신의 팀, 가족의 의욕을 고취시킨다면 당신의 사업은 더 나은 길로 접어들게 될 것이다.

Part
13

성공한 사람들이 결코 빠트리지 않는 세 가지

계약서와 수금, 아웃소싱

나는 너무 화가 나서 거친 말을 내뱉고 있었다. 심장은 쿵쾅거리고 있었고, 주먹은 불끈 쥐어져 있었다. 나는 완전히 제정신이 아니었다. 피트가 전화로 나와의 결별을 선언했고, 나는 그를 막을 길이 없었다.

"하지만 우리는 계약을 하지 않았습니까? 당신은 계약서 따위는 신경 쓰지 않는다는 말입니까?"

나는 피트에게 고함을 쳤다. 그가 웃으면서 이렇게 말했을 때 나는 거의 폭발할 지경이었다.

"애송이 친구, 그럼 나를 고소하던가?"

나는 당시 세상을 잘 모르는 순진한 사회 초년생이었다. 그래서 계약을 하면 무조건 지켜야 한다고 생각했다. 몇 주 전에 나는 피트의 라디오 방송국이 있는 도시에서 행사를 했고, 그 행사로 피트는 엄청난 돈을 벌어들였다. 그로부터 불과 며칠 후에 피트는 나와의 1년 계약을 무시하고, 내가 자신의 라디오 방송국에서 라디오 쇼를 할 수 없다고 통보했다. 그는 내가 그에게 돈을 벌어다 줄 때까지 기다렸다가 나를 버린 것이었다.

나는 둘 중 하나를 선택할 수 있었다. 그를 고소하고 내가 그에게서 보상받을 수 있는 돈보다 더 많은 돈을 쓰든지, 아니면 이를 악물고 억울함을 참고 금전적인 손실을 조금이라도 줄이든지, 둘 중 하나를 선택해야 했던 것이다. 우리는 가끔 소송을 하기도 하지만, 소송에서 이겨도 결과적으로 손해를 볼 때도 있다.

계약서

계약서가 있다고 해서 고소당하지 않는 것은 아니다. 당신은 계약을 하고도 여전히 고소당할 수 있다. 계약서는 계약 당사자들이 계약서에 명시된 대로 행동하리라는 것을 보장해 주지 않는다. 계약서는 진실성이 없는 사람으로 하여금 자기가 한 약속을 지키게 만드는 신비한 힘을 갖고 있지 않다. 계약서는 무능한 사람을 유능한 사람으로 탈바꿈시키는 신비한 힘도 갖고 있지 않다. 따라서 당신이 "계약서가 있어요!"라고 외친다면, 그것은 당신이 아주 순진하다는 것을 말해 줄 뿐이다. 설령 계약서를 작성했더라도 상대가 사기꾼이라면 그는 여전히 당신에게 사기를 칠 것이다. 설령 계약서를 작성했더라도 상대가 계약서의 내용을 이행할 능력이 없다면 그는 여전히 무능한 사람으로 남아 있을 것이다. 도널드 밀러Donald Miller는 "가장 행복한 사람은 기대치가 낮은 사람이다"라고 말했다. 만일 당신이 계약서가 사람을 바꿀 수 있는 힘이 있는 것처럼 생각하고 계약서를 이용한다면 당신은 상당히 오랜 시간을 분노와 불행감에 빠져 보내게 될 것이다. 계약서가 가진 힘에 대한 기대치를 낮추어라.

계약서가 무용지물이라면 왜 계약서를 작성하느냐고 당신은 반문할지도 모른다. 나는 계약서가 무용지물이라고 말하지는 않았다. 나는 단지 계약서에 대한 기대치를 낮춰야 한다고 말했을 뿐이다. 계약서는 사기꾼을 정직한 사람으로 만들지도 못하고, 고양이를 카나리아로 바꾸지도 못한다. 계약서는 당신이 상대하는 사람만큼만 좋은 것이다. 그렇기에 좋은 사람들하고만 거래해야 하는 것이다.

당신이 많은 돈을 들여 재판에서 이겼다고 해도 대체로 그것은 당신에게 이득이 되지 않는다. 변호사는 판사가 내린 결과에 만족할지 모르지만, 당신은 그렇지 않을 공산이 크다. 가끔 원칙을 지키기 위해, 또는 시장에 선례를 남기기 위해 비용에 개의치 않고 끝까지 법적 투쟁을 벌이는 경우가 있다. 나도 그렇게 한 적이 몇 차례 있다. 하지만 당신이 이러한 법적 투쟁에서 설령 승리했다 하더라도 당신은 실제로는 승리한 것이 아니라는 느낌을 지우기 어려울 것이다. 당신의 계약서가 당신을 보호해 줄 수 있다는 생각에 사기꾼이나 무능한 사람과 거래하는 것은 잘못된 판단이다. 계약서는 당신을 보호해 주지 않을 것이기 때문이다.

계약서는 거래의 요지에 대한 단순한 커뮤니케이션에 불과하다. 계약서는 진실한 사람들이 너무 바빠 자신이 무엇을 지키기로 약속했는지 잊어버릴 경우에 도움이 될 뿐이다. 나는 어떤 거래를 그만두려 했다가 계약서에 내가 한 약속을 확인하고 거래를 유지했던 경험이 있다. 변호사는 이 철저하게 작성된 커뮤니케이션을 '마음들의 만남a meeting of the minds'이라고 부른다. 당신과 상대방이 서로 약속한 것이 지켜질 수 있도록 당신은 좋은 사람들하고만 계약해야 한다. 그리고 계약은 서면으로 해야 한다. 상대방이 건성으로 악수했다면 그와의 구두계약은 신뢰할 것이 못 된다. 서면으로 작성하는 것은 커뮤니케이션과 기억을 돕는다. 구두계약은 그것을 쓸 종이의 가치밖에 안 된다고 옛 격언은 말한다.

좋은 사람들 간에 기억과 커뮤니케이션을 확실히 증진시키기 위해서만 서면계약을 이용하라. 당신과 계약하는 사람보다 계약서를 더 높이 평가하지 마라.

계약서와 관련해 해야 할 것들

나는 변호사도 아니고, 이 책이 법률 서적도 아니다. 따라서 내 조언을 따르기 전에 당신의 변호사와 먼저 상의하기 바란다. 나의 책임을 회피하려는 것이 아니라 그것이 사실이기 때문이다. 나는 여기서 법을 가르치려 하는 것이 아니다. 하지만 당신은 안트러리더로서 계약서와 관련해 몇 가지 기본적인 사항을 이해해야 한다.

만일 당신이 규격화된 양식을 이용하지 않는다면 당신의 변호사에게 계약서 초안을 작성하게 하라. 그렇게 하면 당신에게 유리한 제안들을 계약서에 반영할 수 있을 것이다. 당신에게 유리한 제안 중 계약서 조항에 포함되지 못하는 것들이 많다. 상대방이 의도적으로 그것들을 배제할 것이기 때문이다. 조지 루카스George Lucas와 폭스사가 첫 〈스타워즈Star Wars〉계약을 어떻게 맺었는지 들어 본 적이 있는가? 루카스는 영리하게도 계약서에 자신이 모든 상품화권을 소유한다고 명시하는 데 성공했다. 그는 감독료를 포기하는 대신 총 입장 수입의 40퍼센트에 대한 권리와 모든 관련 상품의 소유권을 거머쥐었다. 폭스사는 이 부분에 크게 신경 쓰지 않았기에 계약서에 이 조항을 포함하는 실수를 저질렀던 것이다. 루카스는 이 계약으로 스타워즈 로고가 붙은 모든 상품에 대한 소유권을 가졌고, 이것은 그에게 엄청난 부를 가져다주었다.

중요한 계약서를 작성할 때는 반드시 유능한 변호사에게 초안 작성을 의뢰하라. 판사들은 흔히 계약서의 문장이 조잡하거나 혼동을 일으키면 그런 문장을 쓴 변호사에게 불리하게 판결을 내린다. 그러니 계약서 초안 작성은 반드시 유능한 변호사에게 맡겨라.

최고와 최악의 경우를 고려해 계약서를 작성하라

거래를 계획할 때는 최상의 시나리오만을 생각하라. 하지만 계약서를 작성할 때는 최악의 시나리오도 함께 고려해야 한다. 기업가들은 모든 것이 잘 돌아갈 때 일어나는 것들만을 계약서에 기입하려 한다. 그들은 거래에서 일어날 수 있는 좋지 않은 면들을 직시하지 않는다. 우리는 거래에서 일어날 수 있는 여러 사건을 'D's'라고 부르며, 계약서 작성 시 늘 이를 고려한다.

● **불이행Default**

계약 당사자가 계약상 하기로 되어 있는 것을 하지 않았을 경우 일어나게 될 일들을 상세히 열거해 보라. 어느 일방이 파산한다면 어떤 일이 일어날까? 실제로 나는 몇몇 출판사와의 계약서에 만일 출판사가 파산할 경우 나의 저서에 대한 모든 권한은 나에게 다시 귀속된다는 조항을 포함했다. 한 출판사 사장이 내게 왜 이런 조항을 원하는지 물었다. 나는 출판사와 거래한 것이지 파산한 출판사를 매도하기 전까지 출판사를 운영할 파산관재인과 거래한 것이 아니다. 나는 내 저서 중 어느 하나도 상황이 악화된 거래에 발목 잡히길 원치 않는다.

● **죽음**Death

어느 일방이 사망하면 거래는 어떻게 될까? 당신은 상대방의 배우자나 가족과 거래를 지속하는 것을 원할 수도 있고, 원하지 않을 수도 있다. 내가 어떤 회사를 보증한다는 계약을 한 후에 내가 죽는다면 내 보증의 가치는 극히 제한적일 것이다. 따라서 이러한 보증 계약은 내가 사망함과 동시에 만료될 필요가 있다. 어느 일방이 사망한다면 특정 거래에서 어떤 일이 일어날 것인지 고려해 보라. 우리 회사 사업의 상당 부분은 나로 인해 굴러간다. 나의 강연과 출판, 라디오 등에서의 거래는 내가 사망하면 그것들에 대해 내 회사가 갖는 권한과 책임을 다루어야 한다.

● **장애**Disability

어느 일방에게 장애가 생겼다면 어떻게 될까? 만일 계약이 일방이나 쌍방 개인에 의존할 경우, 장애는 매우 중요한 문제로 대두된다. 연예인과 소속사의 계약 중 다수가 연예인이 스카이다이빙이나 스쿠버다이빙, 스키 등을 하는 것을 금지한다. 온몸에 깁스를 하고 무대에 서서 기타를 연주하는 것은 수백만 달러짜리 콘서트를 모욕하는 일일 것이다.

● **마약 복용**Drug use

상대방이 나쁜 습관에 빠져 합의한 대로 거래를 이행하지 못하는 상황이라면 어떻게 될까? 코카인은 사람을 완전히 미치게 만든다. 그러므로 만일 '부도덕한 행위'가 발생할 경우 계약을 무효화할 수 있다는 조항을 계약서에 포함하도록 하자. 부도덕한 행위는 여러 가지 잘못된 행위를 아우른다. 따라서 필요한 곳에 부도덕한 행위라고 분명하게 명시하는 것도 좋다. 마약 복용자로 알려진 사람과 거래하는 것은 자살 행위와 마찬가지다. 그들의 꼬임에 빠져 계약서에 서명하기 전에 미리 그들을 피하는 것이 상책이다. 그들과 계약할 생각은 추호도 하지 말기 바란다.

● 이혼Divorce

당신은 상대방의 괴팍한 전처와 계약을 마무리 지을 수밖에 없는 상황에 처하길 원하는가? 당신이 그럴 수 없다고 계약서에 구체적으로 명시하지 않는다면 이혼 절차가 진행되는 동안 배우자가 계약서의 주체가 될 수도 있다. 이런 경우, 다음과 같은 아이디어를 사용해 볼 수 있을 것이다. 만일 당신이 스미스가 CEO로 있는 회사와 계약을 한다면 당신은 스미스가 CEO로 있는 동안에만 계약이 유효하다는 조건을 달 수 있다. 그렇게 되면 스미스가 회사를 떠난 후 거래를 지속할 것인지 아닌지를 당신이 선택할 수 있게 된다. 물론 스미스가 CEO로 있어야 당신이 원하는 방식의 거래를 할 수 있는 경우에만 이러한 조건이 유리하게 작용할 것이다.

● 무관심Disinterest

사람들은 가끔 아무 이유 없이 흥미를 잃는다. 상대방이 거래에 더 이상 관심이 없어 그만두고 싶어 할 경우에도 당신은 여전히 계약의 유효성을 주장할 수 있다. 상대방이 거래를 그만두고 싶어 할 경우를 대비해 당신이 미리 해야 할 일은 상황을 어떻게 전개하고, 양보나 인수를 어떻게 할 것인지를 결정해 놓는 것이다. 대학 미식축구팀의 코치가 다른 팀으로 가고 싶어 할 경우를 대비해 대학과 코치가 계약서에 미리 이와 관련한 조항을 명시해 놓는 경우가 많은데, 이러한 조항은 오히려 작별을 더

용이하게 만들어 준다.

● **붕괴Destruction**

붕괴와 허리케인, 기아, 전쟁, 기타 천재지변 등의 사건이 일어날 경우에는 어떻게 될까? 이에 대한 조항은 대부분의 계약서에 명시한다. 전쟁이 경제에 어떤 영향을 끼칠지, 허리케인이 플로리다에 있는 당신의 공급처를 덮친다면 어떻게 될지 계약서 작성 시 미리 고려해 두라. 이 조항은 앞서 언급한 일들이 일어날 경우 당신이 어떻게 대처할 것인지를 선택할 수 있게 해준다.

윈윈

당신의 계약서는 윈윈을 기본 원칙으로 작성되어야 한다. 나는 모든 사람이 승리할 수 있는 거래만을 할 것을 제안한다. 상대방이 계약을 이행하지 못하면 사업을 그만두게 되는 계약은 하지 마라. 10년 후에도 떳떳하고 자랑스러워할 수 있는 그런 계약만을 하기 바란다.

계약서 소지

계약 당사자들 모두가 서명 날인한 계약서를 가지고 있도록 하라. 계약 당사자 모두가 서명 날인한 계약서를 가지고 있지 않으면 해당 계약은 법적인 효력이 없다. 계약서의 목적은 '마음들의 만남'과 완전한 커뮤니케이션이라는 점을 기억하라. 완전하게 작성된 계약서가 계약 당사자 모두의 손에 있다는 것은 완전한 커뮤니케이션을 상징한다.

계약서 읽기

계약서를 꼼꼼히 읽고 이해되지 않는 부분은 다른 사람에게 도움을 청해 이해할 수 있도록 하라. 중요하지 않거나 사소한 거래에서는 계약서를 읽지 않아 생길 수 있는 리스크를 어느 정도 감수할 수도 있겠지만, 큰 거래에서는 반드시 시간을 투자해 계약서를 꼼꼼히 읽어야 한다.

연장과 갱신, 옵션

거래를 갱신하거나 연장하는 권리를 협상하라. 이 권리는 부동산 계약이나 리스 계약에 특히 유용하다. 기계 임대료를 고정할 수 있다면 당신은 현금 흐름과 수익을 더 정확하게 예측할 수 있다. 만일 당신이 회사 건물의 임대료를 고정하는 옵션을 확보한다면 당신은 사업을 더 안정적으로 꾸려 갈 수 있을 것이다.

회사 건물을 5년간 임대하기로 계약했을 때, 우리는 미리 정한 가격에 5년씩 세 차례 더 임대할 수 있는 옵션도 확보했다. 이 계약 조건은 우리에게 불리한 것이 전혀 없었다. 계약 기간 5년이 만료되었을 때 미리 정한 임대료가 시장가보다 더 높다면 그 임대료를 받아들이지 않고 건물주와 협상할 수 있고, 그 지역의 임대료가 치솟았다면 그저 나의 옵션을 행사하면 그만이기 때문이다.

계약서와 관련해 하지 말아야 할 것들

우리 회사는 고용 계약서를 작성하지 않는다. 앞서 언급했듯이 우리는 팀원들에게 좋은 대우를 해준다고 자부한다. 그렇게 하는 것이 합당하기도 하고, 장기적으로 볼 때 더 득이 되기 때문이다. 따라서 우리에게는 억지로 계약 내용을 준수하게 하는 계약서가 필요 없다. 우리는 마음에서 우러나 그렇게 하길 원하지, 강압에 의해 마지못해 그렇게 하길 원치 않는다. 우리는 회사를 떠나는 사람들이 가능한 한 불편한 상황을 만들지 않고 즉시 회사를 떠날 수 있기를 원한다. 우리는 회사를 그만두거나 우리가 해고하는 사람들에게 잘 대해 주지만, 결코 계약에 의한 의무감 때문에 그렇게 하지는 않는다. 우리는 '고용인에 대한 자유 선택권'을 가지고 있는 테네시 주에서 회사를 경영하고 있다. 다른 대부분의 주와 마찬가지로 우리 주도 업체가 각종 차별을 제외한 어떤 이유로도 고용인을 해고하는 것을 허용한다. 법적으로는 그저 당신이 싫다는 이유만으로도 오늘 당장 당신을 해고할 수 있는 것이다. 다시 한 번 말하지만, 안트러리더는 자신의 팀을 진심으로 아끼고 사랑하기 때문에 자신의 팀원을 결코 홀대하지 않는다.

우리는 고용 계약서를 작성하지 않기 때문에 팀원들에 대한 어떠한 법적 의무도 없다. 그리고 우리는 앞으로도 고용 계약서를 작성하지 않을 것이다. 나는 우리 팀원이 계약에 의한 법적 의무 때문에 우리 팀을 떠나지 못하는 것을 원치 않는다. 그것은 열정과 창조성의 결여를 낳을 뿐 아니라 우리 문화에 악영향을 끼치는 암적인 요소가 되기 때문이다. 나는 또한 팀원을 떠나보내야 하는데 법적 의무 때문에 떠나보내지 못하는 상황도 원치 않는다.

법망을 피하기 위한 계약은 하지 마라. 법적 책임을 지지 않기 위한 조항은 계약서에서 빼라. 우리 회사 건물주가 우리에게 건넨 임대차 계약서에는 우리 회사 건물에서 어떠한 상해를 입더라도 건물주는 그에 대한 책임을 지지 않는다는 조항이 있었다. 하지만 그는 이러한 조항으로 자신의 책임을 회피할 수 없다. 만일 누군가가 잘못된 도로 때문에 발을 헛디뎌 다쳤다면 이에 대한 책임은 건물주에게 있다. 계약서는 우리에게 배상을 약속하지 않을지도 모르지만, 건물주에게 책임이 있다는 사실은 바꾸지 못한다. 계약서가 범죄 행위를 합법화할 수는 없다. 당신은 미성년자에게 주류를 판매해도 된다는 계약을 할 수는 있지만, 실제로 미성년자에게 주류를 판매한다면 계약 이전에 법의 심판을 받는 것은 피할 수 없을 것이다.

부칙

정의가 필요한 대목이다. 당신이 계약서에 서명하는 것이 어떤 의미인지 알기 위해서는 몇몇 기본적인 것들을 살펴봐야 한다. 나중에 놀라는 일이 없도록 부칙의 정의와 의미를 파악하라.

● 가분성 조항

가분성 조항Severability clause은 특정 조항이 효력을 발휘하지 못해도 다른 조항에는 영향이 없다는 것으로, 중요 조항이 무효인 경우 그 계약 전체가 무효가 되는 것을 방지하기 위한 조항이다. 이 조항이 없으면 계약서의 좋은 부분들도 나쁜 부분과 함께 버리는 경우도 있다.

● 완전합의 조항

완전합의 조항Entire Agreement clause은 합의된 내용은 모두 그 계약서에 명시되어 있고, 체결 이전의 합의 조항은 서면에 기재된 것이든 구두에 의한 것이든 모두 무효임을 나타내는 조항이다. 나는 지금까지 "우리가 계약은 한 것이지만 '그것을' 굳이 계약서에 포함하지는 말자"고 제안하는 사람들을 너무도 많이 만났다. 상대가 말하는 '그것은' 결코 현실화되지 않을 것이다. 상대가 그것을 종이에 적을 생각이 없다면 그것은 결코 일어나지 않는다.

● **재판 장소**

재판 장소에 대한 조항은 계약에 대한 분쟁이 발생했을 때 어느 곳의 법원에서 재판을 받을 것인지를 명시하고 있다. 이 조항은 사소한 것처럼 보이지만, 막상 당신이 재판을 받게 되어 항공권을 구입하고, 다른 지역 변호사를 선임하고, 판사가 당신이 고소한 사람과 골프를 치는 사이라는 것을 알게 되면 당신의 생각은 180도 바뀔 것이다. 상대방이 사는 곳의 특정 법률이 당신에게 유리한 것이 아니라면 일반적으로 재판 장소를 당신이 사는 곳으로 정하는 것이 유리하다.

나는 워싱턴 DC 근교의 꽤 값비싼 변호사의 도움을 받아 CBS와 거래 협상을 하고 있었다. 내가 CBS의 한 시리즈 감독을 맡게 된 것이었다. 재판 장소를 논의하게 되었을 때 나는 내가 사는 테네시 주에서 재판받기를 원한다고 말했다. 그러자 변호사가 바로 반박했다.

"좋은 생각이 아니에요. 캘리포니아 주로 하시죠."

캘리포니아 주에는 방송 및 영화 산업이 매우 활성화되어 있기 때문에 그곳의 법이 예능인에게 유리한 쪽으로 잘 발달되어 있다는 것이었다. '예능인'으로서 계약을 하는 나는 그의 말을 충분히 이해하고 CBS로 하여금 재판 장소를 캘리포니아로 정하도록 했다. 지금까지 CBS와는 한 번도 분쟁이 일어나지 않았다. 오히려 우리는 아주 좋은 관계를 형성했고, 지금도 유지하고 있다. 나는 여전히 계약 협상과 관련해서도 무언가를 배웠다.

● **만료**

끝이 없는 영원불멸의 계약은 하지 마라. 만료 기간이 없는 계약서는 대부분 유효하지 않다.

● **개인으로서 서명하지 마라**

당신의 회사가 유한책임회사나 주식회사라면 절대 개인 명의로 서명하지 않도록 각별히 유의하라. 항상 당신의 직함으로 서명하라. 나의 팀원이 데이브 램지라는 개인 서명을 받기 위해 중요한 서류를 내 책상 앞에 놓아두면 나는 회사 사장인 데이브 램지로 서명할 수 있게 다시 작성해 오라며 그 서류를 돌려보낸다. 나는 개인적으로 책임지지 않기 위해 항상 직함으로 서명한다.

개인적으로 서명할 경우, 당신은 큰 골칫거리에 대해 개인적으로 책임져야 할 수도 있다. 회사에 대해 개인적으로 책임지는 것을 '법인격 부인의 법리'라 부르기도 한다. 만일 당신이 회사를 대신해서 서명한다는 의미로 직함을 기입하는 것을 빠트리고 당신의 이름만 기입한다면 상대방은 당신의 회사뿐 아니라 개인으로서의 당신까지도 고소할 수 있다. 그렇게 볼 때 개인 서명은 유한책임회사나 주식회사를 만드는 가장 큰 이유 중 하나를 무색하게 만드는 것이다.

개인 서명은 채무 문제에도 적용될 수 있다. 거의 모든 소기업의 경우 돈을 빌리려면 개인 서명을 해야 하는데, 이것은 내가 여기서 이야기하고

자 하는 바가 아니라는 것을 당신은 알 것이다. 나는 가능한 한 빚을 지지 않는 것을 권장한다는 것을 기억하기 바란다. 빚을 지지 않으면 그 어떤 부채의 책임도 원천봉쇄할 수 있을 것이다.

수금

수금은 당신을 미칠 지경으로까지 몰고 가는 골치 아픈 일일 수 있다. 우리가 수금에 적용하는 주요 원칙은 수금 문제를 겪고 있는 회사는 분명 다른 문제가 있다는 것이다. 예를 들어, 고객과 관계를 형성하는 과정에서 고객이 언제 어떻게 대금을 지불해야 하는지에 대해 혼란을 느꼈을 수 있다. 수금 문제를 해결할 적기는 고객에게 상품이나 서비스를 판매할 당시처럼 당신이 수금 문제를 겪기 훨씬 이전일 수 있다는 것이다.

수금 문제를 해결할 적기는 고객에게 상품이나 서비스를 판매할 당시처럼 당신이 수금 문제를 겪기 훨씬 이전일 수 있다.

당신은 적절한 판매를 하지 못해 수금 문제를 겪을 수 있다. 적절한 판매를 하려면 자격을 갖춘 잠정 구매자를 대상으로 해야 한다. 고객 서비스 정신을 갖는 것은 중요하지만, 아무에게나 고객이 되어 달라고 구걸하지는 말아야 한다. 당신의 고객이 당신의 사장이 되도록 해서는 안 된다.

나는 부동산에서 일한 경험 덕분에 수금 문제를 피할 수 있었다고 생각한다. 당신의 고객을 세입자라고 생각해 보라. 그들이 세입자가 되기 전에 당신은 그들에게 세입자가 되어 달라고 부탁한다. 즉, 당신은 그들이 당신의 집에 세 들어 살기를 바라는 것이다. 하지만 일단 그들이 당신의 세입자가 되면 당신은 그들이 당신의 집을 잘 돌보고, 제때 집세를 내며, 당신을 존중해 주길 원한다.

당신의 고객에게 복종하지 말고 봉사하라. 봉사하지 않고 복종하는 판매자는 결국 고객의 돈을 구걸하는 것이다. 고객이 당신의 태도를 감지하고 자신이 우세하다고 생각하기 때문이다. 바람직한 판매는 고객의 양호한 금전 상태와 적절한 판매 조건, 판매 후 고객과의 좋은 관계 등을 수반한다. 지금까지 우리는 공격적이거나 지불을 하지 않는 고객을 단 한 명도 만난 적이 없다. 우리는 그런 사람들은 고객으로 생각하지 않기 때문이다.

지속적으로 지불 문제를 일으키는 고객이 있다면 그와의 거래 조건을 바꾸거나 거래를 끊어라. 판매하지 않는 것이 물건이나 서비스를 판매하고 돈을 받지 못하는 것보다 낫다.

내가 처음으로 부동산업계에 입문했을 때 나는 수입이 적은 사람들을 위해 주당 임대료를 받는 집을 여러 채 담당했다. 나는 세입자의 자격 심사를 하거나 임대료를 받을 때 한 치의 양보도 하면 안 된다는 것을 깨달았다. 그렇게 하면 임대료 수입만 손해 보는 것이 아니라 그에 대한 입소문의 피해도 감수해야 했기 때문이다. 그래서 나는 그들이 이사하기 전에 '세입자 상담'을 했다. 즉, 그들에게 이사를 하게 되면 제때 임대료를 내고, 집에서 범죄 행위를 하지 말 것을 당부하며 실질적으로 그들을 모욕했던 것이다. 이러한 '모욕'에 화를 내는 사람들은 이사를 한 후에 문제를 일으키리라는 것을 나는 알았다. 반면, 집세를 제때 내고 어떠한 범죄 행위도 하지 않을 사람들은 나의 말을 모욕적이라고 생각하지 않았다. 나는 공정하고 확고한 운영 조건과 인연을 맺기 시작했다. 아울러 그들이 핑계를 대지 않고 자신의 문제를 솔직히 말할 수 있는 분위기도 형성했다.

나는 지금 고객을 모욕하라고 말하고 있는 것이 아니다. 상대방과의 관계를 확실히 정립하지 않는 것이 수금 문제를 야기하는 핵심이라고 말하고 있는 것이다. 수금 문제는 문제가 아니다. 그것은 증상이다.

절차

우리는 고객이 결제일을 하루 넘기면 고객에게 전화를 걸어 공손하고 상냥하게 결제일을 상기시켜 준다. 고객이 결제일을 넘기고 지불했다면 우리 판매원은 앞으로 어떻게 결제를 할 것인지에 대해 고객에게 확인받고, 우리 측에서는 오해나 서비스 결함이 없었다는 것을 확실히 하기 위해 일종의 확인 전화를 한다.

지불이 이루어지지 않으면 우리는 전화를 걸어 지불 요청을 하기 시작한다. 고객이 90일 이상 결제를 미루면 수금할 가능성이 상당히 적어진다. 60일 이상 미루면 배달이나 서비스를 중단하고 현금 거래를 해야 한다. 이러한 고객들과 거래를 끊으면 당신은 더 이상의 손실을 막을 수 있다. 하지만 그들은 당신을 낮은 우선순위에 둘 것이다. 그들은 거래가 중단되지 않은 관계를 우선시할 것이기 때문이다.

고객이 결제를 제대로 하지 않으면 우리는 먼저 이런 지경이 되기까지 우리가 잘못한 것이 무엇인지 자문해 본다. 어느 정도까지의 손실은 감수할 만하지만, 그것이 쌓이면 당신에게 꽤 큰 타격을 줄 수 있다. 1990년대 닷컴 붐이 일어났을 당시 세 닷컴 기업이 우리의 라디오 쇼를 통해 광고를 했는데, 셋 모두 경영난에 허덕였다. 우리에게 큰 고객이었던 그들이 우리에게 끼친 손실액은 총 10여만 달러에 달했다. 그 후 우리는 인터넷을 기반으로 하는 회사에게는 광고료를 선불로 받는 것으로 정책을 바꿨다.

악성 미수금이 발생할 때

처음 한두 차례 악성 미수금을 경험하면 당신은 마치 도둑맞은 것처럼 화가 날 것이다. 당신이 이러한 감정을 겪고, 문제가 도래하고 있다는 걸 알게 되면 당신은 수금 계획을 세워야 한다. 수금을 하기 위해 먼저 우리가 앞서 개괄한 단계들을 밟아라. 그 다음에는 이러한 상황에 처하기까지 당신의 회사가 어떤 실수를 했는지 확실히 분석하라. 그리고 악성 부채를 어떻게 처리할 것인지 결정하라.

악성 부채가 발생하면 당신은 악성 부채를 용서하든지 소송을 걸든지, 둘 중 하나를 선택해야 한다. 당신의 회사가 잘못된 제품이나 서비스를 제공함으로써 고객에게 피해를 주었을 때와 고객이 완전히 파산해 빈털터리가 되었을 때는 악성 부채를 용서할 수밖에 없다.

당신의 회사가 잘못된 제품이나 서비스를 제공한으로써 고객에게 피해를 주었을 때와 고객이 완전히 파산해 빈털터리가 되었을 때는 악성 부채를 용서할 수밖에 없다.

● 용서

용서와 화해는 다른 개념이다. 노상강도가 당신을 윽박질러 지갑을 빼앗았다면 당신은 아파하고 분노할 수 있다. 이 경우 최선책은 그 강도를 위해서가 아니라 당신을 위해서 강도를 용서하는 것이다. 상처와 분노는 당신을 더 큰 고통 속으로 몰아넣기 때문이다. 그런데 많은 사람이 용서와 화해를 혼동한다. 당신은 강도를 용서할 수 있다. 하지만 그것이 그를 저녁에 초대하거나, 돈을 주고 당신의 아이를 돌보게 할 수도 있다는 뜻은 아니다. 미친개가 당신을 물었다면 당신은 그 개를 용서할 수 있다. 하지만 그 개를 격리해야 한다. 그렇지 않으면 당신을 또 물 것이기 때문이다.

미수금도 이와 같은 맥락에서 보아야 한다. 당신이 감수할 수 있을 정도의 금액이라면 너그러이 용서하라. 하지만 당신에게 빚을 갚지 않은 사람이나 회사와 더 이상 거래는 하지 마라. 용서와 화해는 다르다. 그 개가 당신을 다시 물 것이다.

나는 우리 회사의 실수에 대한 고객들의 불평에 대해 이야기할 때면 팀원들에게 이렇게 말하곤 했다.

"나는 그런 고객들에게는 돈을 받지 않습니다."

이것은 나의 팀원들이 그런 고객들에게 감동을 주어 문제를 해결할 필요가 있다는 말이다. 시장에는 우리에게 화난 고객들이 없어야 하기 때문이다. 만일 내가 그런 고객을 다루어야 한다면 나는 눈에 보이는 모든 것을 그 고객에게 무료로 줄 것이다. 지금까지 내 책상에 올라온 우리 회사의 실수는 몇 년에 한 번 있을까 말까 할 정도로 아주 드물다. 당신의 서비스를 제대로 받지 못한 사람에게는 수금을 하려 들지 마라. 그렇게 하는 것은 상처에 대고 욕을 하는 격이다. 미안함을 표현하기 위해 빚을 용서하고, 다른 것도 그냥 주어라.

고객이 파산해서 빈털터리가 된 경우에도 악성 부채를 용서해야 한다. 그들에게는 빚을 갚을 능력이 없기 때문이다. 바위에서 피를 얻을 수는 없다. 당신은 화가 나서 망치로 바위를 계속 칠 수는 있지만, 바위는 여전히 피를 흘리지 않을 것이다. 빈털터리는 빚을 갚지 못하는 것을 미안해하지 않는, 용서하기 가장 힘든 사람이다. 나는 이런 뻔뻔하고 몰상식한 사람에게 피해를 입으면 그를 고소하거나 어떤 식으로든 골탕을 먹이고 싶어진다. 그렇다 해도 당신의 감정을 소모하지 말고, 당신의 돈과 시간을 낭비하지 마라. 당신은 재판에서 이기겠지만, 설령 이겼다 해도 당신이 얻을 수 있는 것은 아무것도 없다. 고소를 한다고 해서 그들이 없는 돈을 만들어 내지는 못한다. 당신의 돈을 아끼고, 스트레스를 줄여라. 망치로 바위를 치는 데 낭비할 힘을 다른 거래에 사용하라.

빈털터리가 되어 당신에게 진 빚을 갚지 못하는 사람에게 자비를 베풀어 그가 진 빚을 용서하는 것이 훨씬 더 쉽고 유리하다. 앞서 언급한 세 닷컴 기업 중 하나의 운영자는 사람들의 커리어를 돕는 웹사이트를 개설한 꽤 괜찮은 남자였다. 하지만 사이트는 당시로서는 너무 진보적인 것이어서 수익을 창출하지 못했다. 나의 라디오 쇼를 통해 아무리 광고를 많이 한다고 해도 그의 사업 모델이 시기적으로 맞지 않았기 때문에 실패할 운명이었다.

우리에게 2만 2,000달러의 빚을 진 이 가련한 사내가 나를 만나러 내 사무실로 왔다. 그는 집이 저당 잡히고, 아내는 떠났으며, 회사 컴퓨터들은 모두 회수되었다고 말했다. 그는 눈물을 흘리며 우리에게 모든 이야기를 들려주었다. 그는 정말 알거지가 되었다. 하지만 나 역시 그런 경험을 했으며, 그가 언젠가 반드시 돈을 갚겠다는 약속을 했기 때문에 나는 그의 청구서에 '완납'이라 적고 그를 놓아주었다. 그는 안도했고, 우리는 이 가련한 사내를 더욱 괴롭히느라 낭비할 수도 있었던 에너지를 다음 거래에 투입할 수 있었다. 우리는 그 2만 2,000달러가 정말 필요했지만, 그것은 수금에 중요한 문제가 아니었다. 그에게는 현재 돈이 없고, 가까운 미래에 돈이 생기지도 않을 것이다.

나는 또한 기독교인으로서 하나님이 내가 기도할 때 찾아오셔서 특정 빚을 용서하라고 말씀하시면 그 빚을 용서할 권리가 있다. 이러한 개념을 이해하기 힘든 사람도 분명 있을 것이다. 사실 나 역시 그저 상대를 안타깝게 여겨 그의 빚을 용서하려는 것인지, 아니면 그것이 하나님의 말씀이기 때문에 그렇게 하려는 것인지 정확하게 구분하기 힘들 때가 가끔 있다. 어떤 경우에는 이 둘이 같은 것이기도 하다.

당신이 빈털터리 채무자에게 여전히 무언가를 받아야 한다고 생각하고, 그들 역시 당신에게 무언가를 주어야 한다고 생각하는 경우도 가끔 있다. 우리는 한 소규모 보험 회사의 광고를 한 적이 있는데, 이 회사는 우리에게 1만 2,500달러의 빚을 진 채 파산했다. 사장은 우리에게 빚을 꼭 갚게 해달라고 당부했다. 상황을 파악해 본 우리는 그가 한동안 빚을 갚지 못하리라는 것을 알고 그에게 빚을 탕감해 주겠다고 말했다. 그런데도 그는 꼭 빚을 갚겠다고 고집하며 매달 10달러나 25달러를 보내왔다. 그것은 좋은 제스처였지만, 수학적으로는 말 그대로 제스처에 불과했다. 사실 우리 입장에서는 그 돈을 받는 것보다 그 돈을 회계에 반영하는 데 드는 시간과 노력을 줄이는 편이 더 이익이었다.

나는 래리 버켓Larry Burkett이 그의 강연에서 자신에게 빚을 진 사람으로 하여금 비영리 기관이나 봉사단체에서 봉사하도록 해 빚을 탕감해 준 것에 대해 이야기한 것을 기억했다. 그래서 우리는 그에게 사회에 어떤 봉사를 했는지 물었다. 그는 어머니가 양로원에 계실 때 방문자가 없는 노인들이 많다는 것을 알았고, 어머니가 돌아가신 후에도 최소 한 달에 한 번은 양로원을 방문해 노인들에게 책을 읽어 주었다고 말했다. 우리는 그에게 평생의 거래를 제안했다. 양로원의 무연고 노인들에게 책을 읽어 주고 그때마다 책을 읽어 준 시간을 기록할 것을 그에게 당부했던 것이다. 우리는 시간당 100달러로 계산해 그가 우리에게 진 빚을 차감해 주었고, 그는 다른 사람에게 봉사하면서 우리에게 진 빚을 모두 갚았다. 그는 책을 읽어 주는 것으로 양로원의 노인들에게 봉사할 수 있어 보람도 느꼈고, 빚도 갚을 수 있었다. 당신이 나를 훌륭한 사람으로 생각하기 전에 그 돈은 어쨌든 우리가 받을 수 없는 돈이었음을 서둘러 밝히는 바다.

● 고소

내 생각에 고소를 고려해야 할 유일한 경우는 채무를 이행하지 않은 고객이 돈을 가지고 있는데도 지불하지 않을 때다. 당신의 회사는 잘못한 것이 없고, 그들은 지불할 능력이 충분히 있는데도 지불하지 않는다. 아울러 부채의 규모도 크다. 이런 상황에서 당신은 고소를 고려해볼 수 있다. 그런데 많은 사람이 소송이 벌집과 같다는 사실을 인식하지 못하고 있다. 당신이 윙윙거리는 벌집을 찾았다면 꿀이 당신의 것이 되는 것은 시간문제이긴 하지만, 당신은 꿀벌과의 오랜 싸움은 피할 수 없다.

나는 싸움을 두려워하지 않는다. 그리고 어떤 싸움은 해볼 만한 가치가 있다. 그렇지만 당신이 소송에 묶여 결과가 나오기까지 몇 년을 기다릴 마음의 준비가 되어 있는 경우에만 소송을 제기하기 바란다. 당신이 승리하기까지의 과정을 감당할 수 있을 정도로 재정적 · 감정적으로 충분한 준비가 되어 있을 경우에만 소송에 돌입해야 한다. 나는 지금까지 수금과 관련한 소송을 두 차례 제기했다. 두 소송 모두 상대방이 전적으로 잘못했고, 그들에게 채무를 이행할 능력도 있었지만, 우리는 우리가 받을 돈보다 더 많은 돈을 썼을 뿐만 아니라 결국 돈도 전혀 돌려받지 못했다.

처음 사례에서는 상대방이 결국 파산했고, 다음 사례에서는 상대방이 회사 자산을 빼돌렸다. 우리는 법인격 부인의 법리에 호소해 보려 했지만 실패했다. 나의 결론은, 법적 소송은 거의 모든 경우에 이득이 되지 않는다는 것이다. 당신의 정의가 승리할 수는 있다. 하지만 당신이 치러야 할 대가는 결코 만만치 않다.

아웃소싱

모든 사업체가 외주를 준다. 당신의 사업에서 그다지 중요하지 않은 일을 대신해 주는 업체도 있고, 당신의 사업에 필수적인 서비스나 제품을 제공해 주는 업체도 있다. 비중이 큰 외주업체는 거의 사업 파트너와 같다. 당신은 그들과 개인적인 관계를 발전시키고, 그들이 성장하는 것을 지켜본다. 당신은 어느 순간 그들이 다수의 당신 팀원들보다 더 오래 당신과 인연을 맺었다는 것을 깨닫게 된다.

외주업체와의 관계는 아주 중요하기 때문에 나는 훌륭한 외주업체를 선택하는 방법 및 그들과 함께 일하는 방법에 대해 앞으로 꽤 많은 지면을 할애하려 한다. 이것은 우리가 실제로 우리의 사업을 운영하는 메커니즘이며, 더 중대한 외주업체일수록 더 두드러지게 적용된다.

외주업체가 다음 네 가지 요소를 충족시키지 못한다면 당신은 그 업체와 결코 좋은 관계를 형성하고 유지할 수 없다.

진실성

신뢰는 관계의 기본이다. 사업적인 관계든 사적인 관계든, 관계의 깊이는 신뢰의 깊이와 함께 간다. 진실한 경영자와 손을 잡는다면 당신은 사업에서 발생하는 여러 장애물을 극복하며 앞으로 나아갈 수 있다. 외주업체와 거래할 때 그들의 사소한 변화와 거짓까지 관찰하라. 이것은 보일러가 고장 나서 언제라도 폭발할 수 있다는 경고등일 수 있다.

만일 핵심 외주업체나 공급사가 시간을 맞추지 못하거나 품질을 떨어뜨린다면 당신은 고객에게 제품을 팔거나 서비스를 제공하지 못할 수 있다. 당신의 고객은 당신의 공급사의 문제까지 이해해 주지는 않는다. 고객은 오로지 당신의 제품이나 서비스와 관련해 자신이 겪는 불편이나 불만족만을 생각한다.

리더의 진실성은 이 불완전한 세상에서 겪게 되는 많은 충돌과 상처를 극복하고 살아남을 수 있게 해준다. 제1장에서 나는 위에서 아래로 내려오는 리더십에 대해 이야기했다. 나는 왕의 머리 위에 흠뻑 뿌리는 성유가 머리카락과 수염을 타고 내려와 왕의 몸 전체를 적신다는 것이 어떤 의미인지에 대해 설명했다.

몇 해 전, 오랫동안 별다른 문제 없이 우리와 거래해 오던 지역의 한 소규모 업체가 서서히 문제를 일으키기 시작했다. 언제부턴가 그 업체 사장이 다른 여자와 외도하고 있다는 소문이 돌기 시작했고, 얼마 후 그 소문이 사실로 밝혀졌다. 그의 아내가 남편의 외도를 알고 그를 집에서 쫓아냈던 것이다. 그 뒤로도 그는 애인과 관계를 지속했고, 급기야 그녀와 한집에서 살기 시작했다. 당연히 그 사업체의 운영은 계속해서 나빠졌다.

나는 그들이 우리에게 제공하는 서비스 문제에 대해 의논하기 위해 그의 사무실을 찾았다. 그는 나에게 자신의 결혼 생활에 문제가 있음을 인정했고, 모든 것을 정상화하기 위해 어떻게 노력할 것인지에 대해 말했다. 다소 냉정한 판단일 수도 있겠지만, 나는 그의 아내가 그를 믿을 수 없다면 나 역시 그를 믿을 수 없다고 생각했다. 나는 이런 생각을 그에게 전하며, 한 번만 더 문제를 일으키면 외주업체를 바꾸겠다고 마지막 경고를 했다. 물론 나에게는 다른 사람의 '침실 문제'까지 간섭할 권리가 없으며, 남의 사생활에 끼어들 시간도 없다. 그가 넘지 말아야 할 선을 넘었다고 해서 그를 벌할 수도, 그럴 생각도 없다. 그저 신뢰할 수 없는 사람은 신뢰할 가치가 없다는 간단한 법칙을 따랐을 뿐이다.

나는 그 후로도 그와 계속 거래했고, 친구들은 이에 대해 나를 맹렬히 비난했다. 안타깝게도 나의 생각이 틀리지 않았다는 것이 입증되었다. 한때 우량 기업이었던 그의 업체가 우리가 더 이상 거래할 수 없을 정도까지 악화된 것이다. 그래서 우리는 그의 업체와 거래를 끊었다. 하지만 우리가 무방비 상태로 이러한 사태를 맞은 것은 아니었다. 우리는 우리의 핵심 외주업체가 무너지는 과정을 지켜보며 리더의 진실성이 얼마나 중요한 것인지 인식했고, 미리 이런 사태에 대비해 왔던 것이다.

"많은 재산보다는 명예를 선택하는 것이 더 낫고, 은과 금보다는 은총을 받는 것이 더 낫다(잠언 22장 1절)."

능력

당신은 외주를 주어야 한다. 외주업체가 당신에게 없는 지식을 보유하고 있거나, 당신이 할 수 없는 일을 할 수 있거나, 당신이 하는 것보다 더 저렴하게 할 수 있기 때문이다. 외주업체의 능력을 가늠할 때, 당신은 그들이 당신이 맡긴 일을 할 수 있는지만을 보아서는 안 된다. 필요한 물량을 소화할 수 있고, 일정을 맞출 수 있는지도 판단해야 한다.

외주업체가 당신의 제품을 제대로 만들지 않거나 제때에 인도하지 않아 당신이 제품을 판매하지 못하는 상황에 처한다면 아무리 그들이 저렴한 가격에 해준다고 해도 아무 소용이 없다. 외주업체의 전화가 늘 불통이라면 당신이 분당 5센트의 장거리 통화료를 아낄 수 있는 게 무슨 소용이겠는가? 외주업체의 능력은 외주업체를 선택할 때 가장 중요한 고려 대상 중 하나일 것이다.

당신의 사업이 성장함에 따라 외주업체가 당신의 주문을 감당하지 못할 수도 있다는 점을 인식하고, 만일의 경우를 대비해 외주업체의 능력을 정기적으로 모니터링할 필요가 있다. 내가 처음으로 《파이낸셜 피스》를 자비 출판할 때, 나는 친구가 운영하는 지역 인쇄소에 인쇄를 맡겼다. 친구는 우리 집 거실에 있는 레이저 프린터로 인쇄한 원본으로 필름을 만들어 인쇄 작업을 진행했다. 표지도 제작한 친구는 마무리한 작업을 지역 제본소로 넘겼고, 우리는 마침내 완성된 책을 볼 수 있었다. 나는 1쇄로 1,000부, 2쇄로 4,000부, 3쇄로 7,000부를 주문했다. 내가 4쇄로 7,000부를 더 주문하려고 할 때 친구에게서 전화가 왔다. 친구는 내 책에만 매달리느라 다른 고객의 책을 인쇄할 수 없다고 했다. 고맙게도 친구는 나에게 인쇄 브로커와 이야기해 보길 권했다. 인쇄 부수가 많아지면 비용을 반으로 절감할 수도 있다는 것이었다. 이 분야에 문외한이었던 나는 친구 덕분에 새로운 사실을 알게 되었다. 참 고마운 친구였다. 우리는 지금까지도 좋은 친구 사이로 남아 있고, 나는 그 친구의 도움과 함께 출판업계에 입문할 수 있었던 것을 기쁘게 생각한다.

외주업체의 능력과 관련한 또 하나의 규칙은 외주업체의 '리드 타임(lead time, 기획에서 제품화까지의 소요 시간_옮긴이)'을 알고 그들의 일정에 맞춰 주문 계획을 잡으라는 것이다. 만일 당신이 우수 고객이거나 주요 고객이라면 그들은 종종 당신의 일정을 맞추기 위해 자신들의 생산 일정과 근무 시간을 변경할 것이다. 하지만 당신이 정기적으로 이러한 주문을 한다면 그들은 결국에는 당신을 실망시킬 것이다. 그들의 일반적인 리드 타임을 고려해서 당신의 시스템을 조정하거나 외주업체를 바꾸도록 하라. 매번 기적을 일으킬 수는 없다. 기적은 결코 자주 일어나지 않는다.

가격

가격이 외주업체를 선택하는 데 주요 요인이 되어서는 안 된다. 하지만 다른 모든 조건이 동일하다면 가격이 결정 요인이 될 수 있다. 하지만 외주업체가 당신에게 너무 싼 가격에 제품을 공급하면 그 업체는 결국 사업을 접게 될 수도 있다는 것을 명심해야 한다. 당신이 외주업체와 함께 성장하려면 당신은 그들도 돈을 벌기를 바라야 한다. 훗날을 생각하지 않고 외주업체의 피를 빨아먹는 회사는 언젠가 자신의 피도 고갈될 것이다.

우리는 열정적으로 협상하고 최고의 가격을 이끌어 내는 데 능하다. 하지만 우리는 그들이 우리에게 수박 하나를 판매하는 데 20센트를 손해 본다면 다른 곳에서 수박을 아무리 많이 팔아도 이 손해를 상쇄할 수 없다는 것도 인지하고 있다. 당신이 너무 큰 승리를 거두면 그들의 수명이 짧아질 수 있다. 그렇게 되면 당신은 또 다른 외주업체를 찾아나서야 한다.

● 가격 윤리

경쟁 입찰에서는 황금률을 적용해야 한다. 당신이 대접받고 싶은 만큼 외주업체를 대접하라. 당신은 누군가가 당신의 경쟁자에게 당신에 관한 정보를 흘려 경쟁자에게 지기를 원하는가? 나는 그것을 원치 않는다. 그래서 나는 그렇게 하지 않는다. 경쟁 입찰에서 비슷한 가격을 제시한 둘이 남았을 때, 우리는 그 둘 중 하나에 포함되었다는 사실을 그들에게 각각 알린다. 그래야만 그들이 좀 더 칼을 갈고 경쟁에 뛰어들 수 있기 때문이다. 우리는 상대가 누구인지는 밝히지 않은 채 입찰에서 이기려면 특정 가격 이상을 불러야 한다고 양측 모두에게 말한다. 만일 내가 그들 입장이었더라면, 나는 사업을 따내기 위해 내가 불러야 하는 가격대를 알길 원할 것이기 때문이다.

협상할 때는 현금의 위력을 이용하라. 아마 대부분의 거래에서 당신은 납품을 받고 현금을 지급하지는 않을 것이다. 그런데 만일 당신이 매주 혹은 격주마다 미불금을 결제한다면 그것은 마치 현금을 지급하는 것과 같은 효과가 있다. 두드러지게 신속한 결제는 아주 이례적인 것이기 때문에 우리는 그렇게 함으로써 추가적인 할인을 기대할 수 있다.

당신의 외주업체가 당신과 거래하고 있다는 사실을 광고 책자나 입을 통해 사람들에게 알린다면 그들은 암묵적으로 당신의 인정을 받았음을 홍보하는 것이다. 나의 세계에서는 사람들이 우리의 인정을 받으려면 돈을 지불해야 한다. 따라서 외주업체가 다른 잠정 고객에게 우리와 거래하고 있다는 사실을 의도적으로 드러내는 것은 괜찮지만, 우리는 그 대가로 그들로부터 할인을 받길 기대한다. 그들의 제품이나 서비스에 대해 우리가 무료로 보증해 주는 셈이므로 그들이 우리에게 가격적인 도움을 주는 것이 합당하다고 나는 생각한다.

당신의 외주업체와 미래에 대한 당신의 비전을 공유하라. 당신이 돈을 더 많이 벌면 당신의 사업이 성장할 것이고, 그러면 그들도 더 많은 일거리를 확보하게 될 것이라는 점을 그들에게 상기시켜라. 경우에 따라 외주업체로 하여금 둘 모두의 사업을 확장시켜 줄 작은 서비스를 당신에게 무료로 제공하게 함으로써 그들을 당신의 사업 파트너로 만드는 방법도 모색할 수 있다. 당신의 협상이 단순히 제품 하나당 얼마 식의 가격 책정으로 그치게 하지 마라. 언제나 다양한 방법들이 있기 마련이다.

품질

당신이 외주업체에게 단호하지만 공정한 입장을 취한다는 평판을 시장에서 들을 수 있게 하라. 안타깝게도 고객들로 하여금 낮은 품질의 제품이나 서비스를 받아들이도록 하는 데 전문가가 된 기업들이 종종 있다. 외주업체와 거래할 때 품질 문제에서 받아들일 수 없는 부분은 절대 받아들이지 말아야 한다. 외주업체를 지나치게 힘들게 하거나 귀찮게 하는 것도 문제지만, 그들을 지나치게 받아 주는 것도 문제다. 우리는 사업에 열정적이고 철저한 자세로 임하지만, 여전히 외주업체가 제공하는 수준 미달의 제품이나 서비스를 수용하는 착한 사람이 되어야 한다는 압박감에 시달린다. 친절은 베풀 수 있지만, 절대 오답을 정답으로 인정해서는 안 된다.

우리와의 계약을 조기 종료하려는 고객사가 있었다. 그 고객사와의 거래가 끊기면 우리는 시장에서 수천만 달러의 손실을 보게 될 것이었다. 고객사 담당자는 감정적이 되어 내가 믿을 수 없을 정도로 부당하다고 주장했다. 이에 나는 그들이 아무리 거래를 끊길 원하더라도 내가 이를 받아들이지 않고 끝까지 계약을 유지하겠다고 버틴다면 그때 나는 믿을 수 없을 정도로 부당한 사람이 될 것이라고 차분히 대답했다. 장시간의 논의가 끝난 후에도 나는 여전히 믿을 수 없을 정도로 부당한 사람으로 남아 있었다. 나는 받아들일 수 없는 것은 무슨 일이 있어도 받아들이지 못한다.

우리는 여러 업체를 통해 회사의 인쇄물을 제작하는 데 매년 수천만 달러를 쏟아붓는다. 인쇄는 판단하기 어렵지 않다. 좋거나 나쁘거나 둘 중 하나기 때문이다. 색표와 디자인 명세서가 있어서 우리가 주문한 것에 부합하는지 그렇지 않은지 쉽게 판단할 수 있다. 우리는 새로운 업체와 상담할 때면 수준 미달의 인쇄물은 받아들이지 않는다는 '경고'를 늘 덧붙인다.

나의 라디오 쇼 스튜디오는 우리 정문 로비와 유리벽을 사이에 두고 있다. 그래서 나는 방음 유리벽 뒤에 있는 동안 로비에서 어떤 일이 일어나는지 살펴볼 수 있다. 얼마 전에 나는 마치 무성 영화를 보는 것처럼 분명한 몸짓과 손짓이 오고 가는 대화 장면을 목격했다. 나와 오랫동안 함께한 안트러리더 한 명이 어떤 제품을 새로 인쇄해 그것의 시장 반응을 살펴보기 위해 소량 인쇄를 주문했다. 제품의 색표와 디자인 명세서는 아주 명확했다. 새 외주업체 직원이 작업한 제품을 보여 주자 우리의 리더는 제품을 살펴보면서 고개를 갸우뚱했다. 그는 색표와 시제품, 디자인 명세서를 꺼낸 후 제품과 비교해 보며 고개를 젓기 시작했다. 외주업체 직원은 긴장하며 몸을 똑바로 세웠고, 팔을 이리저리 움직이며 무언가를 열심히 설명했다. 그의 몸짓은 점점 더 커졌다. 우리의 리더는 미소를 짓고 고개를 끄덕이며 경청했다. 그러고는 또 한 번 고개를 저으며 거부의 뜻을 표했다. 외주업체 직원은 더 강력하게 주장했고, 장면은 반복되었다. 그러다가 얼굴이 붉어진 외주업체 직원이 수준 미달의 제품을 들고 로비를 떠나는 것으로 상황이 종료되었다. 무성 영화의 한 장면을 지켜보는 것은 꽤 흥미로운 일이었다. 나는 한마디도 듣지 못했지만 어떤 일이 일어나고 있는지 정확하게 알 수 있었다. 우리의 리더는 이 섹션의 교훈들을 몸으로 숙지하고 있었다.

결론

이 장은 상당히 실천적이고 기계적이다. 안트러리더는 사업을 성공적으로 운영하려면 매우 실천적이고 기계적이어야 한다는 것을 이해하고 있다. 계약, 수금, 아웃소싱 등과 같은 사업 영역을 어떻게 다루느냐에 따라 당신의 성패가 갈릴 수도 있다. 이런 영역이 사업의 성패를 좌우하는 결정적인 요인은 아닐지 모른다. 하지만 당신이 이를 다루는 방식은 당신이 어떤 리더인지를 분명하게 드러낸다. 의도적인 행동을 통해 당신이 팀과 경쟁사, 고객, 공동체 등에 하고 싶은 말을 전하라. 안트러리더는 일상적인 활동이 초래하는 의도치 않은 결과를 항상 고려하고, 그에 대해 늘 고민한다.

E n t r e L e a d e r s h i p

Part

14

돈이 더 필요하다고요!

사기 진작을 위한 보상 플랜

눈을 감고 당신이 가장 좋아하고 신임하는 팀원의 얼굴을 떠올려 보라. 이제 그의 배우자와 자녀들의 얼굴을 떠올려 보라. 심지어 그들의 애완견 얼굴까지도. 그의 입장이 되어 생각해 보라. 당신이 승리하는 것을 돕는 데 열정적인 그가 매일 당신과 함께 일하기 위해 출근한다. 10년간 당신과 함께 일해 온 그가 당신이 성공하는 데 결정적인 역할을 했다면 그는 당신의 사업 파트너나 다름없다. 그렇다면 당신은 그를 소중한 파트너로 여기고 그에 상응하는 보상을 해주어야 할까? 아니면 언제든 버릴 수 있는 일개 직원으로 취급해야 할까? 이런 팀원을 가진 당신이 연간 1,000만 달러의 순수익을 올린다면 당신은 그에게 100만 달러의 연봉을 지급해도 괜찮을까?

재직 기간과 숙련도, 재능, 기여도 등이 서로 다른 팀원들 모두 월급날이 되면 매번 '제리 맥과이어의 순간'을 맞는다. 그들은 마음속으로 "돈이 더 필요하다고요!" 하고 외친다. 일부는 자신이 회사에 기여한 것에 대해 비현실적인 관점을 갖고 있고, 일부는 당신이 더 관대하게 대하는 것이 마땅할 만큼 충분한 자격을 갖추었다. 당신이 그들의 입장이라면 당신은 어떤 대접을 받아야 한다고 생각하는가? 당신이 대접받길 원하는 만큼 그들을 대접하라. 그렇다. 그들에게 돈을 주어라.

성경은 이렇게 말한다.

"네 보물이 있는 곳에 네 마음도 있는 법이다(마태복음 6장 21절)."

당신이 누군가에게 돈을 쓴다는 것은 그가 당신에게 중요하다는 의미다. 한 회사의 보상 시스템은 그 회사의 가치와 문화를 반영한다. 회사 빌딩이 아무 생각 없이 그저 출근 도장만 찍는 사람들로 채워지길 원하는 리더는 아무도 없다. 그래서 안트러리더는 급여 체계를 매우 진지하게 여긴다. 그들은 전반적인 생산성의 향상을 도모하고, 탁월한 업무 성과를 보상하는 방식을 진지하게 고민한다. 이익 배분에서 수수료에 이르기까지, 상여금에서 수당에 이르기까지, 보상에 대해 고려할 때 가장 중요시해야 하는 것은 창조성이다.

언젠가 나는 예산안에 대해 조언해 달라는 요청을 받고 어느 교회의 이사회를 찾은 적이 있다. 이 교회는 아주 어려운 예산안 결정에 직면해 있었다. 수백만 달러에 달하는 예산안이었다. 이사회의 리더가 교회에서 아이들과 젊은이들이 얼마나 중요한 존재고, 이 교회가 아이들을 얼마나 소중하게 여기는지에 대해 짧은 연설을 했다. 이런 분위기에 익숙하지 않았던 나는 평소와는 달리 침묵으로 일관했다. 그의 말이 끝났을 때 나는 이 교회의 현실을 파악했다는 생각에 목소리를 높였다. 나는 이사회의 리더들에게 그들이 다른 모든 면에서는 올바른 길을 가고 있다고 말한 후 이렇게 덧붙였다.

"하지만 여러분은 진정으로 아이들이 중요하다고는 생각하지 않습니다."

이것은 결코 호감을 살 수 있는 말은 아니었다. 나는 어린이 및 청소년 책임자들이 교회에서 가장 낮은 임금을 받고 있으며, 수백만 달러 규모의 예산안의 1.5퍼센트 미만만이 미성년자들에게 할당된다는 점을 지적했다. 누구나 입으로는 항상 아이들을 사랑하고 소중하게 여긴다고 말할 수 있다. 하지만 그 입에 돈을 보태지 않으면 그들은 결코 진실을 말하는 것이 아니다.

당신이 당신의 팀을 소중하게 여긴다면 그들은 여러 가지 방법으로 그것을 알 수 있을 것이고, 그중 한 방법이 임금이다. 괜찮은 임금을 받으면 그들은 자신이 소중한 존재로 여겨진다는 것을 인식한다. 그들에게 괜찮은 임금을 준다는 것은 그들이 회사에 기여한 것에 비해 지나치게 많은 임금을 준다는 의미는 아니다. 이번 장은 자격을 갖춘 당신의 팀원에게 창조적으로 보상하는 것에 관한 것이다. 물론 실제보다 자신을 더 높이 평가해 더 많은 임금을 받아 마땅하다고 여기는 팀원들도 많다. 그렇다면 이와 달리 정말 유능한 팀원들은 어떻게 보상받아야 할까? 그들은 돈으로 보상받아야 한다.

내 지인 한 명은 연매출 5,000만 달러의 회사를 운영하고 있었다. 그의 개인 수입은 연간 수백만 달러에 달했다. 그는 10년 전에 차고에서 사업을 시작했는데, 그때부터 줄곧 그와 함께해 온 핵심 리더들이 그의 성공에 지대한 영향을 끼쳤다. 그의 회사 직원 수는 120명이었는데, 그들 중 10만 달러 이상의 연봉을 받는 직원은 한 명도 없었다. 그의 이러한 처사는 분명 탐욕스러운 것이었다. 결국 인정받지 못한 유능한 리더들(사실상 사업 파트너)은 사장이 입으로는 그들이 얼마나 중요한 사람인지 모른다고 지겨울 정도로 이야기하면서 정작 임금에는 조금도 반영해 주지 않는 것에 화가 났다. 유능한 리더들이 회사를 떠나면서 회사는 흔들리기 시작했다.

팀에게 임금으로 감사함을 표하지 않는다면 당신은 팀의 구축과 관련해 내가 지금까지 말한 것을 모두 따르고도 팀을 구축하는 데 실패할 수 있다. 적정한 임금이 수반되지 않는다면 인정과 결속력, 애사심, 커뮤니케이션 등은 모두 빛이 바래기 시작한다.

나는 사람들에게 승리를 공유할 수 있도록 해주는 인센티브를 매우 좋아한다. 우리 팀에서 일하는 당신이 동굴 밖으로 나가 무언가를 잡아서 동굴 안으로 끌고 온다면 나는 그것을 당신과 공유할 것이다. 나는 팀원 모두가 자발적으로 승리를 위해 투쟁하기를 원한다. 나는 팀원 모두가 자영업자의 사고방식을 갖기를 원한다. 팀원 모두가 주인의식을 갖기를 원하는 것이다. 나는 팀원들이 수수료를 많이 받아 부자가 되기를 바란다. 나는 우리의 승리를 이끌어 주는 팀원들과 우리의 승리를 진정으로 공유하고 싶다. 그래서 우리는 다소 복잡한 보상 프로그램을 시행하고 있다. 하지만 이 보상 프로그램의 원칙은 간단하다. 즉, 승리는 보상받고, 패배는 보상받지 못한다는 것이다.

당신이 가치 있게 여기는 행동을 인정하라

보상 플랜은 일종의 인정이다. 당신이 계속 행해지기를 원하는 행동들에 보상해야 한다는 것을 잊지 마라. 팀원들은 자신에게 돈을 안겨 준 행동들에 무게를 싣고 그 방향으로 나아가기 마련이다. 그러니 계속 행해지기를 원하는 행동들에만 돈을 지불하라.

사람들에게 돈을 주는 방식은 여러 가지가 있다. 그중 몇몇을 살펴보고, 팀원들에게 돈을 주기 위해 이 방법들을 어떻게 이용할 것인지 고민해 보라.

급여

급여만을 받는 일자리에서 의욕이 샘솟고 영감을 받는 경우는 거의 없다. 자족을 잘하는 사람일지라도 자신과 똑같이 일하면서 더 많은 돈을 버는 사람들을 자꾸 만나게 되면 울화가 치밀 것이다. 회사에는 급여만을 줄 수밖에 없는 일자리가 많다. 하지만 당신은 이러한 일자리들에도 당신의 창조성을 발휘해 급여에 무언가를 보태려고 노력을 기울여야 한다. 우리 회사에는 급여만을 받는 팀원이 단 한 명도 없다. 모든 팀원이 어떤 식으로든 우리의 승리에 기여하기 때문이다.

이익 배분

이익 배분은 고마움을 표하는 훌륭한 방식이다. 하지만 적절하게 이루어지지 않을 경우 이익 배분은 상당히 위험할 수 있다. 이익 배분이 적절한 방식으로 이루어지지 않으면 고용인은 이익 배분을 당연하게 생각하고 '합당한 돈'이라 여길 수 있다. 심지어 그 돈을 돈으로 셈하지 않는 경우도 발생할 수 있다. 우리 회사에서도 이 모든 일들이 일어났다. 그래서 우리는 이 문제들을 종식시키기 위해 정말 열심히 노력했다.

우리가 처음으로 이익을 배분했을 때, 우리는 모든 팀원이 기뻐 날뛸 줄 알았다. 우리는 현금이 빠듯했다. 그래서 분기별로 이익의 일정 부분을 팀을 위해 따로 떼어 두었고, 이것을 '분기별 보너스'라고 불렀다. 그런데 이 방식에는 우리가 미처 생각하지 못했던 몇 가지 문제점이 있었다. 몇 년 전 우리 부사장 중 한 명의 유능한 비서가 사직서를 제출했을 때, 우리는 이 보너스 시스템의 문제점을 알아 가기 시작했다. 그녀는 정말 유능한 비서였기에 부사장이 그녀에게 왜 회사를 그만두려 하는지 물었다. 그러자 그녀는 다른 회사에서 더 많은 급여를 제시했기 때문이라고 말했다. 정말일까? 다른 회사는 그녀에게 연봉 3만 8,000달러를 제시했고, 우리는 그녀에게 3만 5,000달러의 연봉을 주고 있었다. 그런데 그녀가 작년에 받은 분기별 보너스는 7,000달러였다. 그녀는 작년에 총 4만 2,000달러를 벌어들였다. 결국 그녀는 더 적은 수입을 택한 것이었다. 7,000달러를 왜 계산에 넣지 않았냐고 묻자 그녀는 보장되는 돈이 아니라서 그랬다고 대답했다. 이게 무슨 소린가? 당신이 그 돈을 계산에 넣지 않을 거라면 내가 그 돈을 갖고, 계산에 넣을 것이다!

그 후 나는 비슷한 사례가 더 있다는 것을 알고 우리가 수만 달러를 낭비하고 있다는 것을 깨달았다. 우리는 항상 급여는 시장가보다 조금 낮게 책정해 왔다. 하지만 이익 배분을 계산에 넣으면 우리 팀원들은 지역에서 가장 많은 수입을 올리는 셈이었다. 하지만 팀원들은 감정적으로 이익 배분을 계산에 넣지 않고 있었다. 이것은 실패한 프로그램이었던 것이다.

새로운 동물들

나는 지원팀과 비서, IT팀 등에서 각각 몇 사람을 선발해 브레인스토밍 그룹을 만들었다. 열다섯 명의 그룹 구성원은 며칠 동안 나와 함께 회의실에서 이 문제에 대해 논의했다. 나는 듣고 또 들었다. 그리고 마침내 회의실에는 나와 전혀 다른 생각을 하는 사람들이 있다는 것을 이해하기 시작했다. 아주 간단히 말하면, 우리 회사에는 두 종류의 동물이 있었다. 나와 같은 종류의 사람들은 수수료를 선호하는 진취적이고 도전적인 타입이다. 우리는 그물을 치지 않고 줄타기하는 것을 즐긴다. 우리는 자신감이 있기에 아무런 수입도 올리지 못하는 리스크를 기꺼이 감수하며 큰 수입을 노린다. 당신은 우리를 절대 우리에 가두지 말아야 한다. 우리는 호랑이다. 우리는 원하는 것을 얻기 위해 포효하며 밀림을 누빈다. 당신은 우리를 결코 무시하지 못할 것이다.

나는 이 모임에서 처음으로 우리 회사에는 호랑이만 있는 것이 아니라는 것을 깨닫기 시작했다. 나는 팀원 모두를 호랑이로 여기고 보상 플랜을 짜고 있었다. 나는 행정이나 지원을 담당하는 팀원들을 호랑이로 생각했다. 하지만 내 생각이 틀렸다. 그들은 결코 호랑이가 아니었다. 사실 그들은 호랑이로 취급받는 것조차 상당히 싫어했다.

내가 이런 깨달음을 얻는 데는 한 여성의 힘이 컸다. 그녀는 이렇게 말했다.

"비서로서 저는 저 자신이 최고급 레스토랑의 콧대 높은 웨이터라는 생각이 들어요. 저는 사장님을 돕기는 하지만, 진정으로 사장님보다 낫다고 생각하죠. 제가 아니면 결코 하지 못할 일들을 할 수 있도록 사장님을 돕는 것에 저는 대단한 긍지와 성취감을 느껴요. 저는 무언가를 잡기 위해 동굴을 떠날 필요가 없어요. 사장님 모르게 회사와 사장님을 더 낫게 만드는 것이 저의 승리죠."

이 다른 종류의 동물을 이해하기 시작하자 나는 그들에게 한층 더 큰 존경심을 느꼈다. 그들은 코알라다. 꼭 껴안아 주고 싶을 만큼 귀엽게 보이지만, 당신이 생각하지도 못할 때 무언가를 잡을 수 있는 능력이 있는 코알라 말이다.

이 모임의 목적은 내가 팀원들과 어떻게 이익을 배분하고 그들로 하여금 그것을 계산에 넣게 할 수 있는지 배우는 것이었다. 나는 돈을 주고도 돈을 받은 사람이 그 돈을 받았다고 느끼지 않는 것을 원치 않는다. 나는 이 모임을 통해 코알라에게는 인정이 아주 중요하고, 분기별보다 매달 이익 배분을 하는 것이 그 돈을 계산에 넣게 하는 데 훨씬 유리하다는 것을 알게 되었다. 나는 또한 팀원들이 이익 배분을 당연한 것으로 받아들이지 않도록 팀원 모두와 이익 배분의 DNA에 대해 이야기를 나눠야 한다는 것도 알게 되었다. 이익 배분의 목적은 모든 팀원이 자신을 자영업자로, 사업 파트너로 생각하게 하는 것이다.

그래서 우리는 이익 배분과 관련한 규칙을 변경했다. 먼저 우리는 다른 보상 방식으로 이미 많은 수입을 올리는 팀원들과 리더들을 이익 배분에서 모두 제외했다. 그 결과, 관리직 및 수수료를 받지 않는 직책에 돌아가는 돈이 더 많아지게 되었다. 즉, 우리는 호랑이의 이익 배분을 희생시킴으로써 코알라에게 시장가보다 조금 높은 급여를 줄 수 있게 되었다. 그런 다음 우리는 분기별 보너스를 '월 이익 배분' 플랜으로 바꿨다. 팀원들은 우리가 그들에게 할당해 주는 이익 배분율을 모른다. 팀원들에게 동기부여를 한다는 우리의 목적을 달성하기 위해 해마다 배분율을 올리거나 내릴 수 있기 때문이다.

우리는 모든 팀원에게 돈을 어떻게 할당할지를 계산하는 일종의 공식을 아주 세밀하게 만들었다. 우리 모두가 수행 또는 업무 지향적이어서 근무 시간이나 연공서열은 기업적인 것이라 생각했다. 그 공식을 몇 차례 시도해 보면서 우리는 형편없는 팀원은 우리 회사에 계속 남아 있지 못하므로 여러 해 동안 우리와 함께 일해 온 팀원은 모두 유능한 사람이라는 것을 알아냈다. 또한 우리가 회사에서 더 오래 일한 사람에게 더 많은 빚을 지고 있다고 생각한다는 것도 알아냈다. 그들은 우리가 여기까지 오는 데 크게 기여한 사람들이기 때문이다. 결과적으로 우리는 근무 기간에 50퍼센트, 노력과 태도에 대한 개인 점수에 33퍼센트, 소속 부서의 수익성에 17퍼센트의 비중을 둔 공식을 도출해 냈다. 당신은 무엇을 보상할지, 또 거기에 얼마나 비중을 둘지 결정해야 한다. 이러한 결정을 제대로 내릴 수 있도록 충분한 시간을 투자하라. 잘못된 결정을 내릴 바엔 차라리 당신이 돈을 갖고 있는 것이 더 낫다.

우리가 마지막으로 바꾼 것은 이익 배분 절차였다. 매월 팀원 회의에서 나는 꽤 유치한 방식으로 아주 초보적인 것들을 팀원들에게 상기시켰다. 먼저 나는 팀원들에게 이익 배분은 내 수익의 일부를 '공유'한다는 뜻임을 상기시켰다. 나는 "내가 공유하는 수익으로……"라고 말한 후 팀원들이 제창하며 문장을 끝내기를 기다렸다. 나는 이익 배분은 자신들이 당연히 누려야 할 권리라는 팀원들의 생각을 깨고 싶었기에 이런 유치한 방식을 택했다. 사실 이익 배분은 하지 않아도 그만인 것이다. 그런 다음 나는 추가적인 세뇌 교육을 했다.

"수익은 매출이 '오르고(팀원 제창)', 비용이 '절감될 때(역시 팀원 제창)' 발생합니다."

다음으로 나는 우리의 수익 상태를 발표했다.

"지난달 우리의 수익이 올랐기에(내렸기에) 여러분이 받을 돈도 올랐습니다(또는 내렸습니다). 작년 같은 달에 비해 우리의 수익이 올랐기에(내렸기에) 여러분이 받을 돈도 올랐습니다(내렸습니다)."

팀원들도 궁극적으로는 자영업자라는 사실을 그들에게 상기시키기 위해 나는 이렇게 했다. 그러면 비용을 절감하거나 수익을 창출한 팀원은 자축하고 축하받게 된다. 나와 당사자를 포함해 팀원 모두가 받게 될 수표에 영향을 끼쳤기 때문이다.

이것은 여러 문제를 일으킬 것 같고, 유치한 장난같이 보일지 모르겠지만, 우리는 더 이상 수익이 어디에서 창출되고 우리가 함께 돈을 벌기 위해 각자 해야 할 역할이 무엇인지에 대해 혼란스러워하지 않는다. 매년 우리는 이익 배분으로 수백만 달러를 팀원들에게 지급하고, 나는 우리에게 승리를 가져다준 이익 배분을 할 때마다 짜릿한 기분을 느낀다. 팀원들이 이익 배분을 계산에 넣고 고마워하며, 이를 통해 우리가 가치 있게 여기는 것에 적절한 보상을 할 수 있기에 나는 이러한 공유의 즐거움을 만끽한다. 이것은 당신의 수입을 증폭시킨다. 만일 우리의 비서가 다른 회사 비서의 두세 배의 수입을 올린다면 그것은 나에게 무척 반가운 일이다. 그것은 그녀의 탁월함이 여러 해 동안 우리에게 큰 승리를 가져다주었다는 의미기 때문이다. 또한 이러한 시스템은 회사 수익이 줄어들 때 팀원 모두를 자극하고, 그들의 주의를 환기시킨다는 점을 기억하기 바란다.

수수료

수수료는 인센티브나 마찬가지이므로 어렵지 않은 문제다. 수수료 프로그램에는 몇 가지가 있다.

스트레이트 수수료

스트레이트 수수료Straight commission의 개념은 간단하다. 즉, 세일즈를 통해 매출을 올리면 그 돈의 일정 비율을 수수료로 취하는 것이다. 이것은 다시 말해 매출을 올리지 못하면 수수료가 전혀 없다는 뜻이다. 부동산업계에서 일한 경력이 있기에 내 사고방식은 이런 식으로 작용한다. 하지만 나는 때로는 돈을 벌기 위해 어느 정도 지원을 받을 필요가 있다는 것을 알게 되었다.

기본급과 수수료

판매를 시작하는 시기에는 비교적 액수가 크지 않은 기본급에 낮은 비율의 수수료를 적용하는 것이 좋다. 기본급은 판매원이 처음 영업을 시작하거나 판매 실적이 좋지 않을 때 기본적인 생활비를 충당할 수 있을 정도의 액수다. 기본급은 그야말로 기본 생활비를 아주 약간 웃도는 액수여야 한다. 당신이 가장 원치 않는 것은 돈으로 인한 동기부여가 되지 않는 판매원이다.

드로우와 수수료

드로우Draw와 수수료는 내가 가장 좋아하는 조합이다. 드로우 역시 기본급과 마찬가지로 판매원이 처음 영업을 시작하거나 판매 실적이 좋지 않을 때 밑천이 되어 주는 돈이다. 이 조합에서는 수수료 비율이 상당히 높다. 하지만 매달 드로우를 갚지 않으면 수수료를 받을 수 없다. 따라서 매달 드로우가 2,000달러라면 수수료로 2,000달러 이상을 벌어들이지 않으면 그달 가져갈 수 있는 돈은 없다.

드로우를 몇 달에 걸쳐 지불하지 않아 드로우 총액이 지나치게 불어나는 것을 경계해야 한다. 드로우 총액이 지나치게 불어나면 당신은 판매원을 해방시켜 줄 필요가 있을 수도 있다. 만약 판매원이 입증되지 않은 신제품을 팔아 왔다면 당신은 밀린 드로우 총액을 없애 주고 그들이 새출발할 수 있도록 도와줄 필요가 있다. 판매원이 수입을 올리지 못하게 하는 드로우는 판매원의 사기를 꺾기 때문이다.

우리가 출시한 한 신제품 판매원의 드로우 총액이 거의 3만 달러까지 육박한 적이 있었다. 당연히 그 여성 판매원은 빚을 졌다고 느끼기 시작했다. 큰 액수의 드로우는 산술적으로는 물론이고 감정적으로도 그녀의 사기를 꺾는다. 매일 아침 자신이 패배자라는 느낌을 받게 될 테니 말이다. 만일 그녀가 판매한 제품이 다른 열 명의 판매원들이 판매에 성공한, 시장에서 입증된 제품이었다면 우리는 그녀의 드로우 총액이 그만큼 쌓이도록 내버려 두지 않았을 것이다. 다시 말해, 그녀의 손실을 훨씬 더 일찍 차단했을 것이다. 하지만 그녀는 유능한 판매원이었고, 우리는 신제품에 대한 시장의 반응을 살피고 있었다. 그래서 우리는 그녀의 드로우 총액을 말끔히 탕감해 주고, 그녀에게 급여도 지불했다. 이에 그녀는 크게 안도하는 모습을 보였고, 마침내 자신이 유능한 판매원이라는 것을 다시 한 번 입증하며 우리 모두에게 큰돈을 벌어다 주었다.

몇몇 부서에서는 판매원이 자립할 수 있을 만큼 돈을 벌면 드로우를 없애고 스트레이트 수수료를 적용한다. 이때 드로우를 지속시키는 기간은 판매하는 제품이나 서비스의 형태에 따라 달라져야 한다. 우리는 비교적 단가가 낮은 제품을 판매하는 판매원을 '토끼 사냥꾼'이라고 부르는데, 그들의 경우 통상 90일의 드로우 기간이 필요하다. 반면, 비교적 단가가 높은 제품을 판매하는 '코끼리 사냥꾼'은 통상 180일의 드로우 기간이 필요하다. 단가가 높은 제품은 단가가 낮은 제품에 비해 판매량이 적기 때문이다. 당신은 굶주림과 인센티브의 경계점을 찾는 데 민감해야 한다. 정확한 경계점을 찾으려면 시행착오를 거쳐야겠지만 말이다. 당신은 빈털터리 판매원은 당신의 회사에 전혀 도움을 주지 못한다는 것을 명심해야 한다. 그들은 고객들에게 압력을 가하고, 당신의 브랜드를 당신이 원치 않는 방향으로 끌고 갈 것이다.

수수료 기반의 판매원에게는 절대 상한선을 두어서는 안 된다. 많은 기업이 너무나 얄팍한 생각에 판매원이 중역의 연봉보다 더 많은 수입을 올리지 못하도록 제한하고 있는데, 이것은 분명 근시안적이고 어리석은 일이다. 사냥꾼에게 총알을 넉넉하게 지급하지 않아도 사냥에 대한 그의 열정은 그대로일 것이라 기대하지 마라. 사냥꾼은 언젠가는 당신 곁을 떠날 것이다.

손익 보너스

손익 보너스 플랜은 우리가 사용하는 보상 플랜 중 가장 희귀하고 기발한 것이다. 이 플랜은 우리 회사의 주요 부서를 운영하는 안트러리더들을 위한 것이다. 우리는 독립적인 손익을 갖는 주요 영역을 설정한다. 즉, 이 영역의 부사장 또는 전무이사는 우리 회사 내에서 또 하나의 회사를 운영하는 셈이다. 그들은 그달의 순수익에 대한 자기 몫을 다음 달 15일에 지급받기 때문에 계산이 이루어지기 전인 첫 달 15일에 받는 기본급 및 순수익에 대한 몫은 형편없다. 하지만 둘째 달부터는 자신의 실적에 따라 많은 보너스를 받게 되며, 지금은 이 플랜의 대상이 되는 사람들 모두가 그들이 이제껏 벌어 본 돈보다 더 많은 돈을 벌고 있다.

이 플랜은 당신을 두렵게 할지도 모른다. 이 플랜의 대상이 되는 안트러리더가 수백만 달러를 벌어들일 정도로 자기 사업을 키울 수 있기 때문이다. 이 플랜은 나눔에 대한 당신의 철학을 시험할 것이다. 즉, 이 플랜을 시행하려면 당신에게 확고한 나눔의 철학이 있어야 한다.

이 플랜은 기발하다. 당신의 안트러리더들이 그들의 부서를 자신의 사업체로 보고 운영하기 때문이다. 그들은 현금 흐름을 관리하고, 매출을 증대시키고, 비용을 절감하며, 유능한 팀원을 유지하고, 무능한 팀원을 해고하고, 미래에 대한 비전을 갖기 위해 투쟁한다. 만일 당신이 탐욕을 버리고 당신 버스의 좌석에 적임자를 앉힌다면 당신은 나처럼 멋진 결과를 얻을 수 있을 것이다. 그들은 회사의 주주가 아니다. 그들에게는 주식매수선택권이 없지만 엄청난 수입을 올릴 수 있는 가능성이 있다. 그들은 당신의 사업 파트너와 다를 바 없기 때문이다.

권리와 책임

우리가 고안한 마지막 보상 플랜은 손익 보너스 부서를 운영하지 않는 핵심 리더들을 위한 것이다. 나는 우리의 최고재무책임자와 최고업무책임자 및 기타 핵심 리더들이 우리 회사 수익의 성쇠에 적극적인 자세를 갖기를 원한다. 그래서 그들의 높은 연봉의 상당 부분이 사업 성과에 좌우되기를 원한다. 나눔과 인센티브를 위한 변함없는 노력의 일환으로 우리는 특정 핵심 리더들에게 권한을 부여하고 책임을 지게 하는 가이드라인을 만들었다. 우리는 그들에게 기본급 외에 추가적으로 회사 전체 혹은 그들 분과 총수입의 일부를 지불한다. 그 비율은 비밀에 부쳐져 있다. 우리는 이 '권리와 책임' 플랜은 수익에 한정되며, 우리가 자금을 융통해야 할 때는 바뀔 수도 있다는 점을 그들에게 명확하게 전달했다. 하지만 우리는 극단적인 상황이 벌어지지 않는 한 이 플랜을 절대 변경하지 않을 것이다. 이 플랜 역시 팀원들이 우리의 성패에 동참하도록 함으로써 그들의 의욕을 고취시키려는 의도로 고안한 것이기 때문이다. 내가 혼란을 불러일으킨다면 그들은 자기 수입의 운명에 대해 관심을 잃을 것이다.

보상의 변경

임금 인상은 쉽고 재미있다. 항상 칭찬 샌드위치와 함께 임금을 인상하라. 그가 충분히 임금 인상을 받을 만큼 훌륭하다는 것을 칭찬하고 임금을 인상해 준 다음, 다시 그를 칭찬하는 것이다. 이 과정은 항상 그와 주위의 리더들이 함께 있는 곳에서 이루어져야 한다. 해당 임금 인상이 만장일치의 결과라는 것을 그가 알 수 있도록 말이다. 이렇게 하면 일부 리더가 임금 인상 대상 팀원을 위해 다른 리더와 싸웠다는 말을 할 수 없다. 통일된 모습을 보여야 한다. 다른 '큰' 리더들은 침묵하고, 직속상관이 모든 말을 해야 한다. 직속상관이 매일 해당 팀원을 이끈다. 그러니 그가 직접 임금 인상을 통보하게 함으로써 그들에게 영향력을 부여하라. 어떤 면에서는 그들이 인정받는 것이다. 다른 리더들은 단지 통일된 모습을 보여 주기 위해 거기에 있는 것이다.

팀원의 업무 능력이 형편없거나 당신에게 보상 플랜을 시험해 볼 수 있는 권한이 있는 경우가 아니라면 절대 임금을 삭감하지 마라. 우리는 형편없는 업무 능력 때문에 임금을 삭감하는 일은 거의 없다. 우리는 해당 팀원의 업무 능력을 끌어올리거나 그를 놓아주거나, 둘 중 하나를 선택한다. 나는 그저 그런 직원에게 돈을 많이 주려고 애쓰지 않는다. 차라리 나는 슈퍼스타에게 거액을 투자할 것이다.

만일 당신이 입증되지 않은 새로운 영역을 위한 보상 플랜을 설계할 경우, 항상 일정 기간 이후에 플랜을 조정할 수 있는 권한을 보유하도록 하라. 이러한 권한을 보유하지 않으면 당신은 당신의 말을 지키려다가 돈을 잃을 수도 있다.

우리는 사업 초창기에 더 많은 도시에서 라디오 방송을 하기 위해 한 남자를 고용했다. 우리는 그가 규모로 100위 안에 드는 도시에서 방송국을 한 곳 확보할 때마다 5,000달러를 주기로 합의했다. 나는 방송국이 우리의 라디오 쇼를 방송하자마자 곧바로 돈을 벌지는 못한다. 어느 정도 시간이 지나 책 판매와 같은 세일즈가 이루어질 때 돈을 번다. 그런데 그가 몇 달 만에 네 도시에서 방송국을 확보했다. 결과적으로 나는 그에게 2만 달러를 빚진 셈이었다. 하지만 나에게는 들어오는 돈이 없었다. 이것은 형편없는 보상 플랜이었음이 입증된 셈이었다. 일이 제대로 돌아가지 않을 때 보상 플랜을 변경할 수 있는 권리를 보유할 정도로 내가 똑똑하지는 못했던 것이다. 다행히도 그는 자신이 승리할 수 있는 상황에 있지 않음을 재빨리 파악했다. 우리는 다시 앉아 그와 나 모두가 수익을 낼 수 있는 새로운 보상 플랜을 다시 설계했다. 나는 이 경험을 통해 상황이 좋지 않을 때 보상 플랜을 변경할 수 있는 여지를 남겨 두어야 한다는 교훈을 얻었다.

복지 제도

대부분의 소기업에게는 대기업이 시행하는 복지 제도를 시행할 돈이 없다. 예전에 나는 이 점이 고용에 불리하게 작용한다고 생각했다. 하지만 그렇지 않다. 보험과 401(k) 퇴직연금을 주요 이유로 직장을 구하는 사람은 우리 팀이 원하는 사람이 아니다. 나는 자영업자의 사고방식을 가진 사람을 원한다. 우리는 가족적인 분위기와 훌륭한 문화를 형성했는데, 이러한 분위기와 문화를 가진 회사는 거의 없다. 나는 우리가 형성해 놓은 분위기와 문화를 가치 있게 여기는 사람을 원한다. 나는 팀원들에게 완전히 다른 세상을 선보일 자신이 있으므로 대기업의 복지 제도가 우리의 경쟁 대상일 수는 없다. 대기업은 내가 원하는 부류의 인재를 원하지 않을 것이고, 내가 원하는 부류의 인재는 대기업에서 일하기를 원치 않을 것이다.

우리가 가장 먼저 시행한 복지 제도는 우리의 제품을 무료로 제공하는 것이었다. 우리는 무료 상담과 레스토랑에서의 무료 식사를 제공했다. 우리는 전통적인 복지 혜택을 제공할 돈이 없었다.

의료보험

우리는 마침내 단체 보험료가 개인 보험료보다 더 싸지는 팀원 수를 확보하게 되었고, 의료보험에 가입했다. 하지만 처음에는 팀원 각자가 자기 보험료 전액을 부담해야 했다. 그 후 우리는 보험료로 매달 25달러를 지원해 주기로 결정했다. 그런 다음 50달러로, 또 얼마 후에 75달러로 지원 금액을 상향 조정했다. 우리는 회사의 성장에 따라 매년 또는 2년마다 지원 금액을 조금씩 올려 결국엔 100달러까지 지원하게 되었다. 우리는 의료보험료를 전액 지원할 생각이 없다. 우리는 팀원들이 항상 자영업자의 사고방식을 갖기를 원한다.

우리가 보험료 지원 금액을 한 달에 50달러로 올린 해에 보험료가 월 75달러로 인상되었다. 당시 우리는 팀원들에게 보험료가 75달러로 인상되었음을 알린 후 팀원들이 자극받도록 몇 분을 기다렸다가 보험료 지원비를 50달러로 상향 조정할 것이라고 선언했다. 우리는 팀원들이 보험료 지원을 당연하게 받아들이지 않고 고맙게 여기길 원했던 것이다. 나는 의료 문제가 민감한 사안이라는 것을 잘 알고 있다. 당신은 당신의 회사와 관련해 당신이 하고 싶은 것은 무엇이라도 할 수 있다. 이것이 나의 회사와 관련해 내가 하고 싶었던 것이다.

상해보험

상해보험은 우리가 유일하게 보험료를 전액 부담하는 보험이다. 대부분의 사람이 상해보험을 들지 않고, 솔직히 말해 보험료가 그리 비싸지 않기에 우리는 그렇게 한다. 단체 상해보험료 또한 상당히 조건이 좋다.

멋지고 창조적인 것

당신이 가치 있게 여기는 것들을 팀원들에게 장려하라. 우리 팀원의 3분의 1이 지역의 컨트리 뮤직 마라톤 대회 또는 하프 마라톤 대회에 매년 출전한다. 우리는 회사 티셔츠를 입고 완주하는 팀원들에게 참가비를 돌려준다. 우리는 대개 스폰서의 로고가 붙은 멋진 티셔츠를 기증받는다.

팀원들의 회원제 할인 매점 회비와 헬스클럽 회비는 우리가 지불한다. 우리는 합법적인 웹사이트를 통해 이런 회비를 상당 부분 할인받을 수 있기 때문에 팀원 모두에게 여기에 대한 자유의지를 부여할 수 있다. 명의도용 방지 서비스의 경우도 이와 마찬가지로 팀원 모두에게 무료로 제공한다. 우리는 종종 우리 팀원들과 그들 가족들만이 영화를 관람할 수 있도록 지역의 영화관 한 곳을 통째로 빌리기도 한다.

우리는 가끔 회사의 전 직원이 음식을 조금씩 가져와서 함께 점심을 나눠 먹는 시간을 갖기 시작했다. 이런 자리를 통한 관계 형성이 시너지를 창출하자 우리는 한 달에 한 번 무료 점심을 제공하게 되었고, 지금은 일주일에 한 번 무료 점심을 제공하고 있다. 우리는 한 달에 한 번 팀원 회의에서 그달에 생일을 맞은 팀원들을 발표한 후 생일 케이크와 아이스크림을 나눠 먹는다. 우리는 NFL 및 NHL의 홈경기 정기 입장권을 구입해 매주 추첨을 통해 팀원들에게 나눠 준다.

우리는 현재 정말 멋지고 다양한 복지 정책을 펴고 있지만, 사업 초창기에는 팀원들에게 어떠한 복지 혜택도 주지 못했다. 돈이 없었기 때문이다. 우리는 팀원들이 고마움을 느끼게 하기 위해 창조적일 필요가 있었다. 우리는 수익이 증대됨에 따라 인적 자원 프로그램에 점점 더 비중을 두었다.

일주일간의 특별 휴가

또 하나의 큰 혜택은 팀원들이 공인된 비영리 단체에서 봉사할 경우 그들에게 일주일간 휴가를 주는 것이다. 우리 팀원들은 아이티의 고아원에서 봉사하고, 노숙자나 가정 폭력 피해자를 위한 쉼터의 웹사이트를 프로그래밍하고, 집짓기 운동에 참여하는 등의 여러 봉사 활동을 한다. 우리와 함께한 지 1년이 넘은 팀원들만이 이 일주일간의 휴가를 받을 수 있는 자격이 있다. 이 휴가를 얻으려면 그들은 먼저 자신들이 할 봉사 활동에 대한 승인을 받아야 한다. 소파에 앉아 텔레비전을 보면서 자기 집 개를 보살피는 것도 봉사 활동이라 생각하는 사람이 있기 때문이다.

퇴직연금

사업 초창기에 우리는 퇴직 플랜도 없었다. 사업이 성장하면서 우리는 '심플SIMPLE 401(k)'를 시작했는데, 이것은 우리 운영비 지출에 거의 영향을 주지 않았다. 하지만 우리는 첫 보험료의 3퍼센트는 부담해야 했다. 회사 규모가 더 커지자 우리는 '로스Roth 401(k)(세전 처리되던 기존의 방식과 달리 근로자가 미리 세금을 내고 은퇴 후 세금 없이 받을 수 있도록 한 퇴직연금_옮긴이)'에 가입했고, 우리 회사에서 1년 이상 일한 팀원의 경우에는 우리가 보험료의 4퍼센트를 부담했다.

교육

존 맥스웰은 이렇게 말했다.

"당신의 팀원들에게 교육의 기회를 제공할 경우, 그들은 당신이 제공한 무료 교육 덕분에 더 좋은 일자리를 찾아 떠날 수도 있다. 하지만 당신이 팀원들의 교육에 투자하지 않는다면 그들은 멍청한 상태로 당신의 회사에 계속 남아 있을 것이다."

웹 초창기 시절 토마스라는 직원이 나에게 우리 회사의 웹사이트를 구축해 보고 싶다고 말했다. 그는 자신의 소중한 근무 시간을 빼앗지 않고 개인 시간을 이용해 작업하겠다고 약속했다. 마침내 그는 우리 웹사이트를 개설했고, 이를 통해 우리는 실제로 어느 정도 돈을 벌었다. 그는 웹사이트에 점점 더 많은 시간을 들였고, 마침내 내 사무실을 찾아와 자신이 좀 더 교육을 받을 수 있도록 회사가 투자해 주었으면 좋겠다고 말했다. 그는 오클라호마 시에서 열리는 콜드퓨전(ColdFusion, 웹 애플리케이션 서버_옮긴이)에 관한 1주일 강연 프로그램에 참가할 수 있게 해달라고 나에게 요청했다. 수업료와 항공료, 숙박비를 포함해 내가 그에게 투자해야 할 금액은 4,500달러였다. 지금도 마찬가지지만, 나는 콜드퓨전이 무엇인지조차 몰랐다. 4,500달러는 우리로서는 큰돈이었지만, 월드와이드웹이 점점 더 중요한 존재로 부각되고 있다는 생각에 나는 토마스를 콜드퓨전 전문가로 만들기로 결심했다.

그로부터 3주 후 회사에 복귀한 토마스는 자기가 만든 웹사이트를 대대적으로 공사했다. 그러던 어느 날, 토마스는 내 사무실로 와서는 책상 앞에 서서 알 수 없는 표정으로 말했다.

"사장님, 제게 큰 문제가 생겼습니다."

한 닷컴 기업이 우리의 콜드퓨전 전문가에게 연봉 9만 달러를 제시한 것이었다. 우리는 그에게 3만 달러가 조금 안 되는 연봉을 주고 있었다. 그는 좋은 사람이었다. 그래서 그는 우리에게 교육비 지원을 받은 후 곧바로 회사를 떠나는 것에 대해 상당한 양심의 가책을 느끼고 있었던 것이다. 하지만 나는 항상 누군가가 나에게 해주길 원하는 것을 나의 팀원에게도 해주길 원한다. 그는 두 명의 어린 자녀를 두었고, 나는 그에게 그렇게 많은 연봉을 줄 형편이 못 되었다. 그래서 나는 미소를 지으며 그가 짐을 싸는 것을 도왔고, 그를 축복하며 그의 건투를 빌었다.

가끔 당신은 당신에게서 교육 기회를 제공받은 팀원을 떠나보내야 한다. 하지만 그것이 무서워 팀원들에게 교육 기회를 제공하지 않는다면 당신의 회사는 바보들의 보금자리로 전락할 수 있다. 당신이 팀원들의 성장과 지식을 중요하게 여긴다면 당연히 그들의 성장을 야기하는 교육에 투자해야 한다.

우리의 첫 교육 프로그램은 한 팀원에게 업무와 관련한 교육 기회를 제공한 것이었다. 하지만 지금 우리는 업무와 직접적인 연관성이 없는 교육에도 매년 일정 금액을 할애할 정도로 팀원들을 위한 교육의 기회를 확대했다. 우리는 인재를 성장시키는 교육을 매우 가치 있게 여긴다. 이상한 일은 업무와 직접적인 관련이 없는 교육을 받은 팀원들도 자극을 받아 더 창조적이고 열정적인 팀원으로 거듭났다는 것이다.

우리는 '데일 카네기에 관한 강좌 프로그램'에 팀원들을 보내는 데 수만 달러를 지출한다. 이 프로그램은 팀원들의 대인관계 기술과 자신감, 대중 연설 능력을 키워 주는 훌륭한 프로그램이다. 이것은 훌륭한 투자였고, 우리는 계속 이러한 교육에 아낌없는 투자를 할 것이다.

우리는 또한 고등학교에 다니는 팀원들의 자녀들에게 장학금도 주고 있다. 나의 목표는 모든 팀원 자녀들의 대학 학비도 어느 정도까지 지원할 수 있을 정도로 사업을 성장시키는 것이다. 이러한 교육 지원 프로그램은 유능한 인재를 고용하는 데 큰 도움이 될 것이다.

친목 모임

영화관을 빌리고 매주 무료로 점심을 제공하는 데 그치지 않고 우리는 다양한 친목 모임도 가지려고 노력한다. 나는 우리가 처음으로 모든 팀원이 함께 밤을 보낼 장소를 통째로 빌릴 수 있을 만큼 돈을 벌었을 때를 기억한다. 우리는 스파게티 전문점에서 저녁 식사를 한 다음, 우리끼리만 레이저 태그Laser tag 게임을 하기 위해 옆 건물로 이동했다. 이날 밤의 향연은 우리만을 위한 것이었기에 우리는 우리가 특별한 사람들이라고 생각했다.

언젠가 우리는 우리 팀원들과 그들의 가족들과 함께 단란한 밤을 보내기 위해 아이스링크를 통째로 빌린 적도 있다. 우리는 핫도그와 피자를 먹으며 한쪽에서는 자유롭게 스케이트를 타고, 다른 한쪽에서는 픽업 하키를 했다. 여름에 우리는 가족들과 함께 물놀이를 하기 위해 워터파크에 가기도 하고, 바다나 호수, 계곡에 소풍을 가기도 한다. 이 여름 나들이는 특히 어린 자녀들이 상당히 좋아한다. 어느 여름 소풍날, 우리는 다섯 대의 신형 차를 팀원들에게 선물로 주었다. 우리는 먼저 가장 형편없는 자동차를 갖고 있는 열다섯 명의 팀원을 무대로 불러 세웠다. 그리고 간단한 게임을 통해 다섯 명을 탈락시키고, 나머지 팀원들에게 두 개의 봉투를 주고 그중 하나를 고르게 했다. 한 봉투에는 1,000달러나 2,000달러 수표가 들어 있었고, 다른 봉투에는 자동차 브랜드명이 적혀 있었다.

우리의 크리스마스 파티는 가히 전설적인 것이다. 크리스마스 시즌은 회사 입장에서는 매우 치열한 시기이기 때문에 다른 회사들은 허리띠를 졸라매기 바쁘다. 하지만 우리는 성대한 크리스마스 파티를 연다. 우리는 크리스마스 보너스를 넉넉하게 챙겨 줄 뿐만 아니라 팀원들에게 레스토랑 식사권과 영화 관람권을 비롯해 다양한 크리스마스 선물을 준다. 우리는 또한 팀원들이 놀라운 경험을 할 수 있도록 애쓴다.

모든 팀원이 최고급 레스토랑에서 식사를 하며 팀원들과 화기애애한 시간을 갖는 것만으로 충분하다고 생각하고 있던 어느 크리스마스 날, 우리의 부사장들이 후문을 통해 평면 TV와 노트북, 아이팟 터치, X박스, 위즈Wiis, 내비게이션을 비롯한 고급 전자기기들을 실은 대형 수레 두 대를 끌고 들어왔다. 파티가 끝나고 팀원 모두가 TV 및 다른 전자기기들을 트렁크에 싣기 위해 주차원들이 차를 몰고 오길 기다리는 모습은 지금 생각해도 정말 대단한 광경이었다. 이 광경을 목격한 사람들 모두 분명 우리 회사를 특별한 회사로 생각했을 것이다. 당신이 진정으로 당신의 팀을 사랑한다면 유능한 인재를 끌어당기고 유지하는 것은 그리 어려운 일이 아니다.

우리 집에서 한 우리의 첫 크리스마스 파티는 팀원 각자가 음식을 가져와 나눠 먹었던 그야말로 조촐한 파티였음을 기억하기 바란다. 그때 우리가 팀원들에게 나눠 준 것은 라디오 광고를 해준 대가로 받은 햄뿐이었다. 우리의 첫 여름 야유회 장소는 호수의 야영장이었다. 당신이 머물러 있는 곳에서 시작하라. 하지만 항상 더 높은 곳을 바라보라.

인적 자원 기금

우리는 팀원들에게 재투자하기 위해 수익의 일정 부분을 모은다. 이 기금은 교육, 401(k), 복지 제도, 그리고 앞서 언급한 부부 상담 등과 같은 일에 쓰인다. 우리는 장례식에 꽃을 보내거나 팀원 가정에 긴급한 상황이 생겼을 때 항공권을 구입하는 데도 이 기금을 사용한다. 우리는 내가 이번 장에서 언급한 모든 것들 이외에도 훨씬 더 많은 것들을 하는 데 이 기금을 사용한다. 우리는 우리 팀원들에게 투자하고 우리 팀원들을 사랑하기 위해 인적 자원 기금과 이익 배분 기금을 운영하는데, 둘 모두 수익에서 일정 비율의 돈을 따로 떼어 모으는 기금이다. 나는 이것이 나의 보석을 진심으로 아끼고 사랑하는 방식이라 확신한다.

결론

당신의 팀에게 관대하라. 하지만 이것이 태만하고 무능한 사람들을 못 본체하거나 그들에게 지나치게 많은 임금을 지불하라는 뜻은 아니다. 당신에게 성공을 가져다주는 사람들에게 관대함을 베풀어야 한다. 당신의 팀원들이 바로 당신의 비밀 병기임을 깨달아야 한다. 많은 회사가 1분기 수익에 지나치게 신경을 쓰는 나머지 그들의 비밀 병기를 함부로 다루어 그들에게 수익을 가져다주는 문화를 말살시킨다. 확신이 서지 않을 때는 관대하라. 후회할 일이 훨씬 줄어들 것이다. 당신의 관대함은 아주 유능하고 열정적인 사람들을 끌어당기고 유지하게 해줌으로써 당신에게 더 많은 수익을 보장해 줄 것이다.

Part 15

위임의 달인

당신보다 당신의 사업을
더 크게 구축하는 최고의 방법

나의 맏딸이 집을 떠나 대학으로 가게 되었을 때, 우리는 여러 추억들을 떠올렸다. 우리는 부모로서는 처음으로 한 자녀를 세상으로 떠나보내게 될 것이었다. 엄마 독수리와 아빠 독수리가 다 자란 새끼 독수리를 둥지에서 밀어내 새끼 독수리가 날개를 펴고 하늘을 나는 것을 애틋함과 자랑스러움이 교차하는 마음으로 지켜보게 될 것이었다. 새끼 독수리는 부모 독수리가 미처 알아채지 못했던 장엄한 날갯짓으로 하늘을 비상할 것이다.

나는 아이들이 성장해 세상이라는 하늘을 혼자 힘으로 날게 되었을 때 아이들에게 신뢰에 대한 여러 이야기를 들려주었다. 깨진 계란은 다시 붙이기 힘들듯 신뢰도 한번 깨지면 다시 회복하기 힘들다. 우리 램지 가문의 아이들은 신뢰를 깨지 말라는 말을 어려서부터 듣고 자란다. 우리는 아이들에게 어디에 갈 것이라고 말하면 반드시 그곳에 가있어야 한다고 말했다. 아이들이 어떤 일을 할 것이라고 말하면 아이들은 그 일을 해야 했다. 아빠는 지혜로우며 모든 것을 알고 있기 때문에 거짓말을 하면 반드시 들통 날 것이라고 나는 아이들에게 말하곤 했다. 최소한 우리는 아이들이 그것을 사실로 받아들이도록 만들었다.

나는 아이들에게 이렇게 설명했다.

"약속을 잘 지키고 옳은 결정을 내리는 것을 우리에게 더 많이 보여줄수록 너희는 더 많은 자유를 누리게 될 거야. 나에게 너희와 연결된 밧줄이 있다고 상상해 봐. 너희가 신뢰할 만한 사람이라는 것을 더 많이 입증할수록 나는 밧줄을 더 길게 풀어 줄 것이고, 너희가 나에게 거짓을 일삼고 나쁜 행동을 할수록 나는 밧줄을 끌어당겨 밧줄의 길이를 짧게 만들 거야. 지구상의 모든 10대가 어른 대접을 받길 간절히 원한다는 것을 나는 잘 알고 있단다. 그런데 너희가 더 긴 밧줄을 원한다면, 다시 말해 더 많은 자유를 원한다면 너희는 더 어른스럽게 행동해야 해. 약속 시간을 지키지 않는 사람의 밧줄은 더 짧아질 것이고, 다음에는 그 사람과 아예 약속을 잡지 않을 수도 있단다. 어린 자녀가 어른들의 자유를 만끽하며 돌아다니도록 내버려 두는 부모는 그야말로 어리석은 부모라고 난 생각한단다. 그런 부모의 아이들은 자제력이 없어서 결국 심각한 문제를 드러내지."

반면 밧줄을 너무 짧게 끌어당기는, 아이들을 과잉보호하는 부모는 아이들에게 현명한 판단을 할 기회를 주지 않는다. 그런 부모의 아이들은 스스로 결정을 내려 본 적이 없기 때문에 대학교에 입학하면 첫 학기부터 어쩔 줄 몰라 하며 엄청난 스트레스를 받는다.

딸을 대학으로 떠나보내기 위해 짐을 꾸리던 중 내게 멋진 생각이 떠올랐다. 나는 인근 직물 가게에 들러 예쁜 밧줄을 구입했다. 나는 그 밧줄을 돌돌 말아서 거기에 리본을 묶었다. 보라색 리본은 딸의 영적인 생활을, 빨간색 리본은 학업을, 흰색 리본은 순결을 상징했다. 노란색 리본은 항상 그 아이가 기댈 수 있는 우리 집이 있다는 것을 상징했고, 오렌지색 리본은 그 아이가 입학할 테네시 대학을 상징했다. 가족이 모두 거실에 모인 가운데 나는 맏딸에게 그 밧줄을 주며 훌륭한 딸로 자라 줘서 정말 자랑스럽다고 말했고, 그동안 우리가 신뢰할 수 있는 모습을 보여 줘서 고맙다고 덧붙였다. 그 아이는 분명 신뢰할 만한 사람으로 성장했다. 나는 딸에게 이제 네 인생의 사소한 것까지 스스로 결정해야 할 때가 되었다고 말했다. 우리는 그 아이가 홀로서기를 훌륭하게 해낼 것이라 확신했다. 나는 딸에게 우리는 이제 네 위에 있는 것이 아니라 네 뒤에 서있다고 말했다. 이 일은 마치 장엄한 의식과도 같았다. 결국 우리 모두 눈물을 보이는 감동적인 순간이 연출되었다.

그로부터 두 달 후에 딸아이의 기숙사를 방문한 우리는 딸의 침대 머리맡에 그 밧줄을 넣은 상자가 놓여 있는 것을 보았다. 나는 상자 밑바닥에 유치한 낙서가 적혀 있으리라 생각했다. 하지만 그렇지 않았다. 오히려 그 밧줄은 기숙사의 전설이 되어 있었다. 밧줄에 대한 소문이 퍼지자 딸이 모르는 학생들도 밧줄에 대한 이야기를 들으러 딸의 기숙사 방에 들르곤 했다는 것이다. 밧줄의 위력은 대단했다.

팀과 10대

팀원들에게 위임하는 것은 어떻게 보면 당신의 10대 자녀의 밧줄을 풀어 주는 것과 비슷하다. 팀원들은 성인이므로 조금의 차이는 있겠지만, 위임의 핵심은 밧줄을 풀어 주는 것과 다르지 않다.

위임의 중요성

이번 장은 이 책의 첫 장이 아니라 마지막 장이라는 것에 주목하라. 나는 지금까지 회사와 팀을 제대로 구축하는 법에 대해 설명했다. 내가 지금까지 이 책에서 언급한 것을 실천에 옮기기 전까지는 당신의 조직은 적절한 위임을 할 준비가 되어 있지 않은 것이다.

초보 리더들은 항상 나에게 위임을 제대로 하려면 어떻게 해야 하는지 묻는다. 사업 초창기 시절 나는 직원들을 빨리 고용해 그들이 나의 일거리를 덜어 주기만을 바랐다. 당시 나는 직원들이 내 마음을 읽고 내가 하기 싫은 일을 알아서 해주길 원했다. 위임은 아마 리더십 분야에서 가장 오해의 소지가 많고, 함부로 다루어지는 주제일 것이다. 위임을 제대로 하지 않으면 당신은 감당할 수 없을 만큼 혼란스러운 드라마를 보게 될 것이다. 하지만 조직 문화를 제대로 형성하고, 뛰어난 인재를 고용하고, 통합과 상호 신뢰를 구축하고, 성과를 인정하고, 창조적인 보상 시스템을 운영하면 위임은 당신의 삶에서 확실한 즐거움으로 자리 잡을 것이다. 성숙한 안트러리더는 회사가 원활하게 운영되고, 수익이 창출되며, 영혼에 충만함이 깃들 때 커다란 기쁨을 느낀다.

재능으로는 충분하지 않다

문제가 있는 조직에서 문제가 있는 직원에게 위임할 경우, 결국 소기의 목적을 달성하지 못한다. 나는 제11장에서 팀플레이를 고려하지 않고 유능한 인재만을 뽑으려 하는 기업들의 문제점에 대해 이야기했다. 우리는 유능한 사람이 곧 일을 믿고 맡길 수 있는 사람이라고 생각하는 실수를 범해 왔다. 역량이 뛰어난 사람이라고 해서 그 사람에게 일을 믿고 맡길 수 있는 것은 결코 아니다.

위임은 리더도 성숙하고 팀원들도 성숙한 경우에만 성공적으로 이루어진다. 훌륭한 팀 문화가 형성되려면 감정적인 성숙함과 관계적인 성숙함이 요구된다. 훌륭한 팀 문화가 형성되지 않으면 당신은 결코 위임을 통해 만족스러운 결과를 얻지 못할 것이다.

당신의 사업 '위'에서 일하라

마이클 E. 거버Michael E. Gerber는 《더 이미스The E-Myth》라는 훌륭한 책을 썼는데, 이 책의 주제는 사업 '안'에서 일하는 것이 아니라 사업 '위'에서 일하는 것을 배워야 한다는 것이다. 그는 파이를 만드는 신생 소기업을 예로 들어 설명했다. 처음 사업을 시작할 때 사장은 직접 파이를 만드는데, 만일 그가 계속 이 수준에 머물러 있으면 그는 단순히 일자리를 가진 사람에 불과할 것이다. 당신의 목표는 안트러리더로 성장해 적절한 위임을 할 수 있게 되는 것이어야 한다. 당신이 성숙한 마음가짐을 바탕으로 체계적으로 위임하는 것을 배울 때 당신은 사업 '위'에서 일하는 첫 경험을 할 수 있다. 이러한 경지에 올랐음을 처음으로 깨닫는 순간, 당신은 처음으로 자전거를 탈 수 있게 되었을 때 느꼈던 기쁨을 다시 느끼게 될 것이다. 당신은 신이 나고, 이제껏 경험해 보지 못한 새로운 차원의 자유를 느끼게 된다.

문화와 팀을 구축하라

위임이 매끄럽게 이루어지는 팀과 문화를 구축하는 과정은 길고 힘들지만 그만큼 가치 있다. 적절한 위임을 지속적으로 할 수 있게 되려면 엄청난 투자를 해야 한다. 많은 기업이 유능한 인재만 고용하면 곧바로 일을 맡아 줄 리더가 생기는 것으로 착각한다. 하지만 진정한 위임이 이루어지려면 비옥한 땅을 구하는 것에 그치지 않고, 작물을 재배하기 위해 오랜 시간을 투자하고 굵은 땀방울을 흘려야 한다.

당신이 훌륭한 문화와 고용 절차를 구축한 안트러리더라 하더라도 당신은 여전히 새로운 팀원들에게 핵심 가치와 운영 원칙을 가르치는 데 시간을 할애해야 한다. 예전에 우리는 한 문제 영역을 해결하기 위해 다른 회사에서 아주 유능한 리더 한 명을 영입한 적이 있다. 그는 아주 유능하고 똑똑했지만, 우리는 그에게 바로 결정권을 주지는 않았다. 처음에 그의 리더와 나는 모든 결정에 관여했다. 그리고 시간이 흐르면서 그가 우리의 사명과 핵심 가치들을 이해했다는 것을 입증함에 따라 우리는 그의 밧줄을 조금씩 풀어 주었다. 그는 경주마였기 때문에 우리는 몇 차례 고삐를 당겨야 했다. 그러다 그가 다시 우리의 사명과 핵심 가치들을 이해하게 되었다는 것을 입증하면 우리는 그에게 다시 자유를 주었다.

마법의 공식

당신은 적절한 위임을 할 수 있는 마법의 공식을 배울 준비가 되었는가? 안트러리더가 성공적으로 위임을 하려면 팀원들의 진정성과 역량을 신뢰할 수 있어야 한다. 지혜로운 사람은 어느 정도 함께 시간을 보낸 사람에게만 중요한 일을 믿고 맡긴다. 위임 건이 중요할수록 일을 맡길 사람과 더 많은 시간을 보내야 한다. 일의 중요성은 상대적일 수 있다. 당신 회사에 중요한 일이 다른 회사에는 중요하지 않을 수도 있다. 사업 초창기에 우리가 돈이 없었을 때는 복사지 구입비가 회사의 생존에 영향을 끼칠 정도로 중요한 문제였다. 하지만 지금은 복사지를 지금보다 두 배 비싼 가격에 구입한다 하더라도 그 때문에 회사 문을 닫을 일은 절대 없다. 그렇다고 우리가 사소한 것을 등한시한다는 말은 결코 아니다. 예전에는 내가 직접 복사지를 구입했지만, 이제는 누가 복사지를 구입하고 복사지 가격으로 얼마를 지불하는가 하는 문제로 스트레스는 받지 않는다는 말이다.

만일 중소기업 사장이 모든 재정적인 결정과 회계 업무를 그가 오랜 시간에 걸쳐 검증하지 않은 사람에게 맡긴다면 그는 횡령을 당할 각오를 해야 한다. 당신과 오랜 시간을 함께한 사람이 아니라면 그에게 당신의 돈을 다루게 해서는 안 된다. 그가 이전 직장에서 어떻게 지냈는지를 알아보는 것만으로는 충분하지 않다.

위임이 제대로 이루어지는 팀과 조직을 구축하는 데 오랜 시간이 걸리는 이유는 팀원들의 진정성과 역량을 신뢰하기까지 오랜 시간이 걸리기 때문이다. 위임하기에 충분한 신뢰 관계를 형성하기 위해 많은 시간을 투자하는 것 외에 사후 관리와 보고 시스템을 이용할 수도 있다. 우리는 새 팀원이 입사하면, 처음 일주일간 수표를 발행하도록 하는데, 이는 우리가 그를 완전히 신뢰해서가 아니라 그가 섬에서 혼자 살고 있는 것이 아니기 때문이다. 즉, 수많은 시스템을 통해 철저한 관리가 이루어지기 때문이다.

진정성

당신은 진정성이 입증된 사람에게만 중요하고 복잡한 임무를 맡길 수 있다. 나는 도둑질을 한 팀원은 주저하지 않고 해고한다. 나는 한 번이라도 도둑질을 한 사람은 그 후 어떤 일에서도 신뢰할 수 없다. 내가 외도한 팀원을 즉시 해고하는 이유도 바로 이 때문이다. 배우자의 신뢰를 얻지 못한 사람은 나 역시 신뢰할 수 없다. 외도로 배우자를 속인 사람은 나의 신뢰를 받을 수 없다. 나는 내가 신뢰할 수 있는 사람에게만 위임한다.

진실만을 말하고 도둑질을 하지 않는 것이 진정성의 기본이긴 하지만, 그것이 진정성의 전부는 아니다. 내 친구인 헨리 클라우드Henry Cloud 박사는 우리에게 진정성이란 무엇인가에 대한 하나의 관점을 제시하는 데 그의 저서《인테그리티Integrity》전체를 할애했다. 이 책에서 그는 '진정성integrity'이라는 단어의 어원은 '정수integer'라고 설명한다. 정수는 소수점을 갖지 않는 완전한 수를 의미한다. 소수점을 갖지 않는 삶이 완전한 삶이다. 헨리는 "진정성은 완전하고 전체적인 삶을 뜻한다"라고 설명한다. 만일 당신이 상대에 따라 다르게 행동한다면 그것은 위선적인 행동이며, 진정성이 부족한 것이다. 당신의 행동에 일관성이 없다면 사람들은 당신의 어떠한 행동도 신뢰하지 못한다. 교회에서는 성스럽고 친절하지만, 가정에서는 폭군인 목사는 신도들에게 영향력을 발휘하지 못한다. 직장 생활과 일상생활이 전혀 다른 사람은 '하나'로서 기능하지 못한다. 그런 사람은 틀림없이 당신의 회사에 문제를 일으킬 것이다.

완전하고 전체적인 것이 진정성이라는 개념은 우리가 고용과 해고를 다룬 장에서 언급한 배우자 면담을 하는 또 다른 중요한 이유가 되어 준다. 고급 레스토랑의 편안한 분위기에서 식사를 할 때 사람들은 공식적인 면접을 할 때보다 자기 자신에 대해 더 많은 것을 드러낸다. 당신이 잠정 고용인과 다른 환경에서 더 많은 대화를 할수록 당신은 그의 참모습을 더 많이 관찰할 수 있다. 아무리 긴 시간을 함께 보내도 항상 같은 모습을 보여 주며 편안하고 자신감 있는 사람을 만나는 것은 즐거운 경험이다.

소기업을 경영하는 내 친구는 리더를 고용할 때 항상 그의 배우자와 자녀를 자신의 집으로 초대한다. 잠정 리더가 배우자와 자녀를 다루고 그들과 소통하는 방식은 그가 앞으로 회사에서 어떤 리더가 될 것인지에 대한 훌륭한 지표가 되어 주기 때문이다. 그의 자녀가 예의를 갖추지 않고 제멋대로 굴면 내 친구는 그를 진정한 리더로 보지 않는다. 반대로 아이가 너무 조용하고 순종적인 경우에도 리더로서 부적격이다. 개성이 없고 지나치게 말을 잘 듣는 작은 로봇을 양육한 잠정 리더는 만사를 자기 뜻대로 하려는 폭군일 가능성이 크기 때문이다. 만일 그의 자녀가 자신감이 있고 예의 바르며 어른들과 편안하게 소통한다면 그는 훌륭한 리더일 가능성이 높다고 내 친구는 판단한다.

완전하고 전체적인 사람을 고용하는 것은 진정성 있는 사람을 고용하는 것이다. 당신의 팀원이 직장 생활과 일상생활에서 일관성을 보여 주며 당신과 함께 더 많은 시간을 보낼수록 당신은 그에게 더 많은 일을 믿고 맡길 수 있다. 오랜 시간에 걸쳐 입증되지 않은 사람에게 중대한 임무를 맡긴다면 당신은 곤란한 상황에 빠질 것이다. 그러니 서둘러 위임하는 일이 없도록 하라.

어떤 팀원이 홈런을 하나 쳤다고 해서 그것이 그가 왕국으로 가는 열쇠를 받을 수 있다는 뜻은 아니다. 하나의 홈런으로 주위 사람의 총애를 받을지는 몰라도 홈런 한 방이 완전하고 전체적인 것을 입증하지는 못한다. 삶의 한 영역에서 유능하고 자신감에 찬 사람이라고 해서 그 사람이 삶 전체에서 진정성이 있는 것은 아니다. 이 부분에서 실수를 하면 우리는 항상 좌절감을 맛보게 된다.

이러한 실수는 우리가 유명한 운동선수나 음악가 또는 배우를 볼 때 종종 드러난다. 우리가 이러한 세계적인 인물들의 팬이 되면 우리는 그들이 완전성과 전체성도 가지고 있다고 의심 없이 믿어 버리곤 한다. 세계적인 기타 연주 실력을 가진 여성이 반드시 훌륭한 아내는 아니다. 탁월한 미식축구 선수가 연간 수백만 달러의 돈을 번 후에 파산할 수도 있으며, 당신에게 큰 감동을 선사하는 일류 영화배우가 마약 중독으로 평생 재활치료를 받기 위해 병원을 들락거릴 수도 있다. 실망한 대중은 이렇게 말한다.

"당신이 어떻게 그럴 수 있습니까? 당신은 역할 모델이 되어야 할 사람이라고요!"

미식축구 선수가 의아하다는 표정으로 카메라를 쳐다보며 말한다.

"역할 모델이라고요? 저는 미식축구를 했을 뿐인데요."

나는 대중의 시선을 한 몸에 받는 사람이 올바른 행동을 하기 위해 노력하지 않아도 된다고 말하고 있는 것은 아니다. 나는 그저 그들은 그들의 특별한 재능으로 명성을 얻은 것이지, 그들의 성격이나 진정성으로 명성을 얻은 것은 아니라고 말하고 있는 것이다. 그러므로 그들을 유명하게 만든 무언가가 아닌 것에 대해 그들을 무조건적으로 신뢰하는 것은 우리의 잘못이다.

당신의 역할 모델이라고 해서 그 사람에게 일을 믿고 맡길 수 있는 것은 아니다. 그가 오랜 세월에 걸쳐 진정성과 전체성을 입증하지 않았다면 말이다.

우리는 운동선수와 음악가, 배우의 재능을 존경해야 한다. 그들이 인품 또한 훌륭한 사람이라는 것이 입증되었을 때 우리는 비로소 그들의 인품까지 존경할 수 있다. 그것이 공평한 처사다. 우리는 빌리 그레이엄Billy Graham의 인품을 존경할 수 있다. 그는 피아노 연주 실력이 아니라 인품으로 세계적인 명성을 얻었기 때문이다. 나는 유명한 미식축구 감독인 토니 던지Tony Dungy를 만나는 영광을 누린 적이 있다. 그는 탁월한 지도 능력으로 유명해졌고 존경받았으며, 여러 해에 걸쳐 그의 영향력을 좋은 영역에 발휘함으로써 대중에게 훌륭한 사람이자 훌륭한 리더로 존경받게 되었다. 토니는 대중이 한 사람의 능력과 인품을 동시에 존경할 수 있는 사례다. 하지만 아무리 훌륭한 지도자라도 인품은 훌륭하지 않을 수 있다. 나는 실제로 그런 사람들을 만나 보았다. 따라서 당신의 역할 모델이라고 해서 그 사람에게 일을 믿고 맡길 수 있는 것은 아니다. 그가 오랜 세월에 걸쳐 진정성과 전체성을 입증하지 않았다면 말이다.

역량

나의 아이가 운전을 배우게 되었을 때, 나는 아이 친구의 부모들과 흥미로운 대화를 했다. 다른 부모들은 이렇게 말했다.

"아이가 혼자 차를 몰고 나갈 때 너무 걱정되지 않던가요?"

"아이가 처음으로 차를 몰고 도로에 진입할 때 브레이크 등이 켜지는 것을 보고 간담이 싸늘해졌죠. 그렇지 않던가요?"

나는 그렇지 않았다. 나는 아이가 처음으로 혼자 차를 몰고 도로로 나갈 때 놀라지도, 당황하지도, 걱정하지도 않았다. 만일 내가 우리 아이의 운전 실력에 대해 믿지 않았다면 나는 그 아이가 혼자서 차를 몰고 도로로 나가는 것을 허락하지 않았을 것이다. 나는 조수석에 앉아 아이가 운전하는 것을 오랜 시간 지켜본 후 아이의 운전 실력이 믿을 만하다고 확신했을 때 비로소 아이 혼자 운전할 수 있게 했다. 우리는 어리석은 운전자들의 사례에 대해 충분히 이야기를 나누었고, 그 사례를 직접 목격하기도 했다. 그래서 나는 아이가 처음으로 혼자 운전대를 잡았을 때 조금도 동요하지 않았다. 나를 조수석에 태우고 충분한 시간 동안 운전 연습을 했고, 만족할 만한 수준의 운전 실력을 갖추게 되었기 때문이다. 그렇지 않았다면 나는 아이를 홀로 도로로 내보내지 않았을 것이다.

상대의 역량을 신뢰할 수 있게 될 때까지는 그에게 당신의 일을 맡겨서는 안 된다. 그리고 그들의 역량을 신뢰하는 데 그들과 함께 걸으면서 그들의 지식과 능력을 직접 눈으로 확인하는 것보다 더 좋은 방법은 없다. 우리는 유능하다고 입증된 사람들을 우리 팀으로 영입한 적이 몇 번 있었다. 하지만 우리는 그들에게 곧바로 열쇠를 넘겨 주지 않았다. 당신의 팀에서 역량이 뛰어나다는 것은 단지 업무 능력만을 두고 이야기하는 것이 아니다. 당신의 팀에서 역량이 뛰어나려면 당신의 팀 문화 내에서 뛰어난 업무 능력을 보여야 한다. 한 NFL 팀에 영입된 최고의 와이드리시버는 팀의 플레이북을 익히고 쿼터백과 완벽한 호흡을 맞추기 전까지는 팀에서의 역량이 제한된다. 그 팀에서 꾸준하게 멋진 경기를 펼치려면 그는 여러 날 동안 플레이북을 익히고 쿼터백과 호흡을 맞추어야 한다.

유능한 사람을 고용했다고 해서 그가 바로 당신의 팀에서 충분히 자기 역량을 발휘할 수 있다고는 생각하지 말기 바란다. 역량은 단순히 주어진 업무를 완수하는 능력 그 이상이다. 어떻게 업무를 완수하는지도 역량이다. 업무와 관련된 사람들 모두 어떻게 느끼는가? 모든 문제가 제대로 다루어졌는가? 모든 위험 요소들이 고려되었는가? 현금 흐름과 수익에 대한 재정적인 문제도 언급되고 다루어졌는가?

우리가 1만 2,000명이 모인 대형 경기장에서 라이브 이벤트를 열었는데 모든 청중이 멋진 경험을 했다면, 그것은 라이브 이벤트 담당자의 역량 때문만은 아니다. 만일 우리가 경기장 직원들을 무시하며 함부로 대했다면, 또 화재와 주차 문제를 제대로 대비하고 원활히 처리하지 못했다면 우리가 그곳에서 또다시 행사를 개최하기는 힘들 것이다. 만일 행사 비용이 너무 많이 들어 수익을 내지 못했거나, 경기장 대여료를 제때 지불하지 못했다면 설령 그 행사가 사람들로부터 엄청난 호응을 얻었다 할지라도 결코 성공적인 행사라고 말하지 못할 것이다. 즉, 역량은 업무 완수의 문제뿐 아니라 업무를 어떻게 수행하는지의 문제도 아우르는 것이다.

당신은 안트러리더로서 당신이 검증하지 않은 것은 결코 기대하지 말아야 한다. 팀원이나 리더에게 당신이 쥐고 있는 밧줄 전체를 던져 주어서는 안 된다. 당신은 항상 당신의 팀원과 리더의 진정성 및 역량을 점검하며 밧줄의 끝을 잡고 있어야 한다. 당신이 맡긴 일이 중요한 것일수록 당신의 점검 방법은 더 많이 바뀌어야 한다. 하지만 점검을 하지 않는 일은 결코 없어야 한다. 이러한 형태의 위임은 리더십의 결핍이며, 조직의 비전에서 이탈하는 지름길이다. 자신의 분야에서 수백 명의 팀원을 이끌며 수천만 달러의 수익을 창출하는 안트러리더의 가장 중요한 임무는 개념을 제대로 전달하고 문제점을 점검하는 것이다. 그러한 임무를 제대로 해내는 리더들은 우리 회사에서 엄청난 자유를 누린다. 그들이 매년 보여 주는 진정성과 역량이 엄청나기 때문이다. 이런 경우 나는 주로 매출과 수익에 관한 회계 보고서만을 점검할 뿐이다. 반면, 우리 팀에 합류한 지 얼마 되지 않은 팀원에게는 훨씬 더 짧은 밧줄만을 할애한다. 그들이 우리의 문화를 이해했다는 것을 입증하는 데는 어느 정도 시간이 걸리기 때문이다. 나는 나의 문장을 마무리 지을 수 있는 안트러리더를 양성하길 원한다. 그들은 내가 다음에 어떤 일을 할지 분명히 알고 있는 리더들이다.

위임의 단계

스티븐 코비 박사는 그의 저서《원칙 중심의 리더십Principle-Centered Leadership》에서 위임의 단계에 대해 설명했다. 적절한 위임에 대한 이해를 한층 더 심화하기 위해 그 스펙트럼의 양단에 있는 두 단계를 살펴보자. 시스템과 절차는 진정성과 역량을 단지 여러 방식으로 검증할 수 있을 뿐이다. 당신은 당신의 팀에게 지속적으로 조직의 '왜'를 가르쳐야 하고, 거기서 '어떻게'가 흘러나오게 해야 한다.

심부름꾼 단계

위임의 가장 기초적인 단계는 '심부름꾼 단계'다. 심부름꾼 단계의 위임은 일반적으로 손쉽게 확인할 수 있는 간단한 업무가 주어지는 말단직이나 임시직에서 볼 수 있다. 복사를 하거나 상자를 나르거나 못을 박는 일은 웬만한 사람이면 능숙하게 할 수 있는데, 이러한 일을 부탁받아 하는 사람이 심부름꾼 단계의 직위에 있는 사람이다.

1인 사업자는 업무의 100퍼센트를 자신이 직접 하거나 외주를 준다.

일반적으로 1인 사업자가 처음으로 고용하는 사람이 심부름꾼 단계에 있는 사람이다. 이러한 고용인은 실질적인 도움을 주고 통솔하기 용이하기 때문에 상당히 유용하다. 심부름꾼 단계의 고용인을 이끄는 데는 다년간 구축한 훌륭한 문화가 필요하지 않다. 당신은 그저 그가 할 일을 구체적으로 지시하거나 보여 주고, 그들이 한 일을 확인하면 그만이다. 당신은 이 단계에서 점검과 위임, 커뮤니케이션에 대해 배울 수 있다. 아울러 핵심 업무 영역을 구축하는 것을 배울 수 있고, 완전한 안트러리더 문화를 형성하는 출발점에 설 수 있다.

관리 단계

위임의 스펙트럼에서 '심부름꾼 단계'의 반대쪽 끝에 위치하는 것이 '관리 단계'다. 이 단계에서 당신은 업무를 위임하는 것이 아니라 업무를 암시하는 개념을 위임한다. 이 개념은 수천 가지의 업무를 암시할 수도 있다.

몇 년 전에 나는 우리 집을 맞춤형으로 지었다. 건축업자는 아주 유능하고 좋은 사람이었고, 우리는 집을 짓는 동안 친구가 되었다. 일단 예산과 계획, 일정 등에 대해 합의를 본 후 나는 공식적으로 그 건축업자에게 우리 집을 짓는 것에 대한 개념을 위임했다. 그 개념에는 수백만 가지의 세부사항과 수백 명의 사람, 몇 달이라는 시간이 포함되었다. 나는 일주일에 한 번 그를 만나 진행 상황을 점검했다. 나는 우리 집을 짓는다는 설렘에 일주일에 몇 차례 현장을 방문하기는 했지만, 결코 하도급 업자를 따로 불러 문제점을 지적하지는 않았다. 문제점을 메모한 후 집에 돌아와 건축업자가 문제점을 수정할 수 있도록 그날 밤에 그에게 이메일을 보냈을 뿐이다.

맞춤형 주택 고객들은 위임과 간섭에서 세계 최악이다. 고객이 하도급 업자의 잘못을 지적하면 현장의 전반적인 분위기가 달라진다. 고객이 건축업자의 권위를 실추시켰기 때문이다. 우리 집이 일정보다 거의 두 달 앞서 완공되었고, 예산의 2퍼센트만 초과된 것은 적절한 위임과 리더십 덕분이었다고 나는 확신한다. 건축업자는 시공 기간 내내 그의 진정성과 역량을 입증해 보였다. 우리는 사소한 문제가 큰 문제로 이어지기 전에 문제점을 바로잡기 위해 일주일에 한 번 현장 점검과 서면 점검을 했다. 그 결과 나는 멋진 집을 얻었을 뿐 아니라, 흡족한 비용과 일정, 그리고 멋진 친구까지 얻게 되었다. 맞춤형 주택 고객들이 대부분 이혼까지 갈 정도로 부부 사이가 금이 가고, 심한 경우 건축업자를 고소하게 되는 결말을 맞는다는 점을 고려해 볼 때, 이것은 진정 만족스러운 결과였다. 개념을 위임할 때 당신은 수천 가지의 세부사항을 암시하는 개념만을 위임하고 점검해야 한다. 세부사항을 살피는 것은 당신의 팀원이 할 일이기 때문이다.

마이크로매니징

세세한 부분까지 하나하나 다 관리하는 것을 마이크로매니징Micromanaging이라고 한다. 마이크로매니저는 결코 위임을 잘하는 리더가 아니다. 그들은 고약한 리더일 뿐이다. 마이크로매니저는 진정성과 역량을 지속적으로 입증하는 사람에게도 업무나 개념을 위임하지 않는다. 그에게는 그럴 만한 자신감이 없기 때문이다. 마이크로매니저는 만사를 자기 뜻대로 하려는 고집불통이거나, 감정적인 성숙도가 매우 낮은 사람이다. 마이크로매니저는 결혼한 지 10년이 넘은 부부에게 여전히 잔소리를 해대는 장모다.

당신이 마이크로매니징을 하고 있다는 것을 스스로 느낀다면 당신은 결코 사업 '위'에서 일하지 못할 것이다. 사업 '안'에서만 일하는 당신은 회사의 성장을 저해하는 주요 요인이다. 마이크로매니저인 당신은 유능한 인재를 고용하고 유지하는 데 큰 어려움을 겪게 될 것이다. 뛰어난 인재들은 그런 간섭을 참지 않을 것이기 때문이다.

마이크로매니징의 단점

마이크로매니징의 장점이 하나라면, 단점은 두 개다. 먼저 단점부터 시작해 보자. 당신의 마이크로매니징이 개인적인 자신감 결여나 감정적 미성숙의 결과라면 당신에게는 제1장에서 했던 조언이 절실히 필요하다. 당신은 사업에 필요한 요소를 제한하고 있으므로 이를 바꾸어야 한다.

당신의 팀이 진정성과 역량을 입증하지 못해서 당신이 마이크로매니징을 한다면 문제는 당신의 팀에게 있다. 몇 년 전 우리 회사에 신입 직원이 들어왔는데, 그는 종종 문제를 일으켰고, 자신의 업무에서 일관성이 없었다. 결국 그는 90일 후 회사를 그만두게 되었는데, 회사를 그만두는 날 내 사무실을 찾아와 이렇게 말했다.

"제가 회사를 떠나는 이유는 저의 재능과 교육 수준에도 불구하고 사장님이 여전히 저를 마이크로매니징하기 때문입니다. MBA 학위가 있는 저와 같은 인재는 스스로 알아서 업무를 처리할 있도록 해주어야 하는데 말이죠."

그의 MBA 과정은 그에게 위임의 기초도 가르치지 않은 듯했다. 미숙한 그는 내가 자신을 마이크로매니징했다고 느꼈던 모양이지만, 진실은 그가 우리에게 그를 신뢰할 수 있는 충분한 시간을 주지 않았다는 것이다. 우리 회사에는 그보다 더 오래 우리와 함께한 화장지도 있었다. 그런데도 그는 내가 자신에게 왕국으로 가는 열쇠를 넘기길 원했다.

당신이 마이크로매니징하는 것을 멈출 수 없다면 당신의 팀에 문제가 있는 것은 아닌지 자문해 보라. 팀에 문제가 있는 경우 당신은 회사를 재조직하거나 위임을 받을 자격을 갖춘 유능한 인재들을 추가로 고용해야 할 수도 있다. 당신의 팀이 계속해서 문제를 일으킨다면 당신은 그들이 문제를 해결할 때까지 그들을 마이크로매니징할 권한이 있다.

마이크로매니징의 장점

젊은 리더였을 때 나는 뛰어난 인재가 우리 팀에 합류했을 때 내가 그를 마이크로매니징하는 것은 잘못된 것이라 생각했다. 위임에 능숙해진 지금의 나는 신입 팀원이 우리 팀에 합류한 후 자신의 진정성과 역량을 입증하기 전까지 그것은 마이크로매니징이 아니라 연수라는 것을 깨달았다. 당신은 그들이 업무를 제대로 수행하는 것을 목격하기 전까지는 모든 세부사항을 파악하고 모든 일에 관여해야 한다. 역량은 비교적 기본적인 것에서는 아주 빠르게 입증될 수 있다. 반면 복잡한 업무들은 당신이 그들의 역량을 신뢰하기까지 더 많은 연수와 관여를 필요로 한다. 여기서의 연수는 마이크로매니징처럼 보일지 모르지만, 실상은 마이크로매니징이 아니다. 이는 안트러리더가 신입 팀원에게 봉사하는 것이며, 5년에 걸쳐 신입 팀원을 유능한 안트러리더로 탈바꿈시키는 점진적인 멘토링 과정일 수 있다.

권한

만일 당신이 당신 조직의 안트러리더 문화를 완전히 말살시키고 싶다면 당신은 간단한 원칙 하나만 지키지 않으면 된다. 이 원칙은 상대에게 권한을 주지 않으면서 책임을 부여하지 말라는 것이다. 팀에 막 합류한 팀원은 그리 많은 권한이 없다. 하지만 나는 그에게 책임도 부과하지 않는다.

만일 내가 어느 부서에 그 부서에서 생산하는 제품 비용에 대한 책임을 부여해 놓고는 그 부서가 공급처를 선택할 때 마이크로매니징하려 든다면 그 부서의 팀원들은 의욕을 잃을 것이다. 나는 내가 결과에 대한 책임을 부여한 부서에 결정권을 넘겨야만 한다.

직함이 리더를 만드는 것은 아니다. 당신이 누군가에게 직함을 주었다면 당신은 그에게 그에 걸맞은 권한도 주어야 한다. 권한이 없는 책임은 직위를 위협한다. 1980년대 말까지 지방 은행 지점장은 5만 달러에서 10만 달러까지 자신의 권한으로 대출해 줄 수 있었다. 즉, 지점장은 위원회나 상관의 허가 없이 독자적인 결정으로 그 정도 액수의 돈은 빌려 줄 수 있었다. 당시 은행 지점장은 지역 사회에서 존경받는 인물이었고, 단순히 교육 수준만 높은 것이 아니라 지혜도 겸비한 사람들이었다. 그들은 돈을 빌려 줄 때 여러 가지 변수들도 충분히 고려했다. 이런 지점장들이 은행을 그만두는 경우는 거의 없었다.

하지만 오늘날 초대형 은행은 지점장이 3,000달러 대출 결정도 승인 없이 못할 정도로 중앙집권화되어 있다. 초대형 은행의 지점장은 미화된 금전 출납계 직원에 불과하다. 그들은 대출 수입에 대한 책임은 있지만, 그들의 지혜를 바탕으로 대출해 줄 수 있는 권한은 없다. 그 결과, 업계는 점점 더 멍청해지고, 영혼을 잃어버리게 되었다.

조직이나 조직의 리더가 권한은 부여하지 않고 책임만 부여한다면 그 조직은 진정성과 역량을 가진 사람들을 양성하지 못한다. 이는 회사가 팀원들의 자질을 능가하게 되었음을 보여 주는 증거이며, 팀원들의 종말을 고하는 전조다.

로날드 레이건 대통령은 이렇게 말했다.

"당신이 찾을 수 있는 최고의 사람들에 둘러싸여라. 그리고 그들에게 권한을 위임하라. 간섭은 금물이다."

| 후기 |

이 책은 차별화된 비즈니스 서적이자 리더십 서적이다. 이 책은 고차원적인 리더십 철학에서부터 집 거실에서 시작하는 사업의 일상적인 역학까지 아우른다. 이 넓은 범위는 가끔 이 책의 진정한 메시지를 전달하고 이 책을 적절하게 분류하는 것을 어렵게 만들기도 했다. 이 책은 훌륭한 리더가 되기를 갈망하는 사람들이 반드시 읽어야 할 정말 훌륭한 리더십 책일까? 그런 책이길 바란다. 이 책은 소기업을 어떻게 시작하고 운영하는지에 대한 훌륭한 길잡이일까? 그런 길잡이가 되어주길 바란다.

이 프로젝트를 시작했을 때부터 마지막 글을 쓸 때까지 나의 목표는 줄곧 내가 꿈조차 꾸지 못했던 엄청난 승리를 안겨 준 우리의 플레이북을 당신과 공유하는 것이었다. 우리의 플레이북을 투명하고 정확하게 공유하기 위해 나는 광범위한 주제를 다룰 수밖에 없었다. 이는 당신이 당신의 조직을 성장시키고 당신의 조직과 함께 성장할 수 있도록 도와줄 것이다.

나는 당신이 지금 이 순간부터 안트러리더로 변모해 나가길 희망한다. 훌륭한 리더십 기술은 시장에서 항상 그 소중한 가치를 발한다고 나는 확신한다. 또한 기업가의 열정은 시장에서 언제나 가치를 발하는 또 다른 이름의 리더십 기술이라고 나는 확신한다. 우리가 단순한 리더나 기업가가 아닌 안트러리더가 되려고 정말 열심히 노력하는 모습을 보고 하나님이 우리에게 축복을 주시기로 선택하셨기 때문에 우리가 이런 엄청난 성공을 거둘 수 있었다고 나는 확신한다. 또 하나님이 똑같은 여정에 오를 당신도 축복하실 것이라고 나는 믿어 의심치 않는다. 사업을 운영하는 방식에 차별화를 선언하고, 이를 실천에 옮기기 바란다!

| 감사의 글 |

이 책을 만드는 데 도움을 주신 분들이 너무도 많아서 그중 몇 분을 골라 감사 인사를 전한다는 것이 불가능해 보인다. 처음부터 줄곧 이 프로젝트를 추진하고 지지해 준 모든 분들에게 진심으로 감사드리며, 몇몇 분들을 열거해 보고자 한다.

사이먼 앤드 슈스터 팀

우리가 대단한 일을 해낼 수 있다는 강한 믿음을 보여 준 캐롤린 레이디Carolyn Reidy와 마케팅 천재 리즈 펄Liz Perl, 결코 안 된다는 말을 하지 않았던 조나단 머크Jonathan Merkh, 이 프로젝트를 통해 친구가 된 멋진 편집자 베키 네스비트Becky Nesbitt에게 감사의 마음을 전한다.

데이브 램지 팀

나의 동업자이자 조언자이며 친구이기도 한 나의 아내 샤론 램지Sharon Ramsey와 이 프로젝트를 총지휘한 빌 햄프턴Bill Hampton, 집필 및 편집 과정에 엄청난 도움을 준 앨런 해리스Allen Harris, 마케팅 천재 젠 시베르첸Jen Sievertsen, 탁월한 비디오 전문가 브라이언 윌리엄스Brian Williams, 그래픽과 표지 디자인을 담당한 다니엘 벨Daniel Bell, 라디오 프로듀서 블레이크 톰슨Blake Thompson, 프로젝트 코디네이터 프레스톤 캐논Preston Cannon, 홍보 담당 베스 탈렌트Beth Tallent를 비롯해 지면상 일일이 열거할 수 없는 모든 분들에게 진심으로 감사드린다.